GNOSIS – STRÖME DES LICHTES IN EUROPA

Gnosis – Ströme des Lichtes in Europa

P.F.W. Huijs

2005

DRP ROSENKREUZ VERLAG – BIRNBACH

Übersetzt aus dem Holländischen von Heiko und Wilfried Steffan
Schlussredaktion: Christoph Steen

Ursprünglicher Titel:
Als een bovenaardse Rivier –
de verborgen Stuw van de Gnosis in Europa
2001

Abbildung:
Eine jahrhundertealte, schmiedeeiserne Darstellung
des Rosenkreuzes, gefunden neben einem Bergpfad
in der Nähe von Chiavenna, Norditalien

ISBN 3-938540-01-X

Inhalt

Einleitung

Ohne ein vernünftiges Bildungsniveau kann der Mensch nicht leben, nicht mit anderen Menschen umgehen und nicht auf gleicher Ebene kommunizieren. Bildung ist notwendig. Aber Bildung allein führt nirgendwo hin. Die Geschichte lehrt, dass sie sich letztlich stets in ihr Gegenteil verkehrt. Darum ist Bildung als *Basis* zu betrachten, als Ausgangspunkt, von dem aus sich etwas anderes entwickeln muss. Von diesem anderen handelt dieses Buch. Es will ein Fenster öffnen zu dem, was heute als «der dritte Strom in Europa» – die Gnosis – bezeichnet wird. Dabei wird sichtbar, wie viele Versuche schon unternommen wurden, Europa in einen neuen und neu ausgerichteten Frühling zu drängen, welcher den Menschen in die Lage versetzt, seiner geistigen Bestimmung zu folgen, geleitet durch einen innereigenen Kompass. Es entfaltet sich eine Landschaft voller Leben, aber auch voller Rückstände der Verwüstung.

Da findet man Trümmerberge einst kraftvoller Ideen und Ruinen majestätischer Burgen an Geist, man findet Reste von Gärten poetischer Schönheit, in denen ab und zu noch eine Rose blüht, überwuchert von Unkraut und Dornen, weil die Gärtner mit strenger Hand weggejagt wurden. Wer in dieser Landschaft gräbt, findet bisweilen hell schimmernde Perlen, hin und wieder eine Wurzel, die neu gepflanzt werden kann, und mitunter einen Spiegel, der – hochgehalten – das ganze Universum widerspiegelt. Es stockt einem der Atem, wenn man sich vor Augen führt, was alles sein könnte, aber im Laufe der Jahrhunderte gestoppt, verleugnet, begraben oder weggefegt wurde.

Und dennoch klopft und drängt das verborgene Leben des Geistes fortwährend unter der Oberfläche der Geschichte Europas, so wie bei einem vorbereiteten Acker die eingeschlossene Keimkraft fast spürbar ist. Und man weiß: Einmal werden die Felder eine reiche Ernte einbringen.

Die Geschichte und die Lebensläufe, die in diesem Buch beschrieben werden, erzählen von der Freimachung des Geistes, dem Spirituellen, dem Anderen im Menschen: Eine dramatische Geschichte mit großartigen Höhepunkten. Durch die zahlreichen Namen derer, die das Werk der Befreiung der Lichtseele, das Werk der spirituellen Bewusstwerdung getragen haben, wird der Leser mit dem westlichen, gnostisch-esoterischen Denken vertraut gemacht.

Teun de Vries behandelt in seinem Buch *Ketters – veertien eeuwen ketterij, volksbeweging en kettergericht* (Ketzer – vierzehn Jahrhunderte Ketzerei, Volksbewegung und Ketzergericht, 1982) beinahe hundert wichtige Figuren und unzählige weniger Prominente. Denn es waren Unzählige, die die überirdischen Impulse im Verborgenen ausgelöst haben. Dieses Buch beleuchtet einige von jenen, die eine neue Bewusstseinsentwicklung markieren, ausführlicher.

Der erste Teil des Buches gibt ein Bild der Verhältnisse wider, die vor Beginn unserer Zeitrechnung von Bedeutung waren, einer Zeit, die auch als Zeit des *kosmisch-mythischen Bewusstseins* bezeichnet wird. Der zweite Teil beschreibt, wie in den ersten Jahrhunderten nach Christus der *gnostische Gedanke von den zwei Naturordnungen* Form und Inhalt gewann. Er handelt von Menschen, die im Wandel des *Gruppen*bewusstseins zum *Selbst*bewusstsein in *Gruppen* diesen Gedanken in Schulen und Kirchen belebten. Im dritten Teil kommen *Personen* zu Wort, die gemäß den gnostischen Gedanken ihrer Zeit lebten und diese austrugen, die danach trachteten, andere empfänglich zu machen für die *Fama*, für den *Ruf*, wie das Drängen des Geistes seit dem Auftreten der Klassischen Rosenkreuzer auch genannt wird.

Der vierte Teil schließlich behandelt die Geburt des *heutigen gnostischen Bewusstseins* und zeigt die Linien auf, wie die moderne Gnosis zur Internationalen Schule des Goldenen Rosenkreuzes wurde. Es waren Z.W. Leene vor 1940, sowie Jan van Rijckenborgh und Catharose de Petri in der zweiten Hälfte des 20. Jahrhunderts, die der neuen Weltarbeit der Bruderschaft des Rosenkreuzes Gestalt verliehen haben. Unserer Ansicht nach gipfeln darin die abendländischen Bemühungen aller «Arbeiter für den Geist im Verborgenen», die sich – durch den überirdischen Impuls ausgelöst – in Richtung zur Quelle der Gnosis bewegten.

Allen, die dieses Werk, das Opus magnum, beschützen und weiterführen, ist dieses Buch gewidmet.

Teil 1

Die Vorzeit

Symbolische Darstellung der universellen Bruderschaft
Gemälde von Johfra, 1962, Privatsammlung

KAPITEL I

Die universelle Bruderschaft

Zum besseren Verständnis der befreienden und gnostischen Elemente in den Weltreligionen der Vergangenheit wird in diesem Buch des Öfteren von der »Bruderschaft« gesprochen. Unserer Ansicht nach wurde die Menschheit durch alle Zeiten hin – gerade auch in entscheidenden Phasen ihrer Entwicklung – sehr stark durch sie beeinflusst.

Diese universelle Bruderschaft vertritt den »reinen, unversehrten Teil« unseres Planeten, ein Begriff, der den meisten Menschen unbekannt ist. Vertreter von ihr werden immer wieder unter den Menschen geboren, und stehen, leben und arbeiten im Dienst der Wiederherstellung der in jedem Menschen zerbrochenen Einheit. Es ist ein höherer Zusammenschluss freier Menschen, die eine ununterbrochen-inspirierende Bindung mit dem Leben des Geistes unterhalten. Sie verbindet sich nicht mit irgendeiner individuellen Person, unterstützt aber jeden Versuch zur wirklichen Befreiung mit ihrem mächtigen Seelenpotenzial, das wie ein beschützender Mantel ein solches Werk umhüllt.

Der individuelle Mensch lebt in der sichtbaren Welt ein knappes Jahrhundert, wenn er Glück hat. Es ist dann ein Leben, das von Zwischenfall zu Zwischenfall verläuft, von Ereignis zu Ereignis. Es ist oft schwierig, in diesem bunten Wechsel der Geschehnisse eine Entwicklung zu erkennen, die ihn *selbst* über das Niveau eines »Zwischenfalls« hinaufzieht. Er verbraucht in seinem Leben die Energie, die er am Anfang mitbekommen hat. Außerdem verbraucht er die Brennstoffe, die Luft und die Nahrungsmittel der Erde – und dann verschwindet er wieder. Im Großen und Ganzen scheint er nichts hinzuzufügen, nichts beizutragen für eine bessere Welt und deren Erhaltung. Es ist eher gegenteilig: In der Summe von Gut und Böse kann das Negative überwiegen.

Wäre es nicht so, dass behutsam und mit fast unbegreiflicher Geduld und Intelligenz von oben einige Samen des göttlichen Alleinguten gesät würden, könnte lediglich von einem Tierwesen gesprochen werden; im Vergleich zu seinen Artgenossen sogar von einem sehr gefährlichen Tier. Denn dieses Tierwesen scheint alles zu veranlassen, um sich seinem eigenen Untergang näher zu bringen, insbesondere durch die ungezügelten Wirkungen seines Verstandes und deren Folgen.

Nun, alles was eingesetzt wird, die Entwicklung des Alleinguten im biologischen Menschen anzuregen und zu fördern, nennen wir die Wirksamkeit der Bruderschaft. Nur mit einiger Scheu und bestimmt nur mit großer Ehrfurcht schreiben wir über diese Bruderschaft. Wo wir oft hilflos und ohne Hoffnung auf so manche gescheiterte Existenz blicken, hat sie ihr Augenmerk hingegen auf dem Lichtfunken, dem kleinen Gewinn eines solchen Lebens, und geleitet den Menschen weiter in diejenige Umgebung, in der er sich als Kleine Welt, als Mikrokosmos unter den besten Voraussetzungen weiter entfalten kann.

Nun wirkt diese Bruderschaft nicht nur im Kleinen, in einigen Menschenleben, sie wirkt auch im Großen. Um dies begreiflich machen zu können, dringt dieses Buch in universelle Gedankengänge der Weisheit ein. Im esoterischen Gedankengut wird die Erdzeit in Perioden unterteilt, in Erdzeitalter, in denen jeweils ein spezifischer Aspekt des Menschen entwickelt wird. Man darf sich nicht vorstellen, dass eine solche Periode mit einem Anhänger versehen ist, auf dem »Periode des Herzens« oder »Periode des Denkens« oder »Tat-Epoche« oder »Energiekörper-Episode« steht, nein. Es ist eher so, dass zu einer bestimmten Periode eine zu dieser Periode passende Basisstrahlungskondition gehört. Und diese Bedingung ist dann außerordentlich gut geeignet für die Entwicklung des einen oder anderen Vermögens oder körperlichen Aspekts des Menschen; etwa so wie das Wasser der Ozeane salzig ist und folglich in diesem Milieu ausschließlich eine Salzwasserflora und -fauna zur Entwicklung kommt. Man wird dort keinen einzigen Süßwasserfisch vorfinden; dieser kann dort nicht existieren.

Woher rührt das? Wie werden die Grundvoraussetzungen für einen solchen Zeitraum bestimmt? Hier ist eine gnostisch-naturwissenschaftliche Erklärung notwendig, eine Erklärung, die nachfolgend in der Theorie dargelegt wird, und die bei jenen, die unterrichtet sind im universellen Wissen, bekannt ist. In der kommenden Periode werden Erscheinungen zu Tage treten, die die Akzeptanz dieser Sichtweise erheblich unterstützen werden.

Aus dem die Erde umringenden All und insbesondere aus unserem Sonnensystem zieht der irdische Nordpol reine magnetische Kräfte an, Kräfte, die noch nicht gefärbt, noch nicht in ein Farbspektrum aufgesplittet, und die noch nicht durch die vielen Bewegtheiten und Verschmutzungen, die sich in unserer irdischen Atmosphäre befinden, entstellt wurden. Diese reinen Kräfte werden größtenteils zum Herzen der Erde, dem feurigen Kern gestrahlt. Von dort aus wird die Erde von innen nach außen genährt.

Jedoch breitet sich ein bestimmter Teil dieser Kraft, eine Kombination von sieben Strahlen von hoher Vibration atmosphärisch um die Erde herum aus, in die Luft, die wir einatmen. So kann man sich vorstellen, wie wir Menschen auf diese Weise unmittelbar verbunden oder konfrontiert sind mit einer bestimmten Strahlungskondition, die in einem bestimmten Augenblick im gesamten Universum herrscht. Diese Kraft wird auch als *Siebengeist* bezeichnet.

Wir sehen so, wie in jeder Periode auf Erden eine sehr spezifische magnetische Atmosphäre herrscht, die vollkommen durch die augenblickliche Art des Siebengeistes bestimmt wird, der in direkter Verbindung steht mit dem gesamten Sonnenuniversum.

Man kann sich auch vorstellen, dass der Mensch zu Beginn einer solchen Periode oft noch nicht imstande ist, die neuen Bedingungen, die aktuell geltenden Forderungen voll zu erfassen. Ein Großteil der Menschheit versteht die Forderungen auch in der Mitte der Periode, ja selbst am Ende noch nicht. Denken Sie an das klassische Wort am Anfang des Johannes-Evangeliums: »Das Licht scheint in der Finsternis, und die Finsternis hat es nicht begriffen.« Oder auch an den berühmten Satz im Alten Testament, Hosea 4,6: »Mein Volk geht verloren, weil es keine Kenntnis hat.«

Nun ist es die Bruderschaft, die die Erfordernisse der Strahlungswirksamkeit den Stoffmenschen überträgt, erklärt, übersetzt auf ihr Begriffsniveau, so dass jeder Mensch, wenn er will und sofern er sich darauf vorbereitet, diese ganz verstehen und realisieren kann. Sie tut dies jedoch nicht nur mit schönen Worten oder nur in Theorie.

Stellen Sie sich diese freien Menschen, diese Bruderschaft, nicht all zu mystisch vor. Es geht im Wesentlichen um Menschen, die alles durchgemacht haben, was andere auch erleben; die aber in einem gegebenen Moment einen Schritt weitergingen, vorbei an einem ichbezogenen, auf materielle oder gesellschaftliche Belange gerichteten Leben, und die sich in den Dienst einer höheren Notwendigkeit stellten.

Dabei haben sie stets – oft auf sehr erfinderische Weise – die Tatsachen genutzt, unter welchen Umständen der Mensch gelebt hatte oder wohin er sich bewegte. Sie können so arbeiten, weil sie vollkommen selbstlos sind, das heißt, nie für sich selbst arbeiten; weil sie auf die kosmischen Lichtkräfte klar und rein abgestimmt sind; und weil sie vollkommene Kenntnis haben von und auf dem Laufenden sind mit den Strahlungsgesetzen des Siebengeistes:

- So war es die Bruderschaft, die in dem ältesten Zeitalter, das Lemurien genannt wird, die Menschheit auf sehr spezielle Weise in den Stoff trieb.
- Es war die Bruderschaft, die in den Tagen des legendären Atlantis die Menschen weckte und zur Lebensveränderung und Reinigung drängte.
- So war es die Bruderschaft, die zur Zeit des Untergangs jenes Kontinents einen bestimmten, kleinen Teil der Menschen aus den absinkenden Gebieten rettete, um eine neue Ausgangsrasse für die nächste Periode hervorzubringen.
- Es war diese Bruderschaft, die der jungen Menschheit der heutigen, arischen Zeitperiode sieben Weltlehrer sandte, die von Osten nach Westen wirkten, mit Namen wie Rama, Krishna oder Buddha, der Erhabene, welcher der letzte war.
- Es war die Bruderschaft, die die Sonnenlehre von Zarathustra in Persien aufleuchten ließ; von Zarathustra, welcher verkündete, dass das hohe Sonnenwesen einmal wirklich auf Erden leben wird.
- So war es auch diese Bruderschaft, die in den Jahren lange vor unserer Zeitrechnung das Ägyptische Reich in seiner außergewöhnlichen Geschichte stimulierte.

Auf immer neue Art und Weise suchen diese Abgesandten einer anderen, höheren Form des Zusammenlebens die Gelegenheit, die Menschheit in ihrer natürlichen Umgebung zu unterweisen in der einen Aufforderung, die im Leben beschlossen liegt: Zum bewussten, höheren Seelenleben zu gelangen, damit der Mensch, der im Wüstensand seine hohe Herkunft und Berufung vergessen hat, die »Rückkehr des Verlorenen Sohnes« antreten kann. Sehen Sie die Bruderschaft der Katharer: Sie lebten und belebten ihren Befreiungsweg unter anderem in den uralten Grottenheiligtümern der Pyrenäen. Oder schauen wir nach Ägypten, dann erkennen wir, wie die gesamte Struktur eines Reiches als Symbol für einen bestimmten innerlichen Weg dient.

So kann man das Wesen dieser Bruderschaft als einen fortwährenden Ruf erkennen, einen Aufruf zur Wiederherstellung der verloren gegangenen Geist-Seelen-Bindung. Das Ziel dessen ist, den Menschen als Mikrokosmos diejenige Entwicklung beginnen zu lassen, die ihn hinein geleitet in das Lebensfeld-vom-Anbeginn, in das Feld der Seele mit seinen ungeahnten, weiten Perspektiven und Möglichkeiten. ～๛

Echnaton. Detail einer Kolossalstatue aus Karnak, etwa 1360 v. Chr.
Ägyptisches Museum. Kairo, Ägypten

KAPITEL 2

Ägypten

Das alte Ägypten war für die westliche Zivilisation von überragender Bedeutung, da seit dieser Zeit die Geschehnisse aufgeschrieben wurden. Doch schon zuvor gab es Siedlungen an den fruchtbaren Ufern des Nils. In dem Katalog »Pharaonen der Sonne« steht, dass die Anfänge der bekannten Geschichte Ägyptens bereits um 6000 v. Chr. liegen, und dass vor 5000 Jahren eine Anzahl Stadtstaaten zu einem gemeinsamen Reich zusammengefasst wurden. Damit begann das Ägypten der Pharao-Dynastien: Ägypten – das Land der zwei Ufer; Ägypten – das Land des Nils, dem riesigen Strom von Süden nach Norden, dem Lebensspender, die Quelle unserer Kultur und zugleich Wiege der westlichen Befreiungslehre!

Vielleicht haben Sie sich schon einmal staunend den Kopf zerbrochen über den realitätsfernen, aber doch so magischen Ausspruch »wie oben, so unten«. Angenommen mit »wie oben« sei der Himmel oder die himmlische Welt, die »reine, unbekannte Hälfte« des Planeten gemeint, so kann man doch nur zu dem Schluss kommen, auch wenn man bloß ein Minimum an Aufmerksamkeit ausübt, dass die Zustände hier unten tatsächlich nicht vergleichbar sind mit dem, was nach unserem Dafürhalten »oben« ist.

Dennoch ist dies so etwa die wichtigste Aussage, die uns die Gnosis, die Hermetische Gnosis aus dem alten Ägypten übermittelt. Im Altertum repräsentierte das Land Ägypten selbst das »Unten«, die ägyptischen Priester und Gelehrten sahen ihr Land als eine Verkörperung und getreue Widerspiegelung des Kosmos, der sich über das Land erstreckte. Stellen Sie es sich so vor: Die eingeweihten Ägypter betrachteten die Milchstraße als einen durch die Schwärze des Himmels ziehenden, breiten Streifen von Sternenstaub, der die Erde prachtvoll beleuchtete. Tief am Horizont stand das Sternbild Osiris, das die Griechen – die ihre gesamte Weisheit den Ägyptern entlehnten – Orion nannten. Und so bezeichnen wir es noch heute. Zur Mitte des Monats Juni erschien über dem Horizont außerdem der Stern Isis, der uns unter dem Namen Sirius geläufig ist. Dies war ein großes Fest; es war der Moment, da Isis, als treue Gemahlin, Osiris suchen kam, um das ihm zugefügte Leid aufzuheben.

Denn Osiris, das Himmelslicht, war durch seinen Bruder Seth, die Finsternis, getötet worden. Danach wurde er in Stücke zerhackt, um zu verhindern, dass er jemals wieder auferstehen und mit seiner Rechtschaffenheit aufs Neue eine Bedrohung für Seths Herrschaft darstellen könnte. Isis hatte alle Stücke wieder eingesammelt. Und wo hatte sie diese gefunden? Im Nil, wo Seth sie versteckt hatte. Deshalb ist Isis stets das Symbol für die Seele, das Symbol für den »Lebensspender«, für die Weisheit als einer Vorahnung des Geistes, wenn das Zerbrochene wieder geheilt ist. Denn Geist ist mehr als Weisheit: Geist ist Lebenskraft, Lebensessenz, Regeneration, ja sogar Transfiguration. Das, was tot ist, wird wieder hergestellt auf einem höheren Plan, es wird wieder lebendig und erfüllt mit Schöpfungskraft.

Wenn Isis erscheint, lebt das Land wieder auf. Wenn der Hundsstern, Sirius, in Ägypten über dem Horizont aufgeht, weiß das Volk, dass der Nil zur selben Zeit über die Ufer tritt. Dann wird das Land »schwarz«; deshalb nannten die Ägypter ihr Land Keme, Kemeth – das schwarze Land. 72 Tage lang wird der Nil Dutzende von Kilometern breit sein. Während dieser 72 Tage arbeitete kein Bauer auf dem Land, denn es ist gar keines da. Er widmete sich während dieser Zeit dem Tempelbau, dem Bau der Wohnstätten für die Götter, oder für ihre Abgesandten, die Pharaonen, und dies schon vor ihrem Ableben. Ihre Zeit verbrachten sie auch mit vielen Festen, um die Vermählung der Götter zu feiern. Hierzu wurden die Götterbilder aus dem Allerheiligsten der Tempel geholt und in Booten über den Fluss transportiert. Sie statteten ihren Partnern einen Besuch ab: Schu (Luft) bei Tefnut (Fruchtbarkeit), ihr Kind heißt Geb (Erde); Isis (Liebe) bei Osiris (Tod, aber auch Macht), ihr Sohn heißt Horus (Leben), sowie andere Begegnungen. Jede dieser Begegnungen sollte reiche Ernte hervorbringen.

Wenn das Wasser sich wieder zurückzieht, hinterlässt es eine fruchtbare Schicht Schlamm, worauf in der zweiten der drei Jahreszeiten, die es gibt, gepflügt und gesät wurde. Die dritte Jahreszeit war

Erntezeit: Auch jetzt wurde schwer gearbeitet und sorgfältig Buch geführt. Denn von jeder Ernte musste ein Teil als Steuer abgeliefert werden.

So beweist das alte Ägypten, dass »wie oben, so unten« tatsächlich einen tiefen Sinn beinhaltet. Auch noch auf eine andere Art versinnbildlicht der Nil den Lebensstrom: nämlich durch seine bemerkenswerte Ähnlichkeit mit dem Leib einer Schlange, die gleichsam das Rückenmark des Landes darstellt. Die Verwandtschaft mit dem menschlichen Rückenmarksystem, in dem das Schlangenfeuer, die Lebensessenz des Menschen vibriert, ist besonders augenfällig.

Esoterisch ausgerichtete Wissenschaftler haben sehr wohl von dieser Übereinstimmung gewusst. Sie haben vor sich gesehen, wie an den bedeutenden Orten entlang dieses Lebensbaumes die Tempel standen, jeder für den Menschen einen wichtigen Aspekt vergegenwärtigend und widerspiegelnd. Dorthin zogen die Menschen zu ihrer Genesung.

Im Süden beginnend, befindet sich hier zunächst der Tempel von Khum, dem Gott vom Anbeginn, der den Menschen auf seiner Töpferscheibe modellierte und ihm Leben gab durch Ptah, dem Lebensspender, der ihm das heilige Leben einhauchte. Der Tempel von Philae, Isis geweiht, ist das Leben, das Frucht hervorbringt. Wer zum Tempel der Isis im Süden ging, genas von der Unfruchtbarkeit; wer sein Herz brennen fühlte, begab sich nach Luxor, dem großen Tempel in der Mitte des Reiches.

Der Tempel von Sobek ist der Heiler im Allgemeinen, der auch verglichen werden kann mit dem Sonnengeflecht im Menschen. In Sobek, geweiht dem heiligen Krokodil, war die Verdauung der Mittelpunkt.

Die Genesung trat ein, indem man sich dem Priester vorstellte, und vor allem durch das Nächtigen in den Vorhöfen der Tempel. Man genas im Schlaf, und die Träume offenbarten, was an Gesundheit fehlte. Das war das Wichtigste! Und wenn einer sie nicht verstand, legten die Priester sie ihm aus. Ferner wurden die Behandlungen unterstützt mit Sprüchen und Gebeten und mittels Kräuterarzneien, Kompressen und Balsam verstärkt.

Um die langen, schwülen Nächte in den Vorhöfen zu verkürzen, spielten die Menschen Backgammon auf den steinernen Bodenplatten, in die sie die Spiele eingeritzt hatten. Wundersame Genesungen ereigneten sich, so berichten überlieferte Legenden und Erzählungen.

Die Tempel zu Sakkara korrespondierten mit dem Kehlkopf und der Sprache. Die drei Pyramiden vergegenwärtigten die Brennpunkte im Haupt. In der Zeit, als es gut war, stellte der Nil in der Tat ein Schlangenfeuersystem mit aktiven Zentren dar, die die Menschen belebten. Dort kamen sie in Kontakt mit den lautersten Voraussetzungen, die es zu jener Zeit gab. Die Menschen zogen regelmäßig dorthin, nicht zuletzt um da die geweihten Feste zu feiern. Wer empfänglich ist, kann an den allerheiligsten Stätten dieser Zentren die letzten Überbleibsel jener Energie noch heute spüren.

Die Basis der westlichen Weisheit ist allzeit Ägypten. Sie darf zwar ruhig in den Hintergrund treten, sowie eine gute Mutter in einem gegebenen Moment ihr Kind frei gehen lässt; aber so wie eine gute Mutter ist sie auch immer gegenwärtig. Unser Denken wurde durch die Ägyptische Periode geformt, und das esoterische Bewusstsein aller Jahrhunderte greift immer wieder auf die Weisheit von Ägypten zurück, auf die hermetischen Anfänge, die zu Beginn unserer Zeitrechnung festgelegt wurden, letztlich aber viel älteren Datums sind.

In jeder Hinsicht bestimmte der Nil das Leben: Als Folge der jährlichen Überschwemmungen bedeckten dicke Schichten Schlamm jeden Winter die Ufer, wodurch die Böden fruchtbar wurden. Hier wurde gesät und später geerntet. Der Nil war der wichtigste Verkehrsweg. Er spendete Trinkwasser und das erforderliche Wasser für die Pflanzen.

An seinen Ufern gedieh der Papyrus, die Pflanze zur Herstellung von Booten, aber auch von Sandalen und Gebrauchsgegenständen. Und natürlich als Material für die Schriftrollen, durch die wir bis zum heutigen Tag etwas über die historischen Zeiten von Ägypten erfahren können. Der Nil, der in Äthiopien entspringt und ins Mittelmeer mündet, fließt fast senkrecht von Süden nach Norden und scheidet das Reich in Osten und Westen.

Im Osten geht die Sonne auf und im Westen geht sie unter. Am westlichen Ufer, der Seite der untergehenden Sonne, wurden die Toten begraben. Der letzte Gang des Ägypters führte nochmals über den Fluss, der in seinem Leben eine so wichtige Rolle gespielt hatte.

In dem Ägyptischen Totenbuch – den Ägyptern bekannt als *Das*

Ritual – lesen wir, wie der Verstorbene in Isis' Barke zum anderen Ufer hinüberfährt, um vor Osiris zu erscheinen, dem Gott des Lebens, vor dem Geist, der selbst tot war und wieder lebendig geworden ist. Vor seinem Angesicht wurde das Herz gewogen. Auf der einen Seite lag das Herz, auf der anderen Seite eine einfache Feder, leicht wie der Wind, transparent und rein wie die Wahrheit, die sie vertritt. Und wenn jede Bedingung erfüllt ist, wenn keine Bindungen an das niedere Leben mitgebracht worden sind und das Herz selbst leicht ist wie der Wind der reinen Äther, dann erst betrat der soeben Angekommene das Land im Westen. Dort, befreit von dem schweren Stoffkleid, lebt er in Gemeinschaft mit den Göttern ein neues und erhelltes Leben im ursprünglichen Reich der Menschen.

Wer sich hierauf besinnt, ist erstaunt ob der Einfachheit und Serenität der Symbolik, die das Ägyptische Reich am Anfang bestimmten. Vermutlich war das Leben für die Menschen in jenen Tagen in vielerlei Hinsicht leichter zu führen als heutzutage. Die eine Aufgabe war, zu höherem Seelenleben zu gelangen, was selbstverständlich erreicht werden konnte, vorausgesetzt man hielt sich an die Richtlinien und Gesetze des Geistes.

Jan van Rijckenborgh schreibt in diesem Zusammenhang: »Der große Lehrer der Ägyptischen Periode ist Hermes. Hermes lehrte seine Schüler, dass, wenn sie auf die richtige Weise, ganz in Übereinstimmung mit den geistigen Gesetzen, lebten, sie nach dem Tode vereinigt würden mit den geistigen Kräften und Mächten.«

Wie die Einweihungsgrotten in Ussat-les-Bains in Südfrankreich oder das Tal der Sieben Meere im Rila-Gebirge in Bulgarien als Symbole angesehen werden können für die innere Entwicklung des Menschen, so steht auch das Land der zwei Ufer des Nils in seiner ursprünglichen Einfachheit und Klarheit als Sinnbild für das geistige Streben der damaligen Menschheit.

Stellen Sie die Symbolik des alten Ägyptens noch einmal vor Ihr Bewusstsein:

- Der Nil: der Lebensspender, ein Schlangenfeuersystem, das das Lebende Wasser in alle Teile des Reiches fließen lässt.
- Das östliche Ufer: das Gebiet der Arbeit, das Gebiet der Verwirklichung.

- Das westliche Ufer: das Sterben, das menschliche Schicksal.
- Vor allem aber: das Ablegen des Alten, Kristallisierten, das Abschütteln des Sandes.
- Dann besteigt der Betroffene das Himmelsschiff, die Barke der Isis. Die Reise geht über den Nil, der nun nicht mehr Osten und Westen voneinander scheidet, sondern verbindet, der die Seele (Bat) mit dem Geist (Ka) vereinigt, im Menschen und außerhalb des Menschen.
- Ist das Herz geläutert, das bedeutet, ist die Kernstrahlung wieder hergestellt, dann folgt daraus mit Sicherheit: die Heimkehr nach dem westlichen Ufer. Der Mensch ist dann als Kind der Liebe von Osiris und Isis, als Horus, geboren; er ist über den Horizont hingegangen.

Man könnte viele Seiten füllen mit den zahlreichen fesselnden, esoterischen Aspekten des alten Ägyptens, und es gibt darüber auch eine reichhaltige Literatur.

Die große Masse lebte dazumal als *Gruppe* mit wenig individuellem Bewusstsein, sie fügte sich den Göttern und Priestern. Dennoch ist Ägypten auch das Land, in dem sich der menschliche Verstand entwickelte, das von unglaublichen wissenschaftlichen Leistungen seines schon lange entschwundenen Volkes zeugt. Faszinierend ist die Rolle des Pharao, dessen Name auch bedeutet: Er, der in dem (geistlichen) Haus ist. Der Pharao war König-Priester, er regierte die zwei Reiche Ober- und Unterägypten, aber auch das geistliche und das stoffliche Ägypten. Er war der direkte Vertreter der Bruderschaft im Reich, und deshalb betrachteten die Menschen ihn als Sohn der Götter.

In den späteren Zeiten der Ägyptischen Periode konnte es nicht anders sein, als dass das Wahre und Befreiende verloren gehen musste, so wie jede Bemühung der Bruderschaft, befreiend zu arbeiten, auf Dauer imitiert, umgebogen und zunichte gemacht wird.

Die Priesterschaften missbrauchten ernstlich die oben erwähnte unglaubliche, magische Kenntnis und Macht, um sich das Volk (und den Pharao!) untertan zu machen, und auf diese Weise eine bedeutende politische Macht für sich selbst zu schaffen. Durch die Verherrlichung von Amon, der Gottheit des »Verborgenen in der Luft«, wurde ein erneuerndes, freies Leben für den normalen Menschen unmöglich. Deshalb hatte er von nun an einen Priester nötig, der fähig war, das Verborgene zu erklären und zu deuten. Dies missbrauchten die Priester von Amon. Es kam soweit, dass kein einziges befreiendes Werk mehr getan werden konnte – ein Drama, das sich viele Jahrhunderte später in den *christlichen* Kirchen wiederholen sollte.

Zahllose Beweise für den Götzendienst sind in den Museen von Europa und Amerika zu finden, über Abhängigkeit und das Abhängig-Machen, über Liebesbeschwörungen, magische Anrufe und vieles mehr. Über das wahre Ägypten, seine hohe Berufung und besonders das Leben, das die Menschen dort leben konnten, weiß man jedoch viel weniger. Einmal noch wurde mit großer Anstrengung versucht, diesen Niedergang aufzuhalten.

Ungefähr 1350 Jahre vor unserer Zeitrechnung regierte Echnaton die zwei Reiche. Er brach in wahrlich freimachendem Sinn mit dem Alten und entließ die ganze Amon-Priesterschaft, um die Sonnenreligion mit Kraft aufs Neue wieder herzustellen. Dazu errichtete er am Nilufer zwischen Luxor und Kairo eine ganz neue Stadt: Achetaton (»Horizont von Aton«), das heutige Tell el-Amarna. Außerdem brach er mit der starr gewordenen Kultur und inspirierte seine Künstler zu einem neuen Bild- und Formengebrauch, das der Wahrheit entsprechen sollte. Ein prachtvolles Beispiel des Kunststils, den er initiierte, ist in Berlin zu bewundern: Eine Büste seiner Gemahlin Nofretete verblüfft durch ihren modernen *Look*, ihre innerliche Kraft und frische Schönheit. Von ihm selbst ist im Louvre in Paris eine Porträtskulptur in Sandstein zu sehen, mit einem sehr empfindsamen, weisen Ausdruck. Echnatons *Sonnengesang* (am Ende dieses Kapitels) ist ein Zeugnis seiner Inspiration und Kenntnis der Welt als einem zusammenhängenden Ganzen, einem Sonnenweltall, wo die Erde in Wirklichkeit mit der Sonne eine völlige Einheit bildet. Er fühlte die Verantwortung auf seinen Schultern, sein Reich einen Schritt in die Richtung einer wieder hergestellten Einheit zu führen. Er schreibt von sich in den Worten, die er an Aton richtet:

»Es gibt keinen anderen, der Dich kennt,
außer Deinem Sohn Echnaton.
Du hast ihn in Deinen Plan eingeweiht
und ihn Deine Stärke spüren lassen.

Die Erde, die Du geschaffen hast,
ruht in Deiner Hand.«

Kurz nach seinem Tode steht auf einem Grenzstein eine Huldigung an ihn:

»*Die Sünde ist aus dem Land verschwunden,*
die Wahrheit hält stand, und die Lügen sind etwas Abscheuliches.
Das Land ist wieder so, wie es in der Urzeit war.«

Brutale Gewalt hat kurze Zeit später alle Spuren seines Impulses mit der üblichen Gründlichkeit weggefegt, und die Stadt Achetaton wurde wieder dem Erdboden gleichgemacht. Aber der Ruf der Bruderschaft erklang auch damals wieder, so wie er immer wieder erklingt, und er hat viele, viele Menschenseelen aus dem Wüstensand von Ägypten nach Hause geführt. Noch immer ist der Wüstensand ein sprechendes Symbol für die trostlose Dialektik, weil in seiner Trockenheit kein Leben entstehen kann, obwohl darin zahllose Samen auf ihr Erwachen warten.

Echnatons Lobgesang an die Sonne wurde in einer Ausstellung im Jahre 2001 in Leiden (Holland) als ein Gedicht beschrieben, das »einer ekstatischen Freude über die Schöpfung, die Geschöpfe und Gott, der alles schuf, Ausdruck verleiht. Die Welt sonnt sich im göttlichen Licht. Die menschlichen Wesen und die Tiere leben in Anbetung, und der Schauplatz der Welt ist voller Überfluss und Ordnung. Dem Gedicht liegt ein Gefühl von heiligem Eifer zu Grunde.«

Der Sonnengesang des Echnaton

Wie lieblich erscheinst Du, Sonne, o Lebende,
in der Lichtwohnung des Himmels,
Du, die Du am Anfang aller Dinge stehst.
Du strahlst vom Lichtberg im Osten
und schmückst die Länder der Erde mit Deiner Schönheit.
Deine Strahlen umfassen alle Länder,
und sie erstrecken sich bis zu den Grenzen Deiner ganzen Schöpfung.
Du bist ferne, und doch ist Deine Strahlung auf der Erde anwesend.
Wir schauen Dich an, und doch sieht niemand den Weg, auf dem Du
    stehst.
Wenn Du herniedersteigst zum Lichtberg des Westens,
bleibt die Welt in der Finsternis wie tot zurück.
Bei Deinem Aufgang erheben die Menschen ihre Arme in Anbetung.
Deine Strahlen nähren alles, was gepflanzt ist;
Du scheinst, und alles lebt und wächst durch Dich.
Die Welt liegt in Deiner Hand, so wie Du sie erschaffen hast.
Wie wunderbar geordnet sind sie, Deine Ziele in dieser Welt.
In Deinem Licht leben die Menschen;
wenn Du Dich zur Ruhe begibst, sterben sie.
Das Leben ist in der Zeit, und die Zeit ist in Dir,
und in Deinem Leben sind wir.
Denn Du hast die Erde erschaffen,
und Du richtest sie jedes Mal wieder auf für Deinen Sohn,
der aus Deinem Körper hervorgekommen ist. ❧

Seahenge – Eichenholz-Druidenkreis
in der Nähe von Holme-next-the-Sea, Norfolk, 2050 v. Chr.
© *John Sayer, Norwich, Norfolk GB*

KAPITEL 3

Die Druiden

Heilige Wälder

I

Es fällt schwer sich vorzustellen, wie es in unseren Gegenden in der Periode aussah, die vor ungefähr 20 000 Jahren begann und bis zur Griechisch-Lateinischen Periode mit der Geburt Jesu Christi dauerte. In den südlichen Ländern im Mittelmeerraum gab es beeindruckende Kulturen.

Wir sprachen bereits über die Ägyptische Periode. Zu gleicher Zeit existierte im Nahen Osten die Babylonisch-Assyrische Zivilisation, eine Gesellschaft, die unter anderem die Keilschrift erfand, welche erwiesenermaßen der Vorläufer unserer Schrift ist. Es war eine enorme Entwicklung in Indien zu verzeichnen, wo Große an Geist wie Rama und Krishna die Menschen leiteten und inspirierten.

In Europa, von Irland und England im Westen bis ins östliche Südrussland, und von Nordskandinavien bis nach Keltiberia, dem heutigen Spanien, im Süden, so sagt man, gab es nichts. Alles war von Wäldern überdeckt, ausgedehnten Waldgebieten, Bäumen über Hunderte von Quadratkilometern, absolut undurchdringlichen Wäldern, in denen kaum Menschen lebten; Gebieten, die den Bewohnern der damaligen zivilisierten Welt – dem Italien des Römischen Reiches – Angst einjagten. Stellen Sie sich endlose Eichenwälder vor mit weiten, offenen Flächen darin, durchzogen von Flüssen, an deren Ufern die Menschen unter primitiven Umständen lebten.

»Barbaren«, so nannte die zivilisierte Welt sie. Dieses Wort kommt aus dem Griechischen. Die Griechen bezeichneten die Bewohner der angrenzenden Nachbarländer als Barbaren wegen ihrer fremden Sprache mit ihren absurden Kehllauten, die in ihren Ohren so ungefähr wie »*brraarbbra*« klangen. Daher das Wort.

»Barbaren«, so nennt auch die heutige Wissenschaft die Menschen, die in jahrhundertelanger, relativer Ruhe die hiesigen Gegenden bevölkerten. Die offizielle Archäologie spricht von den Kelten als von einem kaum zivilisierten, den Götzen dienenden Volk. Sie werden als streitsüchtig charakterisiert, mit einer primitiven Hierarchie: Zuoberst die Adligen, darunter eine Schar Priester und unter diesen wiederum das gewöhnliche Volk. Als primitiv sieht die Wissenschaft auch den Brauch an, Flüsse, Lichtungen und Bäume als »heilig« zu betrachten.

Schon gleich zu Anfang dieses Kapitels tut sich uns eine Schwierigkeit auf. Um sich nämlich über die Kelten im Sinn dieses Buches ein Bild machen zu können, müssen Sie ein Wagnis eingehen.

Sie müssen Ihre Brille ablegen und es wagen, die westliche Sicht auf sich selbst und auf die Geschichte loszulassen. Sie müssen sich getrauen zu sehen, dass unser Fortschritt, unsere Technologie und sogar unsere Wirtschaft kein ungeteilter Segen sind, und dass wir demzufolge auch keine überlegenen Menschen sind.

Sie denken vielleicht: Klar, das verstehe ich. Die Umwelt ist übel dran, aber wir werden den Abfall trennen und das Problem schon lösen. Dies ist jedoch nicht der Punkt, und diese Sichtweise genügt auch nicht, um bis zum Kern, um den es hier geht, vordringen zu können. Um ein Bild von den Kelten zu bekommen, das nach unserem Verständnis diesem Volk, genauer dieser Völkerschar, die während vieler Jahrtausende in den Gegenden von Zentraleuropa lebte, nicht Unrecht tut, müssen wir einen ganz anderen Standpunkt einnehmen. Wir haben dabei von der Ansicht auszugehen, dass für jedes Volk ein Beweggrund für seine Existenz besteht. In einem Volk lebt eine mächtige Idee, ein Grundmuster, eine bestimmte Beseelung, und Jahrhundert um Jahrhundert wird danach getrachtet, diese eine Entwicklung entscheidend voranzutreiben.

Diesen Standpunkt finden Sie in der alten Weisheitslehre wieder, in der das verborgene Wissen bewahrt geblieben ist, als dieses für den größten Teil der irdischen Menschheit verloren ging. Sie berichtet uns von sieben Welten, woraus die Erde besteht. Sie macht uns deutlich, dass die Erde Leben und Beseelung in sieben verschiedenen Welten kennt, auf sieben verschiedenen Niveaus, in sieben Bestehensfeldern. Auch Mani (siehe Kapitel 7) hat dasselbe Bild gebraucht.

Über die sieben Entwicklungsfelder oder Kugeln können Sie sich ausführlich informieren in *Die Weltanschauung der Rosenkreuzer* von Max Heindel und in *Die Geheimlehre* von H.P. Blavatsky.

Die Druiden waren die Weisen der Kelten. Sie erklärten den Menschen: »Die Erde existiert auf sieben verschiedenen Ebenen. Und wenn diese Erde zu bestehen aufhört, wird es eine neue geben im Kreis von *Gwynfyd*, dem Kreis der menschlichen Vollkommenheit, dem Kreis der Glückseligkeit.« Das ist das Weltbild der Druiden. Auch der Mensch ist gemäß der Weisheitslehre zu Beginn siebenfältig, und der vollkommene Mensch lebt gleichzeitig in sieben Welten.

Ist das schwer zu verstehen? Vielleicht wird dieses Bild etwas verständlicher, wenn man bedenkt, dass der Mensch gegenwärtig bereits in vier Welten existiert: In der materiellen Welt mit seinem Stoffkörper; in der Ätherwelt mit seinem Lebenskörper, welcher den Stoffkörper belebt; in der Begierdenwelt durch sein astrales Fahrzeug, über das er Gefühlsregungen und Sinneseindrücke wahrnehmen kann; und in der untersten Schicht der mentalen Welt, so dass er in Kontakt treten kann mit jeglicher Idee, die in der Atmosphäre schwingt. Mittels Bücher, Medien, Internet, versteht sich. Unser Bewusstsein ist in allen vier Gebieten wirksam, fängt von dort Impulse auf und reagiert entsprechend, aber wir haben nur »Augen« für die sichtbare, äußerliche Welt der Erscheinungen. Und es wird noch einige Zeit vergehen, bevor unsere Intuition so weit entwickelt ist, dass wir fähig sind, in der Welt der Ideen unmittelbar wahrzunehmen. Bei den Druiden war die Intuition viel ausgereifter und ihre Verbindung mit der »unbekannten Hälfte« sehr direkt. Ihr Vorstellungsvermögen war geübt durch das jahrelange Bemühen, die vielen tausend Verse ihrer Weisheitslehre zu erlernen, um diese dann weiterzugeben.

Ein Volk hat einen Beweggrund für seine Existenz, so schrieben wir. In einem Volk lebt eine mächtige Idee, ein Grundschema, eine bestimmte Beseelung, und ein Volk wird Jahrhundert um Jahrhundert angespornt, einer bestimmten Entwicklung zu folgen. Sowie die Persönlichkeit durch das Höhere Selbst und den Mikrokosmos zu einer bestimmten Entwicklung, zu einer bestimmten Tätigkeit aufgefordert wird, so wirkt dieselbe Kraft und derselbe Anreiz im Großen, in einem ganzen Volk.

Die moderne Archäologie ist stets geneigt, sich *über* die Völker zu stellen, die sie untersucht. Über die Kelten und ihre Weisen, die ehemals ganz Europa bevölkerten, liest man nur in negativen Worten. Das rührt vor allem daher, weil diese keine Literatur und keine Schriften hinterlassen haben, und der moderne Mensch nun einmal nicht glauben kann, dass es auch eine *lebende* Kenntnis gibt! Wir werden später in diesem Kapitel darauf zurückkommen.

Nach westlicher Denkart sind die Kelten von so untergeordneter Bedeutung, dass man nur an wenigen Stellen etwas Positives über sie lesen kann. Der Film *Gladiator* zeigt eine Schlacht zwischen der gut organisierten römischen Legion und einer Gruppe halbwilder Gallier, und Letztere kommen bei der Bildgestaltung schlecht weg.

Das begann schon bei den Klassikern. Zu Beginn unserer Zeitrechnung war der Expansionsdrang der Römer so groß, dass der Mittelmeerraum ihnen nicht mehr ausreichte. Afrikas nördliche Küsten hatten sie schon erobert, und auch in östlicher Richtung, in Persien und im Nahen Osten wurden verschiedene Raubzüge durchgeführt. Weil es politisch gesehen vorteilhaft ist, »ein großer Feldherr« zu sein, einer der mit flinker Beute zurückkehrt, zogen die Befehlshaber auch in den Norden, um der dortigen Bevölkerung den »Vorzug« ihrer Zivilisation zu bringen.

Als in historischer Zeit von verschiedenen römischen Autoren über die Kelten und insbesondere die Druiden geschrieben wurde, war deren Blütezeit schon vorbei gewesen. Die Kelten mit ihrer außergewöhnlichen Kultur waren zu diesem Zeitpunkt bereits am Ende ihres Zyklus als Volk angelangt.

Das Ende wurde durch den aufkommenden Materialismus der Römer sowie deren militärische Auffassung sowie die Gewalt, mit der sie eindrangen, außerordentlich beschleunigt; nicht einmal so sehr durch ihre sprichwörtliche Grausamkeit, mehr noch durch die erbarmungslose Aktivität, mit der sie das Lebensmilieu der Kelten – die Wälder – niederbrannten und ausrotteten. Etwa 150 v. Chr. besetzten die Römer Gallien und die Iberische Halbinsel, 51 v. Chr. Nordfrankreich, die Gegend um die *île-de-France* und *Belgica* (wozu auch die Niederlande gehörten), 142 n. Chr. zogen sie nach England. Was von den Kelten und Druiden übriggeblieben war, zog sich weiter zurück nach Irland, wo sie bis 500 n. Chr. lebten.

II

Julius Cäsar hatte befohlen, alle religiösen Kulturen zu vernichten. Damit waren auch die Privilegien der Druiden auf religiösem und politischem Gebiet aufgehoben. Das Druidentum wurde als eine gefährliche Ketzerei gebrandmarkt (eine altbewährte Methode). Diejenigen also, die eine jahrhundertealte, ja jahrtausendealte Weisheit beschützt und ausgeübt hatten, wurden für vogelfrei erklärt und wie Straßenräuber verfolgt. Sie flüchteten nach Großbritannien und nach Mitteldeutschland. Einige zogen sich zurück an den Fuß der Pyrenäen. Ungeachtet dieser Bedrohung wurden die Druiden von den örtlichen Bevölkerungen unterstützt, ja auf Händen getragen, denn ihr poetisches und mysterienvolles Weltbild hatte Anklang gefunden in den Herzen der Menschen. Und es ist nicht übertrieben zu sagen, dass ihre besonderen Kenntnisse seitdem leider vermisst werden.

Es gelang den Römern nicht, die Druiden vollständig auszurotten. Von den ersten Jahrhunderten unserer Zeitrechnung bis zum 5. Jahrhundert existierte zum Beispiel in der Nähe von Toulouse ein Kollegium von Druiden, das eine gewisse Berühmtheit besaß, dessen Aktivitäten aber nicht mehr bekannt sind. Sie gaben sich erst geschlagen beim Auftreten der ersten Christen und ihrer Lehre, die schon in den frühen Jahrhunderten unserer Zeitrechnung in Okzitanien zu finden waren. Mit ihnen fühlten sie sich verwandt, in ihnen erkannten sie die Glut eines neuen Impulses. Die Fackel, die sie so unglaublich lange brennend gehalten hatten, konnte den Christen weitergereicht werden.

Seitdem hat die Menschheit nie mehr beobachten können, wie die Druiden zur Zeit der Sonnenwende von ihren verborgenen Aufenthaltsorten zu den Ausläufern ihrer Wälder zogen, um dort die eine oder andere geweihte Zeremonie abzuhalten. Unbekannt ist seitdem auch die erhabene Schönheit des Rituals des Mistelzweiges. Auf dem Gras um eine heilige Eiche am Waldrand wurde ein dreieckiger Altar aufgestellt, an dessen Ecken je ein Feuer brannte. Hinter dem Altar stand ein Becher voller Mistelzweige, die mit einer goldenen Sichel geschnitten worden waren. Und seitdem hat niemand mehr einen Druiden gesehen, der an einem solchen heiligen Ort ein Stück Brot in den Becher warf, um dieses mit gekeltertem, vergorenem Traubensaft, mit Wein zu übergießen. Wenn wir uns diese Handlung vor Augen halten, ist es dann ein Wunder, dass die Druiden sich verwandt fühlten mit dem ursprünglichen Christentum?

Woher stammte diese Weisheit? Die geheime Lehre weist darauf hin, dass die Druiden Hüter einer sehr alten Kenntnis waren, deren Ursprung sich im Nebel der Kreisläufe vor unserer heutigen Arischen Zeitepoche verliert. Sie sollen Gallien die Zivilisation gebracht haben, was darauf hindeutet, dass sie möglicherweise einen anderen Anfang gekannt haben als die Kelten selbst, oder in Verbindung standen mit einer weiteren Kultur.

Die Keltische Kultur hat sich nicht ausgedrückt in Bauwerken, Infrastrukturen oder Tempelanlagen, ausgenommen die *Dolmen*, von denen man annimmt, dass sie Gräber aus Felsblöcken darstellen. Auch von den ringförmigen Anlagen wie Stonehenge und Woodhenge, die eine weitreichende astronomische Kenntnis verraten, bleibt die wahre Bedeutung verborgen, wie auch von den *Cromlechs*, einer Art monumentaler Pforten aus roh behauenen Steinen, zusammengesetzt aus einem oder mehreren massiven Steinblöcken, die quer auf zwei oder drei aufrecht stehenden Steinen aufliegen. Geheimnisvoll sind auch die Steinwälder zu Carnac (Bretagne): rhythmisch angeordnete, senkrecht aufgestellte Steine, die *Menhirs*.

Davon gibt es nur wenige, und tatsächlich wurden sie vorwiegend in denjenigen Ländern gefunden, die von den alten Kelten bewohnt worden waren. Sie stammen aus ferner vorchristlicher Zeit, man spricht von einem Alter von etwa 3000 bis 6000 Jahren. Über ihren Gebrauch und ihre Bedeutung jedoch ist kaum etwas bekannt. Wir wissen aber, dass die Druiden einen integrierten Bestandteil der keltisch-gallischen sozialen Struktur bildeten. Drei Ebenen können darin festgestellt werden, was die moderne Archäologie bestätigt: Die erste Schicht wurde gebildet durch die verschiedenen Bräuche und Traditionen indo-europäischer Art, das bedeutet, wir finden sie auch in anderen Kulturen desselben Ursprungs wieder. Darunter liegt eine Ebene, die ihre Grundlage in der Periode der beginnenden neolithischen Bauernvölker hatte, welche östliche und westliche Elemente vermischten, und dies schon ab 5000 v. Chr. Und als breite, tiefer liegende Bodenschicht findet man schließlich die Zeichen von Riten und Bräuchen der Jäger und Sammler, deren Ursprung etwa 20 000 Jahre zurück liegt.

Die universelle Weisheit, die von der *verborgenen* Geschichte des Menschen handelt, erzählt, dass der Ursprung dieser Völker noch sehr viel weiter zurück reicht und aus der Zeit des verschwundenen Kontinents Atlantis stammt. Dort finden wir ihren Ursprung und müssen wir die Quelle ihrer verborgenen Kenntnis suchen, so wie auch den Ursprung der besonderen Verbundenheit mit der Übernatur.

Unlängst wurde an der englischen Küste von Norfolk, bei der Ortschaft Holme-next-the-Sea, ein Kreis von 54 Baumstämmen gefunden, ringförmig angeordnete massive Eichenstämme, in ihrer Mitte eine umgestülpte Eiche, deren Wurzelwerk eine Art Tafel bildet. Nach dem Steinkreis von Stonehenge und einem weiteren Kreis tief in einem Wald gelegen, Woodhenge, wurde dieser Kreis am Meer *Seahenge* genannt. Durch die extreme Wirkung der Gezeiten war dieser 1998 aus dem Wasser an die Oberfläche gelangt. Weil man befürchtete, nachdem der Kreis Tausende von Jahren unter dem Sand konserviert war, er innerhalb weniger Jahre verschwinden würde, hat man ihn vollständig konserviert. Er wird nun am ursprünglichen Platz und in der ehemaligen Anordnung verankert. An Hand der Jahresringe ist das Alter dieses Kreises bestimmt worden, wonach die zentrale Eiche 150 Jahre alt war, als sie – wahrscheinlich infolge eines Sturms – umstürzte. Die Bäume darum herum waren alle genau ein Jahr später, genau im Jahr 2050 v. Chr. gefällt worden. Der Kreis soll zeremoniellen Zwecken gedient haben, so sagt man. Oder steckt mehr dahinter? Markierte er gar einen heiligen Ort? War dort ein Brennpunkt, an dem die Götter eine heilige Eiche fällten, um so mit den Bewohnern von *Abred* – gemeint war unsere Erde – in Kontakt zu treten? Ist es ein weiteres Beispiel ihrer beeindruckenden, verloren gegangenen Kenntnis? Es strahlt eine stille Kraft von dem Kreis von Seahenge aus, eine Kraft, die das Herz berührt.

III

Das Wissen der Druiden über Flora und Fauna sowie die medizinische Anwendung von Kräutern und Pflanzen war beeindruckend und basierte auf einer gründlichen Kenntnis des menschlichen Systems. Das wenige, was noch vom Druidentum bekannt ist, wird der Jugend des 21. Jahrhunderts in Form von Karikaturen vermittelt: Wer etwas über den Mistelzweig hört, denkt zuerst an Comics. Wer weiß heute noch, dass die Druiden die Mistel aus ganz anderen Gründen verehrten, als daraus einen »Zaubertrank« zu brauen? Die Mistel galt bei ihnen nicht nur als wichtige Heilpflanze, sondern auch als ein Symbol für das höhere Leben. Wer ist sich noch bewusst, dass die Mistel eine Pflanze ist, die die Erde nie berührt, getragen ist durch die Lebenskraft und den Reichtum jahrhundertealter Eichen in den heiligen Wäldern? Ebenso trägt die irdische Persönlichkeit die Geist-Seele des ursprünglichen Menschen, der diese Erde weder bewohnen will noch kann!

Die Mistel ist kein Parasit im üblichen Sinn. Sie erhält Wasser von der Eiche, ohne dass diese darunter leidet, denn ihre Nahrung bildet sie selbst in den Blattgrünkörnchen. Die Weisen und Priester, die die Heilkraft der Mistel kannten und in hohen Ehren hielten, betrachteten die Pflanze als ein Geschenk aus der anderen Welt, der Welt der Lebenden, ein Geschenk aus dem *Kreis von Gwynfyd*. Die Mistel ist dem Wechsel der Jahreszeiten nicht unterworfen. Ihre Beeren reifen in den kältesten Monaten. Sie vermeidet alles, was mit dem irdischen Kreislauf zu tun hat. Sie kennt keine untere und keine obere Seite, und sie ist von runder Gestalt. Die gekeimten Samen der Mistel wachsen in alle Richtungen, aber nicht abwärts, wie die anderer Pflanzen. Sie ist – so kann man sich vorstellen – auf die Vollkommenheit ausgerichtet, sie ist unirdisch und unterhält eine besondere Beziehung zum Licht. Die weisen Druiden sahen in der Mistel einen greifbaren Beweis für die göttliche Hilfe, die uns Menschen im *Kreislauf der Erfahrungen* notwendigerweise geboten wird.

Die unscheinbare Pflanze gedieh in den riesigen, sich über Tausende von Hektaren erstreckenden Wäldern mit einer Vielzahl abgeschiedener Winkel, die vom Lärm der Stammesfehden unberührt blieben, wo unendliche Stille herrschte, getragen durch das Rauschen des Windes, und wo die Gewalt aufblühender und untergehender Kulturen vorüberzog. Die Beeren der Mistel sind Nahrung für die Misteldrosseln. Über ihre Verdauung oder indem sie die Schnäbel, an denen Samen kleben geblieben sind, an den Zweigen der Bäume wetzen, verbreiten sie die Samen und sorgen so für die Vermehrung der Mistel von Baum zu Baum.

Wer weiß heute noch, wie aus der Mistel eine besonders wirksame Wundsalbe hergestellt wird? Wer weiß heute noch, wie man die Pflanze anwenden muss als Heilmittel gegen die »heilige« Krankheit, die Epilepsie? Die Druiden konnten nicht wissen, dass die Mistel Polypeptide beinhaltet, Viscotoxin und biogene Amincholine. Dennoch war ihnen bekannt, dass die Mistel blutdrucksenkend wirkt und wachstumshemmend bei Tumoren, weil sie so gut geeignet ist, Licht und (Lebens-)Wärme zu speichern. Ist es ein Wunder, dass diese geweihten Männer und Frauen mit ihrem grandiosen, beeindruckenden Wissen vom Kosmos diese Pflanze als eine Gabe, als ein universelles Heilmittel betrachteten, das unmittelbar aus »den unendlichen Weiten« oder – wie es auch genannt wurde – dem »Land der Lebenden« stammt?

Ihre Kenntnisse und ihre Weisheit sind für die Menschen unserer Zeit verloren. In den Enzyklopädien liest man von der keltischen Religion als von einem besonders komplizierten System von Tier- und Kriegsgöttern, noch weitaus bunter als die der ägyptischen Himmelsbewohner, aber dennoch große Übereinstimmung aufweisend mit dem alten Hinduismus der Brahmanen. Die Wissenschaft nimmt darum an, dass beide ein- und denselben indo-europäischen Ursprung haben. Das ist nicht unrecht, wenn wir es aus der Sicht der *verborgenen* Weisheit sehen. Denn beide haben eine gemeinsame Tragfläche, eine Basis, die viel tiefer liegt. Den Glauben der gallischen Kelten müssen wir demnach als eine Strömung der ursprünglichen, reinen Weisheitslehre betrachten, zugleich aber auch wie eine Entartung davon. Denn schon zu Beginn unserer Zeitrechnung, im 1. und 2. Jahrhundert, waren die letzten, ursprünglichen Druiden aufgegangen in den frühen christlichen Gruppierungen, die sich in den östlicher gelegenen Teilen des Römischen Reiches gebildet hatten und mit ihnen verschmolzen.

Das erklärt, weshalb man bei den Bogomilen auf dem Balkan einige Reste aus ihrer Lehre (Felszeichnungen) bewahrt fand. Auch bei den Katharern von Okzitanien wurde eine Anzahl überlieferter Zeremonien übernommen und lebendig erhalten. Vieles von der Kenntnis der Heilkunst, die die *Bonshommes* der Katharer auf verschiedenen Niveaus besaßen, entstammt den esoterischen Wissenschaften, über deren Schlüssel die Druiden verfügten. Genügend Zeichen und Figuren sind auf dem Fels bewahrt geblieben, die dies beweisen, so wie der Beweis auch erbracht wird durch die wenigen »ketzerischen« Dokumente, die in Beschlag genommen und für das gewöhnliche Volk unerreichbar versteckt gehalten wurden in den Bibliotheken der mittelalterlichen Klöster und des Vatikans.

IV

Wer den Schlüssel besitzt und von den zwei Naturordnungen weiß, ist in der Lage, die ursprüngliche Basis zu erkennen. Er wird zugleich begreifen, dass in unserem jetzigen Leben die esoterische Weisheit und speziell die kosmologische Kenntnis, welche die Quelle der Lehre der Druiden ist, nie mehr zu einem lebenden Faktor werden kann, ungeachtet der Tatsache, dass 1717 in England eine Form von Neo-Druidentum ins Leben gerufen wurde. Schauen Sie sich einmal die Fotos an, wie sich diese Männer und Frauen in weißen Gewändern durch London bewegen oder Versammlungen in Stonehenge abhalten. Sie werden Ihnen ein deutliches Gefühl hinterlassen, dass »dies zu unserer Zeit nicht mehr passt«, auch wenn einige Ansichten es sicher wert sind, anerkannt oder zumindest angehört zu werden.

Die Druiden verstanden »Zeit« nicht so wie wir. Sie kannten lediglich die Wiederkehr im Wechsel der Jahreszeiten, auch das Wechseln der Körper des Menschen. Hier, auf der Erde des Geborenwerdens, auf der ersten Erde, wo der Mensch ungeachtet seines Willens leben *muss*, bewegt er sich im Kreis der zwangsläufigen Veränderungen, welcher *Abred* genannt wurde.

Der zweite Kreis hieß *Gwynfyd*. Das ist der Kreis der Glückseligkeit. Dort sieht der strebende Mensch sein Ideal Wirklichkeit werden. Dort entspringt alles unmittelbar dem Einen Leben, und dort hat der Mensch einen Körper aus Licht, ein Lichtkleid.

Und der dritte Kreis ist der von *Ceugant*. Es ist der Kreis von *Gott-Selbst*, dem Einen, der in allem und um alles ist, der alles trägt und der jedem Leben *das Leben* gibt, der *ist*, ohne jemals weniger zu werden.

In *Abred*, dem ersten Kreis, hat der Mensch die Freiheit des Handelns – doch ist er an die Konsequenzen gebunden. Was heißt das? Nichts anderes, als dass der Mensch frei handeln darf, aber die Folgen davon auf ihn zurückfallen, und diese werden bestimmen, wie er weiter handeln soll oder handeln kann. Wir erkennen hierin die uralte Lehre vom Karma, dem Gesetz von Ursache und Wirkung der Brahmanen aus dem Indien der Urzeit: Was ihr sät, das werdet ihr ernten – die Freiheit der Wahl, ein Grundrecht des Menschseins. Die Veränderung, die der Entscheidung folgt, kann Erweiterung, allerdings auch Einschränkung bewirken. Und es bleibt immer die Wahl zwischen Gut und Böse. Nicht für das Kleine, für einen selbst, daraus folgte Einschränkung. Das Gute ist immer das Wohl anderer. Und daraus entsteht sittliches Wachstum! Wer sittlich erwachsen ist, entscheidet sich nie gegen das Wohl anderer. Und in dem Maße, wie dieses innerliche Sittlichkeitsbewusstsein wächst, kann der Mensch die drei Privilegien besser begreifen, die ihm in *Abred* zur Seite stehen:

• Die göttliche Hilfe.
• Das Privileg teilzuhaben an der göttlichen Liebe.
• Und das Vermögen in Übereinstimmung mit Gott zu handeln, letztendlich das eigene Lebensideal und das Ziel aller Leben zu erreichen.

Er erwirbt zugleich tiefes Verständnis für die drei Notwendigkeiten, die im irdischen Kreis Voraussetzung für innerliches Wachstum sind:

• Das Leiden.
• In Stille die Wechselwirkungen des Schicksals ertragen.
• Die Freiheit der Wahl, durch die er vor allem sein eigenes Los bestimmt.

Ist es bei einer solch gestählten Philosophie ein Wunder, dass man in den Kelten ein stolzes und mutiges Volk sah, das den Tod nicht fürchtete? Würde ein Kelte nicht immer in einem neuen Fahrzeug den Kreis von Gwynfyd betreten wollen? In diesem zweiten Kreis erwartet der Mensch keinen Stillstand, sondern eine weitere Entwicklung, noch höher und erhabener. Hier lernt der Mensch sich selbst kennen, ohne Bedeckung, ohne Schleier. Er sieht und er erfährt, ja er wird eins mit dem Ursprung seines Wesens.

Er wird jede Erinnerung an jeden Seinszustand wiedererlangen. Sein Wahrnehmungsvermögen wird einmalig und absolut unvoreingenommen sein. Hier ist er imstande, das eigene Ideal vollkommen zu verwirklichen. Im Kreis von Gwynfyd sind dem Menschen wieder drei Privilegien geschenkt:

• Die Befreiung vom Bösen.
• Die Befreiung von aller Not und allem Mangel.
• Die Befreiung vom Tode.

Das Resultat wird sein: *Awen* – Liebe, Leben. Der ursprüngliche Geist wird herrschen und in allumfassender Liebe für das eine Leben strahlen.

Dies sind einige Elemente der Weisheit, die die Druiden durch viele Jahrhunderte hindurch lebendig hielten. Eine Weisheit, die wie ein lebendiges Wesen eingeätzt wurde in den unabhängigen Geist der keltischen Edelsöhne. An ihren verborgenen Aufenthaltsorten in der Tiefe der heiligen Wälder lehrte man sie, diese Dinge zu begreifen und sich zu eigen zu machen.

Die Lehre der Triaden, aus der soeben erzählt wurde, ist noch viel ausführlicher und umfassender. Wenn man sich intensiv damit beschäftigt, schwingt ein sicheres Gefühl des innerlichen Erkennens mit, und außerdem wird man erstaunt feststellen, wie unendlich groß die Bemühungen der Bruderschaft um die Menschen im ersten Kreis, dem Kreis von *Abred*, sind.

Und doch, in dem unerbittlichen Rhythmus der für sie so unwesentlichen Zeit fiel der Vorhang vor diesem geheimnisumwitterten Priestergeschlecht, das von den Römern so sehr gefürchtet war. Warum konnten sie nicht bestehen bleiben? Um dies begreifen zu können, müssen wir uns noch einmal mit dem Motiv der Existenz eines Volkes befassen, oder seiner innewohnenden Beseelung, die für jedes Volk eine Bestehensnotwendigkeit ist. Die Art und Weise, wie die Kelten ihre Weisheit beschützten und bewahrten, basierte auf mündlicher Übertragung. Die 20 000 bis 30 000 Verse, die sie auswendig lernten, wurden vom Lehrer dem Schüler mündlich weitergegeben. Die Kenntnis von dem Kreis der Glückseligkeit, wie oben beschrieben, kam zu ihnen als »Offenbarung«. Sie sahen deren Wirklichkeit visionär, durch Intuition.

Die moderne Wissenschaft vertritt den Standpunkt, dass die Kelten verschwanden, weil sie der strategischen militärischen Übermacht und dem technischen Scharfsinn der Römer nicht gewachsen waren. Das ist sicher richtig. Die alte Weisheitslehre weist indes auf eine weitere Ursache hin, auf einen weiteren Grund, den wir tatsächlich wichtiger finden. Die Entwicklung der Menschheit konnte bei der Art des passiven Übertragens der Weisheit der Jahrhunderte nicht stehen bleiben. Damit war ein Automatismus, eine Selbstverständlichkeit verbunden gewesen, die den Menschen in Abhängigkeit hielt. Das Feld, das den Menschen so lange beschirmt hatte, musste ihn nun loslassen, musste ihn sich selbst überlassen. So, vollkommen unbehütet, musste der Mensch lernen, auf eigenen Füßen zu stehen, was eine harte Schule bedeutete. Er musste lernen, aus dem Verlangen seines eigenen Wesens sich dem Göttlichen aufs Neue zu nähern. Er musste in der neuen Periode Gott in sich selbst finden, um dadurch die Seele zu gewinnen.

Gegen Ende der vorchristlichen Zeitrechnung war die Zeit dafür reif geworden. Der Mensch würde dies können, in dem er sich von Seiten der wahren Bruderschaft von seinem eigenen Intellekt leiten ließ durch einen Impuls von universeller Liebe, den er in seinem Herzen empfing. Der Mensch würde dies können, wenn er seine eigene Wahrnehmung, zu sehen wo andere leiden, vervollkommnet. Der Mensch würde dies können, wenn er erkennen lernt, dass Gott, das Göttliche, in ihm versunken lag und liegt und auf Wiedererschaffung wartet.

Damit war das Ende der Kelten als Hüter der alten Weisheit eingeläutet. Es waren nicht die Römer, die diesen Schritt veranlassten. Wohl haben die Römer den Materialismus zu großen Höhen gedrängt. Sie haben ihren Intellekt geschärft, indem sie sich unzähligen technischen Problemen stellten, die sie vortrefflich zu lösen wussten. Mit ihrem Willen haben sie auf beeindruckende Weise Zeugnis hinsichtlich ihrer Kenntnis von Architektur und Konstruktion abgelegt. Sie bauten kilometerlange Aquädukte, und ihre Straßen durchquerten ganz Europa und Kleinasien. Beeindruckend war auch ihre Leidenschaft für irdische Schönheit und die Psychologie des Menschen.

Für das tiefere Mysterium des Menschseins jedoch hatten sie kein Gefühl, während sie gleichwohl eine Art Neugierde danach besaßen. Zu erkennen ist dies an der enormen Vielfalt an Kulten, die sie aus all den eroberten Ländern übernahmen. Gegen Ende ihrer Kulturperiode gab es viele Dutzende davon, aber keiner von ihnen wurde durch eine damit übereinstimmende Lebenshaltung begleitet.

Die ersten, die die neue Lebenslektion in die Praxis umsetzten, waren die Nachfolger des Nazareners, wie sie damals genannt wurden, die Nachfolger des Gekreuzigten, die Jünger Jesu, des Herrn, so wie wir ihn heute nennen. Als sie im ersten Jahrhundert unserer Zeitrechnung ihren Fuß bei Marsilia, dem heutigen Marseille, an Land setzten, brachten sie den Gral und ihre wundersame Weisheit mit in das Abendland. Die Druiden hatten schon geraume Zeit vorher gewusst, dass das Ende ihres Zyklus nahe war.

Beauftragt durch das bekehrte und gereinigte Menschenherz, erkannten sie in den ersten Christen die Reinheit und die Schönheit des neuen Rituals. Wissend, dass sie ihre jahrhundertealte Aufgabe zu einem guten Ende geführt hatten, übergaben die Druiden ihnen die Fackel der inneren Weisheit. ❧

Der Lehrer der Gerechtigkeit
Kupferstich von Gustave Doré, 19. Jahrhundert

KAPITEL 4

Die Essener

I

Mehr als ein Jahrhundert bevor die bekannten Evangelien niedergeschrieben wurden, und mehr als zwei Jahrhunderte bevor die *christlichen* gnostischen Schulen entstanden, zeigte sich eine Fülle
desselben Gedankengutes, in höchster Reinheit und auf das Wesentliche ausgerichtet, bei den Essenern. Zahlreiche Zitate aus der Bibel,
Gebete, Segnungen und selbst ein Teil der von Jesus ausgesprochenen
Bergpredigt stammen direkt aus ihren Kreisen. Es wird gesagt, dass
die Bezeichnung »Neues Testament« auf ihrem Ausdruck »Neuer
Bund« beruht.

»Das letzte Abendmahl« wird in allen Kirchen, ob katholisch oder
protestantisch, noch heutzutage gefeiert. Dieses Ritual leitet sich ursprünglich aus den Kreisen der Essener her. Es stammt ab von der
»Einheit von Brot und Wein«, von ihnen »Mahl des Messias«, »Mahl
des Erlösers« oder »... der Erlösung« genannt. Jesus erhob den Becher
auf wahrlich essenische und ebenso auf ägyptische Art und Weise, als
er seinen zwölf Getreuen versicherte, dass sie mit ihm im Königreich
an der Festtafel sitzen werden.

Im *Schulungshandbuch*, einem Text, der von den Essenern bewahrt geblieben ist, lesen wir: »Wenn dann die Tafel für die Mahlzeit
zurechtgemacht und der neue Wein bereit ist, wird der Priester der erste sein, der seine Hände erhebt und die ersten Früchte, das Brot und
den Wein segnet.«

Eine andere auffällige Übereinstimmung zwischen den Essenern und
den ersten Christen ist, dass sie Gemeinschaften gründeten, ihren
Besitz, ihr Leben und all ihre Habe teilten und danach trachteten, ins
Neue Reich einzugehen. Bei den frühen Christen war das letzte
Abendmahl, das Mahl der Liebe, wie es auch bezeichnet wurde, das
höchste Ereignis im Jahr.

Wie die Essener, so nannte sich auch die Kirche von Jakobus, dem Gerechten (einer der ursprünglichen Christengemeinschaften in Jerusalem), »die Armen«. Ihre äußerliche Armut spiegelte einerseits die Abwendung von der Welt wider und andererseits das Bewusstsein, »den Geist, den Tröster« auf Erden zu vermissen. Diesen Trost, dieses Eintauchen, diese »Speise« in einer geistigen Form von Liebe, von Licht sehnten sie mit ihrem ganzen Wesen herbei.

II

Es gibt eine alte esoterische Legende, die die Erzählung von dem Auszug der Juden aus Ägypten unter Mose Leitung in einem besonderen Licht erscheinen lässt.

Mose wurde als Säugling in einem Körbchen von der Tochter des Pharao gefunden. Von ihr aufgezogen und betreut durch die Priester der verschiedenen Tempel, wurde aus ihm ein bedeutender Eingeweihter in den Ägyptischen Mysterien, ein Sohn von Hermes – bei den Ägyptern Thot genannt – und von Aton, dem einen lebenden Sonnengott. Zugleich erwarb er große Kenntnisse in Mathematik und Astronomie. Dies alles wurde in den Tempeln unterrichtet, so wie auch die magische Götterlehre jenes mächtigen Volkes.

In ihm wuchs eine bedeutende Idee heran, nämlich dass es nur *einen einzigen* Gott gibt. So wie Echnaton – einigen Gelehrten zufolge lebten beide zur selben Zeit – sah auch Mose die ganze Welt als eine Emanation der Gottheit an, und die Menschheit bildet einen untergeordneten Teil davon. Aber der Mensch kannte Gott nicht mehr aus eigener Anschauung. Der Geist hatte die Verbindung zur Seele verloren.

Der Auftrag, den Mose empfing, als er die Stimme des Allerhöchsten vernahm, lautete: »Mach dich auf den Weg durch die Wüste und sorge durch gewissenhafte Anwendung der göttlichen Gesetze dafür, dass du mit deinem Volk in das Gelobte Land ziehst. Tue es in der äußeren Realität, aber sorge dafür, dass es auch ein 'Auszug' in der inneren Bedeutung wird. Bewahre dein Volk für meine direkte Führung. Dies wird gelingen, wenn du ihm voran gehst in reinem Glauben an die eine Gottheit, den Unaussprechlichen, und durch einen reinen Lebenswandel, der damit in Übereinstimmung ist.« Dieses Versprechen begleitete das hebräische Volk, und hierin liegt auch der ursprüngliche Sinn des »auserwählten Volkes auf Erden«.

Die Gottheit unterhielt eine einzigartige Verbindung mit Mose. Er empfing noch einen weiteren Auftrag: »Bereite dein Volk darauf vor, damit in seiner Mitte der Messias, der Erlöser der Menschen, geboren werden kann.« Mose sah sein Volk gebückt unter dem ägyptischen Joch. Es hatte die größte Mühe, die angestrebte reine Lebensweise und Gesetzestreue gewissenhaft zu erfüllen und durchzuhalten, und es geriet in große Verlegenheit. Mose zog mit dem Volk – ausgesprochen symbolisch – durch das Rote Meer nach dem Land, das von Stämmen wie den Philistern und den Kanaanäern bewohnt wurde.

So zieht das Gelübde – das ist die unmittelbare Verbindung mit dem Geist – symbolisch wie die Arche des Bundes mit dem jüdischen Volk durch die Wüste; die Lichtkraft geht wie eine Wolke vor ihnen her. Daraus empfangen sie Nahrung: Geistige Nahrung in Form des Mannas und des Himmlischen Taus, der des Nachts fällt.

Mose unterrichtete das Volk in der reinen Lehre, die er durch Inspiration auf dem Berg Sinai empfangen hatte. Er lehrte sie, »dass der Mensch geboren ist, um mit den Engeln zu verkehren und nicht sein Leben mit der Suche nach den 'Juwelen' im irdischen Schlamm zu vergeuden. Der Himmlische Vater hat dem Menschen sein Gelöbnis gegeben: Dass er das Königreich der Himmel auf Erden bauen soll.« Dennoch kehrte der Mensch diesem Gesetz den Rücken und erklärte die Erde zu seinem Gott; er betete die Welt und ihre Idole an.

Mose lehrte, dass die Erde heilig ist: »Die Erde ist die Mutter, die euch den Körper schenkt; ehret sie, dass ihr lange lebet auf Erden. Ehret auch eure Himmlische Vaterkraft, damit ihr in den Himmeln ewiges Leben habt, denn Erde und Himmel sind euch durch das Weltengesetz geschenkt, welches euer Gott ist.«

Und er gab ihnen eine Lebenshaltung: »Du sollst deine Erdenmutter am Morgen des ersten Morgens, dem Sabbat, empfangen. Du sollst den Engel der Erde am zweiten Morgen empfangen. Du sollst den Engel des Lebens am dritten Morgen empfangen. Du sollst den Engel der Freude am vierten Morgen empfangen. Du sollst den Engel der Sonne am fünften Morgen empfangen. Du sollst den Engel des Wassers am sechsten Morgen empfangen. Du sollst den Engel der Luft am siebten Morgen empfangen. Alle diese Engel der Erdenmutter sollst du empfangen und dich ihnen weihen, damit du in den Unendlichen Garten eingehst, wo der Baum des Lebens steht.«

Er lehrte sie auch, wie sie die Vaterkraft ehren konnten: »Du sollst deinen Himmlischen Vater am Abend des Sabbats verehren. Du sollst den Engel des ewigen Lebens am zweiten Abend empfangen. Du sollst den Engel der Arbeit am dritten Abend empfangen. Du sollst den Engel des Friedens am vierten Abend empfangen. Du sollst den Engel der Kraft am fünften Abend empfangen. Du sollst den Engel der Liebe am sechsten Abend empfangen. Du sollst den Engel der Weisheit am siebten Abend empfangen. Für alle diese Engel des Himmlischen Vaters sollst du dich öffnen, damit deine Seele im Brunnen des Lichtes bade und in das Meer der Ewigkeit eintauche.«

Und er lehrte sie, dass sie den siebten Tag dem Licht der Lichter weihen und ihn heilig halten sollen, während sie an den anderen sechs Tagen arbeiten sollen mit den Kräften der Engel. Sie sollen keinem lebendigen Wesen das Leben nehmen, denn das Leben kommt allein von Gott. Er gibt es und er nimmt es. Sie sollen die Liebe nicht entweihen, denn sie ist die heilige Gabe des Himmlischen Vaters. Sie sollen ihre Seele – die unschätzbare Gabe des liebenden Gottes – nicht verkaufen für die Reichtümer der Welt, die nicht von Dauer sind. Sie sollen kein falsches Zeugnis ablegen, sondern ehrlich leben, sowie Besitztümer anderer nicht begehren, da viel größere Gaben für sie bereit gehalten werden, sogar Erde und Himmel, wenn sie den innerlichen Geboten des Herrn folgen.

Mose schrieb diese Worte in sein Herz und in Stein. Aber das Volk ist nicht imstande, seiner hohen Berufung gerecht zu werden. Ein ums andere Mal fällt es zurück auf die planetaren Kräfte des Tierkreises, symbolisch angedeutet als »der Tanz um das goldene Kalb«. Es lässt die unmittelbare Geistbindung los und sucht Heil und Befriedigung im natürlichen Leben.

Erzürnt zerbricht Mose die steinernen Tafeln, auf denen seine Lehren eingraviert sind. Aber die Gottheit spricht aufs Neue zu ihm: »Siehe, seit Anbeginn der Zeiten hat Gott einen Bund mit dem Menschen geschlossen, und die heilige Flamme des Schöpfers ging in ihn ein und entflammte seinen Geist. Er wurde zum Sohn Gottes gemacht, und er sollte sein Erstgeburtsrecht bewahren und das Land seines Vaters fruchtbar machen und heilig halten. Wer die Kraft des Schöpfers aus sich vertreibt, verspielt sein Geburtsrecht. Darum: Nur die Kinder des Lichts können die innerlichen Gesetze befolgen. Diese Gesetze sollen niemals mehr entweiht werden, sie sollen niemals mehr in Menschenworten festgelegt werden. Doch sollen sie unsichtbar leben in den Herzen der Menschen, die imstande sind, ihnen zu folgen. Deinem Volk, das so wenig Glauben hat, will ich ein äußeres, viel strengeres Gesetz der Zehn Gebote geben. Doch mein Versprechen bleibt bestehen: Jetzt wird die Kraft, die die Befreiung vorbereitet, auf eine kleine Gruppe von Kindern des Lichtes übergehen.«

Diese Kinder des Lichts – so spürten diese – waren die Brüder und Schwestern der Essener. Sie bereiteten die neue Zeit vor, indem sie über Jahrhunderte hin die reinstmögliche Lebensform aufrechterhielten.

III

Neben dieser Legende existiert auch ein Schriftstück aus dem 1. Jahrhundert nach Christus, das in Aramäisch erhalten geblieben ist, wovon es aber auch eine slawische Übersetzung gibt. Das Original wird in der Bibliothek des Vatikans aufbewahrt; die slawische Übersetzung gehörte einmal zur Bibliothek des habsburgischen Fürstenhauses, die nun Bestandteil der österreichischen Nationalbibliothek ist.

Diese Dokumente sind deswegen erhalten geblieben, weil die Priester der Kirchen von Armenien im 13. Jahrhundert durch den Islam vertrieben wurden. Sie zogen zunächst ostwärts nach Zentralasien, dann über allerlei Umwege nach Westen. Diese ehrwürdigen Männer authentisch-christlicher Gemeinschaften nahmen auf ihrer Flucht alles mit, was von großer, spiritueller Bedeutung war. Ikonen, Schriften und Gebetbücher wurden auf Karren geladen und unter schwierigsten Bedingungen über Tausende von Kilometern verlagert. Darunter war auch eine einzigartige Schrift, bekannt als: *Das Evangelium des Friedens* oder das *Friedensevangelium von Jesus, dem Christus*. Es ist auch bekannt als *Das Evangelium der Essener*.

Als es 1936 durch E.B. Székely publiziert wurde, ging eine Schockwelle durch Europa: In kurzer Zeit wurden mehr als 200 000 Exemplare in mehreren Sprachen verkauft. Es machte deshalb solchen Eindruck, weil zum ersten Mal nach nahezu 2000 Jahren die Worte des *Lehrers* oder *Meisters der Gerechtigkeit* – oft gleichgestellt mit Jesus – ohne Verstümmelungen einem breiten Publikum bekannt wurden. Und was für Worte.

Die Veröffentlichung hatte gleichwohl eine besondere Vorgeschichte. Székely hatte zuerst eine rein wissenschaftliche Übersetzung gemacht, versehen mit unzähligen gelehrten Fußnoten. Sie war zu einem Guss geworden, dazu bestimmt, auf die akademische Welt großen Eindruck zu machen, so jedenfalls dachte Székely. Eines Tages, kurz bevor sie in Druck gehen sollte, erbat er von seinem berühmten Freund Aldous Huxley, der sein Leben lang für die verborgene Weisheit gekämpft hat, einen Kommentar. Sie können Székelys heftigen Schock vielleicht nachempfinden, als Huxley ihm unverblümt eröffnete:

> »Die Übersetzung ist sehr, sehr schlecht. Sie ist sogar schlechter als die langweiligsten Abhandlungen der Kirchenväter und Scholastiker, die heutzutage niemand mehr liest. Du solltest das Buch noch einmal schreiben und ihm etwas von der Lebendigkeit Deiner anderen Bücher geben, es zu Literatur machen, die lesbar und fesselnd ist für Leser des 20. Jahrhunderts. Ich bin sicher, die Essener redeten nicht in Fußnoten miteinander!«

Das war noch nicht alles. »Jedoch«, fügte er zynisch hinzu, »Du kannst ihm vielleicht einen gewissen Wert als Schlafmittel abgewinnen; jedes Mal, wenn ich zu lesen versuchte, fiel ich innerhalb weniger Minuten in Schlaf. Ein paar Exemplare verkaufen sich vielleicht als neues natürliches Schlafmittel ohne schädliche Chemie.«

Es kostete Székely Jahre, sich von dieser Kritik zu erholen. Doch hat er sich über sein gekränktes Ehrgefühl erheben können, um von den hebräischen und aramäischen Texten, die er zur Verfügung hatte, ein wirklich lesbares Ganzes zu machen: »Es ist nicht leicht, dem Original treu zu bleiben, und gleichzeitig die ewigen Wahrheiten auf eine Weise darzubieten, die den Menschen des 20. Jahrhunderts anspricht. Und doch schien es mir von größter Wichtigkeit, es zu versuchen; waren es doch vor allen anderen die Essener, die die Herzen der Menschen durch *Vernunft* zu gewinnen suchten, sowie durch das machtvolle, leuchtende Beispiel ihres Lebens.«

Letztendlich publizierte Székely drei Bücher mit Texten der Bruderschaft der Essener. Das zweite Buch beginnt mit deren ältester bekannter Überlieferung: Die Vision von *Enoch, Esnoch* oder *Henoch*. Nach der Bibel ist Henoch einer der ersten Menschen, der, alt geworden, doch niemals starb. Denn es steht geschrieben: »Und Gott nahm Henoch, alt geworden, zu sich, und er starb nicht.« Man vermutet, dass die Bruderschaft der Essener ihren Namen ihm entlehnte.

So wie jede wirkliche Weisheitsströmung aus einer äußeren und einer inneren Lehre besteht, war auch den Essenern diese Zweiteilung bekannt. Durch ihre jahrhundertealte Tradition von natürlichem und reinem Leben war es, als ob sie das Leben in seiner ursprünglichen Lauterkeit wie am Anfang der Schöpfung sehen konnten. Denn ihr Ziel war es, den Messias zu empfangen, einen Lehrer, einen der Großen, der das Königreich des Himmlischen Vaters so nahe herbei bringen würde, dass jeder Mensch darin eingehen kann. In der »Vision« von Henoch (siehe am Schluss dieses Kapitels 4) scheint der ganze Prozess eine Selbstverständlichkeit zu sein. Seine Struktur ist so geartet, dass die drei Elemente der Schöpfung darin zum Ausdruck kommen:

1. Der ursprüngliche Mensch als lernendes und empfangendes Wesen (Strophen 1–7).
2. Die reine, unversehrte, ursprüngliche Natur, die die Essener als ihre *Erdenmutter* betrachteten (Strophen 8–20).
3. Die Welt des ewigen Werdens (Strophen 21–26), von den Essenern als Aufenthaltsort des *Himmlischen Vaters* bezeichnet, wo der menschliche Geist – gereinigt von den irdischen Einflüssen und Elementen und erwachsen geworden – sein Zuhause hat.

Von ihren Aufenthaltsorten rund um das Tote Meer entsandten die Essener viele Lehrer. Der Prophet Elias war einer von ihnen. Johannes, welcher »der Täufer« genannt wurde, kam aus ihrer Mitte, sowie auch der andere Johannes, der bekannt ist als »der geliebte Jünger« von Jesus von Nazareth. Auch die ursprünglich gnostische Gruppierung der Mandäer, die noch heute besteht, stammt von der Bruderschaft der Essener ab.

IV

Die Essener waren scheinbar in der Lage, vor ihrem geistigen Auge das Leben, das menschliche Dasein, in seiner ursprünglichen Reinheit zu sehen, so schrieben wir bereits. Aber in diesem idealen Zustand war die gesellschaftliche Welt, in der sich die Gemeinschaft behaupten musste, natürlich schon lange nicht mehr. Die gewöhnlichen Menschen jener Zeit begriffen nur zum Teil, warum sie lebten. Das Leben bestand aus Arbeiten, Leiden und Begehren. Die Römer beherrschten das Land. Zum soundsovielten Mal standen die Juden unter fremder

Herrschaft. So konnten sie ihre besondere spirituelle Art nur mit großer Mühe nach außen tragen.

In dem Judäa vor unserer Zeitrechnung waren drei Gruppierungen von Bedeutung. Der römische Geschichtsschreiber Josephus Flavius schreibt darüber: »Unter den Judäern gibt es drei philosophische Richtungen: Die Pharisäer bilden die eine Sekte, die Sadduzäer eine zweite, die dritte aber, die der Essener, scheint die erhabenste zu sein.«

Die *Pharisäer* bildeten eine strenge, einfache Priesterkaste. Sie lehrten, dass alles gemäß einer Vorsehung geschieht, dass Gott den freien Willen indessen »einkalkuliert« hat, gerade so wie Gut und Böse. Dabei belohnt er die, die Gutes tun, und hat Strafen am Lager für diejenigen, die Böses tun, obschon alles vorbestimmt ist. Die Strafe wird wohl verstanden im nächsten Leben abgebüßt, denn die Pharisäer glaubten an Reinkarnation. Sie hatten zahlreiche Anhänger und übten einen bedeutenden Einfluss auf das Volk aus.

Die zweite Kaste, diejenige der *Sadduzäer*, bildete eine elitäre Gruppe Gesetzesgelehrter, die sich ausschließlich an das Wort Mose hielten. Ihrer Meinung nach hält sich Gott nicht durch die Beschäftigung mit Gut und Böse auf, und es gab auch nicht so etwas wie Vorsehung. Die Sadduzäer lebten in großem Wohlstand. Sie debattierten gern und viel, und sie waren sehr selbstsicher in Diskussionen und heftig in Wortgefechten mit anderen.

Zusammen hatten beide Gruppen das gesellschaftliche Leben fest im Griff. Im öffentlichen Leben spielten Regeln und Vorschriften aus den heiligen Büchern eine beherrschende, ja erstickende Rolle.

Die Römer, die den Staat Judäa zu einer Provinz des Römischen Imperiums gemacht hatten, sahen denn auch von oben herab auf die jüdische Bevölkerung. Zugleich hatten sie einen allgemeinen Widerwillen gegen das heiße, staubige Land, das nur an den Ufern nahe des Jordans fruchtbar war. Ihre Politik und Verwaltung sorgten dafür, dass die Provinzen die römische Macht anerkannten und ein hohes Maß an Steuern zahlte. Im Gegenzug wurde der Bevölkerung die Ausübung ihrer eigenen Religion und die Anwendung ihrer eigenen Gesetze gebilligt, sofern diese nicht in Konflikt gerieten mit den obersten römischen Gesetzen. Deren wichtigstes war, dass die Völker in den Provinzen die Todesstrafe nicht vollziehen durften.

So ist es zu verstehen, dass Jesus, obwohl durch den obersten Gerichtshof der Juden verhaftet, doch erst durch den römischen Statthalter zum Tode verurteilt werden musste, bevor sie ihn kreuzigen konnten. Aber das nur am Rande.

Die *Essener* als dritte religiöse Gruppe bildeten eine in sich geschlossene Gemeinschaft, die spirituelle Ziele im Vordergrund hatte und vor allem nach Reinheit strebte. Ihr Leitgedanke war, dass der Mensch ein Wesen ist, das aus zwei Prinzipien besteht: Dem Lichtprinzip, der lebenden Gottheit; und dem Prinzip der Welt der Finsternis, dem Widersacher, der den Menschen das Licht wegnehmen muss, um in einem vom Licht abgewandten Dasein bestehen zu können.

Durch ein möglichst makelloses Leben und eine tiefgreifende moralische Lauterkeit befreiten sich die Essener von der Zweifachheit. So genoss ihre Gemeinschaft zwar Sympathie unter der Bevölkerung, wurde hingegen von der herrschenden Klasse der Priester und Schriftgelehrten mit Argusaugen beobachtet. So wie in den Schulen des Pythagoras war Schweigsamkeit die erste Prüfung, und so wie die Pythagoräer sollten auch sie nie mehr das Fleisch eines getöteten Tieres essen. Aller persönlicher Besitz wurde der Gemeinschaft übergeben, und man lebte in der Einfachheit von Handwerk, Studium und innerer Einkehr. Ihre Lebenshaltung war kompromisslos und ihre Begabung als Heilkundige unverkennbar.

In jenen Tagen bedeutete eine Gemeinschaft Schutz und Sicherheit. Innerhalb einer Gemeinschaft konnten die Menschen auf einfache Weise ihren Lebensunterhalt sichern. Die Essener lebten denn auch in Einfachheit. Sie aßen in Stille, waren gewohnt früh aufzustehen, und sie weihten sich jeden Tag schon vor Sonnenaufgang dem Studium und der »Gemeinschaft« oder dem Kontakt mit den beseelenden Kräften der Natur, ganz gemäß Mose ursprünglichem Gesetz für die Kinder des Lichts. Sie badeten rituell in kaltem, reinem Wasser; sie arbeiteten auf dem Acker oder an den Abhängen in den Weinbergen. Es spricht für sich selbst, dass sie – wie wir schon schrieben – kein Fleisch von getöteten Tieren zu sich nahmen, noch gegorene Getränke (Alkohol). Daneben nahmen sie sich Zeit für Studien, innerliche Lebenslektionen, zum Musizieren (man hat Musikinstrumente gefunden), für das Heilen von Kranken, die Pflanzenheilkunde, gemeinsame Aktivitäten und zum Unterrichten.

Der verborgene Teil ihrer Lehre wurde in drei Teilen widergegeben, mit:

Dem Baum des Lebens,
dem »Umgang« (der Gemeinschaft) mit den Engeln, und
dem »siebenfältigen Frieden«.

Ihr Tag begann eigentlich abends, wenn sie sich für das Studium freimachten oder sich der »Gemeinschaft mit den sieben Kräften« oder den »Engeln des Himmlischen Vaters« widmen konnten, so wie sie sich während des Tages den »sieben Engeln ihrer Erdenmutter« gewidmet hatten. Am Freitagabend begann ihr »heiliger Tag«, der Sabbat, und wie der Gebrauch des siebenarmigen Leuchters, so stammt auch die Anwendung der sieben Wochentage unmittelbar von ihnen ab.

Während beinahe vier Jahrhunderten, von 300 v. Chr. bis 100 n. Chr., lebten sie in einer Welt, die sich vom Licht abgewandt hatte, die aber noch lange nicht so verdichtet war wie in der heutigen Zeit. Bei ihren Zeitgenossen waren die Essener bekannt für ihre große Kraft und Ausdauer. Sie waren – noch einmal nach Josephus Flavius – »eine auf eigenen Füßen stehende Rasse, auffälliger als jede andere Rasse weltweit«. Sie waren »die ältesten Eingeweihten, die ihre Lehren aus Zentralasien empfingen« und ihr »Unterricht wurde seit unbekannter Zeit überliefert«.

Die inneren Lehren der Essener stammten denn auch nicht nur von Mose und Henoch. Sie sind außerdem Zeugnis einer viel älteren Tradition, von heiligen Männern und Frauen, die die Verbindung mit dem Licht, mit der Übernatur nie vergessen hatten.

Sie waren die Nachfolger der chaldäischen Priester und persischen Weisen, die die Wissenschaft der Sterne studierten. Obwohl sie ihr wichtigstes Zentrum am Toten Meer und am Jordan hatten, kannte man ihre Gemeinschaften ebenfalls in Syrien und vielen anderen Ländern. In Ägypten wurden sie die »Therapeuten« genannt. Sie wohnten an den Ufern von Seen und Flüssen, immer in Form von Gemeinschaften. Sie kannten keine Sklaven, kein Eigentum, kein Reich und Arm – alles stand allen zur Verfügung. Auf diese Weise waren sie jederzeit durch die Gemeinschaft betreut, unterstützt und aufgenommen. Die Bruderschaft entsandte zahlreiche Lehrer, so schrieben wir. Das untadelige Leben dieser Lehrer war ein Vorbild – und oft genug bei den Feinden ein Ärgernis; doch für die Menschen des Volkes, die noch nicht imstande waren, dieser Lebensweise mit all ihren Konsequenzen nachzueifern, waren sie ein sicherer Stab, an dem sie sich vertrauensvoll aufrichten konnten.

V

Das »Friedensevangelium der Essener« verfügt über Worte und Lehren von einer zarten, poetischen Schönheit. Es lässt sich eine ganz andere Welt des Denkens gegenüber den hebräischen Lehren erkennen. Es ist auch klarer (weil einfacher) als die griechische Philosophie. Es unterscheidet sich aber auch vom Denken der ersten Christen, soweit wir dies heute noch zu erkennen vermögen.

Es weicht ab im Aufbau und der Struktur von anderen, bekannteren Texten. Es hat auch einen ganz anderen Ausgangspunkt als die uns bekannteren Evangelien von Matthäus, Markus, Lukas und Johannes. Dennoch ist das »Friedensevangelium« laut seinem Titel aufgezeichnet von Johannes, so berichten die Überlieferungen. Es unterscheidet sich auch von den gnostischen Evangelien, denen wir weiter hinten in diesem Buch noch begegnen werden.

Es sind Zeilen, die an unserem beschränkten Verstand vorbeigehen, denn sie sind für die Seele bestimmt. Sie sprechen bis zum heutigen Tag direkt das Gemüt an, das Herz des Menschen. In klaren und einfachen Worten wird hier eine Sprache gesprochen, die jeder normale Mensch begreifen kann, der sich auf ein inneres Verständnis ausrichtet, und der einen guten Gebrauch machen will von den Möglichkeiten, die sein Leben ihm auf Erden bieten.

Im »Evangelium des Friedens« steht ebenfalls beschrieben, wie einer von ihnen, der Lehrer der Gerechtigkeit – oft gleichgestellt mit Jesus von Nazareth – zunächst aus der Bruderschaft der Essener hervortrat. Die Menschen rangen mit den gleichen Lebensfragen, wie auch wir sie kennen: Warum hat der eine mehr als der andere? Warum bin ich mit Menschen zusammen, die ich nicht mag, und warum sind die Menschen, die ich liebhabe, für mich unerreichbar? Warum trifft diese Krankheit mich und nicht einen anderen?

»Der Lehrer der Gerechtigkeit sah diese Menschen mit ihren Fragen und in ihrer Not, die sie erfuhren«, so steht da, »*und er wurde sehr bewegt.*« In seinem Herzen begriff er, dass die Zeiten der verborgenen Mysterien vorbei waren. Die Lehren über das Reich, in dem die Menschheit zu Hause ist, konnten nicht mehr in der Abgeschlossenheit der Gemeinschaft verborgen bleiben. Jeder sollte von dem Ziel erfahren, jeder sollte – wie Jesus es ausdrückte – die Möglichkeiten des menschlichen Körpers kennen, »den er bekommen hat von seiner Erdenmutter und von seinem Geist, der dem Himmlischen Vater entstammt«.

Das war die erste große Umkehr, die er brachte. Mit starker, innerer Macht lehrte er *allen* die verborgensten Weisheiten. Wo eine Seele in Not war oder wo die Menschen empfänglich waren, wusste er sie zu der Einsicht in den Zusammenhang des Bestehens auf Erden und die Wege des Himmels zu erheben. Das tat er, so lesen wir im »Evangelium des Friedens«, auf einfachste Weise, auf eine Art, die die Herzen von Fischern und Bauern erreichte, welche damals den größten Teil des Volkes ausmachten.

»Zwei von ihnen«, so steht geschrieben, »gingen ihn suchen, und sie sahen Jesus über das Flussufer näher kommen. Ihre Herzen wurden erfüllt von Hoffnung und Freude, als sie seinen Gruß »Friede sei mit euch!« hörten. Obgleich sie viele Fragen hatten, die sie mit ihm zu besprechen verlangten, wussten sie in ihrer Verwunderung nicht mehr, wo sie beginnen sollten. Dann aber sprach Jesus zu ihnen: »Ich bin gekommen, weil ihr mich braucht.« Und einer von ihnen rief: »Meister, so ist es, komm und erlöse uns von unserem Leid.«

Jesus sprach zu ihnen in Parabeln. Er erzählte ihnen das Gleichnis vom Verlorenen Sohn. Wieder und wieder hatte dieser Schulden gemacht, und stets hatte sein Vater diese Schulden getilgt. Die Wucherer liehen ihm jede Woche weitere stattliche Summen, weil sie wussten, dass sein Vater bedeutende Reichtümer besaß. Alle Warnungen schlug er in den Wind. Jedes Mal gelobte er Besserung. Immer wieder, wenn sein Vater seine Schulden aufs Neue bezahlt hatte, versprach er, auf seines Vaters Besitz zurückzukehren, um die Aufsicht über die Arbeit seiner Diener auszuüben. Mehr als sieben Jahre ging es so weiter, bis seines Vaters Geduld am Ende war, und er nicht mehr bezahlte. Von da an hörten die Ausschreitungen auf, und der Sohn musste arbeiten, um seine Schulden abzuzahlen. Vom frühen Morgen bis zum späten Abend arbeitete er in seinem Schweiß, aß trockenes Brot und hatte nur seine Tränen, um dieses zu nässen. Nach drei Tagen hatte er schon so viel unter der Hitze gelitten, dass er fürchtete, zusammenzubrechen. Er bat seine Schuldner, ihm seine Schulden zu erlassen. Diese hingegen wollten alles bis auf die letzte Drachme zurückerhalten. Sie sagten: »Du konntest sieben Jahre lang unser Geld verprassen, dann kannst du auch sieben Jahre lang arbeiten, um deine Schuld zu tilgen.« So war der Sohn gezwungen durchzuhalten. Sein Vater jedoch bekam Mitleid mit ihm und sprach: »Mein Sohn, halte sieben Tage durch, dann werde ich deine Schuld abkaufen, und du kannst dich deiner eigentlichen Aufgabe widmen.«

Die Worte aus dem »Evangelium des Friedens« sind von großer Einfachheit, aber spiegelklar. Sie geben Kunde von den Ursachen der Dinge, von den Schulden, die durch falsche Handlungen entstanden sind, und die der Mensch unter dem Joch des Gesetzes wieder tilgen muss. Es sind die Gesetze von Karma-Nemesis, die solange gelten, wie der Mensch in Gut und Böse gefangen bleibt. Erhebt er sich darüber, ist er unmittelbar frei, da in seinem neuen Seinszustand das Gesetz von Ursache und Wirkung keine Kraft mehr ausübt. Gleichwohl ist er dann gehalten, »nach seines Vaters Besitztümern zurückzukehren und dort die Arbeit von dessen Dienern zu beaufsichtigen« – bei der Arbeit mitzuwirken, andere freizukaufen.

Die Worte waren, wie bereits gesagt, an diejenigen Menschen gerichtet, die ihn sahen, an die Menschen des Landes, an allereinfachste Personen, Handwerker und Fischer. Das waren nicht immer die gleichen wie die Jünger, die mit ihm zogen auf seine Reisen durch die Länder Galiläa, Judäa und zur Stadt Jerusalem. Er erklärte diesen Menschen, wie die Gesetze, die sie von ihren Vätern und von Mose bekommen hatten, und die sie einzuhalten versuchten, zu verstehen waren.

»Meister«, fragte einer der Zuhörer des Lehrers der Gerechtigkeit, »wir erfüllen alle Gesetze von Mose, unserem Gesetzgeber, so wie sie in den heiligen Schriften aufgezeichnet sind. Welches sind denn die Gesetze des Lebens?« Und er antwortete: »Sucht das Gesetz nicht in den Schriften, denn das Leben ist das Gesetz, derweil die Schriften tot sind. Denn ich sage euch, Mose empfing seine Gesetze von Gott nicht in Buchstaben, sondern durch das Lebende Wort. Das Gesetz ist ein lebendes Wort – von einem lebenden Gott – an lebende Propheten – für lebende Menschen. In alles Lebende ist das Gesetz hineingeschrieben. Ihr findet es im Gras, in einem Baum, im Fluss, im Berg, in den Vögeln des Himmels und in den Fischen der Gewässer, aber sucht es vor allem in euch selbst. Denn ich sage euch wahrhaftig: Alle lebenden Dinge sind näher bei Gott als die Schriften, die des Lebens beraubt sind. Gott richtete das Leben und alle lebenden Wesen so ein, dass sie durch das ewig lebende Wort unterrichtet werden sollen über die Gesetze des einen, wahren Gottes für den Menschen. Gott schrieb die Gesetze nicht auf die Seiten eines Buches, sondern in euer Herz und in euren Geist. Sie sind anwesend in der Luft, im Wasser, in der Erde, in den Pflanzen, in den Sonnenstrahlen, in den Tiefen und in den Höhen. Und alle sprechen zu euch, weil ihr die Sprache und den Willen des lebenden Gottes versteht. Aber ihr schließt eure Augen, so dass ihr sie nicht seht, und ihr verschließt eure Ohren, damit ihr sie nicht hört. Ich sage euch: Die Schriften sind das Werk von Menschen, aber Leben und alles, worin sich Leben ausdrückt, sind das Werk von Gott.«

Das ist eine Sprache, die jeder begreifen kann. Es ist derselbe Geist, der auch in einer reinen Überlieferung der vier Evangelien spricht – diese brachten fast genau dieselben Ideen unter das Volk. Nichts steht mehr dazwischen, es geht nicht über Gebote, oder wie schlecht der Mensch ist, wie er sündigt, nein. Es ist für alle fassbar, und es löst einen Impuls aus. Gleichzeitig ist es nicht erstaunlich, dass die Schriftgelehrten und Pharisäer nicht seine besten Freunde waren. Das kommt auch in den bekannten Evangelien zum Vorschein.

Die Lehre, jahrhundertelang als tiefstes Geheimnis bewahrt und nur von Mund zu Mund innerhalb der Essener Bruderschaft (zu der übrigens auch Frauen und Kinder gehörten) weitergegeben, wurde jetzt öffentlich verkündet. Es war, als ob die Augen der Menschen für eine neue Zeit durch den ersten Menschen dieser neuen Zeit geöffnet worden wären. Die Lehren des Lehrers der Gerechtigkeit waren gepaart mit einem lebenden Vorbild des Menschentyps, der der Zukunft angehörte, und der in der Zukunft eine Notwendigkeit sein würde.

VI

Der Meister der Gerechtigkeit lehrte sie noch mehr. Noch ein Zitat aus dem »Evangelium der Essener«:

»Meister, wie können wir das Licht erkennen?« Der Lehrer antwortete: »Wahrlich, ich gebe euch ein neues Gebot: Dass ihr einander liebet, sowie die euch lieben, die zusammen im Garten der Bruderschaft arbeiten. Dadurch sollen alle Menschen wissen, dass auch ihr Brüder seid, so wie wir alle Söhne Gottes sind.«

Und ein Mann sagte: »Du redest immer von der Bruderschaft, aber wir können nicht alle der Bruderschaft angehören. Doch kehren wir uns alle zum Licht und wenden uns von der Finsternis ab, denn niemand ist unter uns, der das Böse wünscht.«

Und Jesus antwortete: »Lasst euer Herz nicht unruhig werden: Ihr glaubt an Gott. Wisset, in unseres Vaters Haus sind viele Wohnungen, und unsere Bruderschaft ist nur eine schwache Widerspiegelung der Himmlischen Bruderschaft, zu der alle Geschöpfe des Himmels und der Erde gehören. Die Bruderschaft ist der Weinstock, und unser Himmlischer Vater ist der Gärtnermeister. Jeden unserer Zweige, der nicht Frucht trägt, nimmt er hinweg; und jeden Zweig, der Frucht trägt, beschneidet er, damit er noch mehr Frucht trage. Weile in uns, und wir in dir. Wie der Zweig nicht aus sich selbst Frucht tragen kann, es sei denn, er ist mit dem Weinstock verbunden, genauso wenig könnt ihr es, es sei denn, ihr ruht im Heiligen Gesetz, das der Fels ist, auf dem unsere Bruderschaft steht.«

Im nachfolgenden Gleichnis kann man den Übergang von einem äußerlichen Glauben zu den esoterischen Lehren erkennen und eine Ahnung von dem inneren Unterricht sowie vom Weg der Bruderschaft der Essener erhalten:

»Nur der ist frei, der lebt, wie er zu leben wünscht; der in seinen Handlungen nicht behindert wird, und dessen Wünsche auch ihr Ziel erreichen. Wer keinen Einschränkungen unterliegt, ist frei, aber wer bedrängt und behindert werden kann, ist gewiss ein Sklave. Aber wer ist kein Sklave? Nur jener Mensch, der nicht begehrt, was anderen gehört. Und was gehört euch? Meine Kinder, nur das Himmelreich in euch, wo das Gesetz eures Himmlischen Vaters wohnt, ist euer.«

Dann setzte er fort:

»Das Himmelreich ist wie ein Kaufmann, der gute Perlen sucht: Als er eine Perle von hohem Wert fand, ging er hin und verkaufte alles, was er besaß, und kaufte sie. Und wenn diese eine kostbare Perle euer sein könnte, warum kümmert ihr euch dann um Kieselsteine? Wisset, euer Haus, euer Land, eure Söhne und Töchter, ja sogar die Meinung, die andere von euch haben, all diese Dinge gehören euch nicht. Und wenn ihr diese Dinge begehrt und an ihnen festhaltet, und wenn ihr euch freut oder Schmerz erleidet wegen dieser Dinge, dann seid ihr in Wahrheit Sklaven, und werdet in der Sklaverei bleiben.«

Enochs Vision

Die älteste Offenbarung – Gott spricht zum Menschen:

1 *Ich spreche zu Dir.*
Sei still,
wisse:
Ich bin Gott.

2 *Ich sprach zu Dir,*
als Du geboren wurdest.
Sei still,
wisse:
Ich bin Gott.

3 *Ich sprach zu Dir*
bei Deinem ersten Blick.
Sei still,
wisse:
Ich bin Gott.

4 *Ich sprach zu Dir*
bei Deinem ersten Wort.
Sei still,
wisse:
Ich bin Gott.

5 *Ich sprach zu Dir*
bei Deinem ersten Gedanken.
Sei still,
wisse:
Ich bin Gott.

6 *Ich sprach zu Dir*
bei Deiner ersten Liebe.
Sei still,
wisse:
Ich bin Gott.

7 *Ich sprach zu Dir*
bei Deinem ersten Lied.
Sei still,
wisse:
Ich bin Gott.

8 *Ich spreche zu Dir*
durch das Gras der Wiese.
Sei still,
wisse:
Ich bin Gott.

9 *Ich spreche zu Dir*
durch die Bäume der Wälder.
Sei still,
wisse:
Ich bin Gott.

10 *Ich spreche zu Dir*
durch die Täler und Hügel.
Sei still,
wisse:
Ich bin Gott.

11 *Ich spreche zu Dir*
durch die Heiligen Berge.
Sei still,
wisse:
Ich bin Gott.

12 *Ich spreche zu Dir*
durch Regen und Schnee.
Sei still,
wisse:
Ich bin Gott.

13 *Ich spreche zu Dir*
durch die Wogen des Meeres.
Sei still,
wisse:
Ich bin Gott.

14 *Ich spreche zu Dir*
durch den Tau des Morgens.
Sei still,
wisse:
Ich bin Gott.

15 *Ich spreche zu Dir*
durch den Abendfrieden.
Sei still,
wisse:
Ich bin Gott.

16 *Ich spreche zu Dir*
durch das Leuchten der Sonne.
Sei still,
wisse:
Ich bin Gott.

17 *Ich spreche zu Dir*
durch die funkelnden Sterne.
Sei still,
wisse:
Ich bin Gott.

18 *Ich spreche zu Dir*
durch den Sturm und die Wolken.
Sei still,
wisse:
Ich bin Gott.

19 *Ich spreche zu Dir*
durch Donner und Blitz.
Sei still,
wisse:
Ich bin Gott.

20 *Ich spreche zu Dir*
durch den geheimnisvollen
Regenbogen.
Sei still,
wisse:
Ich bin Gott.

21 *Ich werde zu Dir sprechen,*
wenn Du allein bist.
Sei still,
wisse:
Ich bin Gott.

22 *Ich werde zu Dir sprechen*
durch die Weisheit der Alten.
Sei still,
wisse:
Ich bin Gott.

23 *Ich werde zu Dir sprechen*
am Ende der Zeiten.
Sei still,
wisse:
Ich bin Gott.

24 *Ich werde zu Dir sprechen,*
wenn Du meine Engel gesehen hast.
Sei still,
wisse:
Ich bin Gott.

25 *Ich werde zu Dir sprechen*
in alle Ewigkeit.
Sei still,
wisse:
Ich bin Gott.

26 *Ich spreche zu Dir.*
Sei still,
wisse:
Ich bin Gott.

Essener Psalm des Lobgesangs und der Dankbarkeit

Ich bin dankbar, Himmlischer Vater,
denn Du hast mich zu einer unendlichen Höhe erhoben,
wo ich in den Wundern der Wahrheit wandle.

Du gewährst mir Führung,
Deine ewige Gegenwart zu erlangen aus den Tiefen der Erde.

Du hast meinen Körper gereinigt,
damit er in das Heer der Erdenengel eintreten kann.

Du hast meinen Geist gereinigt,
um zur Gemeinschaft der Engel des Himmels zu gelangen.

Du gabst dem Menschen die Ewigkeit,
um in freudigen Liedern zur Morgen- und Abenddämmerung
Deine Werke und Wunder zu preisen.

Teil II

Zeiten des Wandels

Siegel mit einer gnostischen Darstellung von Abraxas
Etwa 2. Jahrhundert n. Chr.

KAPITEL 5

Was ist Gnosis?

In einem Buch, das von der lebenden Gnosis handelt, die man mit »Weisheitsstrom der Befreiung durch alle Jahrhunderte« umschreiben kann, ist eine nähere Definition des Begriffs »Gnosis« sicher nicht überflüssig. Dies umso mehr, als wir uns in den folgenden Kapiteln tiefer mit einigen Gruppen und Arbeitern des Geistes befassen, welche in *unserer* Zeitrechnung versuchten, die Gnosis als lebende Kenntnis des Herzens auszutragen, zu vertiefen und ihren Mitmenschen bekannt zu machen.

Damit nennen wir bereits einen wichtigen Teil dieser Definition: »Kenntnis des Herzens« – im Gegensatz zu »Kenntnis des Hauptes«. Kenntnis im 21. Jahrhundert ist meist verstandesmäßig nachvollziehbar und streng nachprüfbar (d.h. andere müssen zu demselben Ergebnis gelangen, wenn sie dasselbe Objekt untersuchen). Sie lässt also keine Emotionen oder Gefühlserwägungen zu. Dies ist besonders wichtig, es ist für technische und logistische Zwecke unentbehrlich. Kein Auto würde fahren, keine Frühgeburt überleben ohne die Resultate dieser verstandesmäßigen Kenntnis. An den Folgen einer einfachen Lungenentzündung, ja sogar einer Erkältung könnten wir sterben, wenn es die einfachen, aber sehr wichtigen Arzneimittel nicht gäbe, die dies verhüten.

Auf dem Gebiet des *Warum* des Lebens, der *Schönheit* des Lebens, der *Tiefgründigkeit* des Lebens bringt die Kenntnis des Hauptes einen wirklichen Sucher jedoch nicht weiter. Es gelingt nicht, wie sehr man auch die Geheimnisse unseres Lebens mit wissenschaftlichen Methoden, also mit dem Verstand zu ergründen versucht. Die Ursache hierfür ist nicht schwer zu verstehen. Es liegt daran, dass das Leben mehr beinhaltet als der Verstand fasst. Selbst ein kleines Kind begreift dies spontan, da es noch ganz und gar von innen her aus dem Herzen ist und lebt. Aber das ist noch nicht dasselbe wie Gnosis.

Das Leben ist voll von bedeutenden Ereignissen. Manchmal lassen sie das menschliche Herz vollkommen gleichgültig, oft berühren sie es aber auch. Eindrucksvolle Augenblicke ziehen vorüber, während man keinen Finger rührt und keine Tat verrichtet, und die dennoch unser ganzes Weltbild in einem einzigen Sekundenbruchteil verändern können. Das rührt daher, dass die wesentlichen Dinge des Lebens sich im Innersten abspielen, in den Bereichen, zu denen das Denken keinen Zugang hat. Vielleicht sollten wir eher sagen: zu denen das Denken *allein* keinen Zugang hat, weil innerliches Leben mit dem Herzen erlebt und erlitten wird.

Menschen können sehr viele Bilder im Kopf festhalten, und manch einer hält dies für eine Form innerlichen Lebens. Wer dem jedoch wirklich gewissenhaft bei sich selbst nachforscht, wird feststellen, dass es sich meistens nur um wirre Fetzen handelt, um Bilder, die ein verschwommenes Gefühl vermitteln, aber im allgemeinen kein wirkliches Leben in sich bergen. In dem einfältigen, reinen (rein gewordenen) Herzen kann sich aber eine andere Kenntnis regen. Dort kann eine lebende Seele ihren ersten Anfang nehmen. Es kann eine Brücke geschlagen, eine Verbindung mit der Gnosis hergestellt werden.

Was ist eigentlich *Gnosis?* Bei Jan van Rijckenborgh lesen wir darüber:

>*Ursprünglich war die Gnosis die Zusammenfassung der Urweisheit, die Bündelung aller Kenntnis, die unmittelbar auf das ursprüngliche, göttliche Leben hinwies. So wurde – und wird – den Menschen die göttliche Weisheit nahe gebracht und denjenigen der Weg gewiesen, die in das ursprüngliche Vaterland zurückkehren wollen.*«

Valentinus, einer der bedeutendsten Gnostiker der Antike, sagte:

>*Gnosis ist Erlösung des innerlichen Menschen; nicht von seinem Körper, denn sein Körper ist vergänglich, auch nicht psychisch, denn selbst die Seele ist aus der Vergänglichkeit. Darum ist Erlösung pneumatisch, d.h. spirituell. Durch die Gnosis wird also der innerliche, spirituelle Mensch geboren, so dass für uns die Gnosis des universellen Seins ausreichend ist. Und das ist die wahre Erlösung.*«

Und Theodotus, der in Kleinasien lebte, schrieb um 150:

»Ein Gnostiker ist jemand, der verstehen gelernt hat, wer wir waren, was aus uns geworden ist, und wo wir gefunden werden; wohin wir so eilig unterwegs sind; wovon wir befreit werden; was Geburt ist, und was Wiedergeburt bedeutet.«

Daran lässt sich gut erkennen, dass es nicht genügt zu sagen: Gnosis ist »Kenntnis des Herzens«. Denn jeder Mensch besitzt ein Herz, und jeder Mensch hegt bestimmte Gefühle in seinem Herzen, einige Menschen sogar recht viele. Aber nur wenige Menschen erfahren Gnosiskraft in ihrem Inneren.

Der erste Schritt in diese Kenntnis, in die Gnosis, ist, sich dessen wohl bewusst zu werden, »vom ursprünglichen Vaterland abgetrennt zu sein«. Dies schließt ein, dass die Welt, in der der Mensch jetzt lebt, nicht sein Vaterland sein kann. Dass also mindestens von zwei Welten die Rede ist: einem *Vater*land und einem »*Aus*«land. Zum »*Aus*«land gehört auch der sogenannte »Himmel«, eine Art Reflexionssphäre, die alles widerspiegelt, was irdisch ist, das Gebiet, in das die Seele eingeht, wenn der Mensch stirbt.

Auch die Schulen der Gnostiker verwendeten die Begriffe Körper, Seele und Geist – genauso wie die offizielle Kirche. Hinsichtlich des Körpers fand man nicht viel Anlass zum Streit. Der jedenfalls stirbt einmal, was beweist, dass er nicht unsterblich ist. Der große Unterschied zwischen den beiden Systemen liegt in dem Begriff Seele. Die etablierte Kirche war und ist der Meinung, dass die Seele nicht sterben kann, sondern in den Himmel eingeht, um dort für alle Zeiten zu bleiben. Die Gnostiker weisen dies ab. Die irdische Seele mit ihren Emotionen und ihren Unvollkommenheiten, sowie mit allem, was sich in ihr abspielt, ist sterblich, weil sie von den (sieben) »Natur«kräften aufgebaut ist. Und darin – so versichern die Gnostiker – liegt ein Funke des Geistes (also des Vaters) eingeschlossen, den sie auch als »Pneuma« bezeichneten. Das ist das *einzige* unsterbliche Element im Menschen. Die Kirche sah dies jedoch nicht so. Sie schaffte den »Geist« in Bezug auf den Menschen in einem gegebenen Moment sogar ganz ab.

Der Funke, das *Pneuma* ist nunmehr ganz und gar seiner selbst unbewusst geworden. Er weiß fast nicht mehr, dass er da ist! Er ist »betäubt«, eingeschlafen, ohnmächtig durch das Gift der Welt (der Naturkräfte); er ist mit einem Wort »unwissend«.

Denn, so versichert das *Evangelium der Wahrheit* (von etwa 145 n. Chr., übrigens auch aus der Schule von Valentinus): »*Beim Vater gibt es keinen Verlust der Erkenntnis. Wohl aber kann er durch eine falsche Reaktion auf Ihn entstehen. Der Verlust der Erkenntnis verschwindet sofort, sobald der Vater wiedererkannt wird.*«

Das ist eine Kenntnis, die die Unwissenheit zunichte macht, genau so wie Dunkelheit verschwindet, wenn irgendwo ein Licht entzündet wird. Oder eben die Gnosis zu leben beginnt.

Wie kann man den Vater wiedererkennen lernen? »Mittels demjenigen, der von Ihm ausgeht, um zu suchen, was verloren ist.« Das ist, was die Gnostiker den *Sohn* nennen, Jesus, den Erlöser, welcher »erlöst«.

Ein besonders tröstlicher Gedanke dabei ist, dass das »Kennen« durchaus auf Gegenseitigkeit beruht. Sobald der Mensch den Vater wiedererkennt, wird er selbst durch den Vater erkannt. Darum ist der Korintherbrief über die Liebe absolut gnostisch zu nennen. Dort sagt Paulus: »Wir sehen jetzt durch einen Spiegel ein rätselhaftes Bild; dann aber von Angesicht zu Angesicht (weil das Göttliche im Menschen vollkommen geworden ist). Jetzt erkenne ich's stückweise; dann aber werde ich erkennen, gleichwie ich erkannt bin.«

Folglich können wir feststellen, dass eine wirklich gnostische Strömung eine Anzahl Kennzeichen aufweist: An erster Stelle führt sie eine *erlösende Religion* mit, eine Religion, die das Herz oder besser den Funken im Herzen – das Pneuma – wieder mit dem Vater verbindet. Zweitens muss sie *übersinnlich* sein, nicht weil sie geheimnisvoll ist, sondern weil sie buchstäblich »über die Sinnesorgane« hinaus geht. Denn die Sinnesorgane sind aus den sieben Naturkräften und nicht aus dem Vater. Dieser kann nicht mit dem Haupt erkannt werden, sondern zuallererst mit dem Herzen. Das ist es, was mit der »Kenntnis des Herzens« gemeint ist. Drittens geht eine Bewegung, die wirklich im lebendigen Strom der Gnosis steht, zur gewöhnlichen, erkennbaren Welt aus. Sie weist auf eine ganz andere Welt hin; sie lehrt also *die Lehre der zwei Naturordnungen*. Und zum Schluss ist alles, viertens, eine individuelle und sehr persönliche Angelegenheit. Niemand kann einen anderen befreien, d.h. jeder Mensch kann es lediglich in seinem eigenen Wesen finden, festhalten und wahr machen, währenddem sich jeder Einzelne freiwillig in Gruppeneinheit damit verbindet.

Dies sind Kennzeichen, die man in jeder der zahlreichen gnostischen Strömungen, die es in den ersten Jahrhunderten unserer Zeitrechnung gab, vorfindet. Sie sind auch das absolute Grundprinzip, der Ausgangspunkt der Schule des Rosenkreuzes. Jede wirklich gnostische Strömung gibt auf ihre Weise Antwort auf die universellen Fragen: *Mensch, wer bist du? Woher kommst du? Wie kommst du zur Erkenntnis? Wohin gehst du?* Wer imstande ist, dies zu erfassen, versteht das *Prinzip*, von dem die Großen des (gnostischen) Geistes zu allen Zeiten ausgegangen sind. Es taucht auf den folgenden Seiten in vielen Variationen immer wieder auf.

Gegenwärtig gibt es verschiedene Autoren, die über die Gnosis schreiben. Ein gut zugängliches und verständliches Buch, das zugleich eine Übersicht bietet und zahlreiche Zitate aus den Nag-Hammadi-Schriften beinhaltet, ist zum Beispiel *Ein Schlüssel zur Gnosis* (2003, Rozekruis Pers Haarlem/Birnbach), geschrieben vom holländischen Historiker Jacob Slavenburg. ⤳

Abbildung des Ouroboros, der Weltenschlange,
welche die unendliche Wiederkehr darstellt. 3. Jahrhundert v. Chr.
The Bollingen Foundation NY/USA

Hermetisch-alchemische Darstellung der Wiedergeburt des Phönix,
befreit von den alten Kräften von Saturn
Aus einem Manuskript von 1760
Bibliotheca Philosophica Hermetica, Amsterdam

KAPITEL 6

Hermes Trismegistos

I

Schon in der Antike sah man in Hermes Trismegistos, in Hermes dem Dreimalgroßen, einen Philosophen, der alle Dinge von einem anderen Blickwinkel aus betrachtete, der alles umkehrte. Diese Tatsache war auch der Punkt, worum es sich im Streit zwischen den orthodoxen Christen im frühen Christentum und den Gnostikern von Alexandria handelte. Für die Ersteren galt Christus als Mensch und zugleich als Gottessohn, der auf der Erde geboren worden war. Er kam auf die Erde in etwas so Unbedeutendem wie einem menschlichen Körper, um danach in den Himmel, die Wohnung seines Vaters zurückzukehren, was normalen Menschen unerreichbar fern erschien.

Für die so genannten Gnostiker hingegen befand sich Christus nicht unerreichbar weit außerhalb der Grenzen des Menschen. Für sie bedeutete Christus die geheimnisvolle Kraft, die der Schöpfer, der *Vater der Lichter*, herabsandte. Quer durch alle (unsichtbaren) Sphären der Erde hindurch dringt das eine Licht bis dorthin, wo sich der Mensch abmüht, und eine Anzahl großer und oft gewaltsamer Kräfte, meistens unsichtbar, versuchen, ihn auf allerlei Art festzuhalten.

Dennoch bleibt des Menschen Verlangen nach Licht, nach Rettung, nach Befreiung bestehen. Stets aufs Neue unternimmt er voller Kraft und Elan den Versuch, zu überwinden, was ihm entgegentritt. Mit eiserner Gesetzmäßigkeit werden jedoch seine Versuche wieder zunichte gemacht. Nach Meinung der Gnostiker – und mit ihnen Hermes – resultiert dies aus dem Einfluss der Äonen, der zwölf Prinzipien, die die ganze Welt in ihrem Bann halten, sowie ihren Helfern, den Archonten (buchstäblich: die von Anfang an da sind, oder die Größten, die es gibt). Sie wollen nicht, dass auch nur eine einzige ursprüngliche Lichtseele aus ihrem Machtbereich ausbricht. Wie oft wird der Mensch nicht seiner *Licht*kraft beraubt! Das bedeutet nun nicht, dass er erkranken oder misshandelt werden soll. Aus Hermes' Sicht besteht aber ein organisierter Plan, der darauf abzielt, einen Menschen von früh bis spät, von jung bis alt und von Kreislauf zu Kreislauf derartig zu beschäftigen, zu inspirieren mit immer wieder neuen Wünschen, Dingen, die er noch erledigen muss, für die er sich verantwortlich fühlt, dass er keine Zeit mehr hat für die ewige, ursprüngliche Flamme oder Seele.

Die Gnostiker nennen diese Seele *Nous*, die Seiende. Findet der Mensch endlich jene Zeit, wo er sich Fragen stellen kann, dann zeigen ihm die Archonten erfahrungsgemäß, dass er ein irdisches Wesen ist, ganz und gar seinen Sinnesorganen unterworfen. Ist der Mensch trotzdem bestrebt, in seinem Verlangen auszuharren, die Geistflamme mit ihrem Ursprung zu verbinden, werden ihm neue Traumbilder vorgegaukelt, werden möglicherweise Macht und Ruhm in Aussicht gestellt. »Strebe hiernach, du Mensch, entwickle dich«, scheinen sie einzuflüstern.

Bleibt dessen ungeachtet seine Hoffnung auf das einzig Notwendige gerichtet, wird die Seele bearbeitet. Dann wird all sein Streben umgebogen, dann sieht er die Luftschlösser in den zwölf Sphären der Äonen. Auch ihnen kann er kaum entrinnen. Verzweiflung treibt ihn bis an den Rand des Abgrunds, und das Ende droht.

»Aber auch wenn du mutlos wirst, behalte dennoch den Mut«, hören wir Jesus im gnostischen *Evangelium nach Maria* sagen. Das Andere, das Nous, *ist nicht* von dieser Welt, und gewiss auch nicht von ihrer unsichtbaren Hälfte.

Und so ist es auch im Menschen selbst. Das Andere ist weder der Körper, noch die irdische Seele, noch sind es die Organe, die durch die zwölf Äonen (oder die im Tierkreis wirksamen Kräfte) beherrscht werden. »Behalte dennoch den Mut«, denn Christus ist durch all diese Kräfte hindurchgebrochen. Und was noch mehr zählt: Er hat die fatale Kraft der Mächte geschwächt. Im gnostischen *Evangelium der Pistis Sophia* heißt es: Er hat den dritten Teil ihrer Kraft weggenommen und nach links gewendet; ausgenommen den Dreizehnten Äon, den er zur Rettung geschaffen hat. Seine reine Kraft, die das Geistige aus der Erde (d.h. aus der Gefangenschaft des Körpers) freimachen will, wurde jedoch durch die Arbeit von Christus nur gestärkt.

Schon seit Anfang des 17. Jahrhunderts ist bekannt, dass die hermetischen Texte nicht alle einer einzigen Quelle entstammen können. Denker aus dem 1. Jahrhundert des Christentums versuchten, die altägyptischen Gedanken, oder besser gesagt die Gedanken, die im dynamischen, aktiven Alexandria zeitgemäß waren, mit derjenigen Ansicht, dass Christus *Rettung* bedeutet, in Einklang zu bringen.

Dr. H. van den Broek und Dr. G. Quispel schreiben über die hermetischen Bücher: »Keine einzige hermetische Schrift ist mit Sicherheit zu datieren. Die platonischen Gedanken – die *Hermetica* (Sammelbezeichnung) beweisen dies – haben ihre spezifische Form erst durch die Wiederbelebung des Platonismus im 1. Jahrhundert vor unserer Zeitrechnung erhalten.

Der starke Einfluss esoterischer, jüdischer Spekulationen in *Poimandros* (auch oft als Pymander bezeichnet) ist nach dem nahezu vollständigen Untergang des alexandrinischen Judentums im jüdischen Aufstand von 115 bis 117 n. Chr. nicht mehr recht nachvollziehbar, so dass diese Schrift wahrscheinlich im 1. Jahrhundert n. Chr. entstand. Um 300 scheinen so viele hermetische Werke im Umlauf zu sein, dass man vermuten darf, dass die meisten der Traktate des Corpus Hermeticum zwischen dem 1. und dem 3. Jahrhundert unserer Zeitrechnung entstanden sind.«

Die hermetischen Christen haben nie aufgehört, über die Werte der Juden, die altägyptische und griechisch-platonische Weisheit nachzudenken, und alle diese drei Einflusssphären sind nach Meinung der Gelehrten dann auch im Corpus Hermeticum wiederzufinden. Für die kleinen Schülergruppen der Hermetiker in Ägypten war es nicht getan mit einem Christus, der die Weltprobleme gleichsam für alle Menschen löste, als er am Kreuz starb. Diese Ansicht kam später durch die Römisch-katholische Kirche auf, eine Ansicht, die zum Dogma wurde. Nein, es gibt einen unmittelbaren Zusammenhang zwischen Mensch, Christus und Kosmos. Jedermann ist gehalten, dieses Rätsel zu lösen, will er das wahre Glück und sein Seelenheil finden.

Wer das begreifen kann, macht eine wundersame, außergewöhnliche Entdeckung: Denn damit werden Hermes, wie auch die Personen von Christian Rosenkreuz oder Jesus, zu einer symbolischen Figur, hinweisend auf einen bestimmten Menschentypen, der im Begriff ist, zu einem völlig neuen Bewusstsein durchzudringen. In den ersten Jahrhunderten nach Christus waren es hermetische Gemeinschaften, die zusammenkamen und »Bruderschafts«mahlzeiten abhielten, jenen schönen Brauch, den wir schon bei der Bruderschaft der Essener angetroffen haben. Das war auch die »Agape«, jenes frühchristliche Liebesmahl, von welchem Abbildungen in den römischen Katakomben zu finden sind. Sie hatten einen geweihten Charakter, und es ist anzunehmen, dass die Gnostiker bei ihren Zusammenkünften ihrer Vorstellung von einem »Opfer« im spirituellen Sinn in Form von Gesang Gestalt gaben. Mehrere dieser Lobgesänge sind als Text bewahrt geblieben.

II

Eine typisch hermetische Frage ist zum Beispiel: Warum verfügen wir eigentlich über einen Körper, eine Körpergestalt? Nur um hier eine Zeit lang hin- und herzutaumeln, alle möglichen Dummheiten zu machen und natürlich auch etwas Schönes zu erleben, den einen oder anderen bürgerlichen Beruf auszuüben, um so den Kopf über Wasser zu halten, und danach zu sterben? Und um all die Jahre in Nervosität sich durchzuschlagen, ständig miteinander kämpfend und streitend? Ist dies das Ziel des Lebens?

Warum besitzt der Mensch eine Körpergestalt? Hermes sagt: Der Körper ist ein Werkzeug. Er ist sogar eine *Eigenschaft* der Seele. Das ist kein bequemer Gedanke, darüber muss man tief nachdenken. Eine Eigenschaft: Das ist etwas, was in den Dienst einer führenden Kraft gestellt werden muss, ein Körper, der letztendlich im Dienst der Seele, als Diener der Seele auftreten kann.

Hermes dreht die Sache also um: Der Körper *hat* nicht möglicherweise eine Seele, abhängig vom jeweiligen wissenschaftlichen Standpunkt, sondern der Körper *ist* eine Eigenschaft der Seele, er ist aus ihr entstanden! Der Körper ist zwar so fest und dicht geworden, dass er nichts mehr davon weiß. An mehreren Stellen jedoch sagt die Universelle Weisheit: Zuerst ist eine Seele, eine Beseelung, und dann ist ein Körper. Der umherschweifende Mikrokosmos verbindet sich also auf seiner endlosen Reise durch das Zwischengebiet, das Niemandsland zwischen Tod und neuem Leben wieder mit einem Menschenkind. Es erscheint ein völlig neues Kind im Mikrokosmos.

Stellen Sie es sich einmal vor: Ein Kind wird geboren. Es ist vollkommen neu, vollkommen ursprünglich, voll neuen Lebens, so ganz offen und direkt. Es ist zugleich rührend und sprühend, mitunter braucht es auch Nerven. So ein Baby weiß noch nichts – und trotzdem kann es oft recht schlagfertig reagieren, es lernt bald sprechen und drollige Bemerkungen machen, es kann schelmisch gucken und so weiter. Es verfügt über eine ursprüngliche Seele, frisch gewaschen, könnte man sagen. Es ist aber trotzdem nicht imstande, bereits in der ursprünglichen, göttlichen Natur zu leben. Und nun kommt die Seele erneut mittels des Körpers mit der dialektischen Natur in Berührung. Muss jetzt der ganze Prozess, den wir oben beschrieben haben, wieder von vorn beginnen?

Wo ist die damalige Seele geblieben? Sie wurde bei dem Prozess, der zwischen dem letzten Tod und dem neuen Leben, der neuen Geburt, stattfindet, ganz und gar fortgespült. Aber der Zug, die Bewegung, hört nicht auf. Der Bahnhof A liegt hinter uns, wir nähern uns B. Was in A war, haben wir bereits vergessen. B hingegen lernen wir nun sehr gut kennen, aber danach rollt der Zug erneut weiter. Und in C angekommen, fährt der Zug wieder zurück. Wir haben nichts davon, wenn wir nicht aus dem Zug aussteigen, hinaus gehen und uns frei bewegen. Genauso wie eine bestimmte Bahnstrecke nicht das ganze Land darstellt, so ist unser Lebenslauf auch nicht das ganze Leben. Das vollständige Leben ist ja siebenfältig.

Von einem bestimmten Standpunkt aus betrachtet, ist es nicht schwer zu verstehen. Van Rijckenborgh legt es im vierten Teil der *Ägyptischen Urgnosis*, Kapitel VII, aus. Er schreibt dort, dass jeder Mensch als Seelenentität (damit meint er: als Mensch, der eigentlich ein Seelenmensch ist) die Diktatur des körperlichen Menschen, der Körpergestalt, erfährt. Jetzt geht es um Folgendes: Wird das neue Geschöpf, das Kind mit der ursprünglichen Seele, imstande sein, während es sich entwickelt, dauerhaft gegen die Gewöhnung zu kämpfen, die sich im Laufe des Lebens einstellt? Oder wird es den Weg des geringsten Widerstands gehen?

Jedes Mal aufs Neue verleiht der Mikrokosmos einem Kind eine solche ursprüngliche Seele. Bis jetzt verwandelte sich die ursprüngliche Seele gar bald in eine Naturseele. Eine Naturseele kann jedoch nicht auf die Dauer leben bleiben, denn das dialektische Leben erstickt sie zuletzt; so voll und schwer wird diese schließlich durch alles, was ihr widerfährt und wonach sie verlangt. Geschieht das in diesem Leben erneut, dann ergeht es dem Menschen genau so wie seinen Vorgängern. Falls nicht, und bleibt der Mensch dabei, sich gegen ein Leben in törichtem Gehorsam gegenüber allem, was sein Körper diktiert, zu widersetzen, bildet sich in einem gegebenen Moment eine großartige Möglichkeit heraus: Dann wird der Mensch den begnadeten Augenblick erleben, dass er im Begriff ist, etwas davon zu erfassen, dass Haupt und Herz etwas von der Neuen Seele begreifen lernen. Im selben Moment verwandelt er sich von einem Menschen dieser einen Welt in einen Bewohner zweier Welten, und er ist in der Lage, auf eine absolut neue Art und Weise in der Welt zu stehen und zu arbeiten.

Eine junge Persönlichkeit steckt normalerweise voller Lebensenergie und ist ganz und gar lernbegierig. Sie will wissen, wie alles funktioniert – sich selbst dabei nicht ausgenommen. Ein solcher Mensch ist lernbegierig, weil er nicht zufrieden sein kann mit seiner gegenwärtigen Lage, und wie es mit ihm steht. »Was tue ich hier? Wer bin ich?«, sind die Fragen, die ihn in einem gegebenen Moment beschäftigen. Es kann ebenfalls sein, dass er lernbegierig ist in Bezug auf diejenigen Gedanken, die die universelle Weisheitslehre stellt: »Was ist eine Seele? Warum kehrt Hermes die Dinge um? Warum sagt er: 'Es gibt eine Seele und eine Körpergestalt, aber zuerst ist die Seele'? Was meint er mit: 'Der Körper ist eine Eigenschaft der Seele, wenn es gut ist, ist er ihr Diener'?« Das sind nicht gerade die bequemsten Fragen. Aber er versucht, darüber nachzudenken.

Stellen wir uns einmal vor, dass der Persönlichkeitsmensch nicht der einzige im Mikrokosmos ist, der lernen muss. Denken wir noch einmal zurück an das Kind, das mit einer ursprünglichen Seele geboren wird. Dieses Kind will ganz und gar nicht aufs Neue vollgeladen werden mit all den Dingen, die das dialektische Leben mit sich bringt. Die ursprüngliche Seele in ihm – die Flamme der Gnostiker – wartet nicht darauf. Aber sie muss. Ein Baby muss wachsen. Es wird schließlich erwachsen und will sein eigenes Leben gestalten. Es gibt so viele Möglichkeiten, dass es mit 18 oder 20 Jahren vollkommen vergessen hat, dass da einmal so etwas wie eine ursprüngliche Seele war, etwas, das es in jungen Jahren möglicherweise sehr deutlich wahrgenommen hat. Nirgends haben wir dieses Gefühl so treffend beschrieben gefunden wie in dem Buch *Jeugd* (Jugend), 1940, geschrieben von dem Flamen Ernest Claes:

»Ich verlangte nach etwas, wusste aber nicht wonach, aber trotzdem musste es irgendwo sein. [..] In diesen Jahren kann ein Kind sehnsüchtig nach Glück verlangen, einem vollkommenen Glück. Ein Kind kann ganz und gar glücklich sein, absolut im Glück aufgehen, so wie es das später niemals mehr erleben wird. Dringt die Vernunft einmal zu ihm durch, dann wird es auch in den seligsten Augenblicken eines Menschen immer etwas geben, von Ferne oder aus der Nähe, durch andere oder sich selbst, durch Vergangenes oder Zukünftiges, das seine Verzückung dämpft. Ein Kind aber kann vollständig aufgehen in seiner Fröhlichkeit, so wie auch der Kummer eines Kindes vollkommen, allumfassend sein kann.

Wir haben in uns selbst keinen Maßstab, um das Verlangen eines Kindes, und vor allem den Kummer eines Kindes zu ermessen, weil auch in unseren bittersten Augenblicken zugleich etwas um uns ist, das den Schmerz lindert, dieser daran gehindert wird, uns ganz zu vereinnahmen, sei es auch nur mittels einer alltäglichen Sorge oder Pflicht. Ein Kind kennt dies nicht. Es gibt sich völlig seinem Kummer hin, ohne viele Worte. Darum ist der Kummer eines Kindes so wahr und so groß. Das verlorene Spielzeug, um das es weint, war für das Kind 100 Prozent seines Glücks. Es ist weg, und nun ist es ein 100-prozentiger Kummer.

Das Gemüt eines Kindes kann so voller Sehnen sein, so überwältigend, dass es wie eine schwere Last auf sein Herz drückt, und es diesem gegenüber seine gänzliche Ohnmacht fühlt. Es wird schweigsam und bekümmert. Körperliche Qualen erklären nicht alles, das Kind kann innerlich und äußerlich die Gesundheit selber sein. Schau, da sitzt der kleine Flachskopf, der soeben noch durch den Garten tollte und lärmte wie ein Narr, an den Baum gelehnt, allein, und starrt vor sich hin. Und auf einmal kommen dem Flachskopf die Tränen.

'Warum weinst du?', fragt sein Vater, der vorbei kommt. Und Flachskopf schluchzt: 'Ich weiß es nicht.' – 'Dann brauchst du auch nicht zu weinen.' Natürlich weiß Flachskopf es nicht. In seiner Sprache gibt es keine Worte, um dies auszudrücken, nicht einmal Gedanken gibt es hierfür. Trotzdem muss Flachskopf vor Kummer heulen.

Nicht nur die Vergangenheit, auch die Zukunft wirft Schatten über unser inneres Wesen. In der Zeit, in der das Kind vom reinen Kindsein zum Begreifen des Lebens übergeht, ereignet sich in seiner Seele etwas wie eine Umgestaltung und Verhärtung. Der letzte Flügelschlag des weißen Engels berührt seine Seele, und das Kind blickt zurück, und sein Herz schreit: 'Ich weiß es nicht.' In unserer Erinnerung verschwinden die Schmerzen und Freuden, sie werden ausgelöscht.«

Wie treffend geben diese Worte wider, worüber wir hier schreiben! Wie oft ist in solch einem Fall die ursprüngliche Seele nicht zu schwach, um im Leben des Menschen eine Rolle zu übernehmen? Wann wird »der Flügel des weißen Engels« ihn wieder berühren? Vielleicht – hoffentlich –, dass irgendwann einmal eine ungeteilte, vollkommene Freude oder eine heftige Erschütterung im Leben eines solchen Menschen das Andere, die »andere« Beseelung wieder in Bewegung, in Schwingung versetzt.

Aber es kann auch geschehen, dass der junge Mensch durch besonders günstige Umstände immer wieder auf das ganz Andere in ihm horcht. Mehr noch: Dass da quer durch alles hin ein bestimmtes Verlangen, mitunter gar ein starkes Verlangen in ihm wach geblieben ist; eine Art Wissen, das ihm erzählt: »Es ist gut, dass du aufwächst, dass du lernst, wie du alles in dieser Welt gebrauchen und anwenden musst, *aber lass mich auch lernen!* Vergiss nicht«, so spricht das Wissen, »dass es noch eine andere Ebene gibt, noch ein höheres Niveau, auf dem du lernen musst.« Dies kann man nicht in Worte fassen, denn es liegt verborgen unter der Oberfläche. Es steckt tief im Menschen. Es vergeht wohl kaum, und es ist erst der Anfang. Es ist die ursprüngliche Seele, die am Beginn steht, die alles möglich macht bzw. möglich gemacht hat. Von ihr erhält der Mensch im Grunde genommen alles:

Zum Beispiel den Herzschlag.

Zum Beispiel die Atmung.

Zum Beispiel das Vermögen zu hören, zu sprechen, zu sein.

Zum Beispiel das Vermögen, Schönheit zu erleben, selbst Abstufungen von Schönheit zu entdecken; und letztendlich das Vermögen, Licht wahrzunehmen, darauf zu reagieren und damit beginnen zu bauen.

Es ist atemberaubend, in diese Gedanken einzutauchen. Schauen wir, was die ursprüngliche Seele dem Menschen zu Beginn seiner Reise, dieses einmaligen, ja einzigartigen Lebens alles schenkt: Sämtliche Eigenschaften für ein menschenwürdiges Leben werden ihm zur Geburt gereicht. Hiermit macht er sich ans Lernen – *und bleibt dabei, zu lernen.* Auf diese Weise hat die ursprüngliche Seele nichts mehr und nichts weniger getan, als sich dem Menschen dieser Welt gefangen zu gegeben! Sie kann auch nicht anders, denn sie ist gegenwärtig zu schwach, um selbständig in ihrem eigenen Lebensfeld existieren zu können. Es ist ihre einzige Möglichkeit, ihre einzige Möglichkeit ist der Erdenmensch.

Das meint Hermes mit: Zuerst die Seele, dann der Körper. Denn es beginnt mit dieser Flamme. Aber Hermes meint auch: Dieser Körper, dieser Mensch soll sich nicht nur voll stopfen mit den Dingen dieses Lebens. Es wäre so gut, wenn der Mensch der Diktatur der Erde, des Körpers Widerstand leisten würde. Dann könnte eine völlig neue Entwicklung ihren Anfang nehmen. Denn ungeachtet aller Gaben, die er mitbekommt, kann der Mensch (gemeint ist die Persönlichkeit, die körperliche Gestalt) oftmals nicht zufrieden und glücklich sein mit seinem Leben; es sei denn, er stellt sich wieder in den Dienst seiner Seele. Der Mensch wird niemals vollkommen werden können, wenn er nicht einsieht, dass auch *diese ursprüngliche Seele* zu lernen, sich einer bestimmten Ausbildung, einer bestimmten Entwicklung zu unterziehen hat.

Was muss sie denn lernen? Sie muss erneut all das lernen, was sie dem Menschen zuvor gegeben hat. Folglich muss sie zuerst wieder ihren Herzschlag kennenlernen: das heißt die Rose öffnen. Danach muss sie aufs Neue atmen lernen. Dann muss sie sich vergegenwärtigen: Ich bin. Als viertes muss sie sich dann der Schönheit der Lichtwelt, aus der sie stammt, bewusst werden, um letztlich mittels des Lichts aus ihrem inneren und ursprünglichen Reich, in das sie ganz und gar eingehüllt ist, einen völlig neuen Körper aufzubauen. Dann ist der Kreis geschlossen. Dann ist die ursprüngliche Gestalt im Mikrokosmos wieder auferstanden. Und der Körper, der Mensch, der der Seele die Möglichkeit dazu geboten hat, wird vollkommen glücklich aufgehen in dem Anderen. Auf eine noch unbekannte Art und Weise kann er dann auf unserer Erde, lebend und arbeitend in der heutigen Gesellschaft, Kraft und Licht freimachen für alle Menschen, die dessen bedürfen.

In diesem Sinne wird vom modernen Rosenkreuz, in Übereinstimmung mit der Bibel, Jesus als die Seele verstanden. Mit Jesus meint die Schule des Rosenkreuzes stets die Seele, niemals eine historische Persönlichkeit, die möglicherweise einmal gelebt hat, oder auch nicht.

In den Erzählungen der Bibel unterweist Jesus immer seine Jünger oder das Volk, unterrichtet sie, zeigt die Zusammenhänge auf. Dagegen wird uns Johannes der Täufer als jemand beschrieben, der die Menschen hinweist auf einen, »der nach ihm kommt«. So steht es geschrieben. Johannes verweist auf Jesus. Wohingegen dieser immer wieder auf das ursprüngliche Licht hinweist, und den Menschen mit der Kraft des ursprünglichen Lebens verbindet. Das ganze Leben Jesu ist ein leuchtendes Vorbild für einen Seelenmenschen.

Ist das nicht einfach christliches Gedankengut? Hermes hat doch nie über Jesus gesprochen? Was ist dann daran gnostisch oder hermetisch? Es ist: Die unmittelbare Anwendung im eigenen Leben. Die Kraft aus dem ursprünglichen, universellen Leben kann man direkt im eigenen Leben erfahren; sie kann darin wirksam sein, weil der Mikrokosmos in ferner Vergangenheit damit aufgebaut wurde. Jesus besteht nicht außerhalb des Mikrokosmos. Das hätte keinen einzigen Sinn. Der erstbeste Popstar übte mehr Einfluss auf einen Teenager aus als die Figur des Jesus in Form eines helfenden Außenseiters. *In der modernen Zeit kann Christus der höchste, der göttlichste Bewusstseinsaspekt innerhalb des Mikrokosmos werden.* Dessen reine, ungeschändet-ätherische Beseelung kann man als »Jesus« andeuten. »Johannes« dagegen ist der menschlich-persönliche Aspekt, der in Sehnsucht nach »dem Anderen, der kommen soll« lebt, und der sehr wohl weiß, dass er selbst als Person aus Fleisch und Blut nicht aus dem ursprünglichen Reich ist.

Johannes sprach von sich selbst als einem Rufer in der Wüste des irdischen Daseins. Er sagte: »Macht eure Pfade recht für ihn, der nach mir kommt, der größer ist als ich.« Es ist aber nicht so, dass Johannes *vor* Jesus lebte. Nein, es wird gesagt: »Sie wuchsen gemeinsam auf.« Es existieren zahlreiche Gemälde, worauf die beiden als Kinder *miteinander* spielen. In gewissem Sinne gehören sie zusammen. Man kann sagen: Jesus bedeutet die ursprüngliche Seele. Johannes ist der Menschentyp, der etwas für die Seele tut, ihr etwas ermöglichen will; oder wie Hermes sagt: die Körpergestalt, die sich nicht der Diktatur der Erde beugt.

Die Johannes-Gestalt steht uns wohl am nächsten. Vielleicht ist man auch der Meinung: Wir ziehen doch nicht mehr durch die Wüste. Aber wir dürfen nicht vergessen, dass wir die Bedeutung dieser Gestalten nur begreifen können, wenn wir ihren Symbolgehalt erkennen. In der Bibel finden wir tatsächlich den gesamten Konzeptplan dieses Seelenprozesses beschrieben.

Die Zeitrechnung beginnt mit dem Jahr der Geburt Jesu. Johannes' und Jesu Leben beginnen fast zur gleichen Zeit. So ist es auch beim Menschen. Zu Beginn unserer Zeitrechnung sind beide im Menschen anwesend. Beide sind noch jung, und ohne Hilfe können sie nicht aufwachsen. Johannes wächst auf und Jesus wächst auf. – Auch im Menschen? Bleiben sie Freunde? Oder vergessen sie einander? Wenn es gut ist, erkennen wir etwas von Johannes in unserem eigenen Wesen. Erkennen wir aber auch etwas von dem Verlangen, das er empfindet nach einem *Seelen*menschen, den er weitaus höher schätzt als sich selbst, den er als das Licht der Welt betrachtet? Johannes kommt – so sagt die Bibel – um vom Licht zu zeugen. Er ist nicht selbst das Licht.

Was heißt das: bezeugen? Die Bibel ist mit unseren Worten geschrieben, mit Worten, die wir begreifen können, während sie von Dingen spricht, die nicht von unserer Welt sind. Man kann sie nicht wortwörtlich nehmen. Dennoch sagt das Johannes-Evangelium: »Gott ist Licht.« Hierfür wurde eine Beschreibung gewählt, die auf die eine oder andere Weise mit diesem Wesen übereinstimmt. Warum denn Licht? Licht ist Schwingung, Vibration. Man spricht von der Lichtgeschwindigkeit. Mit Licht verbindet man auch Freude und Frohsinn. Licht verleiht der Erde Schönheit. Durch das Licht wird ihre Schönheit sichtbar. Wenn man in einem Zimmer das Licht anzündet, kann man sehen, wie schön es eingerichtet ist.

Mitunter kommt es vor, dass wenn wir etwas Bestimmtes hören oder erfahren, als ob das Licht in uns selbst entzündet würde. Wir selbst, als Mensch, als Mikrokosmos, sind aus dem Licht geworden. Das Licht ist unser Vater – versuchen wir, dies auf neue Art zu begreifen: Das Licht ist überall. Es durchdringt das ganze Universum und die ganze Schöpfung. In jedem Atom ist Licht eingeschlossen, sonst kann es nicht existieren. Machen wir einen Spaziergang im Wald, sehen wir, wie eigentümlich das Licht durch die Zweige auf die Blätter fällt, sich in den Tautropfen spiegelt, millionenfach funkelt und tanzt, und zahllose Strahlen durch die Zweige bis auf den Boden gelangen. Bei jedem Schritt, den man setzt, zeigt sich wieder eine neue Palette, eine neue, unermesslich reiche Schattierung von Strahlen und Licht. Noch viele Male lebendiger ist das ursprüngliche Licht des Vaters.

Stellen wir uns einmal vor, dass wir durch den Prozess, durch den Pfad, die Fähigkeit erlangen, etwas vom Licht zu erleben, zu erfassen. Sagen wir dann: »Das bin ich. Das habe ich getan.«? Natürlich nicht. Denn dies ist wiederum eine Gabe der ursprünglichen Seele an uns, weil wir es ermöglichen, dass sie wieder in ihrer eigenen Welt erwachen kann. Dennoch wissen wir in unserem tiefsten Wesen: Dieses Licht halte ich fest, und dieses Licht wird mich nicht mehr loslassen. Wir werden uns nicht mehr verlassen. Es ist bis ins Blut mit mir verbunden. Das ist mit »bezeugen« gemeint. Es versteht sich von selbst, dass auch wir Zeugnis geben werden von dem Licht, wenn das Licht in unserem Blut wirksam wird! Nicht, indem wir es auf den Straßen breitwalzen, sondern indem es auf ganz natürliche Art und Weise durch alles wirkt, was wir tun.

Weil wir von den zwei Welten wissen, von den zwei Naturen, weil wir dieses Wissen lebendig erhalten und der Diktatur der Körpergestalt zu widerstehen verstanden haben, können wir jetzt sagen, dass die beiden Freunde, Johannes und Jesus, zu *einem* Wesen vereinigt worden sind. Nie mehr brauchen sie aus dem Mikrokosmos zu verschwinden, sondern im Gegenteil werden sie uns durch die glorreichen Entwicklungen des Neuen Lebensfeldes geleiten. Wer dies zu begreifen lernt, verschafft sich selbst Zugang zu einem ganz anderen Wissen, zu einer ganz neuen Art lebendiger Kenntnis. Das ist Gnosis. Jetzt wieder aufs Neue und noch genauso wirksam wie in den Tagen von Hermes Trismegistos. Wir haben sie kennengelernt als die moderne Gnosis. Es ist dieselbe Weisheit, die in den ursprünglichen hermetischen Gemeinschaften wirkte. ⤙

KAPITEL 7

Mani von Ktęsiphon

Wer sich eingehender mit Mani beschäftigt und bemüht ist, den großen Botschafter des gnostischen Christentums aus dem 3. Jahrhundert zu verstehen, sieht sich unvermittelt vor die Tatsache gestellt, dass dies nicht so ohne Weiteres gelingen will. Das Drama, das sich mit und um Mani abgespielt hat, lässt sich nicht so ohne Weiteres erfassen.

Warum nicht? Siebzehn Jahrhunderte westliches Christentum haben uns geformt, es hat auch bereits unsere Eltern geformt und unsere Gene gefärbt und festgelegt. Dieses Christentum hat die gesamte Kultur, in der wir leben, durchwoben; in ihr sind unsere Vorfahren geboren und gestorben. Dieses Christentum hat mittels seiner Exekutive Länder erobert und wieder aufgegeben und auf diese Weise letztlich selbst die Wirtschaft des Westens gestaltet. Diese ihrerseits hat wiederum einen entscheidenden Einfluss auf das Gesicht der modernen westlich ausgerichteten Welt ausgeübt.

Um die Wahrheit wirklich erkennen zu können, müsste man den ganzen christlichen Ballast, alle geschaffenen und ererbten Vorurteile abwerfen. Erst dann wäre man imstande zu ermessen, von welch universellem Wert Mani und sein intensiver, voller Ideenreichtum ist. Doch wer dies versucht, wird feststellen, dass es nicht so leicht fällt, sich vom Erbe eines Volkes, eines Landes, eines Erdteils, in dem man geboren wurde, zu lösen. Man wird erfahren, dass wesentlich mehr dazu gehört als ein Stündchen Besinnung.

Es fordert den ganzen Menschen. Es erfordert eine Ausrichtung mit Herz und Seele auf ein anderes Prinzip im Mikrokosmos, auf den »Zwillingsbruder«, wie Mani es ausgedrückt hat. Wir möchten es die Seele nennen, die Neue Seele. Einzig auf diese Weise ist es möglich, uns von unserem Blut und Boden loszureißen; einzig hierdurch ist es möglich, sich mit einem freien, unbehinderten Blick mit den gnostischen Offenbarungen der Vergangenheit zu verbinden.

Darstellung von Mani während des Bema-Festes
Aus Turfan, 11. Jahrhundert

II

Das Reich der Perser erstreckt sich in den Tagen, in denen Mani seine Lehre der zwei Welten verkündet, über eine weite Fläche. Im Jahr 216, dem Jahr seiner Geburt, liegen in der Gegend, wo die Sonne aufgeht, die Länder Baktrien, Indien und Turfan, wo den Lehren Buddhas, des Gesegneten, nachgelebt wird. In den Gebieten der untergehenden Sonne liegen Armenien und Osroene, wo die Nazarener den Gekreuzigten verehren. Mani selbst beschreibt seine Zeit in der Weise, dass die Welt beherrscht wird von vier großen Mächten: Dem Reich der Römer im Westen, die Jupiter als Schöpfer huldigen; dem Reich der Perser, in dem man vornehmlich die Knie beugt vor Zarathustra; fern im Osten dem gewaltigen Reich der Chinesen; und im Südwesten dem der Aksumiten, Menschen schwarz wie Ebenholz, die ihren Namen nach ihrer Hauptstadt Aksum tragen. Ihr Reich liegt im Quellgebiet des Nils und grenzt an die schmalen nördlichen Ausläufer des Golfs von Arabien, dem Roten Meer.

Die Namen klingen exotisch, und die Temperaturen liegen im Persien der Sassaniden im Durchschnitt einiges höher als in Mitteleuropa. Die unternehmungslustige und dynamische Dynastie der Sassaniden will die Geschichte Großpersiens von Dareios und Xerxes wieder aufleben lassen und dadurch Persępolis als Hauptstadt in Ehre wiederherstellen.

Durch Schapur I, den herrschenden *Schahinschą*, den König der Könige, wissen diese »neuen« Perser, dass sie ein Reich der Mitte sind. Ihren Reichtum und Wohlstand verdanken sie dem Zwischenhandel sowie dem Transit und den dadurch vereinnahmten Gewinnen. Zugleich kämpfen sie darum, ihr Gebiet zu vergrößern, und bringen den Römern eine folgenschwere Niederlage mit einer empfindlichen Konsequenz: Jedes Jahr soll der Cäsar eine Steuer an die Perser entrichten.

In diesem unermesslich großen Reich wird Mani als Sohn eines persischen Edelmanns und einer Frau mit Namen Mirjam geboren. Von seinem vierten Lebensjahr an gelangt er mit seinem Vater in die Einflusssphäre und das strenge Umfeld der Elkesaïten. Das ist eine Gruppierung, deren Mitglieder die Taufe des Johannes vollziehen; eine starke Bindung an die Gebräuche der Essener Bruderschaft ist auch hier nicht unwahrscheinlich. Sie scharen sich um einen guruähnlichen Leiter, dem in allem gefolgt werden muss. Mani ist jedoch nicht von allem überzeugt. Seiner Meinung nach fehlt ein wichtiges Element, denn Johannes hat auch gesagt: »Ich bin gekommen, um mit Wasser zu taufen, doch der, der nach mir kommt, wird mit Feuer taufen.« Und dieses Feuer, diese Verbindung mit dem Geist, dies vermisst er. 24-jährig verlässt Mani die Gruppe, um den »Gottesdienst des Lichtes« zu gründen.

Die Lehre der zwei Weltordnungen von Licht und Finsternis, welche Mani den Persern bringt, ist nichts Neues, das hat er auch nie behauptet. Diese kommt auf direktem Wege von Skythianos, einem weisen Sarazener, der rund 50 n. Chr. in Ägypten nach Weisheit suchte, und später nach Persien zog. Nach dessen eigenen Aussagen kommen seine Auffassungen wieder indirekt von Pythagoras.

Es geht bei dieser Lehre also um eine alte Überlieferung, die auf diese Weise zu Mani vordrang. Doch Mani ist kein bloßer Nachfolger, im Gegenteil: In ihm findet die Überlieferung ein neues, aktives, pulsierendes und begnadetes Zentrum, einen neuen, leuchtenden Kern voller erneuernder Ideen und Impulse. Alle Begriffe, alle Meinungen und Lehren und selbst alle großen Religionen sagen nichts aus und können keine Kraft wirken, wenn sie nicht von einer lebendigen, magnetischen Verbindung mit dem ursprünglichen Unbeweglichen Königreich ausgehen. Mani selbst verkörpert diese Verbindung. Und was noch mehr ist: Mani ist gekommen, um zu *erfüllen*. Er selbst nennt sich »der letzte Apostel Christi«, und er sieht seine Mission in der Synthese seiner Botschaft mit denjenigen von Buddha und Zarathustra. Alle, die sich Mani anschließen, werden das Neue Reich, die »Gärten des Lichtes« – wie er es vorzugsweise bezeichnet – sehen und darin eingehen.

Nachforschungen haben ergeben, dass es tatsächlich zwei Entwicklungslinien im Christentum gibt. Die aufrechte und wahre Geschichte ist diejenige der verketzerten und verbannten Gruppierungen. Das Christentum als Staatsreligion jedoch verfolgte andere Interessen, politische Interessen, wie viele Jahrhunderte Kirchengeschichte deutlich machen, und geht bis heute darin auf. Sie hat vielleicht herausragende Erfolge in unserer Kultur hinterlassen, aber im Grunde ist sie vom reinen Christentum abgewichen, von der uneingeschränkten Streitlosigkeit und dem Gebot: »Liebe Gott über alles und deinen Nächsten wie dich selbst.« Um den Ursprung der Lehre der zwei Welten in gnostischem Sinne zu finden, müssen wir uns von Persien nach Südwesten begeben. Wir überqueren das Mittelmeer und ankern im Hafen vom alten Alexandria.

In den ersten zwei Jahrhunderten unserer Zeitrechnung gedeihen das offizielle und das gnostische Christentum nebeneinander. Sie beeinflussen einander. Aber es sind bewegte Jahre, es ist eine stürmische Jugend, die Anfangszeit des aufblühenden Christentums dort am ausladenden Nildelta. Unterschiedliche Bewegungen sind aktiv. Bewegungen, deren Anfang wir wiederum in den Jahrhunderten vor dem Christentum suchen müssen, zum Beispiel eine essenisch-jüdische Gruppierung oder den größeren persischen Einfluss des großen Zarathustra. Selbst der Buddhismus ist in dieser Weltstadt bekannt. Aber die wahren *Gnostiker* von Alexandria erkennen die Quelle, die Ursprünglichkeit und die reine Bedeutung von Jesus.

In der römischen Welt, zu der Alexandria gehört, erscheinen um das Jahr 40 oder 50 die ersten Berichte über einen Nazarener, einen Mann noch mehr als ein Prophet, genannt Josua oder Jesus (das ist genau genommen die griechische Schreibweise), der durch die örtliche Obrigkeit in Judäa hingerichtet wurde. Die Juden sahen in ihm einen Aufrührer, obwohl der Konsul Pilatus kein Körnchen Ungerechtigkeit an ihm fand. Es waren die eigenen Leute, die seine Hinrichtung forderten!

Seine Lehre fällt auf: »Wer sein Leben behalten will, der wird es verlieren; wer es aber verlieren will um meinetwillen, der wird es behalten«, ist eine von seinen unbegreiflichen Aussagen. Götter kennt er keine, indes der Wohnsitz von Gott gemäß ihm bei den Menschen selbst ist, denn, so sagt er: »Der Tempel Gottes ist bei den Menschen«, oder auch: »Das Königreich Gottes ist in euch.« Die Jünger des Nazareners fallen durch ihre einfache Lebensweise auf, sowie dadurch, dass sie die alten Götter, die für sie wertlos geworden sind, über Bord werfen.

An und für sich ist das in Alexandria und Rom, mondäne Hauptstadt der Alten Welt, nichts Neues. Es gibt eine Anzahl größerer und kleinerer Bewegungen in jenen Tagen, genau wie heute. Mitglieder der Elite machen sich nie viel aus den Göttern und gehen ihren eigenen Weg. Die Römer bilden keine Ausnahme und drücken dabei ein Auge zu, allerdings nur so lange es nicht gegen das Gesetz verstößt. Unbegreiflich allerdings wird es für die Einwohner des Römischen Imperiums, als Paulus auf einer seiner Reisen in Athen einen Stein für »den unbekannten Gott« aufrichtet.

Wenn man auch nur ein bisschen vom Geist dieses Buches durchdrungen ist, wird es mit einem einzigen Augenaufschlag klar, dass hier übersetzt sein muss »für den unkennbaren Gott«. Es geht um einen Altar für den Allerhöchsten, um das, was wir als Vater kennen, welcher allzeit im Verborgenen ist. Doch die Athener begriffen dies nicht, so klug ihr Ruf auch sein mag.

Was soll man mit einem »unbekannten« Gott? Der ist doch für nichts gut! Man lacht darüber. Unbegreiflich, ja. Gefährlicher noch ist, dass diese neue Sekte Menschen aus allen Schichten der Bevölkerung anzieht, welche dem gesellschaftlichen Treiben den Rücken kehren. Sogar staatsgefährlich ist ihre Neigung, die Welt abzuweisen! Militärische oder staatliche Dienste wollen sie nicht verrichten. Unannehmbar ist ihre Weigerung, den göttlichen Status des Kaisers zu akzeptieren. Lediglich ihrem »unbekannten« Gott gegenüber, der über allen alten Göttern stehen soll, fühlen sie sich in ihren Augen schuldig. So distanzieren sie sich von der Gesellschaft, und damit beginnen die Verfolgungen.

III

Im Denken der Philosophen von Alexandria spielt der Begriff »Gnosis« eine große Rolle. Ihre Bibliotheken enthalten mehr als 600 000 Handschriften. Ihre lange Tradition, über die Art des Göttlichen im Verhältnis zum irdischen Menschen nachzudenken, hat sie eine absolut unirdische Kraft entdecken lassen. Auf diese unirdische Kraft stimmen sie sich ab, auf eine verborgene, unirdische Kenntnis, die unmittelbar von »dem unbekannten oder unkennbaren Gott« außerhalb des Kosmos der zwölf Äonen mit ihren zwölf Tierkreiszeichen stammt. Die Weisen von Alexandria bezeichnen diese Kraft als das *Pleroma*, die Fülle, welche »sechs Emanationen« kennt, sechs sich hieraus ergebende Wirksamkeiten.

Diese ursprüngliche Fülle besteht außerhalb der zwölf Äonen. Ihre

Kraft durchschneidet die Äonen wie ein blendendes Licht und erreicht das Herz des lauter und rein gewordenen Menschen. Die zwölf mächtigen, über die Erde und die Menschheit herrschenden Felder werden gespalten und gegeneinander gewendet. Deshalb fangen sie an, sich zu bekämpfen: »Denn wegen des blendenden Lichtes«, das vom *Pleroma* ausgeht, »wissen sie nicht, gegen wen sie kämpfen und vergeuden auf diese Weise ihre Kräfte«, so berichtet das *Evangelium der Pistis Sophia*, das Valentinus zugeschrieben wird. Ein Kampf, der dem Menschen, der sich innerlich nach Befreiung sehnt, Aufschub gewährt. Auf diese Weise gewinnt er Raum, um seine ersten, möglicherweise zögernden Schritte auf den Pfad zu setzen. So ist das Mysterium des Christus zu verstehen, erklärt das Evangelium der Pistis Sophia.

Ein anderer Gnostiker, Marcion, ein Weiser und Kaufmann aus der Gegend des Schwarzen Meeres, stellt es im 2. Jahrhundert so dar: In einem beharrlichen Streben kann der Mensch das »Gesetz«, das Dasein in der Welt ertragen; strebend kann er der »bestehenden Schöpfung« entsteigen und zurückkehren in die Nähe des »Milden Fremdlings«, dessen Joch leicht und dessen Liebesart sanftmütig ist. Für diese Aussprüche wurde Marcion aus der offiziellen Kirche ausgestoßen. Denn gemäß der Kirche kann der Sinn der Schöpfung der Welt, die wir kennen, nicht darin bestehen, ihr zu entsteigen. Das aufkommende Christentum will nur einen einzigen Helden: Christus (und dessen Familie), und behauptet, dass sein Himmel allein durch die Kirche zu erreichen ist.

Anfänglich bewahren die Christengemeinschaften ihre Schlichtheit und halten ihren Glauben rein. Dadurch müssen sie verschiedentlich Gewaltausbrüche über sich ergehen lassen. Allmählich wird diese neue Strömung jedoch stärker und einflussreicher, und sie vermischt sich mehr und mehr mit dem gesellschaftlichen Leben. Es wird Wasser zum Wein geschüttet, anstatt das Wasser in Wein zu verwandeln. Letztendlich wird das junge Christentum im Jahre 311 zur Römischen Staatsreligion erklärt, und von da an gibt es christliche Kaiser. Dies markiert das endgültige Ende des Christentums als Bewegung im Dienst der zwei Naturordnungen.

Nach Marcion werden viele andere ebenfalls aus der Kirche ausgestoßen. Auch Manis Bewegung gehört nach seinem Tod viel zu rasch dazu, und von allen abweichenden Gruppen ist sie die am heftigsten bekämpfte. Dies deswegen, weil sie ein so enorm starkes Potenzial bildete, eben weil sie eine der wichtigsten gnostischen Systeme gewesen ist, die der Lehre der zwei Welten treu blieben. Die Manichäer waren so bedeutend, dass ab dem 4. Jahrhundert bis hin zum Zweiten Weltkrieg Menschen, die anders dachten als die Kirche oder der Staat, als Manichäer (unser Wort für Manie stammt daher) oder als Dualisten bezeichnet wurden. Das ging nicht immer gelinde ab, denn es waren keine sanften Zeiten. Der Altar vom »unbekannten Gott« wird zum Altar einer Kirche, die anfängt, Christus als Gottheit weit, weit »außerhalb des Menschen gelegen« zu verehren. Kirchen werden gebaut auf denjenigen Plätzen (Zufall gibt es nicht!), wo die Tempel der römischen Götter gestanden haben, und nach und nach übernehmen die Heiligen der katholischen Kirche die Rolle der beschirmenden römischen Götterfamilie.

Die Lehre der zwei Welten war für Italien bis zu Dante (etwa 1320) und Marsilio Ficino (etwa 1440) verloren, und diese Kenntnis war, wie sich zeigen wird, ebenfalls für ganz Europa mit Ausnahme einzelner Gruppierungen auf dem Balkan und in Okzitanien verloren.

Der wahre Gnostiker weiß das, er erkennt das. Wer in unserer Zeit nach »dem Wunder« sucht, wird sein Heil sicher nicht von der Gesellschaft erwarten und diese am allerwenigsten vergöttern. Trotzdem kann man teilnehmen an der gesellschaftlichen Entwicklung. Mitglied der Universellen Bruderschaft wird man nicht durch das Ausfüllen eines Anmeldeformulars. Nein, Mitglied ist jemand, der dem Christuslicht, dem Licht des ursprünglichen Lebensfeldes – das er oder sie kennen gelernt und erfahren hat als das höchste Gut – unter allen Umständen treu bleibt, und es durch die Art seines Wesens unmittelbar in sein Leben einbringt. Er bleibt dabei, ohne eine einzige Forcierung, bis hin zu den gesellschaftlichen Verhältnissen, in denen er verkehrt.

Aber wie gesagt: Den Schwerpunkt findet man natürlich nicht in der Gesellschaft. Es ist eine Tätigkeit, ein Dienst, den man verrichtet, und bei dem man auf dem Lebensweg eine Menge lernt. Sie muss getan werden, denn es gibt etwas, das aus dem neuen Lebensakzent, den man gewählt hat, ausfließt. Der Schwerpunkt ist derselbe wie der des Gnostikers am Anfang unserer Zeitrechnung, nämlich: Anteil zu erhalten am Ursprünglichen, dem Königreich von innen, von dem Christus sagt:»Wenn diejenigen, die euch leiten, sagen: 'Siehe, das Königreich ist im Himmel', dann werden die Vögel euch vorangehen; wenn sie sagen, 'es ist im Meer', dann werden die Fische euch vorangehen. Aber das Königreich ist in euch, und es ist außerhalb von euch. Wenn du dich jedoch selbst kennen wirst, dann wirst du gekannt werden, und du wirst wissen, dass du der Sohn des Vaters bist, der lebt.«

Das ist gnostisch nicht misszuverstehen, und man erkennt darin fast dieselbe Sprache wie bei den Essenern. So steht es im *Evangelium von Thomas*, einem gnostischen Evangelium, geschrieben in Syrien durch einen nahestehenden Anhänger und – Gelehrten zufolge – vielleicht ein Familienmitglied von Jesus. Die älteste Ausführung, in der wir das finden, ist von 140 n. Chr. datiert.

IV

Der größte Gnostiker, den es gab, war Mani von Ktęsiphon. Schon seit seiner ersten Aktivität mit vierundzwanzig Jahren lautet seine Botschaft: Eine neue Weltreligion verbreiten, basierend auf den Lehren Jesu, durch die alle, die wahrhaftig verlangen, in das Königreich des Lichts eingehen können. Eine Weltreligion für diejenigen, die sich als Lichtfunken des Einen erkennen! Ab Mitte des 3. Jahrhunderts bis Ende des 6. Jahrhunderts war seine Religion eine wichtige Strömung im Westen, bis der vereinte Hass von Kirche und Staat sie dort ausrottete. Im Osten, in Zentralasien, ist der Einfluss des Manichäismus gerade so groß wie der des Buddhismus. In China hielt sich der Einfluss bis ins 16. Jahrhundert, bis er auch dort mit Gewalt verboten wurde. In Turkestan war er im 8. Jahrhundert ein Jahrhundert lang Staatsreligion.

Von Anfang an hat Mani seine Texte selbst geschrieben und unter seinen und durch seine nächsten Schüler verbreiten lassen. Seine Anhänger waren in drei Gruppen eingeteilt: die Zuhörer *(Auditores)*, die Gläubigen und die Auserkorenen, die *Electi* oder Vollkommenen – ein Ausdruck, der Jahrhunderte später als *Parfaits* der Katharer wieder erscheint.

Manis Schriften sind reine Gnostik. Auffallend ist, dass Manis Auffassungen und Begriffe an vielen Stellen mit den Kernprinzipien des modernen Rosenkreuzes übereinstimmen. Nannte doch Van Rijckenborgh zuweilen seine Schule »Der (moderne) Manichäer-Orden«.

Als erste Übereinstimmung erkennt man: das starke Gedankenbild vom *Neuen Lebensfeld.* Mani nennt es die »Lichtgärten«.

Die zweite Übereinstimmung: die *Rose* – der Nous, das ewig Seiende.

Die dritte Übereinstimmung: der *Andere im Menschen* – der Zwillingsbruder, der »Milde Fremdling«.

Die vierte Übereinstimmung: die *Neue Seele* – die Lichtseele.

Die fünfte Übereinstimmung: die *Ernte* – die Lichtseelen, die in einem Lichtschiff in das Königreich des Lichtes eingehen.

Der Mensch, der durch den *Nous,* den Lichtkern in ihm, aus seinem Schlaf (benebelt durch die Welt) geweckt wird, soll nicht nur selber gerettet werden. Er soll dem Göttlichen helfen, *alle* gefallenen Lichtfunken oder Lichtelemente zu sammeln. Die Flamme, das letzte bisschen Licht, droht, geraubt und taub zu werden in dieser Stoffwelt, in der sie nahezu ohne Brennstoff gefangen ist. Er soll den irdischen Menschen (»das Stoffkleid«) hinter sich lassen und bekleidet werden mit einem göttlichen Seelenkleid, das vollkommen sein wird und vollständig erlöst werden wird.

Dazu muss der Mensch die erlösende Kenntnis von der ursprünglichen Seele wiedererwerben und eine Lebenshaltung führen, die aus dieser Wissenschaft, dieser Kenntnis resultiert. Er muss danach streben, die zwei Naturen in sich zu trennen, um sie auf eine neue Art wieder in Übereinstimmung zu bringen. Er muss es einer neuen Beseelung ermöglichen, sich mit ihren Eigenschaften oder Tugenden über den Alten Menschen und seine Mängel zu erheben. Er wird das Böse nicht mit Gewalt unterdrücken. Er wird in sich selbst soviel »Licht vereinigen«, dass das »Böse« dadurch völlig überstrahlt wird.

Der Grundgedanke von Manis Lebenshaltung ist, dass er alles zu tun vermeidet, was das Licht im Menschen und in der Welt behindern könnte. Selbst in den Pflanzen bis hin zu einem Samenkorn ist das Licht eingeschlossen, sagt er. So wie er selbst sind auch seine Nachfolger, die *Electi* oder Vollkommenen, selbstverständlich Vegetarier, und sie halten sich ebenfalls fern von Alkohol.

Andererseits weiß Mani aber auch, dass selbst der frömmste

Mensch in dieser Welt nicht darum herum kommt, dem »Licht zu schaden«, weil dies nun einmal bis im kleinsten stofflichen Teilchen gefangen liegt. Darum bittet er den »Fünffältigen Logos (in dem die Summe aller Lichtfunken, die in dieser Welt gefangen sind, aufgeht), der da ist: die Schönheit und die Essenz, die Kraft und das Licht, der Ursprung und die Wurzel von allem, was hier auf Erden ist, um Verzeihung«.

Manis Lebenshaltung gründet auf fünf Hauptpunkten:
1. Wahrheit;
2. Gewaltlosigkeit;
3. Reinheit und Keuschheit;
4. Reinheit des Mundes (Laster und Lügen meiden);
5. Gesegnete Armut (Besitzlosigkeit).

Und der Mensch erreicht dies, so sagt er, durch:
1. Liebe;
2. Hingabe;
3. Glaube;
4. Weisheit.

So weit eingedrungen in seine Gedankenwelt, wird es nicht erstaunen, dass er die Erde in einer siebenfältigen Entwicklung sieht, nicht in *nacheinander folgenden* Entwicklungen, sondern in einer *in sich bestehenden* Entwicklung. Er sagt: »Wisse, dass es der Erden sieben sind!«

Die Kenntnis, die Mani verkündet, die Gnosis, die die verlorenen Lichtkerne berührt, erreicht die entferntesten Winkel des Mikrokosmos. Sie lässt einen unvergleichbar schönen *Bronn der Geheimnisse* hervorquellen, welcher alle Geheimnisse entschleiert, der aber auch jeden dunklen Fleck gnadenlos entlarvt. Das ist jedoch eine Kenntnis, die »gekauft« werden muss. Es ist die Perle, die der Kaufmann findet; er gibt alles dafür her, um diese zu erwerben (Matthäus 13,45–46). Diese Kenntnis muss mit dem Selbst-der-Natur bezahlt werden. Das ist die Basis des ursprünglichen, befreienden, erlösenden Christus-Gedankens.

Es ist der Preis, den Mani selbst bezahlt hat: Zuerst als Lebender im irdischen Körper der-Welt-nach-zu-sterben, und danach seinen Körper dem persischen König Bahram I preiszugeben. An Händen, Füßen und am Hals an Ketten geschmiedet, starb er nach sechsundzwanzig Tagen im Gefängnis. Seine engsten Anhänger waren bei ihm. Weil das Wort »Mani« auszusprechen verboten war, schrieb das Volk seinen Namen auf Scherben und Bänder, malte ihn auf Wände und ritzte ihn in Bäume. »Mani Chavy« schrieben sie, »Mani, der Lebende«. Daher stammt der Name Manichäer.

Mani hatte sein Werk vollendet, er war bis zum Schluss der Stimme des Anderen, den er mit so viel Liebe stets seinen »inneren Zwilling« nannte, treu geblieben. Seine leuchtende Geistseele wurde erlöst, und die magnetische Trägerwelle der Lichtkraft, die durch seine Arbeit in der Atmosphäre entbunden wurde, hat in den nachfolgenden Jahrhunderten unzählige Lichtseelen berührt und freigekauft.

Einige herrliche Worte aus den Hymnen von Mani beschließen dieses Kapitel (entnommen dem Buch *Manis Lichtschatz*, 1999, Rozekruis Pers Haarlem). Es sind Worte, die erklären, warum Manis Sprache und Gedankengut mit dem Ideenreichtum des modernen Rosenkreuzes so verwandt sind: Sie stammen aus derselben Quelle, dem *Universellen* Seelenleben.

Hymne von Mani

Nimm dein Kreuz auf dich.
Streife die Welt von dir ab.
Löse dich aus den Banden des Blutes.
Unterwirf den Alten Menschen.
Erbaue den Neuen Menschen.

Erfülle das Heilige Gebot.
Gib Raum der Taube mit den weißen Schwingen.
Setze ihr keine Schlange daneben.
Freuet euch, meine Geliebten.

Das Lichtkreuz, das dem Universum Leben gibt,
ich erkenne es und glaube daran.
Denn mein Seelenwesen ist davon ein Abbild.
Und aus dem Licht wird alles Leben genährt.

Doch die Blinden können es nicht begreifen.

Rühme nichts in dieser Welt,
denn hier gibt es nichts zu rühmen.
Der Ort des Ruhmes ist der Lichtträger.
Der Ort der Freude ist der Vollkommene Mensch.

Entzündet eure Lampen.
Lasst uns eilends die Netze des Körpers auflösen,
damit der darin gebundene Neue Mensch befreit werde.

Also ringt darum, meine Geliebten, dass ihr schöne Perlen werdet
und von den Tauchern des Lichts zum Himmel geleitet werdet,
damit ihr in einem ewigen Leben Frieden findet. ↝

Darstellung eines Menschen, der über das neue Denkvermögen verfügt
Bogomilische Stele aus Istrien in Slowenien,
13. Jahrhundert
© Bojan Brecelj, Ljubljana, Slowenien

KAPITEL 8

Die Bruderschaft der Bogomilen

I

Über diese Bruderschaft ist wenig bekannt, doch gibt es viele gelehrte Betrachtungen über sie, in denen immer wieder dieselben wenigen bekannten Tatsachen wiederholt werden. Die Bogomilen werden häufig als Nachfolger der Manichäer gesehen, was prinzipiell richtig ist, aber andere Einflüsse außer Betracht lässt. Von allen Seiten wurden sie verfolgt, sowohl von der Römischen Kirche wie auch von der Griechisch-orthodoxen Kirche, und außerdem auch vom Staat. Dennoch konnten sie weit über ihre Blütezeit hinaus auf die eine oder andere Weise im Geheimen fortbestehen.

Zwischen dem 9. und 12. Jahrhundert war ihr verbreitender Einfluss am stärksten. Im Jahre 872 wurde eine letzte Gruppe manichäisch denkender Brüder, die sogenannten Paulikianer, aus dem Türkischen Reich vertrieben. So kamen deren erste Botschafter auf bulgarischen Boden. Es gibt einen Brief vom Patriarchen von Konstantinopel, geschrieben im Jahre 954 an den bulgarischen Zaren Peter, der diesen vor der »neuen Ketzerei, einer Mischung aus Manichäertum und Paulikianismus« warnte. Sie wurden also bereits damals als manichäische Ketzer betrachtet.

Ausführlicheres über sie steht in einem Brief des Priesters Kosma aus dem Jahre 972. »Es geschah«, so beginnt der Brief, »dass während der Regierungszeit des rechtgläubigen Zaren Peter ein Priester mit dem Namen Bogomil auftrat, der seine ketzerische Lehre zuerst in Bulgarien zu predigen begann.« Und weiter: »Mit wem soll ich sie vergleichen? Sie sind schlimmer als taube und blinde Götzen – diese können weder sehen noch hören. Aber diese Ketzer, die menschliche Gedanken haben, sind eigenwillig versteinert und haben die wahre Lehre nicht angenommen.« Ihr Leiter nannte sich selbst Bogomil, was so viel wie »Freund Gottes« bedeutet. Doch Kosma schrieb weiter: »Besser wäre es, sie 'Bogunemil' zu nennen, 'Gott nicht angenehm'.«

Von Bogomil wird berichtet, dass er die Methoden von Bestechung und Machtmissbrauch des Adels heftig ablehnte, und Sklaverei, Ausbeutung und Leibeigenschaft als Widerspruch zum ursprünglichen Christentum verurteilte. Denn dort geht es gerade um Freiheit und Nächstenliebe. Es heißt, dass die Bogomilen gerade deshalb einen enormen Zulauf bekamen: Sie mobilisierten das arme Volk mit einfachen urchristlichen Ideen, die eine überreiche Elite von Adel und Geistlichkeit in Frage stellten. Es klingt fast nach Politik und den sozialistischen Losungen der Arbeiterbewegung zu Beginn des 20. Jahrhunderts. Das hätte dann mit wahrer Gnosis und ihren Zielen nichts zu tun. Doch sagen die gleichen frühen Quellen auch, dass die ersten Bogomilen-Gemeinschaften »apostolische und mönchartige Eigenschaften hatten und als Mönche gekleidet gingen«. Ihr Gedankengut bezog sich im Wesentlichen auf christliche Armut in einem »apostolischen Leben, von dem sie als reisende Botschafter« zeugten. Nach eigener Aussage predigten sie nur das wahre Evangelium, weil die Kirche in eine fatale Entwicklung entartet war, die mit wahrem Christentum nichts mehr zu tun hatte. In den ursprünglichen Gemeinden nannten sie sich Brüder, Jünger, Gläubige, Vorbestimmte und Gerufene. Anforderung für ihren Glauben war: Nächstenliebe, Bescheidenheit, nicht lügen und nur die Wahrheit sprechen, nicht töten, das Böse ertragen. Sie wollten die Menschen zur Eigenverantwortung gegenüber dem Guten und Bösen führen.

Nach dem Jahre 1018 verbreitete sich die Lehre der Bogomilen im ganzen Byzantinischen Reich. Man begegnete ihren Vorstellungen in vielen Klöstern. In Konstantinopel hatten sie sogar unter den Adelsfamilien ihre Anhänger, und Sympathisanten fanden sich selbst am Hof des Kaisers. In der zweiten Hälfte jenes Jahrhunderts begannen trotzdem die Verfolgungen – nicht so sehr der Lehre wegen, sondern zu Folge der Vorrechte, über die der gefestigte Orden verfügte.

Um das Jahr 1100 lädt Kaiser Alexios das damalige Haupt der Bogomilen, Basilius, an seinen Hof unter dem Vorwand, mit ihm über seine Lehre diskutieren zu wollen. Basilius, ein bärtiger Arzt von hagerer, großer Gestalt, hatte die Lebensweise der Bogomilen fünfzehn Jahre lang unterrichtet und über vierzig Jahre verkündet. Er vertraute dem

Kaiser, folgte der Einladung und antwortete freimütig und bereitwillig auf alle gestellten Fragen. Hinter dem Vorhang saß indessen ein Schreiber, der den ganzen Dialog aufschrieb. Im gegebenen Moment wurde der Vorhang zur Seite geschoben, und Kaiser Alexios ließ seine fromme Maske fallen. Er ließ den Senat und die Geistlichkeit einberufen und begann mit einem Prozess. Nachdem alle Bekehrungsversuche fruchtlos blieben, erwartete Basilius der Scheiterhaufen.

Die Bogomilen hatten durch ihre manichäischen Grundprinzipien großen Einfluss auf die Katharer. Man kann sie jedoch diesen nicht gleichsetzen. Schon früh unterhielten die beiden Strömungen regelmäßige Kontakte. Als dann die Bogomilen im Osten immer stärker verfolgt wurden, flüchteten etliche von ihnen nach dem Westen und inspirierten ihre katharischen Brüder und Schwestern in wesentlichen Dingen. Nach einer Quelle aus dem Jahre 1230 haben die Gemeinden der Katharer ihren Ursprung in der Bulgarischen und Dragowischen Kirche.

Bekanntlich hatte 1167 der bulgarische Bischof Nicetas aus Konstantinopel ein bedeutsames Konzil mit den Repräsentanten der Katharer-Kirche auf dem Schloss St-Félix-de-Camaran in der Nähe von Toulouse einberufen, also im damaligen Okzitanien von Südfrankreich. Es gelang ihm, die bedeutendsten Leiter aus Süd- und Nordfrankreich sowie der Lombardei in Italien, also die verschiedenen Strömungen innerhalb der Katharer-Kirche, zu einer gemeinsamen Anstrengung für die Zukunft zusammen zu führen.

In einem Artikel der Zeitschrift Pentagramm (Ausgabe 3/1996, Rozekruis Pers, Haarlem) lesen wir:»Im 11. und 12. Jahrhundert waren Bulgarien, Thrakien und Mazedonien die wichtigsten Zentren ihres Wirkens. Da Bulgarien damals eine Provinz des Byzantinischen Reiches war, konnten die Bogomilen ihre Lehre wirkungsvoll verbreiten. Vom 12. bis Ende des 15. Jahrhunderts bildeten Bosnien und die Herzegowina das Bollwerk der Bogomilen. Es wurde sogar von der 'Bosnischen Kirche' gesprochen, und ihre Anhänger nannten sich 'pravi krstjani': wahre Christen. In wesentlichen Punkten stimmte ihr Gottesdienst mit dem der Katharer überein. In einem Dokument aus dem Jahre 1199 wurde Papst Innozenz III. gewarnt, dass in Bosnien 'eine nicht unbedeutende Ketzerei um sich greift', und dass einer der Fürsten bereits 'übergelaufen' sei. Man schätzte sie auf 10 000 Anhänger. Das gab dem Papst Anlass, den König von Ungarn und Kroatien zu beauftragen, die Ketzer aus Bosnien zu vertreiben und ihren Besitz zu beschlagnahmen. Daraufhin flüchteten viele Bogomilen ostwärts oder nach Norden, einige sogar bis in deutsche Städte entlang dem Rhein.«

Schließlich machte eine Invasion der Türken um 1463 der bosnischen Bogomilen-Kirche ein definitives Ende. Es heißt, dass viele Bauern unter den Bogomilen freiwillig zum Islam übertraten. Englische Reisende aus dem 17. Jahrhundert berichteten aber, dass die bosnischen Moslems nicht nur den Koran, sondern auch das Neue Testament läsen. Doch damit ist die Strömung der Bogomilen noch nicht zu Ende. Es gibt bis ins 20. und 21. Jahrhundert eine geheime Bewegung, die das Ideengut der Bogomilen lebendig erhält. Menschen, die nach außen dem Islam oder den exoterisch-christlichen Kirchen angehörten, hatten die Flamme der ursprünglich gnostischen Lehre der Bogomilen brennend erhalten. Das war nur möglich, weil sie damit nicht in die Öffentlichkeit traten. Vielleicht auch, weil sie eine ländliche Bewegung bildeten, weit weg vom Lärm der Städte mit ihren Gesellschaftsmechanismen und rasch wechselnden Regierungen in Jugoslawien und Bulgarien. So wurden sie vergessen und konnten lange Zeit in aller Stille ihre Arbeit weiter verrichten.

II

Bogomil war nicht der erste, der die Lehren vom unvergänglichen Geistmenschen verkündigte und versuchte, im Balkan das Licht im Herzen der Menschen zu wecken. Im Byzantinischen Kaiserreich wirkte bereits viele Jahrhunderte eine gnostisch-manichäische Aktivität. Bogomil erkannte darin den unermesslichen Reichtum und Segen für jeden Menschen, was ihm für die Verbreitung der Lehre Impuls gab. Er fasste diese Lehre zusammen, und ihre Wirksamkeit wurde als Bulgarische Kirche im Westen und Dragowische Kirche im Osten bekannt: Zwei Hauptströmungen in einem weit verzweigten Netzwerk von losen Bruderschaften, die mehr oder weniger den gleichen Lebensprinzipien folgten. Bogomil bildete dabei das neue, leuchtende Zentrum.

Die meisten Aussagen über diese Bruderschaft entstammen – ebenso wie bei den Manichäern – von ihren Feinden, den Kirchenvätern. Ein Teil ihres Ideengutes gilt als Nachhall der gnostischen Urchristen, ein anderer Teil ist ausgesprochen manichäisch. Es verwundert nicht, dass sich der Streit zwischen der Staatskirche und den Bogomilen vor allem auf die Auffassung zur Weltschöpfung bezog. Nach der offiziellen Kirche von damals und von heute ist diese Welt eine von Gott hervorgebrachte Schöpfung, und das Jenseits ist der Ort, wohin die verstorbene Seele geht – »dank dem Erlöser, der die Sünden der Welt und auch die Erbsünde auf sich genommen hat«. Zudem gilt in der Welt diese Kirche als die wichtigste, denn sie sorgt dafür, dass die Menschen gesittet leben, das Gute tun und das Böse lassen, sowie die Anweisungen der Kirche strikt befolgen.

Doch nach der Auslegung der Bogomilen ist diese Weltschöpfung eine Auswirkung des Widersachers, den sie Satan oder Satanael nannten. Darin sind alle Menschen, die einen Lichtfunken in sich tragen, gefangen in einer Vermischung von Gut und Böse, wobei das Böse überwiegt. Das von Gott geschaffene Reich liegt nach ihrer Auffassung außerhalb unserer Dimension.

Eine gnostischere Auffassung gibt es nicht. Sie begründeten es folgendermaßen: »Im Urbeginn herrschte Gott als das Alleingute. Er hatte weder Körper noch Form. Aus diesem Gott kamen die sieben unbegrenzten Himmel hervor, die weder Beginn noch Ende hatten. Aus dem Lichtgott kam aber auch Satanael hervor, der Urwidersacher, der aus Eigenwillen eine eigene Welt erschuf. So wurde Satan, der ursprünglich ein Bruder von Christus war, zum Engel, der den Tod in die Welt brachte.« »Mein Vater«, sagt Christus in der Auslegung, »hat ihm für diese Anmaßung das Licht genommen.«

Die Aufgabe des Menschen wird in diesem Urdrama wie folgt wiedergegeben: »Die Geister der Finsternis wollten sich auf das Lichtreich stürzen. Doch an seiner Grenze angekommen, konnten sie nichts gegen das Lichtreich ausrichten. Da das Lichtreich aus dem Alleinguten besteht und Bestrafung dort unbekannt ist, konnten die Geister der Finsternis nur durch eine Substanz getroffen werden, die nicht in ihnen war. Daraufhin ließ das Lichtreich einen Teil seiner Lichtfunken sich mit dem Reich der Finsternis vermischen. Es kam im Reich der Dunkelheit zu einer Gärung. Es entstand ein Wirbel, in dem der Keim der Selbstvernichtung – der 'Tod' – ein Teil war. Langsam zersetzte sich sein Zustand. In der Folge entstand das Menschengeschlecht, der Urmensch, der aus dem Lichtreich hervorkam, sich mit dem Reich der Finsternis vermischen wollte, und dieses deshalb überwinden muss.«

III

Sobald die Politik sich in das Leben einer gnostischen Gemeinschaft einmischt, ist es mit einer freien, ungestörten Entwicklung vorbei. Darum haben sich die Gemeinschaften, in denen wirklich befreiend gearbeitet wurde, meist von den Zentren der Kultur und der Macht entfernt und sind nach Osten gezogen, um sich unabhängig und in aller Ruhe ihrem Ziel zu weihen. In der Stille der Natur, gerichtet auf die Seelennatur, begnügten sie sich mit einem Existenzminimum. Indem sie ihre Begierden nicht entfachten, entflammte in ihnen dafür eine große innere Sehnsucht. Sie trachteten nach der Reinigung des Herzens in Übereinstimmung mit der Lehre, die Jesus ihnen vorgelebt hatte. Wie von selbst ließen sie das Alte los. Im Kraftfeld und mit der Weisheit der Brüder, die solch eine Gruppe leiteten, traten sie in das Neue Lebensfeld ein. Das Neue Testament, im Besonderen das Johannes-Evangelium, war ihr Wegweiser. Den Apostel Johannes nannten sie »Johannes Bogoslav«, was »Gottes Wort« bedeutet. Sie verstanden sein Evangelium mittels Inspiration aus dem Heiligen Geist.

Das einzige echte Bogomil-Buch ist das sogenannte »Buch der Geheimnisse«, auch das »Buch des Heiligen Johannes« genannt. Johannes und der auferstandene Jesus unterhalten sich darin über das Entstehen und das Ende der Welt, über den Fall und das Entstehen der Zweiten Welt, die wir als die heutige Erde kennen, wobei der Meister alle Fragen seines »Jüngers, den er lieb hat«, erklärt.

Die Bogomilen-Gemeinden arbeiteten in kleinen Gruppen, doch wussten sie sich verbunden im großen Körper der Bulgarischen Kirche. Sie pflegten in ihren Gemeinden die notwendigen Handwerksgewerbe, sie erforschten die Natur, sie förderten Heilkunst, Gesang, Musik, und sie studierten die Gesetze des Kosmos, den Menschen, die Seele und das Leben ihres Meisters Jesus. Für die Welt und ihre gesellschaftlichen Belange zeigten sie nicht das kleinste Interesse, obwohl sie oft in politische Konflikte hineingezogen wurden.

Nach heutiger Sicht opferten sie alles, doch gerade dadurch gewannen sie viel mehr. »Lerne das Niedere umzusetzen in das Höhere. Nicht das Geistige, sondern das Natürliche kommt zuerst. Dahinein wird das Geistige gesät. – Das Königreich Gottes ist in euch!« Es sind die Worte von Christus, die ihre Herzen in Feuer und Flamme setzten.

»Allein *im* Menschen kann durch das Freiwerden des 'Lichtmenschen' Gott gefunden, erkannt und erfahren werden. Sobald der Lichtmensch wieder lebendig ist, wird er in einer Seelen-Lichtwelt leben, die keine Schatten kennt und eine vollkommen harmonische Seeleneinheit aller heimgekehrter Lichtträger in Weisheit, Wahrheit und Liebe zu erkennen gibt.«

Das sind Worte, die unmittelbar von Mani zu kommen scheinen. In den verschiedenen Bruderschaften wurde in gleicher harmonischer Einheit ein Leben in Einfachheit, Zurückgezogenheit und tiefer Besinnung gelebt, ohne Besitz und Machtmissbrauch, um sich so dem neuen Tag des Seelenbewusstseins zu nähern. Aber die Zivilisation breitete sich aus, und die Gemeinschaften der Bogomilen mussten sich den gesetzlichen Obrigkeiten fügen. Die wirklich abgesonderten Regionen wurden stets rarer. So zogen sie immer weiter nach Osten, und ihre Gemeinschaften wurden immer seltener.

Im 14. Kapitel der *Ägyptischen Urgnosis*, Band III, schreibt Jan van Rijckenborgh:

»Die ganze Weite eines Erdteiles wie zum Beispiel Sibirien trägt die Spuren des Bogomilen-Lebens. Überall, unter dicken Lagen von Schnee und Eis finden wir die Spuren. Aber auch da ereilte sie das Gesetz. Und so ging es weiter bis zum heutigen Tag. Wie wir vermuten, wich gegen Ende des 19. Jahrhunderts eine Sekte der Bogomilen nach Kanada aus und baute dort eine geschlossene, reine und edle Gesellschaft auf, umgeben und beschützt durch unermesslich weite Wälder und Gebirge.«

Es war klar: Diese Art menschheitsbefreiender Arbeit war am Ende. »Denn der gnostisch orientierte Mensch wird von innen her nur allzu oft mit den Gesetzen in Konflikt kommen. Nicht, weil er die Gesetze des Zusammenlebens übertreten wollte, sondern weil er dem Zusammenleben entsteigen und in die Gotteswelt aufgehen will! Doch das kann der Gesetzgeber nicht tolerieren. Jede Übertretung wird bestraft. Will der Mensch in Frieden leben mit der Welt, muss er die Gesetze des Zusammenlebens akzeptieren.« Wo finden sich noch unzugängliche Gebiete, um derartige Gemeinschaften wie die der Bogomilen aufzubauen? Es mussten also neue Wege gesucht werden. Im Zweiten Weltkrieg ist der letzte große Leiter einer Bogomilen-Gruppe, Peter Danov aus Bulgarien, gestorben. Er lebte von 1864 bis 1944 und war Arzt. Um 1900 gründete er die »Bruderschaft des Lichtes«. Um ihn herum entstand ein neuer Kreis esoterischen Christentums, gestützt auf die spirituelle Vergangenheit auf dem Balkan. Erst durch den Nationalsozialismus und später den Kommunismus, der sich im Flachland stark ausbreitete, musste das Zentrum moderner Bogomilen-Bewegung nach Frankreich ausweichen, wobei aber auch heute noch Tausende von Sympathisanten in Bulgarien zu finden sind.

IV

Im Lichte des Vorhergehenden wird es uns nicht verwundern, dass selbst in entfernten Gebieten Russlands, Bulgariens und Rumäniens, oder näher in Bosnien-Herzegowina noch Spuren dieser Lehre aufgefunden werden. Denn die Bogomilen hatten ihren Gottesdienst vom »wahren Christentum« stets gepaart mit einer natürlichen und möglichst einfachen und reinen Lebensweise. So sagten sie beispielsweise, dass der Mensch den Kontakt mit dem Kosmos verloren hätte. Nun, das ist ein Gedanke, dem wir auch im Westen begegnen: Man findet es wieder wichtig, den kosmischen Einfluss auf das Wachstum der Pflanzen, den Saatkalender mit dem Mondstand usw. zu beachten. Aber sie meinten damit noch etwas anderes: Der Mensch ist nicht nur kein Bewohner mehr vom ursprünglichen Lebensfeld, was schlimm genug ist. Das würde man noch verstehen, denn es gab immer auch eine andere Art Mensch, Engel, geistige Wesen, etwas ganz anderes als den normalen Menschen. Darüber hinaus hat man jedoch jedes Gefühl verloren, dass der Mensch ein Bewohner des Kosmos ist. Man hält sich für den Mittelpunkt der Welt und die Erde für das Zentrum des Weltalls. Spräche auch die Wissenschaft dagegen und wüsste er mit dem Verstand, dass sich nicht alles um ihn dreht, so wäre doch in der Haltung und im Gemüt des Menschen noch immer kein Raum für ein entsprechendes Bewusstsein und Verhalten.

Doch gehe einmal frühmorgens vor Sonnenaufgang aufs offene Feld – dann steigt in dir ein Gedanke der Bogomilen auf. Richte deinen Blick nach Osten, wo die Sonne aufgeht. Schaue, ehe sie erscheint, wie der ganze Horizont aufleuchtet. Fühle, mit welcher Kraft und Macht dieses Geschehen einhergeht. Die Finsternis weicht! Und nicht nur mit Kraft: Es kommt Freude und neues Leben mit dem Licht, in rasender Geschwindigkeit und Schwingung, in die Atmosphäre. Die Vögel beginnen zu singen – nicht, wenn die Sonne da ist, nein, sie reagieren auf die neuen Sonnenäther, die in der Erdatmosphäre erscheinen. Darum singen sie bereits, ehe der Tag anbricht. Denn das Vorausfühlen der kommenden Sonne weckt sie und bringt sie zum Jubilieren. Die ganze Erde und die Natur freuen sich darüber. Der Tod einer Nacht ist wieder besiegt.

So fühlst und erfährst du aufs Neue etwas von der Gewalt des Sonnenkosmos. Dann weißt du wieder, dass dein eigenes Leben daraus hervor kommt. Die Bogomilen gehen noch weiter: Sieh dich selbst da stehen. Du schaust nach der Sonne, wie sie in einem Bogen über den Himmel zieht. Aber du hast dich getäuscht: Es ist nicht die Sonne, die sich bewegt. In Bezug zur Erde steht sie im Zentrum. Sie gilt uns als unerschütterliche Feste im weiten All, als das einzig »Statische« in einem für unseren Begriff endlos kreisenden Sonnensystem. Das Einzige, das uns in der dialektischen Welt an ein »unbewegliches« Königreich erinnern kann. Nicht die Sonne dreht sich um die Erde, von Ost nach West. Nein, in einem endlosen Tauchgang dreht sich die Erde von West nach Ost, jeden Morgen in der Strahlenglut der Sonne badend und ihr neues Leben eintrinkend; jeden Abend, beschämt ob der vielen Verirrungen und Grausamkeiten, die sich auf ihrer Oberfläche abspielten, erneut ihr Angesicht vom göttlichen Glanz abwendend.

Und darauf stehst du, Mensch. Auch du bist Teil in diesem Reigentanz. Auch du erfährst Licht und Dunkelheit. Auch du bist eine Mischung von Gut und Böse, von Licht und Dunkel. Und auch dein Bewusstsein erfährt das Licht des Tages und das Dunkel des »Nichtmehr-Seins«. Man sagt ja, dass dein Leben wie ein Tag ist, *dein* Tag, und dass du die rechten Beschlüsse fassen musst, »ehe dein Tag wieder der Vergangenheit angehört«.

Die Bogomilen hatten einen enormen Reichtum an Ideen, die alle darauf gerichtet waren, in einem feindlichen Land so rein wie möglich leben zu können. Darum lebten sie in Zurückgezogenheit und möglichst in Übereinstimmung mit der Natur. In den Jahren vor dem

Zweiten Weltkrieg zog ihr Meister, Peter Danov, jeden Sommer einige Monate in ein Gebiet mit dem Namen »die sieben heiligen Seen«, eine herrliche Landschaft im Rila-Gebirge Bulgariens. Dort, weit weg vom Lärm der Balkan-Städte, unterrichtete er seine Schüler. Als er alt wurde, kamen jährlich viele Hunderte von Menschen, um ihm am Fuße der Berge zuzuhören.

Der Mensch im Westen kann nicht mehr so leben. Es ist nicht mehr möglich und auch nicht mehr sinnvoll. Sein Lebensweg ist viel mühsamer geworden. Aber, wenn irgendwie möglich, auch kostbarer. Denn gerade in dieser Zeit, wo sich alles enorm zuspitzt, kann er noch unermesslich Wertvolles verrichten. Eine neue Lebenshaltung kann ihn prinzipiell frei machen von der Welt, auch wenn er noch darin sei, indem er eine ganz andere Art Leben vorlebt. Und wenn er auch anders leben muss als die Bogomilen, sieht er darin doch wieder eine Lebenspraxis von Mani, eine Weisheit, die auch in der Schule des Rosenkreuzes zu finden ist: »Bekämpfe das Böse nicht, ertrage es.« Das war auch eine der Lebensregeln der Bogomilen: Das Böse muss durch Liebe aufgelöst werden, es kann sich nicht selbst erretten.

Das eigentliche Übel ist weniger der krasse Gegensatz zwischen Reich und Arm, wenngleich dieses Unrecht eine Folge des fundamentalen Übels – des Falles – ist. Die Bogomilen lehrten, das Übel an der Wurzel anzupacken. Das führte sie in ihre friedliebende Lebenshaltung, die sich im Mitleid für alles Geschaffene gründete. Mit dieser Lebenshaltung hielten sich die Bogomilen aus allem Streit heraus, der doch das Kennzeichen unserer »Zornwelt« ist, in der wir leben.

V

Welches sind nun die neuen Wege, die es für die moderne Menschheit gibt? In einer Betrachtung über die Bruderschaft der Bogomilen, die, wie bereits gesagt, bis in die moderne Zeit bestand, schreibt Frau Catharose de Petri, Mitbegründerin der Schule des modernen Rosenkreuzes, Folgendes:

> »Peter Danov war Zeit seines Lebens Leiter der Bogomilen-Bruderschaft, einer Gruppe in Bulgarien, die sich selbst sowie ihre Geistverwandten mit Landwirtschaft am Leben erhielt. Diese Arbeit war für sie die einzige annehmbare Form gesellschaftlicher Funktion.«

Darunter folgt ein kurzer Auszug aus *Das Saatkorn der Lehre* von Meister Peter Danov:

»Eine große Veränderung muss sich im menschlichen Verstand vollziehen. Eine große Umwandlung der Eltern, Kinder, Lehrer und Erzieher ist notwendig. Es reicht nicht aus, unsere Verirrungen und Schwächen zu erkennen; man muss sich bemühen, sie los zu werden, unser Bewusstsein zu entfalten und zu erheben, um die Umstände unseres jetzigen, engen und wechselhaften Lebens zu verlassen. Die guten und schlechten Zustände des Lebens gehen vorbei. Es ist der Prozess unseres begrenzten Egos. Es ist die Entledigung alter Schulden, die Reinigung und Vorbereitung zum Neuen Leben.

Die Zeit ist gekommen, in der sich der Mensch mit allerlei Methoden bereit macht, in das dritte Prinzip des Lebens einzutreten, um aus der Begrenztheit des Niederen Selbstes aufzusteigen zu einem kosmischen oder göttlichen Bewusstsein. Gemäß der Sprache des Evangeliums bedeutet dies, dass der Mensch 'geboren wird aus Wasser und Geist', dass er mit aller Kraft nach Liebe, Weisheit, Wahrheit, Gerechtigkeit und nach allen Tugenden strebt, so dass seine Seele aufblühen wird im kosmischen Bewusstsein nach dem ewigen Prinzip, das alles umfasst.«

Aus obigem Zitat geht hervor, dass es stets Strömungen gab, die den einen befreienden Weg gesucht haben. Die Bogomilen formten eine religiöse Bewegung, die die ursprüngliche Lehre austragen wollte. Sie waren geistesverwandt mit den Katharern und tauschten auch gelegentlich ihre Mitarbeiter aus. Doch so verwandt die Bruderschaft der Bogomilen mit der jungen gnostischen Bruderschaft der Rosenkreuzer auch erscheinen mag, bei näherer Betrachtung zeigt sich, dass der moderne Mensch seine Neue Lebenshaltung anders gestalten muss, als die Bogomilen diese bis in unsere Zeit pflegten.

Warum schreiben wir dann über die Bogomilen, wenn der moderne Mensch ihrer Lebensweise doch nicht folgen kann? Das geschieht, um ein rechtes Unterscheidungsvermögen zu entwickeln im Hinblick darauf, dass zu jeder Zeit andere Forderungen gestellt werden an das Gehen des Pfades. Beachten wir das nicht, dann bleiben wir an der betrachtenden Seite der Dinge stehen. Die Menschen der Bogomilen-Bruderschaft haben durch viele Generationen hin völlig außerhalb der modernen Gesellschaft gestanden, und ihre heutigen und letzten Repräsentanten sind längst nicht so verbunden mit der Natur des Todes wie der durchschnittliche Westeuropäer. Die westeuropäischen Völker hatten jahrhundertelang fast allen Völkern der Erde ihren Willen aufgezwungen. Der Besitztrieb, die Herrschsucht und der Materialismus prägen den Europäer überdeutlich. Für den Bogomilen stellte sich das Problem: Wie werde ich am wenigsten von der Todesnatur angegriffen, und wie halte ich mich so weit wie möglich von ihr fern? Für den westeuropäischen gnostischen Sucher stellt sich das Problem: Wie werde ich so rasch und konkret wie möglich von dieser Todesnatur befreit? – Die Bogomilen fragten sich: Wie halten wir die Gefahr möglichst auf Abstand? Und wie bewahren wir unsere Reinheit? Die heutigen Europäer müssen sich fragen: Wie befreien wir uns von der Gefahr? Wie werden wir rein?

Dies alles soll deutlich machen, dass wir uns nicht mehr der Methode der Alten anpassen können, und dass wir verpflichtet sind, eine eigene Methode zu suchen, um unsere Aufgabe zu lösen. Darum müssen wir der Tatsache ernsthaft Rechnung tragen, dass es kraft unseres Wesens und unserer Gesellschaft vollkommen unmöglich ist, uns von der Natur des Todes gänzlich zu distanzieren. Da unser Menschentyp-im-Werden dermaßen eins ist mit der verstofflichten Natur, haben wir Kräfte, Atome und Fluiden dieser Natur nötig, um unser Leben instand zu halten. Ohne das gesellschaftliche Problem selbst zur Sprache zu bringen, scheint unsere dialektische Persönlichkeit die Elemente der verstofflichten Natur doch täglich nötig zu haben, um sich erhalten zu können.

Der Mensch, der nach dem neuen Leben der Gottesnatur strebt, wird zum Beispiel am Anfang seiner Seelenreise nicht ausschließlich von reinen Äthern und reiner astraler Substanz leben können. Sein Körper würde das nicht ertragen. Sein Fahrzeug würde durch die allzu kräftigen Einflüsse gar bald verbrennen. Darum muss der ernsthaft strebende Schüler der gnostischen Geistesschule einen Kompromiss machen. Das ist ein hässliches Wort in diesem Zusammenhang! Doch von seiner Bedeutung zeugt das bekannte Wort: »Gebt dem Kaiser, was des Kaisers ist, doch gebt Gott, was Gottes ist.« Im gegebenen Moment kann der »Kaiser« mit seinen gesellschaftlichen Lebensregeln im Vordergrund stehen, doch im anderen Moment kann er eine notwendige, Leben erhaltende Kraft darstellen!

Ein Beispiel: Streng genommen ist all die Nahrung, die wir zu uns nehmen – gleich ob wir vegetarisch leben, Diätregeln oder sonstige Vorsichtsmaßnahmen beachten – ganz von dieser unheiligen Erde. Zudem werden heutzutage, was dies betrifft, alle Regeln bezüglich Nützlichkeitswerte der Nahrung vollkommen neutralisiert durch das Übermaß an Radioaktivität in unserer Atmosphäre. Die best vertretbare Mahlzeit kann tödliche Giftstoffe nicht nur für den Körper, sondern auch und vor allem für die Wahrnehmungs- und Verstandesvermögen enthalten. Darum ist die Lebenshaltung der Bogomilen in unserer Zeit überholt. Ihr selbst angebautes Korn wäre heute nicht frei von diesem atmosphärischen Gift. Darum müssen wir nichts Befreiendes in der Materie suchen, denn fein oder grob, gekocht oder roh, sie bleibt, was sie ist. Der Mensch hat unsere Natur so geschädigt, dass er durch Rückwirkung von der Materie vergiftet wird und an ihr erstickt. Wir werden alle daran untergehen. Gebt darum ruhig dem Kaiser, was ihm gehört! Es ist der Zoll, den der Mensch an sein naturgeborenes Wesen und an seine Selbstbehauptung in der Todesnatur bezahlt. Das eine ist so schlimm wie das andere!

Sind wir denn Fatalisten?»Lasst uns essen, trinken und fröhlich sein, denn morgen sterben wir!« Nein, gewiss nicht, denn auch Jesus vertrat den Standpunkt:»Gebt dem Kaiser, was des Kaisers ist, doch gebt Gott, was Gottes ist.« Was bedeutet das»was Gottes ist«? Was kann sich dem Göttlichen zuneigen? Wer kann sich unverzüglich und konsequent auf diesen Standpunkt stellen?

Allein die Seele! Nur wenn man die Seele zum Leben bringt, kann diese Gott geben, was Gottes ist. Und dies nur, wenn man sich bedingungslos den Forderungen der Seele fügt, mit der ganzen Persönlichkeit. Dann kann die Persönlichkeit möglicherweise Schaden erleiden, durch einen möglichen Feind verletzt oder durch Radioaktivität zum Wrack gemacht werden; dann können die Körper der Katharer verbrannt und die Körper der Bogomilen tot geknüppelt werden – für die wiedergeborenen Seelen ist das im Grunde von untergeordneter Bedeutung. Wenn nur die Seelen keinen Schaden erleiden, darum geht es! Darum ist die Lebenshaltung in dieser Natur eine Frage der Intelligenz. Wir wollen damit sagen, dass der Seelenmensch seine naturgeborene Persönlichkeit gebraucht, um so lange und so gut wie möglich Gott zu dienen; Seinen Plan mit Welt und Menschheit auszutragen, und sich einzusetzen, um die wahrhaften Sucher aus der Lebenssee zu fischen. Und für das Übrige muss man der Natur nur die Aufmerksamkeit schenken, die sie verdient. Wir geben daher den dringenden Rat: Den Schwerpunkt des Lebens in die Seele zu setzen, dann wird wahrhaftes Lebensglück gefunden.

Wer diesem Rat folgt, wird wahrlich Gott geben, was Gottes ist. Denn nur die Seele kann sich zu Gott erheben, nur die Seele kann durchdringen zur göttlichen Welt. Nur die Seele kann die Bindung mit dem Geist erlangen. Nur sie kann die alchimische Hochzeit mit dem Geist feiern. »Gebt dem Kaiser, was des Kaisers ist«, ist nur eine Nebensächlichkeit; »gebt Gott, was Gottes ist«, das ist die ewige Wirklichkeit selbst. ⹌

*Belagerung von Carcassonne
während des Kreuzzugs gegen die Albigenser, 1209
Relief, 13. Jahrhundert, Toulouse*

KAPITEL 9

Eine Kirche der reinen Liebe

Welch fortschrittliche Zeit musste es gewesen sein, als die bosnischen Ketzer eine Kirche gründeten, wo die Frauen die gleichen Rechte genossen wie die Männer, ihnen die gleichen Positionen offen standen, und sie die gleichen Pflichten zu erfüllen hatten, so wie es für sie keine Frage war, ob auch sie befreit werden und in das Königreich eintreten könnten! Frauen wurden ihrer besonderen Empfindsamkeit wegen sogar in hohem Maße verehrt.

Dieses Kennzeichen wahrer Religion ist eine Grundvoraussetzung, die man in der langen historischen Linie der anderen Kirche stets wiederfindet. In jeder neuen Zelle, bei jeder größeren Bewegung, die durch die Gnosis gegründet wurde, wurden der Frau die gleichen Rechte zuerkannt wie dem Manne. Welch ein moderner Gedanke! Ja eigentlich müsste man sagen: Welch ein normaler Gedanke, so ist es vollkommen natürlich.

Diese Gleichberechtigung stammt unmittelbar aus den ältesten gnostischen Gemeinschaften. Sie war auch eine der ärgsten Belastungen der − männlichen − Römischen Kirche. Schon 190 n. Chr. bekamen die Gnostiker Vorwürfe von Tertullianus zu hören: »Diese ketzerischen Frauen − wie sind sie mutig! Sie kennen keine Bescheidenheit, sie sind unverschämt genug, Unterricht zu geben, Gedanken auszutauschen, zu heilen, und − stellt euch vor! − sogar zu taufen!«

Die Kirchen, die den Frauen denselben »normalen« menschlichen Platz zuerkannten wie den Männern, die Bulgarische Kirche oder die Kirche von Slowenien, waren eine Kirche für Arme, eine Kirche für »die Guten Christen«, für Menschen, die sich auf Reinheit konzentrierten, auf Lauterkeit, auf schlichte und wahre Nächstenliebe. Letztendlich ist Liebe der Ursprung für jede wahre Religion, aber was heißt das? Auch für alle »Ketzereien« in jener Periode war Liebe der Ursprung. Es scheint, als wollten jene Gruppierungen sagen: Lasst uns in Ruhe, wir brauchen nichts von euch; wir lassen euch in Frieden, also lasst auch uns in Frieden. Unsere Religion ist einfach und verinnerlichend. Unser Ziel ist nicht dasselbe wie das eurige, wir suchen das Königreich nicht auf dieser Erde, so wie ihr es tut.

Auf dem Balkan lebten die Bogomilen, in Italien die Patarener, im Osten in Kleinasien die Paulikianer: Es waren alles verschiedene Gruppierungen (und es gab noch viel mehr), die alle durch das eine Ideal verbunden waren: Sie führten ein irdisches Leben, reduziert auf eine gewisse Schlichtheit, ein Minimum; und eine wachsende innere Welt, die voraussah auf ein ewiges Seelenleben am Brunnen der Liebe: auf Gott.

Alle waren sie verbunden durch einen gemeinsamen Ausgangspunkt, dessen weitere Entwicklung als Fremdkörper neben der offiziellen christlichen Kirche verlief. Die ketzerischen Kirchen und Gruppierungen schienen immer wieder aufs Neue zu entstehen, ungeachtet was Staat oder Kirche auch dagegen unternahmen. Trotzdem war es unverkennbar, dass sich jede von ihnen auffällige Elemente zu eigen machte, die unmittelbar aus den geweihten Handlungen ihrer Vorgänger herzukommen schienen.

Wenn wir an das Wort »Kirche« denken, messen wir es beinahe jedes Mal an der großen Römischen Kirche: Eine feste Organisation, zentral gelenkt und mit einer festgelegten Doktrin, der jeder Gläubige, am besten jeder Mensch auf Erden, angehören sollte. Um dieses Ziel zu erreichen, haben die Führer dieser Organisation die Konkurrenz fortwährend wirksam bekämpft. Zahllose Gruppen und Gruppierungen sind im Laufe der Jahrhunderte unschädlich gemacht worden, und Unzählige haben dafür ihr Leben gelassen.

Warum ist das so? Woher kommt dieser böse Genius? Welche Bedrohung konnten die relativ kleinen Gruppierungen schon für das mächtige römische Bollwerk darstellen? Denn so zusammenhängend wie die Organisation von Rom ist die Bruderschaft der Bogomilen nie gewesen. Auch ihre Vorgänger, die Paulikianer aus dem Nahen Osten, waren bedeutend kleiner; und die Patarener in Piemont, Mailand und der Lombardei, welche nach ihnen kamen, waren alles Bewegungen von Minderheiten. Aber es waren Minderheiten, deren Vergangenheit auf einer gemeinsamen Wahrheit gründete, nämlich auf jener von Mani und Marcion.

Wir haben schon gesehen, dass Marcion der erste war, der begriffen hatte, was Paulus für das Christentum getan hatte: Er hat die Figur, die Lehre und das einmalige, universelle Konzept »Jesus« aus der strikt jüdischen Umgebung herausgelöst und den Christus mitten in die große Welt des Römischen Reiches gestellt. Und Mani *bewies*, dass die Lehre des Nazareners keine persönliche Eintagsfliege war, sondern universelle Geltung besitzt. Die Welt ist zweifach, nicht nur zur Zeit Jesu. Das wird sie auch immer bleiben. Die Schöpfung wurde zweimal erschaffen: Zum einen ungeschändet und vollkommen; zum anderen geschändet, dem Bösen, der Krankheit und dem Verfall unterworfen. Einmal himmlisch, göttlich; und zum anderen irdisch, sterblich. So auch der Mensch: Einst ein himmlisches, nun ein sterbliches Wesen, obendrein zahlreichen Irrtümern und daraus resultierenden Fehlern unterworfen.

Das ist das, was all die Strömungen des frühen Mittelalters im Osten von Italien gemeinsam haben. Im Laufe der Jahrhunderte entstanden und vergingen viele Varianten, währenddem das Thema unverändert klassisch blieb. In ihren aktiven Jahrhunderten waren diese Gruppierungen – im Prinzip unpolitisch, wohl aber mit einer Distanz zur Obrigkeit – der Spielball des bunten Gewimmels schnell aufeinanderfolgender Herrscher. Manchmal entsprachen die Gruppierungen den Vorstellungen der neuen Herrscher, meistens aber nicht. Dann begannen wieder die Verfolgungen. Es gehörte zum Mittelalter: Der Mensch war klein und hatte sich der Macht von Kirche und Staat zu unterwerfen.

So standen sich in den Hunderten von Jahren immer wieder zwei Kirchen diametral gegenüber, obwohl sie denselben Christus als Eckstein bezeichneten, dieselben Schriften derselben Apostel anführten und in derselben Gegend lebten. Der große Unterschied zwischen beiden liegt nicht in ihrer Herkunft, man muss woanders suchen. Am besten kann man es ermessen an dem Ziel, das sie verfolgten.

Rom hat immer ein politisches Ziel gehabt. Die Geschichte der Kirche ist, wie wir gesehen haben, eine politische Organisation mit einem materiellen Ziel, und zwar bereits von dem Zeitpunkt an, als Konstantin im 4. Jahrhundert aus dem Christentum eine Staatsreligion machte. Die römischen Bürger waren von den jungen Christen wegen ihres Mutes und ihrer felsenfesten Überzeugung angetan.

Denn die konservative Kaiserverehrung, die aus dem Kaiser einen Gott machte, war hoffnungslos aus der Mode gekommen. Keiner nahm das mehr ernst. Etwas Neues konnte nichts Schlechtes sein. Doch Konstantins Anlass war genauso pragmatisch: In einem Traum, einer Vision hatte er gesehen, dass er in einer Schlacht siegen würde, wenn er das Kreuz umarmte.

Die Gelehrten aus den Tagen des 4. Jahrhunderts setzten allen Verwirrungen ein Ende durch die Erstellung eines definitiven Kanons, in dem die von der Staatskirche erlaubten Bücher aufgenommen waren. Das wurden die Heiligen Bücher der Kirche. Daran hatten sich die Priester zu halten, und sie erzählten den Gläubigen die Lehre der Kirche. Die Kirche von Rom hatte ein politisches Ziel und eine Doktrin, die nahtlos dazu passte. Sie missachtete grundsätzlich alle anders Denkenden, da sie befürchtete, dass diese ihrer Machtpolitik einen Riegel vorschieben könnten.

Die Kirche der *Amicx de Dieu*, die wir heutzutage die »Kirche der Katharer« nennen, tat dies nicht. Ihre Gläubigen gingen durch eine besondere Lebensweise und ein persönliches Vorbild eine Bindung ein. Die Leiter dieser Kirche fand man unter den gewöhnlichen Menschen. Sie waren derselben Armut ausgeliefert, und wo es nötig war, boten sie ihre Hilfe an.

Wie eine Insel der Seligen war mitten im barbarischen, mittelalterlichen Europa eine Oase besonderer Kultur in der Grafschaft Toulouse gewachsen. Eine Oase der Moderne, ein Hafen der Humanität, der Emanzipation, von innerlicher Bildung und feinsinniger, höfischer Kultur – und das im 11. und 12. Jahrhundert! Man stelle sich vor, diese Entwicklung hätte sich in ganz Europa vollzogen – was mit Bestimmtheit beabsichtigt war – die Welt sähe heute ganz anders aus.

Der subtile Glaube, der dazu gehörte, der in die Kultur passte, war keiner, der wie ein autoritäres Dogma auferlegt wurde. Er wurde von »Guten Christen« vorgelebt, von Männern wie Frauen. Er war eine lebendige Grundlage aus Spiritualität, Einfachheit und Nächstenliebe. Es war eine Kirche der reinen Liebe nach dem Evangelium von Johannes, dem »geliebten Jünger«.

Ist die Bogomilische Kirche nun dieselbe wie die Bruderschaft der Katharer? Obwohl es bedeutende Übereinstimmungen gibt, ist es doch eher so, dass es zwei selbständige Bewegungen waren, die möglicherweise einen gemeinsamen Ursprung hatten. Bereits aus dem Jahre 1012 existieren Berichte über eine Gruppierung im Limousin, östlich von Bordeaux im Norden von Südfrankreich, die ketzerische Ideen vertrat.

Es gibt nicht viele Beweise dafür, dass die eine aus der anderen heraus entstanden ist; es sei denn, dass der Bischof der »sieben Kirchen von Asien«, Nicetas, 1167 einen Versuch unternahm, die Kirche der Albigenser neu zu gestalten und die innere Verbundenheit der verschiedenen gnostischen Kirchen zu betonen: die Bulgarische, die Dragowische, die Paulikianische und die nun aufblühende südfranzösische Kirche von Albi. Er war von Konstantinopel aus über Norditalien nach Okzitanien gereist, um sie unmittelbar mit dem Ursprung ihrer Religion zu verbinden. Er gab wichtige Anweisungen für die Ausgestaltung ihrer Organisation und festigte damit den spirituellen Aufbau ihrer Bruderschaft.

Der gemeinsame Ursprung ist jedenfalls das tausend Jahre alte Ideal eines reinen, christlichen Lebens. In den verschiedenen Entstehungsgeschichten und im Hintergrund gab es sicher Unterschiede, je nach Volkscharakter und Gegend. Die Bruderschaft der *Amici Dei* oder *Amicx de Dieu*, »Freunde von Gott« (es ist dieselbe Bedeutung wie »Bogomilen«) – wie sie sich selbst bezeichnete –, trat überdies hervor durch ihren starken inneren Zusammenhalt, erstmals wieder seit der Bruderschaft der Manichäer. In mancher Hinsicht arbeitete sie mit derselben Struktur und denselben Ideen.

Waren die diversen bogomilischen Gruppierungen noch relativ abhängig von einer starken Führungspersönlichkeit, so waren die Katharer unendlich viel stärker dadurch, dass sie einen Kern von geweihten *Bonshommes* und *Bonnes Femmes* besaßen, die einander blind vertrauten, die ihre innere Einheit auf eine für die Außenwelt unbegreifliche Weise aufrecht erhielten. Der Tod auf dem Scheiterhaufen erschien ihnen weniger abschreckend, als ihre innere Einheit aufgeben zu müssen.

Überdies kannten sie – auf geheimnisvolle Art durch alle Jahrhunderte hin bewahrt geblieben – die innere Struktur der ersten christlichen Gemeinschaften. So wie die machtvolle Bewegung Manis im 3. Jahrhundert kannten auch sie das Gefüge der drei Kreise: Den der sich Nähernden, den der Gläubigen oder *credentes* und den der Vollkommenen oder *electi*.

Sie kannten fünf Sakramente, die gleichfalls auf die Anfänge des Christentums zurückführten. Das waren das *orasion* (das Gebet vom Brot), das *melioramentum* (das Grüßen des Geistes, der erwachte Lichtmensch in einem *Parfait*), das *apparelhamentum* (ein gemeinschaftliches Erflehen von Gnade), der *Friedenskuss* und das *consolamentum*. Sie kannten denselben erhabenen Brauch des gemeinschaftlichen Mahles von Gläubigen und Vollkommenen, dem das Brechen des Brotes vorausging, so wie Jesus es auf die essenische Weise beim letzten Abendmahl vollzog, das er mit seinen Freunden teilte. Es war rein, weil ihre Herzen »katharos« (Griechisch: rein) waren, nach dem Wort der Bergpredigt: »Selig sind, die reinen Herzens sind, denn sie werden Gott schauen.« Es war einfach, und darum so wohltuend und so heilend, trostreich und stützend, als die Zeiten härter wurden. Ihre größte Kraft lag freilich in ihrem wichtigsten Sakrament: dem *consolamentum*, dem Sakrament der Tröstung.

Diese Weihe war in Wirklichkeit zweifach. Die »Guten Christen« – so wie die Brüder und Schwestern der Katharer auch genannt wurden – empfingen diese Gabe nach einer intensiven Vorbereitung. Sie betrachteten sie als eine direkte Bindung mit der Übernatur und verglichen sie mit der »Gnade des Heiligen Geistes«. Die »credentes« oder Gläubigen empfingen sie auf dem Sterbebett. Alle katharisch-gläubigen Okzitanier wussten, dass ihr Leben »ein Gutes Ende« nehmen würde, wenn ihnen am Sterbebett einer der »Guten Menschen« beistehen konnte, der sie mit dem Evangelium von dem geliebten Jünger weihte, und sie, eine vollständige Reinigung bewirkend, mit der höheren »Speise des Geistes« verband. Sie sollten, wenn sie das Leben eines »credente« geführt hatten, nicht mehr in einen irdischen Körper zurückkehren müssen. Es war möglich, dass ihr Lichtfunke – so lange in der irdischen Umklammerung gefangen – imstande war, einen Schritt auf den »Weg der Sterne« zu setzen!

Das war ihre Hoffnung. Ein »Guter Christ« bedeutete viel mehr als ein römischer Priester. Letzterer arbeitete immer mit dem Vogt zusammen, mit dem Lehnsherrn, mit dem verhassten Norden, der immer mehr Einfluss nahm auf das in der Tat wesentlich größere Gebiet von Toulouse. Die *Bonshommes* arbeiteten zusammen mit den Menschen aus dem Volk, auf deren Land, an deren Krankenbett, bei deren Hochzeiten und Geburten, bei den Schafherden auf deren Berghängen und am Webstuhl in deren Häusern. Sie kamen zu zweit; ihr Lohn war eine Mahlzeit und ein Schlafplatz. Bei der Ernte halfen sie mit. Sie waren auch in schwierigen Zeiten da. In kalten Wintern waren sie der Kontakt mit der Außenwelt.

Ihre Belohnung war die Verbundenheit mit diesen Menschen, die so einfach waren wie sie selbst, sowie das Aufleuchten in ihren Augen, wenn sie die spirituellen Freuden, die in ihrer inneren Seelenverfassung so reichlich aufbewahrt waren, miteinander teilen konnten. »Wenn sie euch sagen, das Königreich ist im Himmel, dann werden die Vögel euch vorangehen. Sucht es nicht zu weit außerhalb von euch, das Königreich ist in euch. Wer sich selbst kennen lernt, der findet es. Das Königreich, das ist das Talent, das jeder vom Vater bekommen hat. Wer damit arbeitet, bei dem wird es sich vermehren; wer es blockiert, dem soll es genommen werden.«

Darin müssen wir den legendären Schatz der Katharer suchen: Im einfachen Reichtum des innerlichen Lebens in der Nachfolge von ihm, der das innerliche Königreich des Geistes auf Erden vergegenwärtigte, aber dennoch dem Geringsten unter seinen Jüngern die Füße wusch. Das ist die Essenz des zweiten »Sakraments«: Die Verehrung dessen, was göttlich ist, in seinem bescheidensten Ausdruck von Leben. In jeder Form lässt sich erkennen, *wie* Gott sich ausdrückt, vorausgesetzt, man drängt sich nicht »dazwischen«. Gott, der Unkennbare, ewig und ungeboren, formlos und unbegrenzt, äußert sich dennoch hier auf Erden in »Guten Menschen«, die Ihn suchen. Es ist das Leiden Christi: Göttlich dem Wesen nach und unbegrenzt in der Liebe zu sein, und dennoch hier auf Erden, im irdischen Menschen eingeschlossen zu sein, so lange bis dieser ihn befreit.

Wenn, nach ihren eigenen Worten, die innere Perle von unvergleichlicher Schönheit (ihre Lehren) durch den Umgang mit den Menschen von diesen nicht »gekauft« wurde, war ihr Kummer groß, und betrachteten sie ihre Mission als nicht gelungen. Niemand anderem als sich selbst war dies zuzuschreiben, war doch ein zu geringer Glaube, ein Mangel an Beseelung bei ihnen selbst die Ursache, wenn diese Kommunikation ausblieb.

Kein Wunder, dass diese »Guten Menschen« geliebt wurden, und im 12. und 13. Jahrhundert mit einer bedingungslosen Unterstützung in der Bevölkerung rechnen konnten. Kein Wunder, dass Rom so schnell wie möglich Verordnungen erließ und innerhalb seiner Organisation gestattete, die Gewohnheiten der Katharer, ihre Bräuche, ja selbst ihre Lebensweise zu kopieren. Die Römische Kirche ahmte alles nach, was sie bei den Katharern sah – denn im Languedoc hatte sie die Bindung zu dem gewöhnlichen Volk, so diese je bestanden hatte, schon lange verloren. Aber das Resultat blieb vorläufig aus. Das Volk und die *Parfaits* erwiesen sich als unverbrüchlich, deshalb mussten andere Maßnahmen ergriffen werden.

Im Jahre 1205 wurde der Prinzessin von Foix, Esclarmonde, zu Fanjeaux, während einer Zusammenkunft aller *perfecti*, das Consolamentum der Lebenden gereicht. Sie war eine Bake gewesen, eine Konzentration von Licht, an der sich die anderen Brüder und Schwestern aufrichteten. Auf dem Pog, einem Berg zwanzig Kilometer vom Schloss ihrer Ahnen entfernt, ließ sie die Burg Montségur bauen, die Burg, die als der »Feuerturm« des Katharismus in die Geschichte eingehen sollte. Obwohl die katholische Seite den Glauben der Sanftmütigen schon immer mit Argwohn betrachtete (bereits im 11. Jahrhundert hatten Verbrennungen von Häretikern oder Ketzern stattgefunden), war es in den ersten zehn Jahren des 13. Jahrhunderts noch möglich, in relativer Offenheit sieben öffentliche Streitgespräche zwischen den katharischen *Parfaits* und der Römischen Geistlichkeit zu führen; Streitgespräche, die alle von den Katholiken »gewonnen« wurden, wenn wir geneigt sind, den Chroniken zu glauben.

Das erste fand in Carcassonne statt, das letzte in Pamiers auf dem Schloss, das dem Grafen von Foix gehörte, wo Esclarmonde eine von denen war, die den Standpunkt der Katharer vertrat. Die Chroniken, die hiervon berichten – soviel ist offensichtlich – sind Zeile für Zeile von den Siegern geschrieben worden. Guzmán von Spanien, besser bekannt als Dominikus von den »Predigerorden«, trat hierbei als wichtigster Advokat von Rom auf. Guilhabert de Castres, vielleicht der makelloseste *Parfait* überhaupt, formulierte während eines dieser Streitgespräche auf ergreifende Weise die Praxis, die die Nachfolge des Lebens des Meisters der Gerechtigkeit mit sich brachte:

»Vater, Mutter und Kinder habe ich verlassen; ich habe alles aufgegeben, was das Evangelium von mir verlangt; du findest kein Gold und kein

Silber in meinem Beutel. Ich bin vollauf zufrieden mit dem täglichen Brot, und ich mache mit keine Sorgen darüber, was ich morgen anziehen oder womit ich mich ernähren soll. Du siehst in mir die Seligpreisungen, die Jesus Christus predigte, und woraus sein Evangelium besteht. Du siehst mich arm, sanftmütig, friedfertig, reinen Herzens; und du siehst mich in Tränen, hungrig und durstig, und gebeugt unter der Welt Verfolgung der Gerechtigkeit zuliebe.« Sieger in den Streitgesprächen mochte Rom gewesen sein, die örtliche Bevölkerung kümmerte das herzlich wenig. Dominikus zog zehn Jahre lang überall predigend durch die Lande und hatte danach erst rund zehn Anhänger. Erst in Italien bekam seine Bewegung Gefolgschaft, als er dort, wie schon erwähnt, die Lebensweise der Katharer und ihr Tun bis ins Detail imitierend, die Bevölkerung überredete, die Patarener und Ketzer links liegen zu lassen und sich zum Glauben von Rom zu bekennen.

Aber ein intellektueller Sieg, errungen in den Streitgesprächen, die sogar mit »Wundern« einher gingen, genügte Rom nicht. Das Potenzial der Kirche der Liebe, die sich selbst als die »wahre Kirche« betrachtete, und in der die ursprünglichen Gebräuche der Apostolischen Kette von Generation zu Generation weitergegeben worden waren, war viel zu gefährlich. Erstens wegen dieser Behauptung, und zweitens, wie wir sahen, wegen der selbstverständlichen Weise, wie das Volk zu ihr hielt.

Für Rom war das Maß voll. Der Papst, Innozenz III. (1198–1216), vor Eifer überfließend und davon überzeugt, dass es sein heiliger Auftrag ist, Südfrankreich rein katholisch zu machen, rief zu einem Kreuzzug auf. Er setzte dem nordfranzösichen Landesherrn, Philipp II., hart zu, dabei mitzumachen, aber dieser sah das nicht ein. Nichtsdestoweniger bedeutete er dem Papst unverblümt, dass dieser nicht daran denken dürfe, über Land, in dessen Namen *er* Fürst war, verfügen zu können, wenn er es eroberte. Unter dieser Bedingung mochten seine nördlichen Barone auf der Jagd nach Beute und Ländereien im Süden schon mitmachen. Simon de Montfort sollte den Kreuzzug militärisch leiten.

So wurde der Konflikt politisch. Und anstatt dass der ein wenig schlaffe Raymond VI. von Toulouse die südlichen Kräfte vereinte, versank dieser in Zwiespältigkeiten und versuchte den Frieden zu wahren. Er stimmte einer demütigenden Vereinbarung zu, in der die Katharer für vogelfrei erklärt wurden. Aber das Wort von Rom war nicht viel wert: Kurz darauf sieht er sich selbst allein dem Heer der Kreuzfahrer gegenüber.

Diese hatten sich im Juli 1209 bei Lyon versammelt, von wo aus sie nach Süden zogen. Béziers war die erste Stadt, die sie belagerten. Durch einen unvorsichtigen Ausfall konnten sie die Stadt einnehmen, worauf ein abscheuliches Blutbad folgte. »Tötet sie alle«, soll der päpstliche Gesandte geantwortet haben auf die Frage, woran sie erkennen können, wer nun Katharer und wer papsttreu sei, »Gott sucht die Seinen schon heraus!«

Vor Schreck gab sich die nächste Stadt widerstandslos geschlagen, worauf die Bande von Abenteurern (denn aus solchen bestand das Kreuzfahrerlager vornehmlich) unter Leitung von Simon de Montfort und seinen Baronen Richtung Carcassonne zogen. Auch diese Stadt wurde durch Vergiftung des Trinkwassers zur Kapitulation gezwungen. So folgte Stadt für Stadt, und alle Burgen dazwischen erlitten dasselbe Schicksal. Bei jeder Stadt galt die Regel: Alle Kämpfer gehen straffrei aus, denn die Kirche ist gnädig. Alle katharisch Gläubigen mussten der Kirche von Rom Treue schwören. Ihr Hab und Gut hingegen musste man erklärtermaßen für verloren ansehen. Alle, die das nicht taten, dazu natürlich alle *Parfaits* wurden zum Scheiterhaufen verurteilt. Schwörten sie hingegen ihrem Katharer-Glauben ab, wurden sie für den Rest ihres Lebens bei Wasser und Brot eingekerkert. Dies dauerte jedoch nicht lange...

In jeder Stadt ging es um Hunderte von »Guten Männern und Frauen«, die ermordet wurden. Gelehrte schätzen, dass in den ersten dreißig Jahren des 13. Jahrhunderts von den angenommenen 3000 *perfecti* oder *Parfaits*, die es gab, 1000 bis 1500 verbrannt wurden; Hunderte davon allein in Béziers. Im Jahre 1210 wurden 140 Männer und Frauen in Minerve verbrannt. Auch darin waren Mann und Frau gleich. Im Jahre 1211 war in Lavaur der Höhepunkt des Jahres: Dort starben 350 Katharer. 1213 kam Pedro II. von Aragón mit einem spanischen Heer zu Hilfe. Aber auch jetzt war Simon de Montfort zu stark. Er gewann die Schlacht, und Pedro fiel im Kampf um Muret.

Die übrig gebliebenen »Guten Christen« mussten nun in der Anonymität untertauchen. Die Bevölkerung gewährte ihnen, so gut wie es ging, Unterschlupf, und das unter Gefahr für ihr eigenes Leben. Sie zogen zu ihren Brüdern und Beschützern in die Lombardei (Norditalien), mit denen sie fortwährend in Kontakt standen; sie zogen in unwirtliche und noch nicht unterworfene Gegenden; sie kamen in die abgelegenen Gebiete von Courbières; sie tauchten im Tal der Ariège auf, südlich von Foix, rund um den Montségur. Ihr schlichtes Gewand legten sie ab, und den unzertrennlichen Gürtel, der wie bei den Essenern, den Gnostikern und den Bogomilen sowohl das Symbol der Verbundenheit mit der Übernatur als auch ihres Glaubens war, trugen sie nun unter der gewöhnlichen Kleidung.

In den Wirren des Krieges war nach sieben Jahren Streit die Lage wieder umgekehrt. Raymond VII., dem Sohn von Raymond VI., gelang es, Toulouse frei zu halten, und Simon de Montfort fiel vor den Toren eines Ortes in der Nähe von Toulouse. Im Nu hatte Raymond VII. all das Land, das sein Vater verloren hatte, wieder zurückgewonnen. Grundsätzlich hatte Rom nicht einmal solche Bedenken gegen Raymond als Puffer zwischen dem starken Nordfrankreich und Italien, denn nun war der Kampf politisch geworden, und Raymond hatte sich dabei nicht ganz gegen Rom gestellt (denn sein Kampf war vor allem gegen den Norden gerichtet, der sich Toulouse einverleiben wollte). Auf diese Weise, so argumentierte man, würde man am ehesten Erfolg haben.

Als sich Raymond allerdings weigerte, die katharischen Ketzer aktiv zu verfolgen, erinnerte sich die Kirche daran, dass er exkommuniziert worden war. Sie bestätigte die Exkommunikation 1226 nochmals offiziell und lud daraufhin den Sohn des mittlerweile verstorbenen Philipp, Ludwig VIII., ein, »zu kommen und seine Ländereien in Besitz zu nehmen«. Dieser ließ sich das nicht zweimal sagen und zog an der Spitze einer imposanten Armee ins Languedoc. Eine Burg nach der anderen, die Erinnerungen an Simon de Montforts mordlüsternen Raubzug noch frisch im Gedächtnis, unterstellte sich dem herannahenden König. Indem er sich unterwarf, gelang es Raymond, wenigstens Toulouse im Besitz zu behalten. Die mächtige Grafschaft Toulouse, im 11. Jahrhundert noch die ansehnlichste Macht im ehemaligen Gallien, war nun zu einem Stadtstaat in der Provinz verkleinert worden.

Aber noch war der Widerstand nicht gebrochen. Während des Kreuzzuges waren sehr viele Barone und Burgherren von ihren Burgen verjagt worden. Sie wurden *Faidits* (die Geächteten) genannt.

Ende des dritten Jahrzehnts des 13. Jahrhunderts scharten sie sich noch einmal um den Sohn und rechtmäßigen Thronfolger des ermordeten Trencavel, dem die bedeutende Stadt Carcassonne offiziell gehörte. Während Raymond VII. eine Gruppe Katharer nach der anderen festnahm und der Kirche auslieferte, die sie ihrerseits wiederum dem weltlichen Arm übergab (etwas feinsinniger diese Art, als sie selbst auf den Scheiterhaufen zu schicken...), unterstützten lediglich Foix und Carcassonne die Katharer. Proteste flackerten hier und da in Albi, Narbonne und Toulouse auf, aber ein organisierter Widerstand war unmöglich geworden. Ein Teil der *Faidits* hatte sich rund um die für uneinnehmbar geltende Burg von Esclarmonde auf dem Pog zusammengefunden. Von dort aus unternahmen sie eine Aktion, bei der sie den verhassten Inquisitor von Toulouse und sein ganzes Gefolge töteten.

Das war der Auftakt für die größte Apotheose, die Rom für die Kirche der Liebe im Sinn hatte: die Unterwerfung und Vernichtung von Montségur. Die Burg wurde ein Jahr lang belagert. Schlimmer konnte es nicht mehr kommen, denn die *Amicx de Dieu* standen den vereinigten französischen Armeen und ihrem ehemaligen Schirmherrn Raymond VII. gegenüber. Der begeisterte Katharergesinnte Raymond de Perelle, der die Burg einst den Katharern abgetreten hatte, verteidigte die Festung. Sympathisanten durchbrachen fortwährend die Blockade und versorgten die Katharer mit Vorräten sowie ihre Verteidiger mit Munition.

Walter Birks erzählt in seinem Buch *The Treasure of Montségur*, dass nach den erhalten gebliebenen Inquisitionsarchiven von 1244 um Weihnachten 1243

> »Pierre Roger den Schatz der Katharer fortbringen ließ. Der Diakon Matthäus und sein Begleiter Bonnet nahmen eine enorme Menge an Gold und Silber mit. Die Männer von Camon, die die Blockade in einer Bucht des Hers errichtet hatten und die im Geheimen ihrem früheren Herrn noch immer ergeben waren, ließen den heiligen Schatz ungehindert vorbei. Die zwei Diakone brachten den Schatz in der Grotte von Ornolac im Sabarthez unter.«

Ein Jahr lang hofften die Menschen von Montségur auf Hilfe von Norditalien, von woher der den Ketzern wohlgesinnte Kaiser, Friedrich II., der fortwährend mit dem Papst auf Kriegsfuß stand, wenn möglich eine Befreiungsarmee senden würde. Die Hoffnung blieb indes aus. Um Weihnachten 1243 herum wurde deutlich, dass die Festung nicht weiter gehalten werden konnte, es mussten Maßnahmen ergriffen werden. Aus ungeklärten Gründen wurde den Katharern noch zweieinhalb Monate Verlängerung ihres aussichtslosen Lebens auf dem Berggipfel zuteil. In der Nacht des 15. März 1244 gelang es vier *Parfaits*, unter ihnen ihr Bischof Amiel Aicard, den Berghang hinunter aus der belagerten Festung zu fliehen. Lieber, viel lieber wären sie da geblieben, um mit ihren Brüdern und Schwestern »das Gute Ende« zu wählen angesichts eines Lebens, dass von diesem Augenblick an gezeichnet sein sollte durch den Verlust all derer, die ihnen lieb und teuer waren, und die ihnen viele Jahre früher voran gehen sollten auf »dem Weg der Sterne«. Aber aus Treue zur Notwendigkeit nahmen sie die Aufgabe auf sich, die der Herr von ihnen verlangte. Mit sich nahmen sie die heiligsten Gegenstände ihres Glaubens: Den granitenen Becher und den Himmelsstein, einen Hämatit, der genau in den Becher passte, Symbol für den irdischen Menschen und den Lichtfunken aus der ursprünglichen Welt, der davon umschlossen wird. Einfache, reine Symbole, nicht ausschließlich für eine Elite, sondern die jedes empfindsame Herz ansprachen. Dazu noch das Evangelium von Johannes, dem geliebten Jünger, und die übrigen geweihten Schriften, die bei den Sakramenten gebraucht wurden. Aber viel wichtiger war, dass geweihte *Bonshommes* am Leben blieben, um die Flamme des Geistes brennend zu halten und von dem ungebrochenen Geist der 205 *Parfaits* von Montségur zu zeugen.

Auf die 205 *Parfaits*, heilige Männer und Frauen, die in ihrem bewussten Leben weder einem Menschen etwas zuleide getan, noch ein einziges Tier getötet hatten, warteten erst noch andere Flammen, bevor »der Weg der Sterne«, für immer frei von einem irdischen Körper, betreten werden konnte. Am Fuße des steilen Berghangs des Pog, wo es flacher wird, stand ein riesiger Scheiterhaufen bereit. Dort ging mit ihnen das Letzte von der Freien Kirche der Liebe, der Kirche des Geistes, in Flammen auf.

Von diesem Moment an ist der Glaube an die zwei Prinzipien im Menschen, von denen der Katharismus einen der schönsten und reinsten Ausdrucke fand, reduziert bis auf ein Element im Dämmerlicht. Die meisten der übrig gebliebenen *Parfaits* flüchteten in die

Lombardei und die Umgebung des Gardasees. Auch dort wurden sie verraten. In Vicenza wurden zwölf Jahre später erneut 30 Vollkommene verbrannt, zwanzig Jahre später wurde das letzte Zentrum bei der Halbinsel Sermione am Gardasee zerstört. Dort stand ein Scheiterhaufen für fast 80 *Parfaits*, Männer und Frauen zu gleichen Teilen.

Diejenigen, welche einst die Glorie der Grafschaft Toulouse verkörperten, Vorbilder und Helfer für die gesamte Bevölkerung, unterstützt und getragen durch den höchsten Adel in der Grafschaft und aus demselben hervorgekommen, waren jetzt Vagabunden, die wie Aussätzige gemieden werden mussten. Wer sie zu Hause aufnahm, wurde gefangen genommen, und dessen Habe fiel an die Stadt oder den Staat. Wer von Häusern wusste, in denen Ketzer untergebracht waren, und dies nicht meldete, den erwartete dasselbe Los. Das Schicksal, das die südfranzösische Bevölkerung traf, soweit sie den Katharern Sympathie entgegen brachte, ist ebenso schrecklich wie das Schicksal der Juden unter dem Nazi-Regime, nur mit dem Unterschied, dass dieses fast 100 Jahre dauerte. Die Inquisition hatte wirklich alle Maschen des Netzes gestopft, genauso raffiniert wie die Grotte von Lombrives mit 500 (!) Menschen darin zugemauert wurde. Hierfür gibt es keinen Beweis, es ist vielleicht eine Missetat, die sie nicht begangen haben, im Gegensatz zu den unzähligen, die sie zwar verübten, die aber nirgends erwähnt sind. Das Land war paralysiert, krumm und lahm geschlagen. Waren die *Parfaits* unter den Katharern zumindest noch bewusst Wissende, die begriffen, worum es ging, wurden nach 1244 zitternde Menschen, die kaum eine Ahnung hatten, vom selben Schicksal ereilt.

Das Leid der Katharer ist für alle Zeit verbunden mit der politischen Einswerdung Frankreichs. Die Kirche der »Freunde von Gott« hat keinen Neo-Katharismus nötig, keine Vergangenheitsromantik. Die Kirche der Liebe war nicht aus auf einen unabhängigen Staat, sondern auf eine Befreiung des inneren Königreichs durch das Gehen eines reinen, aber harten Weges. Daher ist der Ruf nach einem freien Okzitanien sicher verständlich, obwohl er ein wenig spät ertönt. Der gnostische Impuls hat sich wieder zurückgezogen, um zu anderen Zeiten und an neuen Orten wieder auszubrechen. Denn nach 700 Jahren, so lautete doch die Verheißung, würde der Lorbeer wieder aufblühen. Aber 700 Jahre sind eine lange Zeit. ⤴

Teil III

Eine neue Basis

Daz ist swester Katrei maist Ekhartes tochter von
gelobt vn geert si do na... ...
...pi daz si vns daz bilde ... warhait
hat von gottage daz si selb ist daran
vns niemand geirt mach oran liset inde
heilige... Daz vns hire spize mit
funf brotten vn mit zwain gebiarne
vische vil vollest Daz erste brot sulle
wir alle vstan daz wir prouuen sullen
waz wir ewiclich in got sin gewesen
vn was wir nu in got sin Daz and brot
ist daz wir prouue sulle vns lebe inde zur
wie wir alle want zur han vtan si zu
bedurfen wir... helfe daz ist ein erb
bihte. De brut sulle wir prouue si an
war ls an im daz zu... warhait...
so muga wir im... warhait genuge
Daz sulle wir prouue an drain stulen
Daz erste ist daz si si ein gut pfaffe
Daz and daz si si... an ein volkome
lebende vn daz si habe den gewalt de
ein gut bihter zu wellte habe sol. De
solt an su eyen an weldt stat du in.

KAPITEL 10

Das Lied von den »Gottesfreunden«

Meister Eckehart und Johannes Tauler

Ein Sucher auf der Suche nach dem hinter allem wirkenden Geist hat oft alle möglichen geistigen Strömungen untersucht und empfunden oder vermutet, dass »viel mehr hinter den Dingen steckt«, als man im ersten Moment von bloßem Auge meinen könnte. Wenn der Sucher durchhält, werden seine Nachforschungen zu bestimmter Zeit ein klares Bild ergeben, und zwar in erster Linie von sich selbst. Aber auch das Bild seiner Umgebung sowie des Denkens und der Empfindungen der Menschheit erhellt sich. Auf diese Weise suchend und abwägend, trifft der Mensch schließlich eine Wahl, die seiner Art entspricht. Sie hat mit dem Verlangen zu tun, das in seinem Herzen verborgen ist; vor allem jedoch damit, dass er ahnt: Es gibt ein anderes, unverdorbenes und reines Leben. Es liegt irgendwo vor ihm, vielleicht noch ungreifbar. Bereits der Schatten, den dieses Leben vorauswirft, wird als eine Gnade erfahren.

Das sind innere Entwicklungen, die viele große westliche Denker nicht nur gekannt und analysiert haben, sondern auch – oft spekulativ – gelehrt und zuweilen wieder abgewiesen haben. Einige tauschten die damit verbundene Freiheit des Denkens wieder gegen die Dogmatik einer Kirche ein. Diese inneren Entwicklungen wurden von allen wirklich gnostischen Richtungen gelehrt und in weiser Art den jeweiligen Zeitumständen angepasst. Die verschiedenen Richtungen zeugen in einer langen, ununterbrochenen Kette von diesen Prozessen. Die Geistkraft ihrer stets ursprünglichen Gedanken schöpften sie aus ihrer Verbindung mit dem Geist, die jedem, der sich dem Quell des Lebens nähert, starke, unmittelbare Inspiration und Glanz verlieh und verleiht.

Am Ende des Mittelalters versuchten viele, die Zwangsjacke des engen kirchlichen Denkens zu sprengen. Nicht nur dieses Denken wurde zu dogmatisch erfahren. Auch die Auswüchse des kirchlichen Lebens enttäuschten die Erwartungen jener, die auf Befreiung aus ihren bedrängten Umständen hofften. Schlimm waren sie, die Jahre des 14. Jahrhunderts! Europa wurde 1347 und 1360/61 von zwei verheerenden Pestepidemien heimgesucht und 1356 von starken Erdbeben. Und als ob das noch nicht genügt hätte, gab es viele Konflikte, Bürgerkriege und große finanzielle Krisen. Buchstäblich aufgejagt, waren Tausende zum unsteten Umherziehen, auch in den kalten Wintern Europas, verdammt. Geplagt von körperlichem Ungemach, wurden viele außerdem noch durch einen schrecklichen Bannfluch des Papstes belastet. Kirche und Adel gaben den Ton an. Das ging oft hart auf hart. Der Adel besaß das Land. Durch Erbgänge jedoch war den Mönchsorden stets mehr Besitz zugefallen. Ein Orden bot Schutz und Ansehen. Mönch konnte man aber nicht so leicht werden. Nur wer Talent zum Lernen hatte und eine Familie besaß, die dies bezahlen konnte, konnte in eine Klostergemeinschaft eintreten.

Dort setzte man sich voller Eifer ein, um Klostergärten anzulegen, Manuskripte zu kopieren, Ländereien zu bewirtschaften und nicht zuletzt Macht und Reichtum des Ordens zu vergrößern. Diese Klostergemeinschaften entwickelten sich ab dem 10. Jahrhundert zu einem nicht zu unterschätzenden ökonomischen und einflussreichen Faktor in der Gesellschaft. Wer lesen, schreiben oder überhaupt etwas lernen wollte, war auf einen Privatlehrer oder die Schulung in einem Kloster angewiesen.

Unter den verschiedenen Orden fielen die Dominikaner durch ihr intellektuelles Streben auf. Im 13. Jahrhundert lieferte dieser Orden von Spanien und Südfrankreich aus die mentale Konzeption zur Führung der Kreuzzüge gegen die Albigenser. Speziell geschärft hatten sie ihren Verstand, um all die Aussagen der Katharer widerlegen zu können. Im darauf folgenden Jahrhundert war es auch dieser Orden, der die letzten übrig gebliebenen Katharer mit eingehenden Verhören bekämpfte und diese oft grausamsten Todes sterben ließ.

Trotzdem nahm die Aktivität, die durch die Bruderschaft im Westen entfaltet wurde, gerade innerhalb der Orden häufig aus dem einfachen Grund Gestalt an, weil nirgendwo anders Gelegenheit dazu bestand. Die eifrigen Bemühungen, nach dem Sturz der

»Kirche der reinen Liebe« zur Erneuerung und Reformation zu gelangen, finden deshalb innerhalb der Mönchsorden ihren Ursprung. Man denke an Waldo, den Gründer der Waldenser, an Luther oder an hermetische Denker wie Ficino und Pico della Mirandola. Es ist wie eine Ironie der Dinge, dass der Orden der Dominikaner – gerade gegründet, um gegen Ketzer, Manichäer und Gnostiker anzutreten – gleichzeitig ein Nährboden für neue Impulse bildete, die dahin zielten, eine größere innere Freiheit zu erreichen. Es ist wunderbar zu sehen und manchmal schwer zu verstehen, wie das universelle Lebensprinzip immer wieder durchbricht und Menschenherzen erreicht, die bereit sind, sich unter Einsatz ihres ganzen Wesens dem zu nähern, was über die Naturseele hinausgeht.

Aber zurück nach Deutschland, hin zu den immer bedeutender werdenden Regionen um Köln, Basel und Straßburg. Wie die Scheiterhaufen zu Köln beweisen, waren katharische Einflüsse bis dorthin vorgedrungen. Zu Beginn des 14. Jahrhunderts war der Orden der Dominikaner in der Region Straßburg noch mäßig aktiv. Der Glaube war schon lange zu einer Angelegenheit der Theologen an den Universitäten geworden, bis zu dem Moment, da *Meister Eckehart* (1269–1327) auf der Grundlage einer neuen Inspiration den lebendigen Glauben von den Hirngespinsten der Wissenschaft jener Tage befreite. Seinen Mut und seine Offenheit musste er mit dem Widerruf seiner Lehre bezahlen. Eckehart wurde beschuldigt, und man jagte hinter ihm her. Schließlich musste er sich vor dem Papst verteidigen, aber dessen endgültigen Beschluss hat er nicht mehr erlebt. Auf dem Rückweg von Avignon (wo sich in jenen Jahren der Heilige Stuhl und der päpstliche Hof befand) starb er auf rätselhafte Weise.

Unterdessen lag der neue Mystizismus, der so große Resonanz gefunden hatte, der Kirche schwer auf dem Magen. Unmittelbar nach Eckeharts Tod wurde eine große Zahl seiner Lehrsätze als Ketzerei verurteilt. Aber das hielt den neuen Strom nicht auf. Deshalb griff Papst Johannes XXII. zu einem ungewöhnlichen Mittel, das unmittelbar darauf aufmerksam machte, wie wichtig die Religion für das Volk ist. Er verkündete einen allgemeinen Ausstand der Kirche und setzte die gesamte Geistlichkeit außer Funktion. Er verfertigte ein »Interdikt«, einen Erlass, der beinhaltete, dass von einem bestimmten Tag an im gesamten Deutschen Reich keine Messe mehr gelesen, keine Glocke mehr geläutet, keine Predigt mehr gehalten werden sollte. Auch blieben den Gläubigen die Sakramente vorenthalten, was bedeutete, dass die Sterbenden, die ihr ganzes Leben mit Visionen der Hölle verängstigt worden waren, ohne die letzte Salbung, die »Heilige Ölung«, hinscheiden mussten. Das war das Schlimmste, was einem Menschen in jenen Tagen passieren konnte.

Die Wirkung des Ausstandes war außerordentlich. Das arme Volk, das keine Vorstellung davon hatte, was da über es hereinbrach, flehte seine geistlichen und weltlichen Führer an, diesem Notzustand ein Ende zu machen. Die Bischöfe zeigten noch etwas Gefühl für die Not der Menschen und ersuchten Seine Heiligkeit um Audienz, um eine Aufhebung des Verbots zu erwirken. Aber Johannes blieb hartnäckig bei seinem Beschluss. Da erhob sich ein Murren unter den Menschen, und das Volk wurde rebellisch. Hass loderte auf gegen die Kirchenprälaten: Das Volk begann sie zu vergleichen mit den Räubern und Einbrechern aus dem biblischen Gleichnis, die im Schafstall des Christus eingeschlossen waren, sowie mit den Wucherern und Händlern, die aus dem Tempel hinaus gejagt werden mussten, auch dies mit Bezug auf die Heilige Schrift. Sogar ein Teil der Geistlichen ging unter diesem Druck so weit – voran natürlich jene, die sich am meisten mit den »Gottesfreunden« verwandt fühlten –, dass sie dem Papst den Rücken zukehrten und sich mit dem Volk solidarisierten. Wieder andere mussten aus den Dörfern, die der Kirche abgeschworen hatten, flüchten, um ihr Heil in überwiegend katholisch-treuen Gegenden zu suchen.

Mitte des 14. Jahrhunderts, um 1350, gab es eine Periode, während der die Kirchen und Klöster Not litten, wohingegen die Laiengemeinschaften erstarkten. Die »Gottesfreunde« hatten stets darauf hingewiesen, dass Religion eine innereigene Angelegenheit sei, eine ganz intime Sache des jeweiligen Menschen mit Gott, mit dem Göttlichen in ihm. Nun hatte der Papst selbst das Volk in diese Richtung gedrängt. Als Folge entstanden drei neue Strömungen: Die Mystik von Eckehart; eine Anzahl Gemeinschaften, die schon bald als »Sekten« gebrandmarkt wurden; und die sogenannten »Freidenker« oder »Freigeister«. Zu den Sekten gehörte beispielsweise auch die schon ältere Gruppe von Waldo, die als Waldenser bekannt geworden ist.

Von großer Bedeutung für die Entwicklung von Eckeharts mystischer Lehre war der Kontakt, den er als Generalvikar des damals noch jungen Ordens der Dominikaner mit den vielen Klöstern unterhielt, die unter seiner Aufsicht standen. Es waren seine Predigten, die er in Deutsch hielt, für die Schwestern der Frauenklöster, und die von jenen aufgeschrieben wurden (ein Beispiel davon ist zu Beginn dieses Kapitels abgebildet), welche ihn bekannt gemacht haben. »Die Gottheit kann niemand kennen«, so sagt er, und er spricht vom *Abgrund des Nichts* oder auch vom *namenlosen Nichts*. »Der Mensch kann Gott nicht kennen, denn die Gottheit besitzt keine menschlichen Eigenschaften wie Wahrheit, Güte, Gerechtigkeit. Man kann von Ihm bloß sagen, was Er *nicht* ist.«

Mystik ist: Das bild- und wortlose Einssein mit Gott. In der Seele ist »etwas«, das Eckehart als das *Licht*, den *höchsten Verstand*, den *Grund*, die *Burg*, aber vorzugsweise als den *Seelenfunken* bezeichnet. Dieser »Funke« schaut Gott unmittelbar, sofern der Mensch dessen Wirkung nicht behindert. Der »Seelenfunke« ist frei von Raum und Zeit. Er ist im begrenzten, natürlichen Menschen eingeschlossen. Eckehart ermutigt seine Zuhörer, sich diesem Grundprinzip zuzuwenden, an den im Menschen vorhandenen *Funken*. Wenn dieser lebt, kann ein unendliches, göttliches Feuer entzündet werden.

»Worin besteht die Freiheit der Seele? Wenn sie bei sich selbst keine Schuld und keine geistige Unvollkommenheit mehr entdeckt. Größere Freiheit hingegen ist: Sich nicht mehr klammern an alles, was Namen hat, auch nicht an sich selbst. Die größte Freiheit aber liegt hierin: Über sich selbst hinaus zu wachsen und sich mit allem, was man ist, in den grundlosen Abgrund seines Urbildes zu stürzen: Gott.«

»Du hast alle Wahrheit in dir, in deinem eigenen Wesen; warum suchst du dann außerhalb von dir? Warum bleibst du nicht bei dir selbst und greifst nach deinem eigenen Schatz?«

»Alles Irdische ist nur ein Gleichnis. Willst du den Kern haben, musst du die Schale zerbrechen. Willst du die Natur finden, musst du alle Gleichnisse durchdringen. Es ist ein Mangel der Natur, dass man Gott nur mit sinnlichen Bildern erklären kann. Gott ist weder dieses noch jenes. Genugtuung empfindet Er erst, wenn Er sich aus allem Seienden in die lautere Einheit zurückgezogen hat. Dort sind alle Gräser und Bäume und Steine und alle Dinge eins. Dies ist das Allerbeste.«

Zeitgenossen von ihm, Heinrich Seuse (von Suso, 1295–1366) und Johannes Tauler (um 1300–1361), werden als die bekanntesten Nachfolger und Schüler Eckeharts angesehen. Sie gehörten zu einem Kreis von Menschen, der sich »Gottesfreunde« nannte. Die »Gottesfreunde« lebten in der Schweiz, in Süddeutschland und stromabwärts längs des Rheins. Sie standen in Kontakt mit dem in Flandern lebenden Mystiker Jan van Ruusbroec (1293–1381). Dessen bedeutendstes Werk *Het Cieraad van de Geestelijke Bruiloft* (»Die Zierde der Geistigen Hochzeit«) wurde von diesen gelesen und studiert. Von den zwölf Werken, die von Van Ruusbroec bekannt sind, beinhaltet eines eine Sammlung von Ausschnitten aus Eckeharts Werk. Mit Ruusbroec endet die mittelalterliche Mystik auf ihrem eigentlichen Höhepunkt. Das ist der Hintergrund, den wir uns vor Augen halten müssen, um das Auftreten von Johannes Tauler gut verstehen zu können.

Johannes Tauler wurde ums Jahr 1300 in Straßburg in einer Familie geboren, die sich durch Handel eine gute Position erworben hatte. Mit vierzehn Jahren trat er in den Orden der Dominikaner ein, wo er zeitlebens blieb. Außerdem spielte er eine wichtige und stabilisierende Rolle im Kreis der *Gottesfreunde*. Das war eine Gruppe, die aus verschiedenen Gründen Aufmerksamkeit verdient. Die Männer und Frauen dieser Gruppe kamen aus allen Schichten der Bevölkerung. Sie wollten der äußeren Unruhe der Zeit ein Leben der inneren Devotion und des intensiven und beseelten Gebetes gegenüberstellen. Auch der Mystiker Heinrich Seuse gehörte zu diesem Kreis.

Es war Taulers Verdienst, dass er in der Nachfolge seines Lehrers, Meister Eckehart, den Menschen wieder direkt mit dem »Seelengrund«, wie er es nannte, verbinden wollte; und zwar innerhalb der Organisation der Kirche. Damit wies er auf das Lichtprinzip hin, auf das, was in Herz und Seele des Menschen verankert ist. Seine Ansprachen waren voller offensichtlicher Aufrichtigkeit und Gemütstiefe, und seine Worte und Bilder sprühten von Kraft.

Diese »Religion für einfache Menschen« sprach auch Luther an. Und Johannes Arndt sowie später Johann Valentin Andreä wurden von der Aufrichtigkeit Taulers im Herzen berührt. Es war eine »Religion des Herzens«. Tauler brachte sie den einfachen Menschen, die Deutsch sprachen und nicht Latein, wohlgemerkt ein Jahrhundert vor Martin Luther.

»Gott ist ein Gott des Jetzt«, hat Meister Eckehart ihn gelehrt, »so wie er dich jetzt vorfindet, so nimmt er dich an.« Aber das ist nicht dasselbe wie: So kannst du auch bleiben. Denn der Mensch muss werden zu einem Nicht-mehr-etwas-Wollen: »Sie, die nichts suchen, keine Ehre, keinen Nutzen, keine inneren Erbstücke, keine Heiligkeit, keine Belohnung, noch das Königreich der Himmel, sie, die von all diesem Abstand genommen haben, sogar von dem, was ihnen eigen ist, in solchen Menschen wird Gott gepriesen. Denn«, so meinen Eckehart und auch Tauler, »wo das Geschöpf aufhört, da beginnt Gott.«

Mit diesen einfachen Worten, die so wahr sind, ist das Problem der Mystik perfekt in Worte gefasst: Es gibt keine Möglichkeit für den irdischen Menschen, mit seinem Bewusstseinssystem Gott zu kennen. Mit dem Haupt reicht man nicht hin, und das Herz ist untauglich und wahrscheinlich nicht rein genug. Man kann wohl untersuchen, was Gott *nicht* ist – das ist schon viel –, aber ob uns das Ihm näherbringt? Doch wenn man die Berichte der Mystiker liest, gelangt immer das zum Vorschein. Auf eine bestimmte Art und Weise werden Gefühle von Verlangen, Devotion, Askese, Loslösung vom Irdischen, Außer-acht-Lassen des eigenen Selbstes ziemlich aufgewühlt, so dass es gewissermaßen zu einer Überreizung des Wesens kommt. Dann ist zu hoffen, dass wenigstens ein Schimmer des Göttlichen Einlass findet.

Deshalb bleibt die Mystik immer eine schwierige Angelegenheit. Es geht nicht um eine Anstrengung des Bewusstseins, um die höheren Vermögen empfänglicher zu machen. Das ist ja auch so individuell. Genau genommen ist es umgekehrt: Strenge dich nicht umsonst an, erzwinge nichts, aber geh ans Werk dort, wo es einfach ist und logisch und auf der Hand liegt, und lass das Andere sein Werk in dir verrichten. Seltsamerweise stehst du dann schon im Impuls, der von der Gnosis ausgeht. Mit soviel »klarem Wasser« in deiner Umgebung wird das Bild von dem, was du *tun* musst, ebenfalls klarer. Darum ist Mystik sicher nicht dasselbe wie Gnosis; aber es hat seine gute Berechtigung, das intensive menschliche Suchen nach Gott.

Die Bewegung von Eckehart, Tauler und deren Geistesverwandten spielte im 14. Jahrhundert eine überaus wichtige Rolle beim Aufbrechen der Kirche. Es löste den Menschen von der festen kirchlichen Institution und wies ihn auf seine innereigene Seelenbasis hin. Denn die Kirche – einst als Brücke gedacht – hatte sich wie eine Mauer zwischen Gott und dem Menschen aufgerichtet. Johannes Taulers Verdienst war es, zu zeigen, wie der Mensch über alle zeitbegrenzten Formen und Formeln hin zu einer reinen Religion durchbrechen kann, zu einer direkten, erneuten, lebendigen Verbindung mit dem universellen Leben.

Auch die *Gottesfreunde* strebten diese Verinnerlichung des Menschen an, nicht etwa mittels Welt*flucht* (in ein Kloster), sondern durch Welt*überwindung*. Tauler war ein Mensch, der aus der Erfahrung des Einsseins seines inneren Menschen mit Gott schöpfte, und der deshalb in vielen Herzen das Verlangen nach diesem Zustand entflammen konnte. Der äußere Mensch war Tauler nicht wichtig. Deshalb sprach er auch kaum über sich, und daher wissen wir auch so wenig über ihn.

Die *Gottesfreunde* fanden ihre Einheit in der einen, unsichtbaren Kirche, und in der wahren Nachfolge Christi. Äußere Satzung und Übung galten Tauler nichts. Es ging ihm ausschließlich um die Kraft des inneren Menschen. Sie ermöglicht es, die Unvollkommenheit und das Leiden hinter sich zu lassen. Dadurch wird der innere Mensch vom irdischen Sein zum himmlischen Nicht-Sein geführt. In diesem Nicht-Sein findet der Mensch seinen Ursprung oder – wie Tauler es ausdrückt – die *formlose Gottheit* zurück.

»Gott ist mir näher
als ich mir selber bin!
Wer dessen inne ward,
findet zur Freiheit hin.«

Dieser Vers erinnert stark an die Worte des »Philosophus Teutonicus« Jakob Böhme. Dieser schrieb zwei Jahrhunderte später: »Die göttliche Geburt ist innen in euch und euch noch näher als Hände und Füße!« Wahre Religion und inneres Christentum, so stellte Tauler fest, haben nichts gemein mit übersinnlichen, okkulten oder magischen Praktiken und Erlebnissen, auch nichts mit ekstatischer Askese oder Selbstkasteiung, die in jenen Tagen häufig waren. Sie bedienen sich nicht der Entfaltung übersinnlicher Kräfte oder hellseherischer Einblicke in unsichtbare Welten. Ebensowenig begehren sie, Christus visionär zu erblicken, oder seine Botschaft medial zu empfangen. All das ist eher hinderlich auf einem Weg nach innen, und führt auf Seitenwege voller Irrlichter, statt auf den einen Pfad der inneren Lichtgeburt der Seele.

Tauler war ein Mann der Mitte. Er wollte seine Mitmenschen möglichst vor Überreaktionen bewahren. Er scheint – so schreiben unter anderem J. Burke und M.S. Berry 1994 – ein ruhiger und stabilisierender Faktor gewesen zu sein, sowohl innerhalb seines Ordens als auch im Kreis der *Gottesfreunde*. Tauler kannte die Bedeutung der Seele. Er sprach vom »Gewicht der Seele«, welche »unwägbar« sei. »Die Seele wiegt mehr als Himmel und Erde und alles, was darin beschlossen ist. Denn der göttliche Geist ist in ihr. Darum wiegt sie soviel wie Gott. Ihre Materie ist das Gold der göttlichen Essenz, die in sie eingesenkt ist, und die den ganzen Menschen verwandeln und mit diesem Gold bekleiden will.«

Damit das geschehen kann, lebt der Mensch hier in dieser Zeitlichkeit, nicht um seiner selbst oder seiner Werke willen, sondern um Gottes und seines Reiches im Menschen gewahr zu werden. »Denn erst aus diesem Wissen«, so sagt Tauler, »entspringt das rechte Werk und vermag der Mensch, aus dem Geist der Einheit zu leben.« Geist der Einheit, das bedeutet, äußerlich die Eigenheit eines jeden Menschen zu achten, innerlich aber vor allem auf die *Einheit in Christus* acht zu geben. Lebt der Mensch aus dieser Einheit, dann verblassen für ihn die trennenden Unterschiede menschlicher Eigenschaften mehr und mehr. »Das göttliche Licht lenkt alles nach innen, nicht nach außen. Da gibt es weder hoch noch niedrig, lieb noch leid, Mann noch Weib. Da wird alles Außen vergessen, keiner sucht mehr das Seine – jeder sucht aber seinen göttlichen Ursprung, seinen göttlichen Grund.«

»Wenn er nach innen schreitet,
erscheinet ihm ein Licht,
das ihn zu Gott geleitet
und alle Fesseln bricht.«

Wie aber spürt der Mensch diesen »göttlichen Grund« auf? Tauler stellt dar, dass es durch eine Hinwendung zu seinem Inneren geschieht, bei dem sich der Mensch mit der Mitte seines Herzens, mit seinem »Seelengrund« verbindet. Hier spürt der Mensch das ihm eingeborene Lichtprinzip auf, das Licht und die Kraft des Geistfunkens, oder – wie Tauler als Nachfolger Meister Eckeharts sagt – des Gottesfunkens. In diesem Licht lernt der Mensch nun, viele Dinge der Welt auf andere und neue Weise zu durchschauen. Er erkennt die Vergänglichkeit irdischer und zeitlicher Werke des Menschen. Er sieht, dass die Welt ihn binden will: Durch Zerstreuung, Betriebsamkeit, Ablenkungen mit Worten und Bildern sowie viele andere, im Wesen belanglose Aktivitäten. Diese Erkenntnis weckt im Menschen allmählich den Wunsch, seine Seelenkräfte nicht länger für zeitliche Dinge zu verschwenden. Deshalb zieht er seine große Aufmerksamkeit von den Dingen der Welt ab und versucht, sich mit ihnen nicht intensiver einzulassen, als es notwendig erscheint.

Aber mit der Welt, so wird bei Tauler klar, muss der Mensch auch seinem biologischen Selbst entsteigen. Denn seit dem Fall, der den Menschen vom Ursprung trennte, ist der Mensch ein Kind der äußeren Natur. Dadurch entstand das Ich. Man kann sagen, dass das Ich und die äußere Natur tatsächlich eins sind. Deshalb sucht der Mensch in *dieser* Welt Erfüllung, sucht sich *hier* zu bewähren, etwas darzustellen und zu sein. Die Welt wird zur Bühne seines Lebensdranges. Aber der Mensch ist nicht nur dann ein Kind dieser Welt, wenn er materiellen Gütern anhängt. Er ist es genauso, wenn er »der Lust an geistigen Gütern und Gaben anhängt. Diese Lust herrscht in vielen Menschen, die von ihr mehr angezogen werden als von Gott. Und wenn sie ihnen genommen wird, vergeht auch deren Glaube und guter Wille.«

Zuweilen, auch das wird bei Tauler deutlich, gibt es Menschen, die von der Welt nicht lassen können, weil sie die Vervollkommnung ihrer Seele auf subtile Weise von der Hilfe anderer abhängig machen. Sie suchen die Wahrheit bei anderen, statt in ihrem eigenen »Seelengrund«. Er wird nicht müde zu betonen: »Wer in dieser Welt wähnt, dass er etwas sei, da er doch nichts ist, der betrügt sich selbst. Jeder prüfe sein Tun und suche seine Vervollkommnung in sich selbst und niemals mittels anderer.«

Jeder Mensch trägt allen Reichtum in sich, dessen er in dieser Welt bedarf. Es ist die auf den Geist gerichtete und daher lebendige Aktivität der Seele. An anderer Stelle nennt Tauler sie auch die »wahre Seele« und sagt weiter von ihr: »Die wahre Seele lässt sich niemals herausholen aus ihrem Grund, denn sie hat den göttlichen Funken in sich, und dessen Verlangen kann Gott mit nichts anderem stillen als *mit sich selbst.*«

»Ich muss die Kreaturen fliehen
und suchen Herzens Innigkeit.
Soll ich den Geist zu Gott hin ziehen,
auf dass er bleib' in Einigkeit.«

Das Gemüt des gewöhnlichen Menschen, so zeigt Tauler auf, ist voll mit *Bildern der Kreaturen und Dinge,* und deshalb ist darin kein Platz mehr für Gott. Gemeint ist dabei nicht, dass die Kreatur – nämlich alles lebendig Geschaffene – schlecht sei, sondern: »Alle Kreatur hat wohl Gutes, hat wohl auch Liebe; sie ist aber nicht *das* Gute, *die* Liebe an sich. Sondern die Essenz des Guten, der Liebe, das ist der göttliche Geist. Ihm soll der Mensch sich zukehren in übergebender Weise, so dass Sein Wesen sich in ihn einsenken und ihn erneuern kann.« Tauler spricht über ein Leben in Übergabe und Gelassenheit, und über das innerste und göttlichste Verlangen des Herzens. Er kennzeichnet es als ein Loslassen der Ich-Natur des Menschen – und zwar ein Loslassen um des Geistes willen – und eben dadurch als ein Gott-Wirkenlassen. Bei dieser Übergabe, diesem Loslassen geht es um weitaus mehr und um ein völlig anderes Ziel als um bloße Unerschütterlichkeit des Gemüts wie zum Beispiel bei den Stoikern. Tauler will *alles* loslassen, was nicht zu Gott führt!

Wieviel Kraft, Zeit, Arbeit und Fleiß widmet der Mensch doch Tag für Tag dem, was dem Ich dient; und wie wenig dem, was zu Gott führt! Er sorgt und müht sich ab, als ob dieses Bestehen ewig dauern sollte, und sein Dasein und sein Glück von ihm abhinge und nicht von Gott, der ewig ist. Tauler erklärt, dass fast alles, was den Menschen bewegt, dessen Ich und Eigenwille entstammt. Er entdeckt im Eigenwillen eine der großen Schwächen des Menschen und ein Haupthindernis für das Beschreiten eines inneren Weges.

Wie aber kann der Mensch mit seinen Mängeln und Schwächen, die er nun einmal hat, umgehen? Tauler gibt immer nur eine Antwort: »Der Mensch soll erkannte Mängel nicht auf menschliche Weise, durch Widerstehen und Bekämpfen, überwinden, sondern auf geistige Weise, durch Loslassen. Jede erkannte Schwäche soll der Mensch in ihr Nichts zurückweisen, und sie soll ihm Anlass sein, den Weg nach innen noch beharrlicher zu gehen.«

»Die Einheit, die er findet,
ist ewig, ohne Grund.
Sie wohnet in ihm selber.
Das Wie ist niemand kund.«

»Der Eigenwille«, so führt Tauler weiter aus, »bedeckt die inneren Augen des Menschen, die gereinigt werden müssen von allem Wollen und Nichtwollen, wenn der Mensch seinen Weg sehen und finden möchte. Aller Wille der Menschen muss *entwerden,* also weniger werden, damit der Gottesgrund werden kann, und damit wir im rechten Sinne sprechen können: Nicht wie ich will, sondern wie Du willst.«

Tauler weist auch immer auf die Gefahren auf dem Wege hin. So spricht er zum Beispiel von Menschen, die, von der ersten Lichtkraft berührt, glauben, alle Wahrheit gefunden zu haben. Danach geben sie sich der Selbstzufriedenheit hin. Diese Menschen wähnen dann, über alles hinaus gelangt zu sein, und fühlen sich anderen überlegen. Tauler aber sagt: »In Wahrheit stehen sie im natürlichen Licht und haben keinen Durchbruch vollzogen. Sie sind noch Liebhaber ihrer selbst und Gott fern.« Schöpft der Mensch aus der Kraft seines Seelengrundes, so befähigt ihn diese Kraft, sein Niederes Selbst zurück zu lassen. Im Licht der göttlichen Kraft erlangt er stets mehr Unterscheidungsvermögen zwischen dem inneren und dem äußeren Menschen. Ein solcher Mensch kann dann mit Tauler feststellen: »Was der äußere Mensch ohne den inneren tut, taugt wenig oder nichts. Der äußere Mensch gleicht dem Pharisäer: Er bläht sich auf und zählt seine guten Taten auf. Der innere Mensch aber gleicht dem Zöllner: Er blickt in sein Nichts, kennt seine Nichtigkeit und stellt sich völlig Gott anheim.« Wahre Gelassenheit ist laut Tauler jener Zustand des Menschen, in dem er überall und jederzeit bereit ist zur ruhigen Einkehr in sich selbst, zur Hingabe an seine Seele, an sein wahres Selbst.

»Hast du dich entblößet
aller Geschaffenheit,
dann wird dir eingeflößet
Gottes Unendlichkeit.«

Marsilio Ficino

Eine Akademie für die Seele

I

Auf dem Weg zum Kern der gnostischen und hermetischen Philosophie wird man in einem bestimmten Moment sicher auf den klassischen Satz stoßen:»Alles ist aus Gott, alles kehrt wieder zu Gott zurück.« Ein Ausspruch, der auf einen Gedanken von Paulus zurückgeht. Dieser Gedanke, der auch bei den Alchemisten des 17. Jahrhunderts lebendig war, ist in abgewandelten Worten in einem alten Rosenkreuzergebet niedergeschrieben, welches die Gold- und Rosenkreuzer des 18. Jahrhunderts in ihren *Geheimen Figuren der Rosenkreuzer* aufnahmen. Ein Fragment hieraus lautet:»*Herr, aller Segen und alle Gnade strahlen aus Deinem Wesen. Du hast mit Deinem Finger die Zeichen der Natur geschrieben, und niemand kann sie lesen, ohne in Deiner Schule gelernt zu haben. Alles ist aus Dir, alles kehrt zu Dir zurück.*« Es wird hier die Erkenntnis zum Ausdruck gebracht, dass nichts existieren kann, was seinen Ursprung nicht in Gott hat, und dass alles Bestehende auch einmal zu Ihm zurückkehren wird.

Aber welches sind die Zeichen der Natur, über die die Rosenkreuzer sprechen? Die Natur umfasst so vieles. Sie hat vier Milliarden Jahre gebraucht, um soweit zu kommen, wie sie jetzt ist, so hieß es jedenfalls bis vor kurzem aus der Sicht der Wissenschaft. Neue Forschungen besagen, dass das Universum vor elf, nein vor vierzehn Milliarden Jahren entstanden sein muss: Weltraumteleskope empfangen vom äußersten Rand des Weltalls Licht- und Radiowellen, die möglicherweise vor zwölf oder dreizehn Milliarden Jahren abgestrahlt wurden.

Zur Natur gehört auch der Mensch selbst. Wie muss er denn, selbst ein Teil davon, diese gewaltig große Natur kennen lernen? Die Schule,

Die Villa Medici in Careggi
Das Gebäude der Akademie von Cosimo de Medici
und Marsilio Ficino in Careggi bei Florenz
© Jacek Soltan, Amsterdam/Mailand

die gemeint ist, kann daher kein Lehrinstitut sein, nein, diese Schule ist das Leben selbst. Jeder Mensch lernt in dieser Schule. Aber noch lange nicht jeder Mensch hat den Willen zu lernen. Es gibt Menschen, die gerne lernen. Es gibt aber auch solche, die anders sind, die lieber Geld oder Krieg machen und ihren Lektionen ausweichen. Es gibt viele Menschen, die denken, dass es im Leben nichts zu lernen gibt. Aber jeder lernt, sei es langsam oder schnell. Kummer und Schmerz bilden oft die Feder, mit der geschrieben wird; Spaß und Freude die Farben, mit denen die Blattseiten des Lebens ausgemalt werden. Einige scheinen nicht voranzukommen oder erleben dieselbe Erfahrung x Mal. Andere wiederum lernen schneller.

Was muss der Mensch dann lernen? Steht das irgendwo geschrieben? Und wenn er schon lernen muss, wie könnte er schneller lernen? Zum Beispiel innerhalb von siebzig Jahren, also eines Menschenlebens? Denn vier, elf oder vierzehn Milliarden Jahre sind ja nicht gerade wenig. Um bei der letzten Frage zu beginnen: Der Mensch, der den Plan kennt, und möglicherweise weiß, was von ihm erwartet wird, lernt effektiver. Erwartet wird, dass er die *Zeichen der Natur* kennen lernt, die von Gott geschrieben wurden.

Wie gesagt, dieser Gedanke war auch im 17. oder 18. Jahrhundert nicht neu. Schon einige Jahrhunderte früher beschäftigten sich die Denker der Akademie zu Florenz mit denselben Gedanken. Diese Akademie wurde von Cosimo de Medici im Jahr 1442 nach dem Vorbild von Platos Akademie gegründet; um das Denken und die Literatur sowie die freien Künste zu fördern, so sagt man allgemein. Damals formulierten sie die Frage vielleicht etwas anders: »Wenn alles aus Gott ist, von dem gesagt wird, dass Er das *Allein-Gute* ist, wie kommt es dann, dass es soviel Böses, soviel Elend und Leid auf dieser Welt gibt?«

Es waren nicht die Geringsten, die diese Fragen stellten. Einer von ihnen war zum Beispiel Marsilio Ficino, der Mann, dem dieses Kapitel gewidmet ist: Ein Mann mit brillantem Verstand und der Seele eines Engels. Ein Mann, der 1473 in der berühmten Domkirche von Florenz Priester wurde und durch dessen Predigten die Menschen von Nah und Fern angezogen wurden. Ein Mann, der von Beruf Arzt war, und sich sein Leben lang weigerte, für seine Heilkunst Geld anzunehmen. Damit praktizierte er eine der sechs goldenen Grundregeln der Klassischen Rosenkreuzer – zwei Jahrhunderte bevor diese gedruckt wurden: *Die Kranken kostenlos heilen.*

In Italien ist Florenz, der Stadtstaat der Familie de Medici, im 15. Jahrhundert das absolute Zentrum, das Herz der damaligen Kultur. Durch das ökonomische Genie verschiedener Sprösslinge der Familie de Medici wächst der Handel explosiv und zieht in seinem Kielwasser Kunst und Literatur mit sich. Die Architektur blüht; viele der Gebäude, denen Florenz seine Berühmtheit verdankt, sind in dieser kurzen Periode errichtet worden. Viele bekannte Figuren wirken im Florenz dieser Zeit, denn die grandiose Pracht der de Medici vereint die kreativsten Geister. Ficino nennt seine Zeit »das Goldene Zeitalter« wegen der zahllosen genialen Geister, die sich den Idealen der Akademie verschrieben. Um nur einige zu nennen: Der Dichter Poliziano; der gelehrte Klassiker Bembo; die philosophischen Dichter Lorenzo Lippi und Cristoforo Landino; und zum Beispiel die Maler Pollaiuolo und Botticelli, der die berühmte *Geburt der Venus* aus dem Schaum des Meeres malte.

Auch der berühmte und jung verstorbene Graf Giovanni Pico della Mirandola war ein treuer Freund, der 1486 das Christentum mit der arabischen Weisheit und der Kabbala der Juden in Einklang brachte – und dafür verbannt wurde. Dies legte er in seiner *Abhandlung über die Würde des Menschen* nieder. Die Abhandlung war der einleitende Text, den er seinen 900 Thesen hinzufügte, eine Art Sammlung von Gesprächsthemen, die der Vorbereitung auf eine internationale Debatte diente. Gelehrte aller Universitäten Europas erhielten eine Einladung; falls notwendig würde Pico alle Kosten für Reise und Unterkunft auf seine Rechnung nehmen. Die Debatte sollte untersuchen, warum die menschliche Seele als unsterblich erachtet werden muss. Zu Beginn der Schrift finden wir ein Zitat von Hermes: *»Groß ist das Wunder des Menschen, o Asklepios. Da dem Menschen alle Eigenschaften des Universums zugeteilt sind, hat er das Vermögen und die moralische Pflicht, das Allerhöchste zu erreichen.«* Schließlich wurde das ganze Unternehmen durch Papst Innozenz VIII. verboten. Nach einer völlig unwürdigen Überprüfung durch die Inquisition in Rom musste Pico della Mirandola Hals über Kopf nach Frankreich fliehen.

Trotz des materiellen Reichtums und des Überflusses, den die

Familie de Medici mit ihrem bemerkenswerten Handelsgeist und ihrer finanziellen Weitsicht erwarben (sie gründeten zum Beispiel die ersten Banken Europas), haben sie doch nie den Faden der Spiritualität losgelassen. Das ist an und für sich ein typisches Renaissance-Ideal, dem unter anderem die Familie de Medici Gestalt verlieh. Der *Uomo Universale* wird seine eventuell großen persönlichen Reichtümer nicht als sein Eigentum betrachten, sondern als Arbeitskapital, das dazu dient, höhere Ziele zu verwirklichen. So wie Ficino es im höchsten spirituellen Sinn war, so stellte Lorenzo de Medici in materieller Hinsicht das lebende Beispiel dieses Menschentyps dar.

Von dieser Gruppe in dem Florenz des 15. Jahrhunderts ist *Marsilio Ficino* (19. Oktober 1433 bis 1. Oktober 1499) der beseelende, mentale und spirituelle Mittelpunkt. Sein Interesse galt nicht nur der bloßen Einflussnahme eines spirituellen Zentrums, sondern auch der damaligen sozialen Struktur, und reicht weit über das 15. Jahrhundert hinaus. Er erklärte, dass der Mensch von Natur aus zur Religion neigt, was ihn vom Tier unterscheidet. Die höchste Form der Liebe und Freundschaft ist eine Form der Gemeinschaft, die ihre Basis in der Sehnsucht und der Liebe der Seele zu Gott findet; eine Theorie, die die Literatur seit dem 15. Jahrhundert bleibend beeinflusste, und deren Spuren man bis in das 19. Jahrhundert wiederfindet.

Aber schauen wir zuerst, wie einfach und kristallklar er sich der Frage nähert, die oben gestellt wurde: Was muss der Mensch lernen? Welches sind die Zeichen der Natur, der menschlichen Natur wohlverstanden? Denn das tut Ficino: Er verschiebt den Schwerpunkt der Frage hin zum Menschen selbst. Er schreibt seinem »besonderen Freund Cavalcanti«:

>»Wie armselig sind doch die sterblichen Menschen! Sie müssten sich immer wieder schämen, sage ich. Und zwar ausschließlich und allein deswegen: Sie finden Vergnügen in vergänglichen Dingen und leugnen so das ewige, gute Selbst, welches allen irdischen Dingen ihr Gutsein verleiht. Alle Dinge sind in sich selbst gut. Denn sie stammen aus dem guten Selbst, und sie werden wieder von selbst gut, wenn sie durch uns wieder an das gute Selbst zurückgegeben werden. Aber sie werden zu Recht teuflisch und stachelig, wenn wir diesen Dingen in einer Haltung allerhöchster Arroganz nachjagen, weil wir uns vom Guten abgewandt haben, innerhalb dessen sie von Natur aus umfangen und

genährt werden. Wie überraschend ist es, Giovanni, oder besser, wie traurig, dass diese Dinge uns vollständig von dem Guten abschneiden, obwohl sie vollkommen eins damit sind.«

Dies kann natürlich niemals die ganze Antwort sein. Er hat zutreffend erkannt, dass der Mensch selbst bestimmt, ob das, was er denkt, tut und will aus dem Guten kommt. Man kann auch sagen: aus der Seele. Oder dass es aus dem Bösen heraufbrodelt, oder besser gesagt aus dem selbstsüchtigen Bild (natürlich auch eine Art Beseelung), das immer denken muss, es sei selbst im Mittelpunkt. Wenn es ihm einmal gut geht, neigt der Mensch dazu, sich selbst ernsthaft zu überschätzen und sich ein arrogantes Betragen anzueignen. Auch wenn er es nicht wollte, der Mensch muss sich auch einmal um sich selbst kümmern, was auf einen anderen einen unangenehmen Eindruck machen kann. Außerdem, selbst wenn der Mensch stets alles vollkommen richtig machen würde, gäbe es noch immer Krankheit und Tod, was mit dem allerbesten Willen doch nicht als »gut« bezeichnet werden kann. Und würde es keine Menschen mehr geben, dann blieben noch die Tiere, die sich zum Fraß zerreißen. »*Alles Sein ist flammendes Leid*«, ein Gedanke des Buddha und einer seiner vier edlen Wahrheiten, trifft den Kern.

Das ist sicher auch die Sichtweise von Ficino. Aber für ihn ist der Mensch nicht nur ein Naturwesen. Für ihn steht auf ganz natürliche Weise fest, dass der Mensch ein Geist, ein geistliches Wesen ist. Der Geist ist für ihn der Ursprung des Menschen, wie er an mehreren Stellen versucht aufzuzeigen. Es ist ein Wesenselement, das im vergänglichen Körper gefangen liegt. Marsilio nennt diesen Körper ein Instrument des Todes, das jedoch so schwer und träge ist, dass der Geist dadurch einschläft und krank wird, und sich mittels der Sinnesorgane mit Träumen voll saugt. Trotzdem wird der eigentliche Durst nicht gestillt. Denn, so schreibt Marsilio: »Wenn der Mensch sich so voll saugt (mit Träumen), wird der Durst nur noch größer und der Geist selbst verkümmert. Durch den ungestillten Hunger wird der unglückliche Geist außerdem krank und kommt nirgends zur Ruhe, sondern schweift vergeblich ruhelos hin und her. Wenn er denkt, irgendwo nach seinem Gefallen ausruhen zu können, fällt er. Wenn der Geist auf eine Medizin hofft, welche die Gesundheit wieder herstellt, trinkt er tödliches Gift.«

So können wir also leicht feststellen, dass der Geist dessen überdrüssig wird, immer wieder in Vergängliches verstrickt zu werden.
Der Geist begnügt sich nicht länger mit vergänglichen Dingen, die
nur eine Widerspiegelung des Ewigen sind, er will das Ewige selbst.
»Denn jemand, der Durst hat«, sagt Marsilio weiter, »trinkt lieber
zwei Becher leer als einen. Aber der Dürstende wird sich nicht
begnügen mit der Idee des Weines, ob die Idee nun vom Sehen oder
Denken (Widerspiegelung also) kommt, denn das wird seinen Durst
nicht löschen. Im Gegenteil, er bekommt dadurch erst recht Durst.
Wir dürsten alle«, so schreibt er, »nach dem Wahren und Guten,
jedoch trinken wir stets Träume. Aber weil der Geist ewig ist, kann er
vom Träumen nicht leben, sondern braucht vielmehr Nahrung, die
ewig ist.«

In unserer Zeit ist der Begriff »Geist« längst nicht so selbstverständlich, wie es für den weisen, aber bescheidenen Marsilio Ficino
der Fall war, einen Philosophen, der sein ganzes Leben lang nichts
anderes getan hat, als nachzudenken, zu schreiben, zu forschen, zu
heilen und zu unterrichten. Denn was für ihn und seine Zeitgenossen
selbstverständlich war, ist heute ein absolut kritischer Punkt. Wer
versucht, mit dem Blick Ficinos die Gesellschaft des beginnenden 21.
Jahrhunderts zu betrachten, dem wird einiges auffallen. Die Leichtig-
keit, mit der Marsilio und seine Geistesverwandten ihre Auffassungen teilen konnten, ist heutzutage kaum mehr anzutreffen. Manchmal scheint es so, als ob die Grundlage des gegenseitigen Verständnisses fehlt, ein gewisser Respekt vor dem Denken, Fühlen und der
Existenz anderer oder anders Denkender.

Dieser Mangel findet seine Ursache in der gestörten Entwicklung
des menschlichen Herzens. Die erwähnten Qualitäten sind dann
auch Eigenschaften, die unmittelbar anzutreffen sind, wenn das
Herz, das Gefühlszentrum des Menschen, sich für die neue Beseelung
öffnet, die durch das Blühen der Rose entsteht. In diesem Zusammenhang erscheint es auch sehr seltsam, dass der moderne Mensch sich
mit der heutigen Form des gesellschaftlichen Zusammenlebens
begnügt, die er mit anderen schafft und instand hält. Es ist seltsam,
dass der Mensch arbeitet und arbeitet, um zu leben, und umgekehrt
lebt, um zu arbeiten. Es ist seltsam, dass die heutige Gesellschaft bis
jetzt nur ab und zu etwas mehr gezeigt hat als eine ökonomische

Grundlage für ihr Bestehen. Selbstverständlich muss es eine gesunde und gut entwickelte ökonomische Seite der Gesellschaft geben. Das ist notwendig. Durch die Marktwirtschaft kann jeder (im Westen) existieren, obwohl es sicher auch bedenkliche Seiten gerade dieser Marktwirtschaft gibt. Glücklicherweise scheint sich das Blatt zu wenden. Vielleicht entsteht wieder eine Form der Kunst, die durch ihre Inspiration die wundervolle innere Reinheit und Berührung erschließt, die in der Seele geweckt werden kann; in Ficinos Idee: Das Bild der göttlichen Welt in der physischen Materie wiedergeben, wodurch die Seele sich ihrer göttlichen Herkunft erinnert. Es entsteht bestimmt wieder eine Baukunst, die Gebäude, Strukturen oder Räume kreiert, um Menschen in einem großen Verband zusammenzubringen, indem in einem gemeinschaftlichen Erleben die Flamme eines ruhigen, klaren und bewussten Strebens nach einem vollkommenen Leben brennen kann. Eines Tages gibt es wieder eine wahre Religion, die uns das Ziel des Glaubens näher bringt: Die menschliche Neue Seele wiederum mit dem Geist zu verbinden.

Es gab sie auch zu Zeiten Marsilio Ficinos. Genauer gesagt, sie sind erneut durch ihn in Erscheinung getreten: Die außergewöhnlichen und herausragenden Männer und die eine Frau, die die Akademie von Cosimo de Medici bevölkerten, brachten eine neue Form der Religion, der Kunst und der Architektur hervor. Ficino war der klare Inspirator unter ihnen, der Mittelpunkt, bescheiden, jedoch immer aufmerksam, stets mild urteilend, aber kritisch betrachtend.

Es gab sie auch schon drei Jahrhunderte zuvor, in der hoch entwickelten Kultur- und Gesellschaftsform des Okzitaniens der Katharer. Dieselbe Kultur wurde in Italien unterstützt durch die Patarener, »die in Lumpen gekleideten« Gleichgesinnten. Der Name entstand in Mailand auf dem Lumpenmarkt oder im Textilviertel. Es ist auch der Name einer Stadt in Kleinasien, von wo noch verbliebene Manichäer und Paulikianer nach Italien geflohen sind. Dort ließen sich einige der letzten Gruppen der Bogomilen nieder, die zusammen mit den zuletzt geflohenen Katharern in Italien den Versuch unternahmen, der »Kirche der Liebe« treu zu bleiben. Gab es da nicht eine gesonderte Gruppe von Troubadouren, eine sehr geheime Gruppe von Liebes-Dichtern und -Sängern, die nach dem romanischen Frankreich in Italien auftraten? Es waren die *Fedeli d'Amore*, »die Getreuen der Liebe«, wie sie sich nannten. Ihre Namen? Der berühmte Architekt Alberti war dabei, der Maler Botticelli, Cavalcanti, Dante Alighieri, Francesco Petrarca, Angelo Poliziano. Erstaunlich, wie die *Gnosis* zu allen Zeiten ihre Lichtspur der Liebe gezogen hat.

Die Gesellschaft wurde in Südfrankreich, unter der Inspiration des Katharer-Glaubens, auch das »Reich« oder die »Gesellschaft der Liebe« genannt. Die Minnesänger oder Troubadoure besangen unter anderem die hohe Liebe oder Minne, die *amor castida*, die reine oder keusche, nicht-körperliche Liebe. Sie zogen von Burg zu Burg oder standen im Dienst fester Auftraggeber.

Auch für Ficino war die Essenz und der Brennstoff seiner Akademie die Liebe. Die Akademie war vollkommen nach dem Vorbild der philosophischen Schulen des Altertums geformt und hatte zum Ziel, alle guten Eigenschaften im Menschen zu verstärken. Vor allem wollte sie die Sehnsucht nach der Welt des Lichtes in jeder Seele erwecken. Denn die »Göttlichkeit der Seele« war für ihn die Basis aller Menschenwürde. Diese Idee war es, die das Fundament bildete für das, was jene Zeit als den *Uomo Universale* bezeichnete, den universellen Menschen, der in jedem Augenblick jede gute Eigenschaft aufweist, diese auch anwenden kann, und in der Lage ist, in jedem Moment zu tun, was nötig, nützlich und den Umständen entsprechend das Beste und Lobenswerteste ist.

Die drei Funktionen, durch die sich der Mensch vom Tier unterscheidet, nämlich die Kunst des Bauens, die Religion und dazu noch die Musik, waren in Okzitanien selbstverständlich vertreten, weil dort deren Zentrum war: die Kirche der reinen Liebe, die Kirche der Katharer. Dadurch wurden viele Troubadoure inspiriert, ihnen verdanken wir die Grallegenden.

Viele Söhne und Töchter aus Adelshäusern wurden durch die »Bonshommes« oder »Parfaits« unterrichtet. Die Burgen und Schlösser waren sogar gastfreundliche Unterkünfte für diejenigen, die zu zweit durch das Land zogen, der einfachen Bevölkerung bei Krankheit zur Seite standen, die Menschen mit ihren Geschichten und Gleichnissen erfreuten, und sie in ihrer letzten Stunde mit ihrem Heiligen Consolamentum versiegelten, welches nach dem Sterben jede bereits begonnene Seelenentwicklung sichern und bewahren sollte.

Als sei es selbstverständlich, entwickelte sich bei diesen Menschen ein bestimmtes Verständnis von den zwei Naturordnungen, den zwei Prinzipien, aus denen der Mensch lebt. Sie konnten dies alles begreifen, weil es von den *Bonshommes* vorgelebt wurde. Diese bezeugten, wie der Geist, der spirituelle Mittelpunkt im Menschen, in unserer Naturordnung gefangen ist – doch nicht für immer. Befreite und geläuterte Seelen würden den »Weg der Sterne« gehen und ihn letztendlich im ursprünglichen Königreich vollenden.

Die Katharer, die sich wegschenkten an das *Endura* (das »Erdulden«, das »Ertragen« der Welt bis zum Erscheinen des Lichtes der anderen Welt), hatten keine traurige Ausstrahlung, sondern sie halfen, unterstützten, wo sie konnten, dynamisch wo möglich, begreifend wo nötig. Auch waren sie vertraut mit Pflanzen und Kräutern, und brachten neben einem Wort der Hoffnung auch auf körperlicher Ebene Hilfe oder Linderung. Auf diese Weise war die damalige Bevölkerung als Zuhörer oder Gläubige vollständig vertraut mit der reinen Lehre der zwei Welten, derselben Lehre, die Jesus den Jüngern vorgelebt hatte. Dem Wirken der ersten Apostel fühlten sie sich dann auch sehr verbunden und verwandt.

Es ist hier nicht beabsichtigt, ein naives historisches Bild zu skizzieren, das nichts von den vielen Kriegen, Intrigen und Machtstreitereien wissen will, die sich seinerzeit im Langue d'Oc (ein anderes Wort für Okzitanien) oder im 15. Jahrhundert in der Toskana abgespielt haben. Aber es ist ein wesentlicher Unterschied, ob eine Gesellschaft oder eine Form des Zusammenlebens sich nur im Überlebenskampf verbraucht, oder ob sie im Stande ist, außer einer gesunden Wirtschaftsform einen neuen Wert zu schaffen, ihren Mitgliedern eine Perspektive bieten kann, die das rein Materielle übersteigt.

Von einigen dieser Formen des Zusammenlebens kennen wir noch die Namen. Manche erlebten eine kurze Blütezeit, wie die des Echnaton; andere erlebten eine längere Zeit der Einflussnahme, so wie die des indischen Fürsten Asoka, der sich zur Lehre des Buddha bekannte, und der »der Weise« genannt wurde. Von vielen anderen, ebenso bemerkenswerten Reichen sind nicht nur die Namen in Vergessenheit geraten, sondern auch alles, was sie bedeutet, erlebt und realisiert haben. Denken wir an die zahllosen Fürstentümer, die in Zentralasien geblüht haben, von denen viele den Lehren des Mani anhingen, wie erst in heutiger Zeit bekannt geworden ist. Denken wir an die vielen Kulturen in Süd- und Mittelamerika, von denen ab und zu erstaunliche Bruchstücke ihrer Weisheit ans Licht kommen. Unsere Gesellschaft ist weit davon entfernt. Sie wird vielleicht nicht direkt zu den Ausgangspunkten früherer Kulturen zurückkehren, aber es steht ein Wendepunkt an, und zu Beginn des 21. Jahrhunderts ist ein absolut kritischer Punkt erreicht.

Marsilio erklärt, dass der Geist erkrankt, wenn er als Nahrung zu viele Träume zu sich nimmt. Krankheit durch Unterernährung macht schwach und eine schwache Stimme klingt stets leiser. Sie wird nicht gehört, sie kann nicht gehört werden, weil die Geräusche der Gesellschaft mit all ihren fesselnden, oft auch betäubenden Erscheinungen sie so laut wie möglich übertönen. Schließlich wird sie verstummen, und die Menschen werden keine Träger eines Geistfunkens, des letzten Prinzips der Lichtseele, mehr sein können. Als Lebensfunken werden sie dann ihren Tanzreigen auf der Erde vollführen, wobei sie einander und auch sich selbst verrückt machen, einander nach dem Leben trachten und der Kultur ein Ende bereiten. Wer sich umschaut, dem stockt der Atem, er sieht es kommen. Denn eine höhere Führung, eine Inspiration durch Wissende, durch die *Bonshommes* oder durch Eingeweihte ist verschwunden.

Das muss auch so sein. Denn der Mensch ist noch nicht vollständig entwickelt, und den noch fehlenden Teil seiner Entwicklung muss er *selbst* in die Hand nehmen; selbständig zwar, aber durch Inspiration und schließlich unter der Leitung der eigenen Beseelung, der lebenden Neuen Seele. *Deshalb* ist unsere Zeit so brisant. Noch besteht die Möglichkeit, diese Inspiration, diese Stimme des innereigenen Seelenfunkens zu hören, aber es wird langsam eng. Es ist sicher eine aufregende Zeit, in der wir leben. Es muss etwas fundamental anderes gelernt werden – und das innerhalb kürzester Zeit. Aber was ist zu lernen?

Schauen wir uns noch einmal das Fragment des Rosenkreuzer-Gebetes aus dem 18. Jahrhundert an: Dass wir die Zeichen der Natur kennen lernen sollen, die von Gott geschrieben wurden. Zeichen sind Ausdruck des Wesens von etwas. Das Wesen der Natur müssen wir also kennen lernen. Man kann es auch anders herum sehen: Der Mensch ist selbst aus der Natur. Denn alles, was Teil der Natur ist, ist auch Teil des Menschen: Wachsen und Blühen, Lernen, Leben, Fortpflanzung und schließlich auch Krankheit, Verfall und letztlich sogar der Tod. Indem er sich selbst kennen lernt, lernt er das Wesen der Natur, der irdischen Natur und also das irdische Selbst kennen. Indem er sich selbst durch und durch kennen lernt, lernt er vier Milliarden Jahre Erde kennen.

Dann kommt dieser besondere psychologische Moment, da der Mensch aus dem tiefsten Inneren heraus erkennt:»Ich bin noch nicht fertig, meine Entwicklung ist noch nicht beendet, noch nicht auf dem Höhepunkt. Denn die Erde ist auch erst zur Hälfte entwickelt.« Befindet er sich vielleicht genauso wie die Erde auf der Hälfte der Entwicklung? Das kommt darauf an, die Sache verhält sich noch etwas anders: Der Mensch muss sich selbst kennen lernen, gewiss, aber er muss sich selbst *vollständig* kennen lernen. Denn er neigt dazu, immer nur die eine Hälfte zu sehen, nämlich die Natur, die so nahe liegt. Während die andere, unbekannte Hälfte von mindestens ebenso großer Wichtigkeit ist. Der Mensch ist wohl Natur und von der Natur, aber er ist nicht nur Natur. In dem wundervollen Stoffkörper, der ihm zur Verfügung steht, existiert noch ein anderes Prinzip.

Tief verborgen liegt ein göttlicher Kern, ein göttliches Urprinzip, das in der Weltliteratur die »Rose von unendlicher Schönheit« genannt wird oder auch die »erhabene Lotusblüte«, auf dem Wasser treibend. Diese muss der Mensch ebenfalls kennen lernen. Eigentlich müsste man sie zu allererst kennen lernen. Sie ist so nahe, dass es unerklärlich ist, dass sie nicht erkannt wird, denn sie hat uns von ihrem Leben geschenkt, wodurch wir wahrhaftig leben können. Und auch sie, diese Rose einer *anderen* Naturordnung, hat einen Plan, ist dazu bestimmt, einer eigenen Entwicklung zu folgen. Auch ihrem Bestehen liegt ein mächtiger, göttlicher Plan zugrunde. Aber nicht in der Zeit, sondern im Ewigen.

Tatsächlich ist es dem Menschen nicht gegeben zu wissen, was das ist – ewig. Das ist der Rose des Herzens vorbehalten, dem *Anderen* im Mikrokosmos. Dieser Andere wartet. Wie lange schon? Und worauf? Bis dass der Mensch endlich die Zeichen der Natur lesen kann!

Es wird manchmal gesagt, dass dieser *Andere*, dieser »Fremde«, wie ihn die Gnostiker auch nannten, sich einst in einer längst vergessenen Zeit in einer göttlichen Entwicklung befand. Eigentlich nicht vor langer Zeit, sondern vielmehr völlig außerhalb von Zeit und Raum. Die Rose existiert im Ewigen. Aber der Bewohner des Mikrokosmos schaute zuviel in den Strom der Zeit, zu lang, zu intensiv, wodurch das subtile Gleichgewicht zwischen den mächtigen Energien, in die der Mikrokosmos aufgenommen war, verloren ging, und er sich selbst in der Zeit verlor. Wie es dort war oder ist, außerhalb der Zeiträumlichkeit? Dem Menschen fehlt es an Möglichkeiten, dies wahrzunehmen. Aber sie – die Rose – weiß es, und mit ihren feinfühligen Impulsen erweckt sie im irdischen Menschen diese seltsame, unerklärliche Sehnsucht nach unbekannten Fernen und ungeahnter Schönheit, nach ihrer Ewigkeit.

Sie weiß es! Wer dies erkennt, ist in der Lage, zwei Hälften, zwei Prinzipien im Menschen zu unterscheiden, die beide in einem mächtigen Lernprozess stehen. Da ist einerseits der Mensch, entstanden aus der irdischen Natur, und andererseits die göttliche Rose-des-Herzens, die aus dem Ewigen, dem Anderen, stammt. Ohne diese göttliche Rose befinden wir uns am Ende einer langen Entwicklung. Mit ihr wird der Mensch erfahren, dass er am Beginn einer herrlichen, neuen Lebensphase steht. Der Mensch, der sich entschließt, beide, die eigene Natur und das Wesen der Rose in sich, in der Schule des Lebens so gut wie möglich kennen zu lernen, unterstützt durch eine wahrhaftige Geistesschule, wird tief im Innersten sicher auch das Ende dieses besonderen Rosenkreuzer-Gebetes aus dem 18. Jahrhundert begreifen. Denn das Gebet wurde von jemandem geschrieben, der das Wesen der Erde verstanden hat, indem er sein Innerstes vollständig entfaltet hat und damit verbunden in unbekannte Fernen strebt:

Herr, aller Segen und alle Gnade strahlen aus Deinem Wesen.
Du hast mit Deinem Finger die Zeichen der Natur geschrieben,
und niemand kann sie lesen, ohne in Deiner Schule gelernt zu haben.
Alles ist aus Dir, alles kehrt wieder zu Dir zurück.
Lebe Du in mir, auf dass ich in Dir lebe.

Auf die gleiche Art denkt auch Marsilio Ficino. Er zitiert Plato, der schreibt: »Gott, so erklärt es die uralte Tradition, hält Anfang, Mitte und Ende aller Dinge in Seiner Hand.«

Und weiter schreibt Ficino selbst:

»Es gibt *einen* Gott in allen Dingen und über allen Dingen. Es gibt *ein* Licht in allen Dingen und um alle Dinge herum. Das Licht in den Dingen, die durch Gott geschaffen sind, ist eine Widerspiegelung des göttlichen Lichtes. Auch könnte man sagen, dass dieses Licht Gott ist, welches sich an Seinen Gehilfen bindet und sich nach dem Umfang Seiner Werke ordnet.

Gott selbst ist in der Tat ein unermessliches Licht, das in sich selbst besteht und sowohl innerhalb als auch außerhalb aller Dinge durch sich selbst existiert. 'Denn bei Dir ist die Quelle des Lebens, in Deinem Licht sehen wir das Licht', so singt David. Auch ist Er das Auge, durch das alle Augen sehen, und – wie Orpheus sagt – 'das Auge aller Dinge sieht durch jegliches Ding hindurch und sieht in Wahrheit alle Dinge in sich selbst, weil es erkennt, dass alle Dinge es selbst sind.'«

Interessant ist der Wissensdurst, den sowohl Ficino als auch seine Zeitgenossen im Allgemeinen erkennen lassen, in Bezug auf den Menschen als mathematischen Mittelpunkt der Schöpfung. Es ist dieselbe Sucht nach Wissenschaft und Kenntnis, die den Menschen von Alters her antreibt, damit er zum Kern durchdringe, der ersten Ursache jeder Erscheinung in der Welt um ihn herum. Eine Suche, die schließlich zu einer beeindruckenden, detaillierten Kenntnis bei den Naturwissenschaftlern, Biologen und Medizinern geführt hat, und die bezeichnend ist für unsere Zeit. Es ist eine Kenntnis, die einerseits eine enorme Hilfe ist, aber zugleich auch einen enormen Mangel erkennen lässt. Sie gibt nämlich keine wesentliche Antwort. Es ist wie ein Überfluss an Nahrung, ohne jedoch den eigentlichen Hunger des Menschen zu stillen. Der Durst des Menschen, dieses zeitlosen, unsteten Wanderers über den Planeten Erde, nach »einem Schluck Unsterblichkeit« wird damit nicht gelöscht.

Ficino selbst ist der erste, der das erkennt. Auch er ist ein Sucher, aber er kehrt zurück zum Ursprung. Bei Plato, Hermes und Christus findet er wirkliche Werte. Was er dort findet, ist so weitreichend, dass er in der Lage ist – mit seiner begnadeten Feder, seinen kristallklaren Erläuterungen und seiner liebevollen Art und Weise –, einen Kreis der Erleuchtetsten seiner Zeit zu inspirieren und sie über sich hinaus wachsen zu lassen.

Das Rätsel von Ficino ist allerdings größer, als das von Hermes oder

Plato. Denn schließlich stößt Marsilio auf denselben Grund, zu dem die beiden auch durchgedrungen waren:»Der Mensch selbst ist das größte Wunder.« Er findet, und wozu er durchdringt, ist – der Mikrokosmos, in dem der irdische Mensch es zu Stande bringt, dass der Gott-in-ihm in Selbsttätigkeit geboren wird. Das könnte man als die wesentliche Bedeutung des Begriffes »Renaissance« betrachten. Erstens begreift Ficino dies, zweitens verinnerlicht er die Erkenntnis, indem er sich selbst überwindet, und drittens versteht er es, diese Einsicht weiterzugeben und mittels seiner Platonischen Akademie in vielen Herzen lebendig zu machen. So wurde in jener Zeit erneut eine wesentliche Kenntnis über die Schöpfung ausgetragen. Dasselbe meinen die Klassischen Rosenkreuzer, wenn sie darauf hinweisen, »dass der Mensch untersuche, warum er *minutus mundi*, das heißt die 'Kleine Welt', genannt wird.« Auch noch in unserer Zeit wird so auf die ursprüngliche Bedeutung des menschlichen Bestehens hingewiesen.

Der große Ficino, der dem sich entfaltenden modernen Europa so viel Licht schenkte, war klein von Gestalt, freundlich in Gesellschaft, aber schwermütig in einsamen Stunden. Deshalb arbeitete er außergewöhnlich fleißig, und sein berühmtes Essay *Über die Liebe*, ein Kommentar über Platos Symposion, schrieb er auf Drängen seines Freundes Cavalcanti, der ihm über seine Depressionen hinweg helfen wollte. Er hatte eine mäßige Gesundheit und lebte bescheiden: »Mäßigkeit heißt, auf alles zu verzichten, so weit die Natur dies zugesteht, was körperliche Bedürfnisse betrifft.« Nach dem Vorbild des Pythagoras, den er als Dritten in der Linie Hermes–Orpheus–Pythagoras–Plato betrachtete, ernährte er sich streng vegetarisch.

II

Wie muss man sich in der heutigen Zeit die Florentinische Akademie vorstellen? Man kann Namen nennen, die zu Ficinos Kreis gehörten, und es sind – wie bereits erwähnt – erlauchte Namen. Allein all seine Briefe schrieb er an mehr als hundert illustre Persönlichkeiten, von denen man bis heute die Gemälde, Gedichte, die Philosophie und häufig auch ihre Lebensgeschichte kennt, denn über die Renaissance in Italien ist unglaublich viel geschrieben worden. Es ist sicherlich interessanter zu vernehmen, wie Ficino selbst diese Dinge sah. Die Art und Weise, wie sich diese Freunde trafen, erzählt uns wahrscheinlich mehr. Plato, Hermes und Christus waren darin Vorbild und Prototyp. Nach ihrem Vorbild organisierte Marsilio Ficino seinen Kreis. Höhepunkt darin war das Festmahl, das Symposion; sicher nicht nur, um mit Freunden und Gleichgesinnten festlich zu verkehren, sondern um Kräfte zu sammeln, die die Seele nähren und den Durst löschen mit »einem Schluck Unsterblichkeit«. Wir können den Geist der Akademie hervorragend prüfen in den sympathischen Richtlinien und Ratschlägen, die Ficino erteilt bezüglich der Erfüllung, des Endes, der Form, der Speisen, der Vorschriften und des Einflusses eines Festmahls.

Das Festmahl bedeutete mit den Worten Ficinos: »Unterbrechung der Arbeit, Befreiung von Sorgen und Förderung von Talenten. Es ist ein Schaubild der Liebe und der Pracht, Speise aus Wohlwollen, Würze der Freundschaft, es gibt Glanz und ist Trost des Lebens zugleich.« Anzahl und Qualität der Teilnehmer sind von größter Bedeutung. Ziel ist nicht allein das Teilen der Nahrung, sondern der Austausch, das Zusammenfließen in einer gemeinsamen Stimmung, das Teilen von Lebensinhalt und vor allem geistigen Gütern. Das Resultat: »Die Glieder werden gestärkt, die Lebenssäfte geweckt, der Geist regeneriert sich, die Gefühle werden freudig und die Vernunft wird kultiviert.«

Sehen wir nicht sofort die Übereinstimmung mit den Symposien von Plato, in denen Sokrates seine weisen und zugleich spitzfindigen Lektionen zum Besten gab, und heißt die Akademie darum nicht auch »Platonische Akademie«? Göttliche Angelegenheiten wurden durch diejenigen besprochen, die gemäßigt waren – welch ein Segen! Die Konversation sollte vielseitig, angenehm und kurz sein. »Lasst den Sprechern die Natur zum Vorbild sein, denn sie, die Meisterin der Schöpfung und Minne des Lebens, bringt die allersüßesten Früchte hervor. Nun, ebenso sollen die Sprecher mit ihren Worten Liebe und Freundschaft wecken. Natürlich dürfen sie Liebe mit Schärfe vermischen, Humor mit Ernst, und Nutzen mit Freude. Lasst sie geistreich und gesalzen sein in ihrer Klugheit, aber niemals beleidigend oder bitter. Ein Festmahl kann sicher Essig vertragen, jedoch keine Schwefelsäure.

Ein Festmahl in unserem Sinne ist nicht gerichtet auf Glanz und Glorie, und es mündet auch nicht in sklavische Armut. Wir wünschen uns einen mit Sorgfalt gedeckten Tisch, und alles muss gewürzt sein mit dem Salz der Talente und erleuchtet mit den Strahlen der Aufmerksamkeit und guter Manieren, so dass die Düfte sich ausbreiten und am folgenden Tag noch süßer sind.«

Rechtfertigung für das Festmahl fand Marsilio Ficino reichlich: »Der Himmel selbst umfasst die Milchstraße, den Weinkrug von Vater Waage, Krug und Krebs, Fische und Vögel. Es ist außerdem eine Form, die an das Abendmahl des Meisters und der Zwölf erinnert, was zentral stand. Und wer wüsste nicht, dass Christus, der Meister des Lebens, häufig einem Festmahl beiwohnte, und bei einem davon sein erstes Wunder für das Volk verrichtete, als er Wasser in Wein verwandelte? Ebenso sättigte er um das Meer von Galiläa herum viele Tausende mit einigen Broten und Fischen. Was kann sich eine Honigwabe Besseres wünschen, und war es nicht während einer Mahlzeit, dass er seinen Jüngern die inneren Mysterien in bedachtsam gewählten Worten enthüllte? So hat er uns das wundersame Sakrament des Heiligen Abendmahls gegeben.«

»Und warum all die Schreiberei über das Festmahl?«, so schreibt er. »Einfach um zu erreichen, dass wir wieder das Glück miteinander teilen mögen, weil wir gewöhnlich im Elend des Getrenntseins und der Abgeschiedenheit leben. Lasst uns vor allem nicht vergessen, dass die wirkliche Nahrung des Menschen nicht so sehr Pflanze oder Tier ist, sondern der Mensch selbst. Und dass die vollkommenste Nahrung für den Menschen nicht so sehr der Mensch, sondern Gott selbst ist, der den menschlichen Hunger und Durst mit seinen Himmlischen Speisen fortwährend weckt und vermehrt, bis dass er auf wundersame Weise und im Überfluss gesättigt werde. So vereinigt sich in ihm allein die höchste Freude mit der höchsten Sättigung.«

Auf diese Weise formulierte Ficino vor über fünfhundert Jahren die Voraussetzungen für ein gelungenes Symposion. Ficino inspirierte seine Tischgenossen und verstand es, ihre Gedanken immer wieder mit dem Allerhöchsten zu verbinden. Und wirklich, es waren sicher nicht die Geringsten, die Teilhaber waren, und der Begriff *Uomo Universale* bekommt in diesem Licht eine ganz andere, viel tiefere Bedeutung.

Wie kann man die Beiträge dieses kleinen Mannes aus Careggi also betrachten? Auf drei Ebenen:

Für den Verstand erschließt er den ursprünglichen Plato, der den Menschen mit der Welt der Reinen Idee verbindet. Damit ist er ein herausragender Neo-Platoniker.

Für das Gemüt bezieht er sich auf die »Prinzipien des Hermes«, die Urquelle. Auf diese Weise ist er der erste Pansophist.

Für den Mikrokosmos bezieht er sich auf Christus, den Meister, der durch seine Liebe das Mysterium des Lebens offenbart und die Kleine Welt im Geistfeuer entflammen lässt. Damit ist er wahrhaftig ein Christ.

Indem er diese drei Ebenen harmonisch miteinander zu einer erleuchteten und wirksamen Einheit verbindet, ist er als absoluter Erneuerer zu bezeichnen.

Ficino war Priester und Dominikaner, und die Gnostiker aller Jahrhunderte haben durch Schaden und Schande gelernt, die erforderliche Zurückhaltung zu wahren gegenüber allem, was mit diesem Orden zu tun hat. Dem Geiste nach kann man ihn ebenfalls als Erneuerer bezeichnen, da er Wissenschaft und christlichen Hermetismus miteinander verbindet und seine Geistesverwandten in einer Bruderschaft zusammenschließt: der Akademie. Damit tat er genau das, was Andreae und den Seinen im 17. Jahrhundert erneut vor Augen stand, und was die modernen Rosenkreuzer des Lectorium Rosicrucianum von einem weiteren Standpunkt aus noch immer avisieren.

So steht der *Uomo Universale* auch zu Beginn des 21. Jahrhunderts noch immer als ein zu verwirklichendes Ideal vor uns, der universelle Mensch, jedoch nicht verstanden als Mittelpunkt der intellektuellen Welt. Freilich hat das Wissen in allen Zweigen der Wissenschaft und egal auf welchem Fachgebiet tausendfach zugenommen. Aber der Begriff der Einheit, die Erkenntnis der menschlichen Würde, die Kraft eines geläuterten Willens und die heilende Macht der Liebe, das sind Kennzeichen, die vor allem noch entwickelt werden müssen. Damit schmückt sich der *Universelle Mensch*. Über diesen universellen Menschen handelt dieses Buch, verstanden als Brennpunkt in einer erneuerten, wohltuenden, schöpferischen Kleinen Welt. Als Basis dessen brennt in ihm dasselbe geistige Liebesfeuer wie im Kosmos.

»Die große Masse«, so schreibt Ficino, »lebt vom Unsinn.« Währenddem gibt das Festmahl dem Leben tiefen Sinn. Diese Tiefe im Leben zu verinnerlichen, ist auch das einzige Ziel derer, die sich in einer höheren Bruderschaft vereinigen. Sie bringen *wirklich wirksames Licht*, das die vielen getrennten und einsamen Leben zur Einheit zurückführen kann. Denn auch im 21. Jahrhundert muss die unentbehrliche Nahrung für die Seele erneut durch Kenntnis des Lichtes sowie durch den richtigen Einsatz der Kräfte gefunden werden. Ein Wort, das Ficino dem von ihm so hoch verehrten und oft kommentierten Plato entlehnte:

»Wollen wir, jeder einzelne von uns, jede andere Art der Kenntnis hinter uns lassen und nur das eine suchen und ihm folgen, sofern er zufällig in der Lage ist zu lernen ... den Unterschied zwischen Gut und Böse. Dazu ist das unterscheidende Licht der Liebe notwendig, welches das Herz entflammt im Allein-Guten. Dann kann es sein«, wie Marsilio sagt, »dass derjenige, der gewöhnlich sanft vom Feuer angezogen wird, unerwartet ergriffen und in Feuer und Flamme steht durch die flammende Macht des göttlichen Strahles, der uns in seiner Reinheit so herrlich erleuchtet.«

Epilog

Am Ende seines Lebens wurde es still um Marsilio Ficino. Seine letzten Jahre verbrachte er zurückgezogen in seiner Villa in Careggi, auf einem Landsitz, der ihm 1462 von Cosimo de Medici geschenkt worden war, und wo er seine Akademie gegründet und zu großen Höhen geführt hatte. Lorenzo de Medici starb 1492 und dessen Sohn und Nachfolger wurde als Herrscher vertrieben. Einige Freunde verlor er durch den Tod, andere, wie Bembo und della Mirandola, wurden von der Kirche oder dem fanatischen Mönch Savonarola eingeholt. Es herrschte finanzielle Not, geringer Austausch und nur noch wenig Aktivität in der Akademie. Sein letztes Werk ist eine unvollendet gebliebene Erläuterung des Paulusbriefes an die Römer.

So endete das Leben eines Mannes, dem Europa enormen Dank schuldet. Ein Mann mit brillantem Verstand und der Seele eines Engels, welcher die Werke von Zarathustra, Hermes, Plato und vielen anderen dem Westen zugänglich machte. Ein Mann, der bewies, dass wirkliche Philosophie eins ist mit Religion, und dass wirkliche *Religion* nur eines bedeuten kann: Durch Lebenshaltung, dass heißt durch Beachtung von Weisheit, Mäßigung, Mut und Rechtschaffenheit, die Seele erneut mit Gott zu verbinden.

KAPITEL 12

Theophrastus Paracelsus, der erste Rosenkreuzer

Hermes ist der Urbronn

I

Die Renaissance hat man unterteilt in einen südlichen und einen nördlichen Strom. Der südliche gab sich zu erkennen durch eine Erneuerung der Formen, Farben, Bilder, Erzählungen und Mythen des Altertums, die sich neu gestalteten in jugendlichen Gehirnen und geschickten Händen der Künstler des 15. Jahrhunderts, die die Region von Florenz, Siena und Rom bevölkerten. Künstler aus ganz Europa, die auf ihrer Grand Tour Italien besuchten, um die Werke der alten Baumeister zu studieren, kopierten endlos diese Formen, Ideen und deren Maße in Bildern und Architektur ihrer Vorgänger. In ganz Europa erfuhr die alte Kunst eine Wiedergeburt, eine *Renaissance*. Die frühen Meister aus Belgien, Deutschland und den Niederlanden reagierten mit einer eigenen neuen, nördlichen Variante dessen, was sie in Rom und Florenz vorfanden. So ließ die nördliche Renaissance – wenn wir sie so nennen dürfen – ein etwas strenger zugeschnittenes, vielleicht weniger lieblich wirkendes Maß erkennen, jedoch ein Maß, in dem Schönheit sich mit einer gesteigerten Ausdrucksform verband.

Diese Renaissance spiegelte sich auch in der Philosophie wider. Konnte Petrarca am Anfang des 14. Jahrhunderts noch kaum auf die Priesterschaft verzichten, die ihm bei seinem Bruder als höchster Seinszustand in diesem Erdenleben erschien, so richteten sich weniger als ein Jahrhundert später Cosimo de Medici, Marsilio Ficino und Giovanni Pico della Mirandola auf die Wiedergeburt *im* Menschen *durch* den Menschen selbst.

Durch sie wurde ein Weg aufgezeigt, den der Mensch selbst wählen konnte:

Porträt eines jungen Mannes (Paracelsus) von Hans Holbein, ca. 1530

»Ich habe euch weder himmlisch, noch irdisch, noch stofflich, noch un-stofflich geschaffen, damit ihr, als eigener Formgeber und Schöpfer, euch selbst erschaffen könnt, wie ihr wollt. Ihr könnt zu einem unvernünftigen Tier entarten, ihr könnt eure Art erheben, so wie ihr es wünscht. Welche Gnade von Gott, dem Vater! Welch eine Seligkeit für den Menschen! Es ist ihm gegeben zu besitzen, was er wünscht; zu sein, was er will.« Das war die neue Erkenntnis, die Pico della Mirandola 1486 in seinem Traktat *Über die Würde des Menschen* niederschrieb. Der Mensch konnte sein Leben, seine Zukunft selbst bestimmen. Wollte er Tier-mensch sein oder noch darunter? Er hatte die Wahl. Wollte er zum Himmlischen transformieren? Wenn er sich nur ganz der Idee, der Kenntnis der Gnosis der Transfiguration hingeben könnte, würde er den Segen dieser Seelenwiedergeburt erfahren.

Wahrlich eine Epoche der Hoffnung und neuer Perspektiven, freilich innerhalb einer stark politisch gerichteten Kirche von Rom, die praktisch in jeder Hinsicht übermächtig wirkte. Die Ideen, die in dieser relativ kurzen Periode aufkamen, hatten unvorstellbar weite Auswirkungen, auch in den nördlichen Ländern Europas, vor allem in den Regionen, die im späten 16. und 17. Jahrhundert um die Haupt-rolle in der europäischen Geschichte wetteiferten. Es waren Ideen, die in gewissem Sinn eine Basis formten für die ersten Rosenkreuzer des 17. Jahrhunderts, auch für die Freimaurerlogen und Illuminaten im 18. Jahrhundert Deutschlands, sowie für jede Strömung, die eine unmit-telbare Verbindung mit dem Göttlichen, mit der Übernatur suchte.

Im Europa jener Tage gab es eine erleuchtete Gruppe von Menschen, die sich vorsichtig, sehr vorsichtig mit diesen spirituellen Dingen be-schäftigte. Eine zweite Gruppe, die auf religiösem Gebiet die Macht inne hatte, hielt das Volk mit der Zusage eines jenseitigen Himmels nach dem Tode, notfalls auch mit der Drohung der Hölle im Zaum.

Wie kam es, dass der Mensch im Mittelalter und in den ersten Jahren der Renaissance so unkritisch solch unsichtbaren Einflüssen, wie sie sich durch die Machthaber geltend machten, ausgeliefert war? Welche Ängste quälten unsere Ahnen damals, dass sie nicht zu sagen wagten, was sie dachten, und selbst vor ihren eigenen Gedanken zu-rückschreckten? Sie stellten sich mit Vorliebe die Hölle vor – und zit-terten bei solchen Vorstellungen. Man denke nur an die Romanischen Kirchen mit ihren Abbildungen von Teufelsfratzen und bis ins Feinste ausgearbeiteten Schreckensszenen. Man denke an den berühmten ersten Teil *Inferno* (Die Hölle) der *Divina Commedia* (Die Göttliche Komödie) von Dante Alighieri, worin der Schreiber jede bekannte Person aus seiner Geburtsstadt unter den schrecklichsten Höllenqualen darstellte. Auch beim spätmittelalterlichen Maler Hieronymus Bosch findet man in seinen Bildern grässliche Ungeheuer so lebendig und bizarr, dass man meinen könnte, Bosch hätte diese persönlich geschaut.

Vielleicht sollten wir besser fragen, wie es möglich war, dass große Bevölkerungsschichten im alten Europa noch kurz zuvor so abergläubisch davon überzeugt waren, unschuldige Frauen als Hexen verbrennen, Diebe brandmarken und unverheiratete Mütter steinigen oder verjagen zu müssen? Oder war es weniger Angst als mehr Habsucht? Denn in der Regel galten Güter und Besitz der Ketzer und Hexen als Bußgeld und fielen über einen Verteilungsschlüssel an die Kirche, die Ankläger, die Richter, die Höllenmeister (!), die Gefängniswärter und in Ausnahmefällen sogar an den Anwalt der Beschuldigten – natürlich erst nach Abzug der Unkosten für den Aufenthalt im Kerker, für Honorare der Berufsfolterer und Henker.

Seltsam, dass die Verfolgung und der Eifer in dem Moment stagnierten, als es an reichen Bürgern zunehmend fehlte... Auch eigenartig, dass die Hexenjagd nachließ, als der Kaiser von Österreich den Besitz der Verfolgten an sich selbst überwies und für die Gemeinderatsmitglieder nichts mehr übrig blieb. Die Jagd setzte aber gleich wieder ein, als der Kaiser von seinem Recht absah. Als Kaiser Ferdinand II. (1619–1637) solche Konfizierungen endlich als unrechtmäßig verbot, hörten die Hexenverbrennungen ganz auf. Welch christlicher Glaubenseifer!

Das ist jedoch nur ein Beispiel vom Zusammenleben im finsteren Mittelalter. Dass so etwas möglich war, beruht natürlich in erster Linie auf Unwissenheit und auf einem Machtsystem der Angst. Stellen wir uns vor, wie das Leben und das Weltbild der damaligen Bevölkerung durch die Nöte des Alltags geprägt waren: Sorge für die nächste Mahlzeit, Furcht vor Steuereintreibungen und viele andere Belastungen der Bauern und Handwerker, zum Beispiel harte Frondienste, die für die Landesherren verrichtet werden mussten! Außerdem waren die hygienischen Umstände in Stadt und Land erbärmlich, vom Gestank gar nicht zu reden! Auch gab es noch keinen Unterricht in Lesen und Schreiben. Nur durch mündliche Weitergabe konnte man Kenntnis erwerben. Wenn es nötig war, lernte man etwas rechnen. Ein sehr beschränktes Weltbild vermittelten die Eltern, die Großfamilie, die Nachbarn. Kenntnisse außerhalb dieser Sphäre vermittelte nur die Macht der Geistlichkeit – die Kirche.

Alles, was es zu wissen gab über Leben und Tod, über Geburt, Wachstum, Altwerden und Sterben, das erfuhr man über die Geistlichkeit. Die Geistlichen erzählten viel über Himmel und Erde. Sie waren es, die sich über Teufel, Hexen und Zauberei ausließen. Sie warnten bedrohlich vor der Verdammnis der Seelen, vor Ketzern, Kreuzzügen und Scheiterhaufen. Und mit Nachdruck wiesen sie darauf hin, dass es weniger schlimm war zu stehlen und zu morden, als der Kirche gegenüber den Glauben zu verweigern. Darin waren sie selbst die besten Vorbilder.

Wie kann ein junges, empfängliches Menschenkind unter solchen Umständen zum Sucher werden? Wie kann es wahre Kenntnis erwerben? Das ist doch beinahe unmöglich! Es ist gezwungen, blind zu glauben, es darf dem Geheimnis des Lebens nicht nachspüren. Ja, es darf nicht einmal denken. Das Volk dachte nicht. So wurde sein blinder Glaube unter Kontrolle gehalten. Seine Handlungen wurden emotionell gesteuert. Darauf konnte man sich geschickt verlassen. Es geschah nicht in böser Absicht, sondern entsprechend der damaligen Ordnung: So ist die Welt, so ist es von Gott bestimmt, dachte man.

Glauben an eine *zeitliche Ordnung* hat jedoch nichts zu tun mit der Glaubenskraft, die sich frei entfalten kann, wenn der *innere Geist-Mensch* geboren wird. Glauben bedeutete damals lediglich: Von außen ein Bekenntnis erlernen, oder überhaupt nichts lernen und nur tun, was vorgesagt wird.

In Wirklichkeit war dies gar kein Glaube. Es waren Dogma und Aberglaube, die das geistige Auge verschleierten. Aus dogmatischem Denken entsteht schnell der Aberglaube. Dann stagniert die Entwicklung des Menschen, und zudem wird es gefährlich. Die Wirklichkeit wird dann nicht mehr wahrgenommen. Wenn das Denkvermögen noch sehr schwach entwickelt ist, wie es damals bei vielen der Fall war, lebt der Mensch stark aus den Gefühlsimpulsen seiner unmittelbaren Umgebung. Er wird ein erstklassig funktionierendes Glied der Gesellschaft, doch kein ausgeprägtes Individuum mit einem sich stark entwickelnden Ego. Körperlich und gefühlsmäßig folgte man damals hauptsächlich dem Instinkt. Das unselbständige Ego fügte sich bequem, vielleicht eher aus Angst vor Strafe der herrschenden Ordnung. Freilich gab es damals auch Vorbilder von Menschen, die sich vom unbewussten Leben frei machten. Das waren Menschen, die deutliche Spuren hinterlassen haben. Es waren Menschen der Wissenschaft, Menschen, die zu ihrer eigenen Vision, zur Freiheit des Denkens erwachten und für ein neues menschenwürdiges Zusammenleben wirkten. Im 15. Jahrhundert machten die Wissenschaftler noch keinen Unterschied zwischen »normaler« und »geheimer« Wissenschaft. Sehr viele Dinge konnte man sich nicht erklären, und dies hatte beim Übergang ins 16. Jahrhundert eine Ausbreitung der *magia* zur Folge: der Wissenschaft »unsichtbarer« aber nicht minder realer Wirkungen und Kräfte. Andererseits suchte die Wissenschaft intensiv nach greifbaren und kontrollierbaren Tatsachen. Das hatte schließlich zu einer Art Denken geführt, das sich nur mit Dingen auseinander setzte, die man mit den Sinnen wahrnehmen konnte. Daraus entwickelte sich schließlich die Naturwissenschaft, so wie wir sie heute kennen.

Den ersten Ansatz zu einer mehr oder weniger objektiven *Astronomie* lieferten Menschen wie Tycho Brahe, Johannes Kepler und Nikolaus Kopernikus, die sich als Gelehrte noch weitgehend auch mit Astrologie beschäftigten – nicht nur im Geheimen, sondern auch als Ratgeber und Vertraute von Fürsten, Königen oder Autoritäten der Kirche. Ihre Ratschläge basierten auf moralischen und gefühlsmäßigen Werten, die durch Sterne und Planeten gemäß der Astrologie jener Tage beeinflusst wurden.

Auf ähnliche Weise entstand die Wissenschaft der *Chemie.* Auf der Suche nach Pflanzen und den geheimnisvollen Gesetzen der Umwandlung der Metalle, aus dem Studium, den Experimenten und Beschreibungen oftmals nur unterstellter Eigenschaften, die nötig waren, um den *Stein der Weisen* – das universelle Heilmittel – zu finden, kam man zum Formulieren und Anwenden objektiv kontrollierbarer Fakten und wiederholbarer Prozesse. Nicht nur die Chemie fand hier ihren Ursprung, auch die moderne *Medizin* hat zum Beispiel im Werk von Paracelsus ihre Basis gefunden.

Es heißt, dass Theophrastus Paracelsus für die moderne Pharmazie und Chemie allgemein die Basis gelegt hätte. Allerdings war für Paracelsus die Arbeitsbasis ein sehr genaues Studium der Natur und ein noch genaueres Studium des ganzen Menschen. »Untersuche die

Wirksamkeit der Pflanzen und Minerale und passe sie dem Heilsprozess an. Untersuche, wie das menschliche System funktioniert, dann kannst du möglicherweise den Menschen heilen. Erkenne die Seele des Menschen, dann kannst du vielleicht auf andere Weise helfen. Erkenne den Geist, die Essenz des Menschen, dann kannst du auch der Zusammenfügung aller Monaden im Geistfeld von Nutzen sein.«

Wenn Paracelsus heute sehen würde, was aus der Entwicklung, der er damals ein neues Fundament gab, geworden ist, würde er gewiss befremdet, wenn nicht erschrocken reagieren. Zumindest würde er darauf hinweisen, dass in der modernen Heilmittelherstellung nur ein dritter Teil des Potenzials der Natur, in Form der Pflanze oder des Minerals, genutzt wird. Sicher wäre er beeindruckt von der Gewissenhaftigkeit, womit die Pharmazie die Materie in ihre wirksamen Bestandteile zu reduzieren weiß und diese mit nachweislicher Wirkung anwendet. Aber – so würde er sagen – es ist wie bei einem Baum: Man kann alle Prozesse, die im Wurzelsystem vor sich gehen, studieren und durchspielen, und genau wissen, was welches Teilchen tut und was es transportiert, doch der ganze Baum ist mehr! Ein Baum besteht aus einem kräftigen Stamm, der Himmel und Erde verbindet; und aus einer mächtigen Blätterkrone, die das Sonnenlicht auffängt, umsetzt und die spezifischen Eigenschaften an den Baum weiter gibt. Wer das vernachlässigt, mag mit dem Baum sehr beschäftigt sein, doch das Lebensgeheimnis, die Essenz des Baumes wird er niemals enthüllen. Wenn Seele und Geist nicht mit Herz und Haupt erforscht werden, ist es ausgeschlossen, dass der Mensch sich zu einer vollkommenen Einheit entwickeln kann.

Es ist eine Entwicklung, die nicht mehr wegzudenken ist. Man belebte damals eine Welt voller Erkenntnisse und Vermutungen verborgener Zusammenhänge, die zum großen Teil nur auf Intuition beruhten. Rational war ihnen noch nicht viel abzufordern. Doch dann nahm immer mehr die Entwicklung überhand, die einen rein intellektuellen Vorgang der Untersuchungen forderte; eine Entwicklung, die das Herz, das so besonders intuitive Organ des Menschen, immer mehr ausklammert. In wissenschaftlicher Hinsicht hat die Intuition des Herzens heute nichts oder nur wenig zu sagen. Der amerikanische Historiker Larsch weist zum Beispiel darauf hin, dass diese rein intellektuelle Entwicklung eine Kultur der Selbstbespiegelung und Selbstentfaltung nährt, die zu übermäßiger Selbstbehauptung der Menschen führt. Man ist dann nicht mehr im Stande, Natur und Kultur oder auch den Mitmenschen seinem eigenen Selbst gleichrangig zu stellen. Das ist die Rechnung – so Larsch –, die der Mensch in der Gesellschaft und im eigenen Körpersystem dafür bezahlt.

II

Die Klassischen Rosenkreuzer, *Johann Valentin Andreae* und sein Freundeskreis, erkannten, dass die einsetzende Entwicklungslinie einerseits viel versprechend war, aber andererseits eine Verarmung mit sich bringen würde. Sie machten sich Sorge um diese Entwicklung. Natürlich waren sie nicht gegen die Wissenschaft, denn sie waren sich bewusst, dass der Mangel an echter Naturerkenntnis die schwierigen Umstände ihrer Zeit mit verursachte. Darum legten sie großen Wert auf das *liber naturae*, das »Buch der Natur«, also auf die Kenntnis und sorgfältige Erforschung der Natur.

Im Buch *Atalanta Fugiens* von Michael Maier, einem Mitglied der Rosenkreuzer, wird dies durch eine Grafik illustriert, die einen Forscher mit einer Laterne in der Hand auf den »Fußstapfen der Natur« zeigt. Paracelsus sagt dazu: »Wer die Natur durchforschen will, muss ihre Bücher mit den Füßen betreten. Die Schrift wird von Buchstabe zu Buchstabe gelehrt, die Natur aber von Land zu Land; so viele Länder, so viele Buchseiten. Das ist der Codex der Natur, und so muss man die Seiten umblättern.«

Doch das ist für diese Gruppe von Rosenkreuzern nur die halbe Wahrheit, oder noch weniger. Das nennen sie die »erkennbare Hälfte«, diese kann man nur erlernen über das *Buch T*. Das Buch T ist das *liber theos*, das Buch Gottes. Es sind die Zeichen, die Gott im Inneren des Menschen aufgezeichnet, womit »Er die Zeichen der Natur geschrieben hat«.

Dieses Buch wurde von der Wissenschaft mehr und mehr vergessen, so dass die Weisheit zunehmend in den Hintergrund geriet. Niemand las es, da es seinen Inhalt nur dem inneren Menschen zu erkennen gibt, der mit schlichtem, aufrechtem Herzen das Wohlergehen der ganzen Menschheit in seiner Ausrichtung trägt.

Paracelsus war solch ein Mensch, schrieben die Rosenkreuzer. Denn er sagte zum Beispiel:»In wunderbaren Worten enthält die Botschaft von Christus die merkwürdigsten Dinge. Auch die Heilkunst ist voller Geheimnisse, und sie muss ebenso wie die Worte von Christus ergründet werden. Diese beiden Berufungen – Gottes Wort verkündigen und die Menschen heilen – dürfen nicht voneinander getrennt werden. Denn der Körper ist die Wohnung der Seele, und beide hängen eng zusammen. Darum muss das eine den Zugang zum anderen öffnen.«

Auch *Tobias Hess* war solch ein Mann, schrieb Johann Valentin Andreae. Für Menschen, die nach diesen Worten leben, ist das Wort von Christian Rosenkreuz »Jesu mihi omnia« (Jesus – die Seele – ist mir alles) eine Selbstverständlichkeit. Der Impuls kommt aus dem innersten Herzen und wird durch das Haupt begriffen. Man kennt allerdings auch den hohen Preis für das Austragen einer solchen Überzeugung.

Sie werden in Konflikt geraten mit den herrschenden Auffassungen der Gesellschaft. Nicht etwa, weil sie Aufwiegler oder militante Revolutionäre sein könnten. Sondern weil sie von dem einen Prinzip »Jesu mihi omnia« nicht abweichen. Denn »Jesus« steht für das geistige, das statische Königreich, für etwas also, das nicht von dieser Welt ist. Wer dafür arbeitet, wird früher oder später im gewöhnlichen Lebensstrom Anstoß erregen.

Paracelsus ist einer der Menschen, die im 15. Jahrhundert neue Wege beschritten haben. Seine Heilkunst zeigte den Kranken keine heilkundigen Bücher-Theorien. Seine Weisheit war auf den Kern des Menschen gerichtet. Er unterschied fünf Arten von Krankheiten:

- Im *Stoffkörper:* Damit meinte er Beinbrüche, Muskelverletzungen, das Haar oder alles, was durch äußere Umstände in der Umwelt den Leib beschädigt.
- Im *Lebenskörper:* Erkrankungen der Lebensfunktionen (Verdauung, Blut, Hormone und das Immunsystem).
- Im *astralen Wesen:* Erkrankungen der Luftwege, der Sinnesorgane und des Herzens.
- Im *Gedanken- und Willensaspekt:* Erkrankungen, die die Gedanken und den Willen, also die mentale Sphäre, betreffen.
- Fünftens kann der Mensch, nach Paracelsus, an seiner Essenz, in seinem *Kernwesen* erkrankt sein, wenn dieses sich nicht auszudrücken vermag.

Für Letzteres gibt es keinen äußeren Arzt. Das Verlangen nach Genesung und das universelle Heilmittel müssen in diesem Fall vom Menschen selbst entwickelt werden. Dies kann nach Ansicht von Paracelsus nur durch eine Ausrichtung auf den inneren Christus und Transformierung dieser Lebenshaltung zu einem heilenden und erneuernden Faktor im eigenen Tun und Lassen geschehen.

Paracelsus nannte dies die Lehre der fünf Entien: Das *ens naturale*, das Abweichungen in der Natur, in der Konstitution und im Wesen des Menschen verursacht. Das *ens veneni*, der Einfluss verunreinigender und giftiger Stoffe auf den Menschen von außen. Das *ens astrale*, der Einfluss der Gestirne, der sich auch in meteorologischen Erscheinungen äußert und zum Beispiel die uns so bekannten Erkältungskrankheiten verursacht. Das *ens spirituale*, das krankhafte Ideen und dadurch psychische Abweichungen im Menschen verursacht. Und schließlich das *ens deale* (von *deus* = Gott), der Einfluss des Überwesens.

Man sagte, wenn Paracelsus zu einem Kranken kam, dann war es, als ob ein frischer Wind durchs Haus wehte, und seine Anwesenheit ließ alle Düsternis um das Krankenbett verschwinden. Die Klassischen Rosenkreuzer fühlten sich von Paracelsus stark angesprochen. Wer so die Wissenschaft erneuerte, der kannte den »Zusammenhang der Welt«. Darum schrieben sie über ihn: »Obwohl er unserem Orden nicht beigetreten ist, hat er doch eifrig das *Buch M*, das Buch der Weltseele, gelesen und seinen scharfen Geist daran entzündet.« Viele der Ideen von Paracelsus finden in den drei ursprünglichen Büchern vom Rosenkreuz ihren Widerhall. Als in der Erzählung der *Fama Fraternitatis* die Brüder das Grab von Christian Rosenkreuz entdecken, finden sie dort auch das *Vocabularium* (erklärendes Wörterbuch) von Paracelsus. Daneben lagen das *Buch T*, das *Buch M* und die drei Bücher, die Christian Rosenkreuz selbst geschrieben hatte, sowie der Kanon, der Reiseführer und die Lebensbeschreibung.

Paracelsus wurde 1493 in Einsiedeln in der Schweiz geboren und starb 1541 in Salzburg. Von untersetzter Gestalt sagte er über sich selbst: »Die Natur hat mich nicht allzu subtil geformt; es liegt wohl nicht in unserer Landesart, dass man etwas mit Seidenspinnen erreicht; wir wurden auch nicht mit Feigen, Met oder Weißbrot aufgezogen, sondern mit Käse, Milch und Haferbrot.«

Sein Vater, Wilhelm von Hohenheim, war wahrscheinlich ein

Adliger, der sich mit Elisabeth Ochsner vermählte, ein Mädchen, das im Benediktinerkloster zu Einsiedeln als Bauernmagd diente. Vielleicht kam von seiner Mutter das lebenslange Verlangen von Paracelsus nach der Einfachheit des äußeren Lebens, sowie der Drang zu reisen und das »Lesenlernen der Natur mit den Füßen, die ihre Schrift Seite für Seite lesen«. Er meinte damit: »Ein Mensch kann nur dann Arzt sein, wenn er das Krankheitsbild und die Heilkunst am Menschen selbst erlernt. Denn an der Stelle, wo die Krankheit nach außen tritt, liegt auch das Heilmittel verborgen. Die Kunst besteht darin, dieses zu finden, von seinen Giften zu reinigen, und es gereinigt und kräftigend anzuwenden.«

Von frühester Jugend an lernte er die Pflanzen und Kräuter an der Hand seines Vaters kennen, der – 1502 Stadtarzt von Villach geworden – ihn häufig als Kind auf seiner Suche nach heilkräftigen Pflanzen und Kräutern mitnahm. Der junge Theophrast lernte in Sponheim beim großen Trithemius, der ihn in Mathematik unterwies. In Deutschland und Frankreich studierte er Medizin. Dann zog er nach Ferrara in Italien, um sich dort den Doktortitel zu holen und die erste der beiden Heilkünste zu erlernen, nämlich die aus den Büchern der Alten. Es war in Ferrara, wo er seine erste große Herausforderung erlebte.

In dieser Stadt war die Pest ausgebrochen, und jeder, der Geld hatte, floh aufs Land. Die Stadtverwaltung bot jenen unter den Studenten den Doktorhut an, die in die Stadt zurückkehren und das Ende dieser Krankheit herbeiführen würden. Paracelsus, der das Gepansche mit teuren und unwirksamen Rezepturen nicht leiden konnte, erforschte die Krankheit mit unglaublicher Konzentration, die nur ihm eigen war. Er erkannte, dass diese abscheuliche Krankheit tatsächlich ein anderes bösartiges Wesen, eine Art inneres Feuer war, das im Menschen seinen Kopf erhob. Darum musste es auch »feurig« behandelt werden, und nicht mit Salben und Pflastern. Er entwickelte eine Rezeptur, die bei weitem wirkungsvoller war als alles Bisherige. Viele Kranke, die schon mit dem Tod gerechnet hatten, genasen.

Doch als die Epidemie verschwand, hatte sich auch die Euphorie der Stadt rasch verflüchtigt. Paracelsus habe eben »Glück gehabt«, hieß es. Er musste also trotzdem noch sein Examen ablegen. Die Universität wurde geleitet durch den Humanisten Nicola da Lonigo (1428– 1524), der ein erklärter Gegner des Theoretisierens auf der Basis des alten Griechen Galenus war. Eines seiner Werke verweist 1490 auf die vielen Unstimmigkeiten bezüglich der simpelsten Arzneien, von denen Plinius und andere Schreiber des Altertums berichteten.

Paracelsus erhielt nach einiger Zeit gleichwohl den Doktortitel, ohne die übliche große Summe Geldes hinlegen zu müssen. Er bekam ihn für beide Heilungsarten: Für die medizinische Wissenschaft nach der theoretischen Bücherweisheit sowie für die praktische und chirurgische Heilbehandlung im Alltag, die beide damals noch strikt getrennt waren.

Mit der Energie eines Menschen, der das Richtige an seiner Seite weiß, setzte er sich ab von der veräußerlichten etablierten Medizinergarde. Er bewies mittels der Kunst echten Heilens das Richtige. Es verdross ihn, dass die Menschen ihn nur lobten, wenn er sie heilte, aber nachher nichts mehr von ihm wissen wollten. Denn an seinem Wesen war ihnen nicht viel gelegen.

Er warf seinen Kollegen Unwissenheit und Bequemlichkeit vor sowie allzu blindes Vertrauen in die Schriften der griechisch-römischen Ärzte Galenus, Hippokrates und des Arabers Avicenna, denen man damals folgte, ohne eine Krankheit auch nur aus der Nähe genau geprüft zu haben. Den Apothekern verwies er ihre Geldsucht und ihre unsinnigen Rezepte, die möglichst viele und teure Grundstoffe enthielten.

Er verachtete auch den aufgeblasenen Hochmut seiner Kollegen. Sein Herz suchte Schlichtheit und Natürlichkeit. Das hatte er auf seiner Reise in die Niederlande bei den »Brüdern vom Gemeinsamen Leben«, in der Schule von Geert Groote, sehr positiv erfahren dürfen. Diese Bewegung, die auch die »Moderne Demut« genannt wurde, hatte den bescheidenen und zutiefst ergreifenden Thomas von Kempen (1379–1471) hervorgebracht, der in den Jahren 1424–1427 das kleine Buch *Die Nachfolge Christi* geschrieben hatte. Die Schule von Geert Groote war im 14. Jahrhundert das Zentrum religiöser Erneuerung, das sich zurück besann auf die Urwerte des ursprünglichen Christentums aus der Zeit der Apostel, und zwar weniger über Selbsterkenntnis, als viel mehr über die Tugend, über die Hingabe des Selbstes und über ausgedehnte Meditationen. Diese Brüder waren auch praktisch orientiert: Ihre Selbstaufgabe mündete in die Sorge für andere und führte so zu einer enormen praktischen Kenntnis von Kräutern und ihrer Anwendung in der Heilkunde. Viermal rühmt Paracelsus die Schulen von Deventer und Schmollen (so nennt er Zwolle in Holland), indem er ihren Unterricht und ihre Art der Forschung der galenistischen Schule von Montpellier gegenüberstellt. Über Letztere sagt er zum Beispiel:

»Sie wissen nicht einmal, dass sie rein und unrein nicht begreifen; was können sie dann von der wirklichen Ursache verstehen? In Deventer haben sie (in ihrer ganzen Einfachheit) wahrscheinlich eine bessere Schule gegründet als die medizinischen Fakultäten auf den Hochschulen (er meint die Universitäten von Leipzig, Montpellier oder Wien), *die mehr Nutzen bringt als die Fakultäts-Akademien.*«

Nach Ferrara folgen Reisen nach Irland, in die Niederlande, nach Dänemark, Schweden, sowie über Polen nach Kroatien und Dalmatien. Paracelsus ist in jeder Hinsicht ein Forscher gewesen. Er hat sich auch mit Tag-Bergbau auseinandergesetzt. Er stieg in die Minen in der Umgebung der Stadt Villach, wo u.a. Zink-, Blei- und Eisenerz, aber auch Alaun, Sulfate und Gold gewonnen wurden. Er besuchte auch die dortige Bergbauschule und in Schwaz bei Innsbruck die dortigen Silber- und Kupferminen. Er befasste sich mit den Problemen der Erzgewinnung, aber auch mit den Nöten der Minenarbeiter. Er studierte ihre Erkrankungen und Leiden. Für den werdenden Arzt war dies eine Quelle reicher Erfahrungen. 1533 beschrieb er in seinem Buch *Von der Bergsucht* das Entstehen, den Verlauf und die Symptome dieser Krankheit. Auch die Eigenschaften der verschiedenen Gesteins- und Erzarten erforschte er bei der Gelegenheit. Diese Kenntnis leistete ihm in seinem späteren Werk oft gute Dienste. Alles fand immer seine volle Aufmerksamkeit, da er »stets lernen, stets fragen, stets selbständig bleiben und nie stillsitzen wollte«.

Salzburg war die erste Stadt, wo er sich als Arzt niederließ. Wir sehen ihn, sich der Bauern annehmen, die sich verletzt hatten oder im Bauernaufstand von 1525 verwundet wurden. Da er mit ihnen sympathisierte, wurde er angeklagt und musste Salzburg fluchtartig verlassen. So folgen wieder Jahre des Umherreisens. Er lässt sich in Straßburg nieder und kommt von da aus in Kontakt mit Humanisten wie Frobenius, den berühmten Herausgeber zu Basel, den er nach einem Schlaganfall wieder auf die Beine stellt. Mit einer schriftlichen Analyse von dessen schwacher Gesundheit hinterlässt Paracelsus bei Erasmus von Rotterdam einen tiefen Eindruck, jenem großen Gelehrten und Humanisten aus der Schule von Deventer, der zu jener Zeit in

Basel lebte und mit dem einflussreichen Frobenius gut befreundet war. Dort wohnte zur gleichen Zeit auch sein Freund Bonifacius Amerbach, in dessen Haus sich eine Weile der berühmte Maler Hans Holbein (1497–1543) aufhielt, von dessen Hand das schöne Porträt von Paracelsus (zu Beginn dieses Kapitels) stammt.

Diese beiden erreichen durch ihren Einfluss, dass Paracelsus eine Anstellung als Stadtarzt in Basel bekommt und an der dortigen Universität Vorlesungen geben darf. Es sind jedoch Vorlesungen, die mächtig Staub aufwirbeln. Vor allem werden sie nicht mehr nur in Latein gehalten (wie es damals festgesetzte Regel war), sondern zum großen Teil in der zeitgemäßen deutschen Volkssprache, das heißt in einer Dialektart des Deutschen, die in der Schweiz heute noch ähnlich gesprochen wird.»Die Heilkunst muss laut und deutlich in der Sprache des Vaterlandes unterrichtet werden«, erklärte er,»so dass der Deutsche den Araber und der Grieche den Deutschen begreifen kann; und ihre Kunst und Weisheit muss so beschaffen sein, dass ihre hohe Kunst (lies: Wissenschaft) den Gelehrten Bewunderung abfordert.«

Das allein genügte, um den Medizinerstand (nach dem Adel der wichtigste!) ebenso zu schockieren wie die Reformation von Luther. Doch als ob dies noch nicht genug gewesen sei, warf er am 24. Juni 1527 auf dem reich besuchten Marktplatz, wo ein Johannisfeuer brannte, demonstrativ ein medizinisches Kompendium in die Flammen. Damit wollte er zum Ausdruck bringen, dass die alte Manier der Heilung, wie sie in den Werken von Galenus und Avicenna beschrieben wurde, für ihn ausgedient habe. Er schreibt dazu:»Ich habe die Summe der Bücher ins St.-Johannis-Feuer geworfen, damit all das Unheil mit dem Rauch in Luft aufgehe. So ist diese Lehre beendet und muss durch kein Feuer mehr verschlungen werden.«

Er hätte nichts Provokativeres tun können. Denn auf diese *summa*, auf diese zwei gelehrten Pfeiler des Altertums, stützte sich die gesamte Medizinpraxis jener Tage, und natürlich auch deren Unterricht. Der eine, Galenus, kam aus Pergamon in Kleinasien, aus dem griechisch-römischen Altertum; und der andere, Avicenna, war ein Philosoph aus Arabien. Außerdem waren es die einzigen Werke, die von der Inquisition gutgeheißen wurden. Sie formten den Kanon der »christlichen« Heilkunst, obwohl sie »heidnisch« waren. So gaben die Vorlesungen von Theophrastus von Hohenheim, von Paracelsus, fortwährend Anlass zu Unruhen und Kontroversen. »Ein Arzt muss zuerst den Menschen betrachten«, so lehrte er, »nicht nur in die Bücher schauen. Die Kranken selbst müssen sein Buch sein, die werden ihn nichts Falsches lehren. Einen Beinbruch heilt man nicht mit einer Theorie!« Die wahre Heilkunst kommt also aus dem Leben selbst. Paracelsus hatte sie gefunden, indem er Theorie und Praxis vereinte. Er hatte sie von den Bergen seiner Heimat, von der praktischen Erfahrung in den Minen und von den Mönchen, die ihm eine enorme Pflanzen- und Kräuterkenntnis vermittelten, gelernt.

»Manchmal muss man auch bei den alten Frauen in die Schule gehen«, so schrieb er, »man kann auch von den Zigeunern, von den Schwarz-künstlern, den Vagabunden, von allerlei Bauernvolk und all den unbe-deutenden Menschen, die einem begegnen, etwas lernen; denn die besitzen oft mehr Wissen von der Heilkunst als die Hochschulen.« Eine seiner bedeutsamsten Quellen war die reine, revolutionäre Bot-schaft des Christentums, die ein halbes Jahrhundert vor seiner Geburt durch Marsilio Ficino und durch Cosimo de Medici in der Platonischen Akademie wieder entdeckt und verbreitet wurde, und die bei vielen großen Denkern in Italien auf gute Erde gefallen war. Paracelsus schuf mit Hilfe dieser erneuerten Sicht des Christentums eine neue Einheit von Denken und Empfinden. Er war der erste Arzt, der es wagte, den Pa-tienten und nicht mehr die Theorie als Maßstab zu nehmen. Er begann beim Anfang, bei der Monade: »Denn der Mensch ist ein Mikrokosmos – und sein größtes Leiden ist, von Gott abgebrochen zu sein!«

Ebenso wie die großen italienischen Denker verstummten, das heißt verstummen mussten, so erging es auch Paracelsus. Die Zeit für die Revolution – »Die Allgemeine Reformation der ganzen Welt« – war noch nicht angebrochen, und schließlich war Paracelsus überall verschrien und wurde fortgejagt. Wir haben gesehen, wie ihm der Zugang zur Universität Basel (und selbst zur Stadt) verwehrt wurde. Fortan führte er ein unstetes Dasein und zog von Stadt zu Stadt. Er musste seiner eigenen Mentalität folgen, indem er als Arzt herumrei-sen und lernen, lernen, lernen wollte. In den Niederlanden war er als Arzt in der Armee tätig; er zog durch Ungarn und nach Schweden; er wirkte in Polen und im großen Deutschen Reich. Überall vermittelte er den Menschen (nicht selten gegen ihren Willen) neue Einsichten, indem er mit seiner Heilkunde die leidenden Menschen von ihren Qualen erlöste. Sein Auftreten war wie ein frischer Wind, und mit seiner Weisheit heilte er auch die Seele der Menschen.

Im Jahr 1541 wurde er vom neuen Erzbischof von Salzburg eingeladen, unter dessen Beschirmung dort zu wirken und zu unterrichten. Dem schenkte er Gehör. Er war glücklich, wieder in Salzburg arbeiten zu können. Über seine letzten Lebenstage ist nicht viel bekannt. Es wird angenommen, dass er u.a. an der Abrundung theologischer Schriften gearbeitet hat. Fest steht, dass er auch als Arzt noch wirkte.

Fünf Jahrhunderte lang hat sich das Gerücht erhalten, dass Paracelsus – er war noch keine fünfzig Jahre alt – ermordet wurde; doch Beweise dazu gibt es nicht. Missgunst wäre ein glaubhafter Hintergrund gewesen. Nach einer Schrift von 1662 (also 121 Jahre später!) sollen angeblich seine Fachkollegen Landstreicher angeheuert haben, die ihn »von einer Anhöhe in die Tiefe geworfen und so sein Genick gebrochen haben«. Ein anderer alter, aber undatierter Bericht gibt zur Kenntnis, dass Paracelsus während eines fingierten Überfalls zwei Treppen hinab geworfen wurde und einen Schlag auf seinen Schädel erhielt. Eine dritte Geschichte erzählt, dass er von missgünstigen Ärzten vergiftet worden sei. Nachforschungen an seinen Überresten ergaben gewisse Anzeichen hierfür, doch es gibt keinen durchschlagenden Beweis. Eine vierte Version sagt, dass er in seinem Bett von einem bestochenen Diener, welcher ihm das Lebenselixier rauben sollte, ermordet wurde. Alles nur Spekulation – und überflüssig.

Doch Paracelsus muss gewusst haben, dass seine Stunde gekommen war. Er war in die Herberge *Zum weißen Ross* gezogen. Dort diktierte er am 21. September 1541 einem Notar im Beisein von sieben Zeugen sein Testament. Darin vermachte er seinen gesamten Besitz den Armen. Sein bedeutsamstes Erbe, seine über zweihundert Schriften, die noch nicht in Druck gegeben waren, vermachte er Herzog Ernst, einem passionierten Alchemisten und Büchersammler. Am 24. September verschied er. Er wurde auf eigene Bitte auf dem Armenfriedhof der St. Sebastianskirche begraben.

Ob er ermordet worden ist oder nicht, ist von geringer Bedeutung. Treffend hat in dem Zusammenhang ein anderer Großer, Rudolf Steiner, über Paracelsus gesagt: »Wenn diese Geschichten über seinen Tod auch nur Legenden sind, so muss doch festgestellt werden, dass man seinen Schädel nicht mehr zu spalten brauchte. Man hatte ihm das Leben so sauer, so bitter gemacht, dass wir seinen frühzeitigen Tod nur allzu gut begreifen können.«

Theophrastus von Hohenheim, genannt Paracelsus, war ein Mensch, der niemandes Knecht sein wollte. Auf dessen Werk stützen sich sowohl die moderne medizinische Wissenschaft wie auch die moderne Chemie – aber auch die Klassischen Rosenkreuzer.

III

Etwa fünfundsiebzig Jahre später sahen die ersten Brüder vom Rosenkreuz in Paracelsus ihren Geistverwandten und Vorläufer. Es wird vermutet, dass Paracelsus von diesen ersten Brüdern als ein Vorbild von Christian Rosenkreuz, dem Gründer und Vater des Ordens, betrachtet wurde. Es ist der Geist von Paracelsus, seine Impuls gebende Kraft, die die Klassischen Rosenkreuzer des 17. Jahrhunderts dermaßen getroffen hat, dass sie Paracelsus und Christian Rosenkreuz – im Sinne des Prototyps des Menschen als Geistseele – miteinander in Verbindung brachten. Auf diese Weise konnten sie ihrer dreifältigen Reformation eine Form geben.

Paracelsus war ein Spross eines verarmten Rittergeschlechtes – das gleiche sagte man von Christian Rosenkreuz. Er sagte bereits 1536 voraus – nur 80 Jahre vor dem ersten Buch der Rosenkreuzer –, dass eine Veränderung und Erneuerung der gesamten Welt bevorstünde, eine wirkliche Renaissance, und dass danach ein neues, Goldenes Zeitalter anbrechen würde. Denn der Mensch weiß in seiner Unvollkommenheit noch nichts von seinen wahren Vermögen. Doch im Goldenen Zeitalter, »wenn der Prophet Elias wiederkehrt«, würden wir in den Besitz unserer wahren Vermögen gelangen, »denn Elias beherrscht diese Kunst«, schrieb er.

Das »Goldene Zeitalter« ist ein Begriff, der den Rosenkreuzern eigen ist und auch in der *Fama Fraternitatis* zitiert wird. Außerdem taucht bei Paracelsus der Begriff »Mikrokosmos« in unserer heutigen Bedeutung nördlich der Alpen auf. Er schreibt darüber: »Bedenke, wie groß und edel der Mensch geschaffen ist, und wie erhaben seine Struktur verstanden werden muss! Kein Kopf ist in der Lage, den Bau seines Körpers oder das Maß seiner Tugenden (Eigenschaften) zu messen. Nur als kleiner Abdruck des Makrokosmos, der großen

Schöpfung, ist er zu begreifen. Dann nur entfaltet sich in ihm, was in ihm ist. Denn wie außen, so innen; und was nicht außerhalb von ihm ist, das ist auch nicht im Menschen.«

Das ist ganz und gar die hermetische Sprache des Hermes Trismegistos. »Den ersten Unterschied, den wir machen müssen, beginnt im Menschen selbst: Er wird Mikrokosmos genannt, das bedeutet: 'Die kleine Welt.' Um ihn herum ist die Schöpfung des Makrokosmos, die große Welt, so dass er sich darin selbst unterscheiden kann. Die schließliche Scheidung (der Persönlichkeit und) des Mikrokosmos ereignet sich erst beim Tod. Denn im Tod trennen sich die Körper des Menschen, der göttliche Teil und der stoffliche Teil, das heißt der ewige Körper und der Elementen-Körper. Der eine wird wie ein Adler im Himmel aufgenommen, und der andere stürzt wie ein Klumpen Blei zur Erde.«

Woher hat Paracelsus seine Weisheit? In der Alchimischen Hochzeit von Christian Rosenkreuz kann man es lesen: »Hermes ist der Urbronn.« Seine Weisheit stammt aus den hermetischen Lehrstoffen, die durch die Akademie von Cosimo de Medici und Marsilio Ficino wieder verfügbar wurden. »Wie oben, so unten; was innen ist, das ist auch außen.« Es ist das spezifisch hermetische Axiom. Eines der Bücher von Paracelsus heißt *Über ein langes Leben*. Es befasst sich zu einem großen Teil mit dem Werk von Marsilio Ficino *Über das dreifältige Leben*, womit die Verbindung zu Hermes gelegt wird. Mit Hermes bringt er Christus in Verbindung, der für ihn der erhabenste und edelste Heiler ist. Damit ist der Kreis geschlossen. »Hermes ist der Urbronn.« Das liest Christian Rosenkreuz auf einem Gedenkstein am Ende seiner siebentägigen Reise zur Alchimischen Hochzeit. Bei Hermes finden wir den Quell der Philosophie von den zwei Naturordnungen: Der Welt der zusammengefügten Dinge; und der ursprünglichen Welt des lebendigen Geistes, der alle Schöpfungen, Engel und Menschen mit seinem Atem bewegt.

Nach den Aussagen der Brüder von Christian Rosenkreuz, die den Grabtempel ihres Vater-Bruders Christian Rosenkreuz finden, ist Paracelsus kein Bruder vom Rosenkreuz. Der moderne Forscher Carlos Gilly meint aber, dass dies trotzdem in gleicher Weise der Fall ist wie bei Jesus Christus, der nicht zu den Christen gezählt wird, obwohl er der Ausgangspunkt für die ihm nachfolgende Bewegung ist.

Auf dem gleichen Gedenkstein, wo Christian Rosenkreuz das Wort

»Hermes ist der Urbronn« findet, ist auch sein Wahlspruch zu lesen:
»Das höchste Wissen ist, nichts zu wissen.« Wiederum ein Gedanke,
den wir auch bei Paracelsus finden, wenn er schreibt:

>Über die Seele weiß der Mensch nichts, und er ist nicht in der Lage, ihre
Not und Klagen zu begreifen, was ihr noch alles bevorsteht, und welch
großen Schmerz sie noch erleiden muss. Weil der Mensch davon nichts
weiß, sollte er sich der Lehre der Menschen entziehen und sich nicht an
diese wenden. Denn er begreift sich selbst nicht einmal. Wir wissen
selbst nichts und können nur das Vergängliche beurteilen.«

Die Freunde aus Calw im Schwarzwald und aus der Universitätsstadt
Tübingen, die die Klassische Bruderschaft vom Rosenkreuz formten,
kannten Paracelsus, heilten mit der Methode von Paracelsus, dachten
wie er, und sie schrieben, sprachen und handelten in Übereinstimmung mit seinen Gedanken. Das verwundert nicht, denn dieser Wissenschaftler, Erneuerer und Heiler des 16. Jahrhunderts kannte den
Menschen und seine Zeit durch und durch. Er kannte den komplexen
inneren Aufbau des Menschen. Er kannte die Ursache seiner Krankheiten und die Ursache seines aktuellen Zustandes. Außerdem – und
das war wohl die wichtigste Übereinstimmung – kannte Paracelsus
auch die fundamentale Heilung, die der Mensch nötig hat. Er
schrieb darüber wie folgt:

>Wenn wir uns als Christ darüber ausgelassen hätten, hätten wir nicht
über die vier Prinzipien geschrieben: Das Astrale – das Venerale (Ätheri-
sche) – das Natürliche und das Spirituelle (Mentale); denn diese gelten
nicht als christliche, sondern als heidnische Auffassungen. Doch das
höchste Prinzip, womit wir abschließen, ist gleichwohl christlich. Die
heidnische Auffassung von den vier Prinzipien, die wir beschreiben, behindert uns keineswegs in unserem Glauben, doch sie schärft unseren
Verstand. Darum erschien es mir gut, nicht nur den natürlichen
Menschen zu beschreiben, sondern mit noch größerer Freude den
ewigen Menschen, den himmlischen Menschen in seiner neuen
Geburt, damit der alte Mensch sehen sollte, was der Mensch eigentlich
ist und sein kann; wie er sich darauf richten kann und wissen soll, was
solch ein neu geborener Mensch vermag – hier auf Erden und nach
diesem Leben im ewigen Leben.«

Das erkannten auch die Brüder vom aufkommenden Rosenkreuz. Vor
allem dieses universelle Heilmittel wollten sie bringen. Ihr Streben

war stets das gleiche. Die neu aufkommende Wissenschaft sollte eine starke ethische Basis mitbekommen. Diese Basis sollte sein: Das hermetische Christentum, das den Menschen als ein *minutus mundus* (eine kleine Welt) auffassen sollte, worin Christus die zentrale Sonne sein sollte. Daher stammt die Devise von Christian Rosenkreuz: *Jesu mihi omnia* – Jesus ist mir alles.

Außerdem fanden die Brüder in Paracelsus auch noch ein anderes Vorbild. Sie wurden stimuliert durch sein lebenslanges Ringen gegen die eingerostete alte Wissenschaft und die Kirche, die Fortschritt und Erneuerung nicht zuließen, weil dadurch ihre eigene Machtposition und ihr Ansehen ins Gedränge kamen. Paracelsus erlebte eine einzige Aneinanderreihung von Konflikten und Meinungsverschiedenheiten. Er nahm aber auch kein Blatt vor den Mund. Er nahm alle Worte in den Mund, die deren Eigenschaften entsprachen: Einfältige Wesen, Pseudo-Wissenschaftler, organisierte Nichtsnutze usw. Und ging es über deren »Steckenpferd«, die Religion, so wusste er gut, wie ihre Schläge parieren. Alberne Menschen waren es, die Christus noch stets an das Kreuz nagelten, und die von seiner erhabenen Lehre und Heilung des Menschengeschlechtes nichts begriffen.

Aus der Sicht jener Zeit können wir uns vorstellen, dass er immer wieder weggejagt wurde. Er hatte wohl Glück, dass er »nur« aus den Städten vertrieben und nicht ins Gefängnis geworfen oder gar verbrannt wurde.

Welch ein Segen, dass seine Fackel von Menschen wie Johann Valentin Andreae, Christoph Besold und Tobias Hess übernommen wurde, welche die Probleme und Wahnvorstellungen in der noch jungen Kirche von Luther signalisierten. Diese Menschen formulierten die Ideen von Paracelsus aufs Neue und gossen sie in die symbolische Gestalt des Christian Rosenkreuz. Dies auf eine Weise und mit einer Beseelung, die noch heute im 21. Jahrhundert die Monade in jedem Menschen zu einem Geistfeuer der Bewusstwerdung entflammen kann. ~

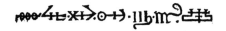

KAPITEL 13

Jakob Böhme

I

Der gnostische Strom weist in seinem Verlauf, von dem wir in diesem Buch lediglich einige markante Abschnitte behandeln, wiederholt dieselben Merkmale auf. Merkmale, die auf seinen Ursprung hindeuten, von dem der jeweilige Botschafter spricht. Eines dieser Merkmale ist die Reaktion, die ein Lichtstrahl in der Finsternis grundsätzlich verursacht: Schrecken, Widerstand, krasse Gegensätze. Finsternis ist eine Form von Blindheit. Ein Blinder kann die Wahrheit nicht sehen. Einer, der die Wahrheit nicht sieht, kann nicht an sie glauben. Unter »sehen« verstehen wir einen Zustand innerer Erfahrung, inneren Empfindens, eine Bewegung im innereigenen Selbst. Innere Erfahrung kann sogar heftiger, intensiver sein als äußere Formen von Pein, und sie kann einschneidende Folgen haben. Darum ist der Titel, mit dem Jakob Böhme 1612 seine erste Schrift versah, zugleich wunderschön und richtig: *Aurora oder Morgenröte im Aufgang*. Denn es ist das Morgenrot, das die Finsternis besiegt. Von dieser Erfahrung, die Jakob Böhme in seinem fünfundzwanzigsten Lebensjahr macht, sagt er: »Die Tür wurde mir geöffnet, so dass ich in einer Viertelstunde mehr sah und wusste, als wäre ich viele Jahre auf einer Universität gewesen.« Die Tür ist schon zwölf Jahre eher – im Jahr 1600 – dabei, sich zu öffnen, als Jakob Böhme im Begriff ist, eine eigene Schusterei aufzumachen.

Jakob ist schon als Kind begabt, mit großem Feingefühl für Spiritualität ausgestattet, für die Tiefe des Lebensmysteriums, für »Gottes verborgene Weisheit«. Seine Eltern, Jakob und Ursula, besitzen einen relativ großen Bauernhof und wohnen unterhalb der Burg Alt-Seidenberg. Sie schicken ihn in die Schule – ungewöhnlich für diese Zeit –, wo er Lesen und Schreiben lernt sowie eine Ausbildung zum Schuh-

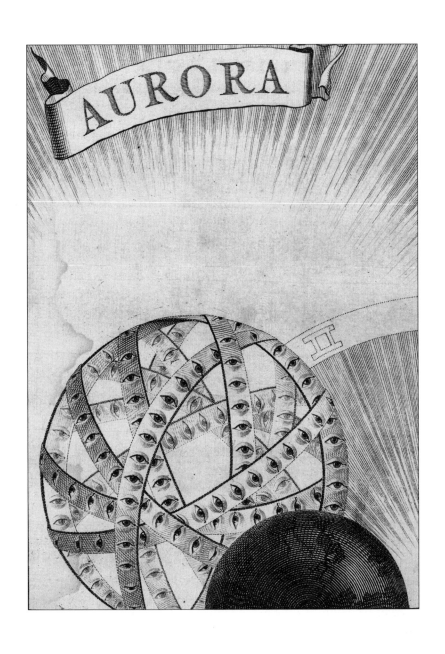

Aurora, Kupferstich aus Jakob Böhmes »Theosophische Werke«
Amsterdam 1682

macher erhält. Inspiration findet er im Leben und Vorbild seines Freundes und Lehrers Martin Moller, der im letzten Quartal des 16. Jahrhunderts Prediger von Görlitz ist, der Heimatstadt Böhmes. Dieser Moller sorgt dafür, dass in dem Grenzort in vielen Richtungen neue Überlegungen angestellt werden. Gegenstand der Studien sind auch die Lehren von Paracelsus und die Texte der frühchristlichen Schriftsteller.

1594 beendet Böhme seine Lehrzeit. Er heiratet Katharina Kuntzschmann, Tochter des Dorfmetzgers, die ihm vier Söhne schenken wird. »Aber«, so lautet die oftmals an Böhme gerichtete Frage, »soll ein Schuster nicht bei seinem Leisten bleiben? Ist es nicht ein Märchen, dass man durch 'Offenbarung mehr lernt als durch jahrelanges Studium auf der Universität'? Ist das nicht das utopische Verlangen einer einfältigen Seele, Kenntnisse zu erwerben, wenn es ihr an genügendem Verstand mangelt?« Wir sind der gleichen Meinung wie Böhme, dass dies ein zweites Merkmal ist, an dem die Quelle, das Ursprüngliche erkannt werden kann, dass alle Kenntnis, gelehrt und ausgetragen auf sämtlichen Universitäten der Welt, zu Nichts wird gegenüber *der* Wahrheit und der in ihr verborgenen Weisheit.

In dem Jahrhundert vor Böhme sah man im Herzogtum Liegnitz eine Art patriarchaler apostolischer Gemeinschaften auftreten, die sehr gläubig waren und eine neue Form von Christentum suchten. Später wurden sie durch die offizielle Reformation verboten. Kaspar Schwenckfeld, ein Angstgegner für Luther, stammte aus dieser Gegend. In der Neißestraße, wo auch Böhmes Haus stand, wohnte wiederum ein persönlicher Freund von Kaspar Schwenckfeld. Öffentliche Zusammenkünfte dieser Gemeinschaft fanden in der Nachbarschaft Böhmes statt. Zu der Gruppe Schwenckfeldianer zählte zum Beispiel Görlitz' Bürgermeister Bartholomäus Scultetius, aber auch der Oberpfarrer der Peterskirche, Martin Moller. Andere bekannte Persönlichkeiten waren Karl Ender und dessen Söhne Michael und Johann Ender – die später Böhmes *Aurora* kopieren und verteilen sollten.

Stadtpfarrer Martin Moller wurde 1602 mit hineingezogen in einen Prozess gegen die Lehrer des Görlitzer Gymnasiums und die städtische Geistlichkeit. Sie wurden beschuldigt, Kryptocalvinisten zu sein, geheime Anhänger der Lehre von Calvin, Zwingli und Valentin

Weigel. Wer tolerant war, wurde zum Orden gerufen. Man musste sich der Staatskirche fügen, die aber gerade erst bestand und eine wahre Tyrannei auf die Schultern der Städte gelegt hatte. Wer ein lebendiges, inneres Christenleben führen wollte, konnte dies nicht, oder er musste es außerhalb der Mauern der offiziellen Kirche wagen – was dasselbe bedeutete, wie ausgestoßen zu sein. Der freundliche und sanftmütige Moller, der auch Böhmes Pfarrer war, galt in dem Prozess als Hauptverdächtiger. Darin begründet sich sicherlich Böhmes Abkehr von der »Mauer«kirche, das ist eine Kirche voller Vorschriften, Verurteilungen und Intoleranz. Eine wichtige Rolle unter den Anklägern spielte zum Beispiel Gregor Richter, dem wir später noch begegnen werden.

Bartholomäus Scultetius, Bürgermeister von Görlitz, war wiederum ein Verfechter der Gewissensfreiheit und vertrat einen toleranten Standpunkt in Bezug auf die Religion. Mit demselben freien Geist behaftet, verteidigte er Moller durch Dick und Dünn, so dass dieser bis zu seinem Tod im Jahr 1606 Oberpfarrer, Pastor primarius bleiben konnte. Danach allerdings gab es für die Stadt kein Entrinnen mehr. Politisch und wirtschaftlich gesehen, gab es für den Stadtrat keinen anderen Weg, als das offizielle lutherische Bekenntnis zu wählen, die Augsburger Konfession. Die Alternative – in letzter Konsequenz ein Münster der Wiedertäufer – glich einem politischen Selbstmord. Darum wurde als neuer Pfarrer – zähneknirschend – Gregor Richter gewählt, der eine schwerwiegende Rolle im Böhme-Drama spielen sollte.

Erhellen wir daher die Situation, denn oft ist es komplizierter, als man denkt. Man versuche, sich in Richters Lage zu versetzen, dann sieht man, dass Richter, der schon eine Rolle im Prozess gegen Moller gespielt hatte, vor einer unlösbaren Aufgabe stand. Er wusste, dass er niemals auf den Stadtrat würde rechnen können; er wusste auch, dass die Görlitzer einen selbstbewusst auftretenden Bürgerstand darstellten. Zugleich musste er gegen den Landadel ankämpfen, der schon lange nichts mehr übrig hatte für fanatische Kirchenleute, die ihnen Vorschriften machen wollten. Das verlangte unter Berücksichtigung von Richters Charakter nach einer Auseinandersetzung.

Der Stein des Anstoßes, sieben Jahre nach seiner Anstellung, waren allerdings weder Schwenckfeld noch die Paracelsisten, die in großer Zahl im Herzogtum lebten, und auch nicht Kepler mit seiner neuen Auffassung über den Lauf der Planeten, die damals eine Zeit lang in Görlitz kursierte. Der Stein des Anstoßes kam nicht von einem Gelehrten oder einem Adligen, sondern von einem Schuster, der obendrein bereits einmal verurteilt worden war wegen Übertretens des Stadt- und Gildemonopols beim Handel mit Garnen. Für Richter war der Stein des Anstoßes Böhmes *Aurora*. Diesem sei er wohl gewachsen, dachte Richter sich.

Für den Stadtrat von Görlitz war der Stein des Anstoßes: Gregor Richter. Er war der empor gekommene Sohn eines Schmieds, und ehe er dem Ruf zum Amt gefolgt war, war er ebenfalls zum Schmied ausgebildet worden. Deshalb charakterisiert ihn Böhme humorvoll als »den 'Treibhammer', der das Werk antreiben musste«. Richter hatte sich als Kirchentyrann erwiesen und sich durch seine ellenlangen Predigten, seine Belehrungen über Sitte und Moral bei den Bürgern außerordentlich unbeliebt gemacht. In den Aufzeichnungen des Görlitzer Bürgermeisters kann man zum Beispiel lesen, dass Richter weniger lange Predigten halten und nicht so wettern sollte, weil es den Bürgern gegen den Strich geht.

Was Richter in Böhmes *Aurora* so maßlos ärgerte, war das vollkommene Verneinen von Luthers Gebot, dass allein die Schrift mit Gott in Verbindung gebracht werden dürfe. Er klagte ihn beim Stadtrat an – nachdem er obendrein noch einen Kollegen gezwungen hatte, Klage zu erheben, denn ohne diese wäre sein Versuch nicht rechtsgültig gewesen. So sah es für Scultetius am 26. Juli 1613 aus. Der Fall lag ihm auf dem Magen. Der Bürgermeister kannte Böhme gut und sympathisierte eher mit ihm als mit Richter. Er steckte tatsächlich zwischen Hammer und Amboß.

Die Klage konnte er unmöglich ignorieren, denn wenn Richter sich an die Landesregierung wendete, wäre es das politische Ende gewesen. Deshalb tat Scultetius das Klügste und Vernünftigste, was er tun konnte: Er ließ Böhme zu einem Gespräch zu sich kommen. Er sagte ihm, dass er vorsichtig sein müsse, und ließ ihn für fünf Minuten einsperren. Währenddessen schickte er ein paar Männer aus, um in seinem Haus das Manuskript von *Aurora* zu beschlagnahmen. Zu einem Termin ist es nicht gekommen, aber sie vereinbarten, Böhme solle nicht mehr schreiben, und er selbst wolle Richter mahnen, nicht mehr in der Peterskirche auf Böhme zu schimpfen. Dann ließ er ihn gehen.

Böhme hat seine *Morgenröte* nie mehr wiedergesehen. Erst 1641 wurde die Handschrift wieder freigegeben, und am 26. November 1641 gelangte sie durch Heinrich Prunius in die treuen Hände des Amsterdamer Geschäftsmannes Van Beyerland.

In der zweiten Klage von Richter, veranlasst durch die Herausgabe von *Der Weg zu Christo* (dem einzigen Werk, das zu Lebzeiten Böhmes im Druck erschien), wurde Böhme jedenfalls zu einem Verhör vor den Stadtrat gerufen. Das war eine Konfrontation, vor der Böhme sich absolut nicht scheute. Am Tag zuvor schrieb Böhme an Karl Ender:

»Weil Gregorius Richter so furchtbar empört ist, ist der Stadtrat verärgert. Die Herren haben beschlossen, dass ich morgen vor dem Rat erscheinen soll, um über alles Rechenschaft abzulegen. Dann habe ich die Absicht, die Wahrheit schonungslos offen zu legen ohne Ansehen der Person, und sollte es mich das Leben kosten... Denn die Stunde der Reformation ist gekommen.«

Auch jetzt wurde Böhme zur Vorsicht ermahnt. Zu der Abrechnung, auf die Böhme hoffte, kam es hingegen nicht. Der Rat fragte nur, wer das Büchlein geschrieben hätte, und wer es hatte drucken lassen. Auch hier wieder ließ man sich aus politischen Gründen so wenig wie möglich darüber aus. Aber Richter war damit nicht zufrieden. Zum zweiten Mal war er in seinem Hass frustriert. Der richtige Skandal, auf den er gehofft hatte, war ausgeblieben. Anstatt hart verurteilt zu werden, konnte Böhme unbehelligt gehen. Nun zeigte er sein wahres Gesicht: Als echter Demagoge peitschte er die Emotionen auf und ließ den Pöbel Böhme aus der Stadt jagen und die Fensterscheiben seines Hauses an der Neißebrücke einschlagen. Einen Tag später wurde er durch die Stadtverwaltung jedoch wieder zurück geholt.

Immer wieder kann man lesen, dass Böhme ein armer Schuster gewesen sei. Doch diese Ansicht stimmt nicht. Er war kein Einsiedler, der bei Kerzenlicht hinter seinem Leisten saß, um Meditationen aufzuschreiben. Böhme war ein aktiver, engagierter Geschäftsmann, der seine volle Verantwortung in der Gesellschaft wahrnahm. Ein bescheidener Geschäftsmann allerdings, der aber den Beruf des Schuhmachers gelernt hatte und ein anerkannter Fachmann war. 1599, noch keine fünfundzwanzig Jahre alt, kaufte er eine »Schuhbank« von den vierundvierzig an der Zahl, die es in Görlitz gab, und begann seinen Handel. Er machte den Einkauf, und seine Frau war gleichzeitig mit dem Garnhandel beschäftigt. Im August jenes Jahres kaufte er sein erstes Wohnhaus in Görlitz. Er war besser bei Kasse als die meisten Schuhmachermeister. Gelegentlich trat er als Sprecher der Gilde auf oder kaufte, als Knappheit drohte, für die Gilde große Partien Leder ein. Als er 1608 seinen mütterlichen Erbteil erhielt, wurde er auf die Liste der (allerdings unmaßgeblichen) Vermögenden der Stadt gesetzt. 1613 verkauft er sein Schuhgeschäft für mehr als das Doppelte dessen, was er dafür bezahlt hat. Jakob Böhme will frei sein von den strengen Vorschriften der Schustergilde und der Stadt. Er will reisen können, will handeln können, und das gelingt ihm auch. Er verkauft sein erstes Haus und kauft ein zweites, von dem er die eine Hälfte vermietet. Ihm werden vier Söhne geboren, für die er gut sorgt. Sie erhalten alle eine Berufsausbildung. Zwei von ihnen sterben zu seiner Lebzeit, und einer ist, wie man sagt, mit der Tochter Richters, seinem ärgsten Feind, verheiratet. Auf seinen Reisen kauft er die Produkte ein, die auf den stillen Bauernhöfen und Landgütern in der weiten Umgebung hergestellt werden, und verkauft diese in der Stadt, wo ein großer Bedarf daran besteht. Außerdem will er einen Freiraum haben, um sich »in seinem Talent zu üben«, nämlich seiner philosophischen Arbeit zu widmen. Denn auf seinen Reisen kann er sich mit seinen vielen Freunden und Geistesverwandten treffen, und er will darüber sprechen können, was ihn am meisten beschäftigt: die kommende Allgemeine Reformation.

Damit kommen wir zu einem ganz anderen Milieu, das Einfluss auf ihn ausgeübt hat. Denn diese Allgemeine Reformation war in den Jahren 1615–1620 bezeichnenderweise das Terrain der Rosenkreuzer, deren Ruf gewiss nach Dresden und Görlitz durchgedrungen war. Es ist absolut sicher, so schreiben Forscher, dass diese Böhme bekannt waren, und er ihre Schriften gelesen hat. Er wird mit Freude festgestellt haben, dass er in ihnen Geistesverwandte aus einer ganz anderen Ecke Deutschlands antraf, Menschen, die absolut denselben Nährboden hatten wie er. Einige Sprossen, die auf diesem Boden angetroffen wurden, waren: Die Alchemie von Paracelsus, die *Universelle Studie* von Valentin Weigel, die *Vier Bücher vom wahren*

Christentum von Arndt und schließlich Hermes, der Bronn und das »wahre, innere, reine« Christentum von Demut, Umkehr, ernsthaftem Leben, Studium und Wiedergeburt. Das war die große Reformation, nach der er Ausschau hielt. Vor allem an seinem Lebensabend schreibt er in den *Sendbriefen* oft von dieser kommenden Reformation, an die er unerschütterlich glaubt.

So entsteht vor unseren Augen eine ganz andere Gestalt im Vergleich zu dem Philosophen mit seiner unvergleichlichen Tiefe. Dies ist wichtig, weil es uns zeigt, dass es sich bei Böhme nicht um eine abgehobene, von oben herab übermittelte Lehre handelt. Es handelt sich um etwas, das aus der Zeit geboren ist; es steht auch in einem Bezug zu der Zeit, aus der es stammt, auch unter Berücksichtigung der entsprechenden Verhältnisse. Jakob Böhme ist eine Gestalt, die an einem Kreuzungspunkt bedeutender gesellschaftlicher Strömungen steht, zwischen altem Adel und Neureichen, zwischen städtischen Vorschriften und freiem Unternehmertum, zwischen kirchlichem Dogma und freiem religiösen Leben. Gesellschaftlich gesehen ist Böhme kein gescheiterter Schuster, der obendrein mit der Geistlichkeit und Obrigkeit im Kreuzfeuer liegt. Im Gegenteil, er ist ein gewissenhafter Handelsmann, der leiht und zurückzahlt, der Gewinne macht und davon leben kann. Aber vor allem ist Böhme das Genie, das in Gottes Tiefe zu schauen vermag, und das Talent besitzt, davon in seinen Büchern zu berichten. *Aurora* ist sein erstes Werk, für sich selbst aufgeschrieben, wie er selber sagte, vollkommen aus der Inspiration und dem Geist aufgezeichnet. Aber nicht nur für sich: Auch um seinen Freunden deutlich, noch deutlicher machen zu können, worum es bei der Wiedergeburt geht.

Er ist dieses Genie, das von den ihn umgebenden Menschen wahrgenommen wird. In der besonders fruchtbaren Periode von 1618–1624 gibt es Momente, da seine Freunde buchstäblich um ihn herum sitzen, und sobald wieder zwei oder drei Seiten fertig sind, nehmen sie sie ihm ab und kopieren sie. Obwohl sie lang nicht in allem mit ihm einig sind, begreifen sie sehr gut die Tragweite und das absolut Neue von dem, was Böhme schreibt. Denn Böhme ist äußerst modern. Er entwickelt eine neue Sprache, eine neue Philosophie, eine neue Art, um Abstraktionen festzuhalten, die davor niemals auf diese Weise in Worte gekleidet wurden. Seine Freunde Franckenberg,

Tober und die Gebrüder Ender erkennen dies klar und deutlich. Niemand vor ihm hat – außer vielleicht Paracelsus – auf diese Weise über die Schöpfung und die neue Schöpfung in Christo geschrieben, die außerdem überdeutlich in Böhme selbst stattgefunden hat. In diesem Zusammenhang muss auch mit einem anderen Mythos aufgeräumt werden. Es ist bemerkenswert, wie parallel Böhmes Schicksalswege mit denen der ersten Brüder des Rosenkreuzes, 500 km südlicher in Deutschland, verlaufen. Das ist ein Beweis für den mächtigen Impuls, der damals durchbrach in Menschen, die die innere Wiedergeburt vollziehen wollten, und diese neue Möglichkeit jedem aufzeigen wollten, der danach suchte.

Obwohl in Böhmes Gesamtwerk am Anfang *Aurora* steht, und es lediglich mit äußerster Vorsicht und auf bescheidene Art kopiert und herumgereicht wird (genauso wie in denselben Jahren die Rosenkreuzermanifeste), ist Böhme sich sehr wohl bewusst über die Wirkung seines Werkes, und er folgt darin einer gewissenhaften und vorgeplanten Arbeitsweise. Ab 1618 kann ihn keiner mehr aufhalten.

Er selbst organisiert das Vervielfältigen, und alle Fäden laufen in seinen Händen zusammen. Er gibt Anweisungen heraus: Gib mein Werk nicht jedem, nur denen, von denen wir beide erwarten, dass sie es begreifen können. Wenn es Fragen gab, schickte er die Menschen weiter zu seinen nächsten Freunden, damit er selbst arbeiten konnte. Es boten sich Kopisten an und sogar Leute, die sein Werk drucken wollten. Doch das hat er lange Zeit verhindert, ihm zufolge war diese Zeit noch nicht gekommen. Nur das Büchlein *Der Weg zu Christo*, das ausschließlich die Praxis der Wiedergeburt behandelt, durfte gedruckt werden. Wir lesen im *46. Sendbrief* vom 27. Dezember 1623: »Mein Büchlein *Von der Buße und der wahren Gelassenheit* (ein anderer Titel für dasselbe Büchlein) wird binnen weniger Tage veröffentlicht.«

Das kleine Werk erschien tatsächlich im Januar 1624, doch die gesamte Auflage wurde fast unmittelbar in Beschlag genommen. Von den wenigen Exemplaren, die er seinen Freunden übergeben hatte, wurden genau zwei Stück bewahrt, eines in der Universitätsbibliothek der Harvard University (US) und eines in der Bibliotheca Philosophica Hermetica in Amsterdam.

So sehen wir, dass Böhme hinsichtlich der neuen Zeit – der »Zeit der Lilien«, wie er sagt – am allerwenigsten dagesessen und abgewartet hat. Im Gegenteil: Er arbeitet mit Menschen, Freunden und allerlei Gleichgesinnten, wenn »die Wege nur offen sind«. Er veranstaltet Zusammenkünfte, er schafft einen Kreis um sich her, den er weiterführen will. Er ist kein weltfremder Mystiker, sondern er initiiert und organisiert ein befreiendes Werk. Viele seiner Werke sind auch das Ergebnis von Diskussionen mit Freunden und Interessenten, in denen er seine Ansichten klarzumachen versucht. Doch letztendlich hört er damit auf. Am Ende seines Lebens verinnerlicht er sich noch mehr und schreibt nur noch für die besinnliche Seele. Er will, so sagt er, noch einmal ein Buch wie die *Morgenröte* schreiben, aber dann noch deutlicher; alle seine anderen Werke will er dann verbrennen.

Dazu ist es glücklicherweise nicht gekommen. Sein letztes Büchlein ist ein *Gebetsbuch für die sieben Tage der Woche*. Im letzten Herbst seines Lebens, im Oktober 1624, beginnt er noch ein neues Werk: *Betrachtungen über die Göttliche Offenbarung*. Darin hofft er, 177 theosophische Fragen einer hungrigen Seele zu beantworten, wovon er gerade mal 15 zu behandeln weiß.

Niemand verstand besser, was Böhme meinte, als Abraham Willemszoon van Beyerland, der reiche Amsterdamer Geschäftsmann und Übersetzer, der bereits Böhmes Werk in den Niederlanden drucken ließ. »Worüber ich schrieb, ist keine Sache der Vernunft, des reinen Verstandes«, sagt Böhme. »Der Verstand befindet sich im Zorn, in der Ichbezogenheit. Es geht darum, den Willen in seinem Egoismus, seiner 'Selbstsucht' täglich sterben zu lassen und das Verlangen zu Gott hinzuführen«, so drückt er es aus, »und wie aus diesem Sterben ein neues Gemüt und ein neuer Wille in Gott wachsen und sich entfalten soll. Es muss im Zorn geboren werden, doch der Zorn wird es weder verstehen noch sehen. Genau wie im Johannes-Evangelium steht: 'Das Licht scheint in der Finsternis, doch die Finsternis hat es nicht begriffen.'«

Es geht um eine Lebenshaltung, eine neue Art zu leben. Kann man sich das vergegenwärtigen, dann ist man ein Freund Böhmes. Dann bereitet das Verständnis Böhmes auch keine Schwierigkeiten mehr. Dann kann im Menschen eine neue Geburt aus dem Siebengeist stattfinden. Darum schrieb Beyerland in der »Vorrede« seiner Übersetzung des Buches *Von dem dreifachen Leben des Menschen*:

»Der Leser sei gemahnt (nebst dem Lesen dieses Buches), das Büchlein *Von der Buße und der wahren Gelassenheit* in die Praxis umzusetzen, um dasselbe nicht nur zu lesen und zu verstehen, sondern um den Prozess des Autors nachzuvollziehen. Es ist in sich selbst klar aufgezeigt: Doch es wird der ernsthaften Seele im Lesen dieser Schriften gehen wie einem, der ein grobes verrostetes Eisen blank machen will: Zuerst gibt es wenig Hoffnung, aber im Durchhalten liegt die Überwindung. Der ernsthafte Wille und das eifrige Verlangen vermögen viel, um zur Gnade und höchsten Erkenntnis zu kommen. So wie es ohne Zweifel die einzige hohe Schule und das Studium der Väter, der Propheten und der Apostel Christi gewesen ist.«

II

Ein Freund des Schuhmachers aus Görlitz bekam dessen *Aurora* zu lesen. Tief unter dem Eindruck des Wesentlichen stehend, lässt er es binnen weniger Tage kopieren und unter den Freunden und Schülern Böhmes verbreiten. Es gelangt allerdings auch in die Hände des Dekans der Lutherischen Gemeinde von Görlitz, Oberpfarrer Richter, dem Nachfolger Mollers. In diesem Augenblick nimmt das klassische Drama seinen Lauf. Gregorius Richter, blind im Sinne der Wahrheit, wird der soundsovielte Interpret des erschallenden Hassliedes sein, wenn die ungeschminkte Wahrheit die Blindheit vertreiben will. Seine Interpretation ist nichts Großes, wie im Verlauf zu sehen ist. Im Gegenteil, es sind dürftige Äußerungen, obendrein eingeschränkt durch Trunksucht und Eigeninteresse, armselig und bar jeder Lebenseinsicht. Die prophetische Kraft und das Licht, das Richter über Böhmes Text erreichen, machen diesen so wütend, dass seine Kanzel zu klein erscheint, um das durch ihn aufgerufene »Gottesurteil« in die Kirche zu speien.

Jakob Böhme wird auch der »Philosophus Teutonicus« genannt, der »erste deutsche Philosoph« wie Hegel ihn kennzeichnete. Unter der Kanzel sitzend, lässt er »Gottes Urteil« ruhig über sich ergehen. Er wird tatsächlich gefangen genommen und sein Leidensweg beginnt. Es ist der Beginn einer Entwicklung mit fatalen und traurigen Folgen, die den weiteren Lebenswandel des sanftmütigen Schuhmachers beeinträchtigen und seine äußeren Verhältnisse in düstere

Farben tauchen wird. Aber das Morgenrot, Aurora, ist aufgegangen; ein Sonnenaufgang in seiner reinsten geistigen Bedeutung, ein Licht, das ihn nie mehr verlässt.

Wie ein Lichtstrahl der Wahrheit durchschneidet *Aurora* die Finsternis der kristallisierten orthodoxen Christenheit und erhellt die Einsicht bei vielen wohlwollenden Intellektuellen dieser Zeit. In der Stadt Görlitz ist die Situation aber etwas anders. Richter glaubt, gerade so wie alle irdischen Sterblichen, allein den Aufgang der Sonne zu kennen, um die herum die Erdkugel kreist; ein Geschehen, an dem weder er noch irgend jemand anderer etwas ändern können.

Die Sonne jedoch, die für Jakob Böhme aufgegangen ist, ist die Geburt des wahren abstrakten Denkens. Der Geburt einer neuen Seele kann sich jeder unterziehen, der sein Leben diesem Prozess weiht. Mit den Worten von Jakob Böhme ausgedrückt, ist die Geburt des wahren Denkens ein Ozean von Licht, in welchem er den Zusammenhang der Dinge wie in einer Vision erschaut. Nach dem anrüchig gewordenen Gottesdienst bewegt ihn ein tiefes, intensives Mitleid, zu dem erzürnten Pfarrer zu gehen, um ihn ebenfalls an dieser wunderbaren Offenbarung teilhaben zu lassen. Richter ist jedoch außer sich vor Empörung, wehrt ihn leidenschaftlich ab und schleudert ihm, um nicht in ordinäres Geschimpfe zu verfallen, einen Bibeltext entgegen: »Weiche von mir, Satan, und fahr zur Hölle!« Siebenundzwanzig Jahre lang, bis weit nach seinem Tode, hat sich die kirchliche Obrigkeit über Jakob Böhme aufgeregt. Dieser kann indes auf viele einflussreiche Freunde unter seinen Bekannten zählen. In ganz Europa wird er bewundert und geehrt. Einer von ihnen hat mehrere Seiten voll geschrieben mit einer genauen Übersicht der vielen biblischen Verfluchungen, mit denen Pfarrer Richter Böhme verdammen wollte. Er erwähnt dabei die »engelgleiche« Sanftmut Böhmes, mit der er sich diesem gegenüber verhält.

Was hat Richter so erschüttert, dass er bei dem Ganzen nicht mehr er selber war? Jesus sagt in der Heiligen Schrift: »Wer nicht für mich ist, ist gegen mich.« Ein Ausspruch, der auch in Böhmes Leben zur schrecklichen Wahrheit geworden ist; ein Ausspruch, der ein Grundgesetz zum Ausdruck bringt; ein Gesetz, das schlagartig die Ursache dessen erkennen lässt, warum es in der Geschichte niemals anders war. Es kann auch niemals anders sein in der Welt der Zweipoligkeit. Die Welt der zwei Pole, die Welt der Dialektik ist einer der fundamentalen Begriffe, die Jakob Böhme als erster formuliert hat. Er nennt sie die »Realdialektik«. Er sieht diesen Gedanken, dieses Prinzip, schon am Urbeginn der Schöpfung. Er sagt: »Im Ja und Nein bestehen alle Dinge. Denn aus dem ewigen Nichts erschafft Gott das ewige Etwas.« Dieses »Etwas« ist das Allein-Gute (ein Begriff, den wir schon von Hermes kennen). Es ist zugleich das Allein-Schöne, das Allein-Harmonische und das *einzige* oder das *eine* Leben. Darin existiert alles, das ganze Leben, alle Geister, auch der Geist des Fürsten der Finsternis. Dieser leugnet die Einheit, das Leben, die Harmonie und die Schönheit Gottes. Das ist der primäre Ansatz zu einer Gegenentwicklung in diesem göttlichen Bewusstsein; nicht außerhalb von Gott, sondern *in* Gott.

Die Gegenentwicklung, das ist die »Natur des Todes«, wie Böhme sich auszudrücken beliebt. Der Fürst hat bereits die anderen Geister (die Menschen) mitgenommen in seine Gegenentwicklung. Darum können wir Gott nicht sehen, sind aber trotzdem in ihm. Darum trägt Gott das All und jedes Atom in sich, und er ist auch in uns. Die Konsequenz dieses Gedankens ist: »Wer nicht für mich ist, ist gegen mich.« Gregorius Richter, im Wesen ein Mann mit einer strikten Aufgabenvorstellung, der nur das Beste mit seiner Gemeinde vorhat (sofern er nicht zuviel getrunken hat), hat das vielleicht nie gewusst. Er würde auch nicht geglaubt haben, wenn jemand ihm gesagt hätte, er stelle sich faktisch gegen die Bruderschaft-in-Christo, wenn er gegen einen Diener der Gnosis ist. Darum ist hier ein tiefes Mitleid am Platz.

Aber auch Richter hat sich in den Augenblicken, da der Wein seine Rede benebelte, von Menschen mit einem giftigeren Atem und einem schärferen Intellekt als er sie selbst besaß, missbrauchen lassen, und wird so durch diese zu infamen Lästerungen und Verfolgungen angestiftet. In der Folge wird Böhme am Freitag, den 26. Juli 1613, vor eine Art Gericht zitiert, bestehend aus Stadtratsmitgliedern von Görlitz, die allesamt von der Stimme ihrer Geistlichkeit angestachelt sind. Der Schuhmacher von Görlitz wird verbannt und muss seine Stadt so schnell wie möglich verlassen. Mit knapper Not kann er gerade noch von Frau und Familie Abschied nehmen. Das Volk ist selbst durch die giftige Sprache von Gregorius Richter dermaßen aufgehetzt, dass das Haus von Jakob Böhme dafür herhalten muss und mit Steinen beworfen wird. Er muss es seiner Frau und Familie überlassen, die Schusterwerkstatt wieder herzurichten. Dieser einfache Arbeitsplatz ist der Wut der Öffentlichkeit preisgegeben, soll doch ein großer Teil der Wahrheit und Weisheit, von der Böhme durchglüht ist, hier zu Papier gebracht worden sein.

Ungeachtet dessen ist der Schuhmacher von großer innerer Freude erfüllt, während er durch die Felder schweift, weil das Wissen, das ihm zugefallen war, ihn niemals verlassen wird. Als er sich unter einen Baum setzt, fällt ihm ein, dass ihm all diese Dinge viele Jahre zuvor bereits geweissagt wurden. Das geschah an einem Morgen, als Jakob Böhme noch als Lehrling bei einem Schuhmachermeister beschäftigt war, und er sich ganz allein in der Werkstatt aufhielt. Ein Fremder war herein gekommen mit dem Wunsch, ein Paar Schuhe zu kaufen. Der junge Jakob war verwirrt, und weil er die Preise nicht wusste, hatte er einen lächerlich hohen Betrag genannt. Er wollte doch seinem Meister kein Defizit einhandeln, indem er die Schuhe zu billig verkaufte. Der Fremde zahlte den geforderten Betrag, ohne mit der Wimper zu zucken. Das schien freilich nicht der wirkliche Auftrag des Mannes gewesen zu sein. Er verließ den Laden, aber auf der menschenleeren und sonnenüberfluteten Straße drehte er sich um und rief laut: »Jakob, komm raus!«

So steht es wörtlich beschrieben in der Chronik von Böhmes Freund und rechter Hand, Abraham von Franckenberg, die dieser noch in Böhmes Todesjahr schrieb, um die Kenntnis vom Leben des Philosophus Teutonicus nicht verloren gehen zu lassen. Nachdem jener Mann Jakob Böhme lange betrachtet hatte, sprach er: »Jakob, du bist noch jung, aber du wirst groß werden. Du wirst anders sein als die anderen, die Welt wird sich über dich wundern. Bleib Gott gehorsam und diene allein Ihm in Treue. Du wirst verfolgt, verspottet und beschimpft werden. Bleibe tapfer und halte durch. Denn Gott hüllt dich in Seiner Liebe ein, von der du zeugen sollst.«

Dies alles geht ihm durch den Kopf, während er einsam und verlassen da sitzt, verbannt aus seiner Wohnung, unter freiem Himmel mit seinen funkelnden Sternen. Er sieht dieses Gesicht mit den ernsten Augen wieder vor sich. Der junge Böhme begreift nachdrücklich, dass er durch diese Begegnung mit seinem großen Lebensauftrag verbunden wurde: Eine versunkene Christenheit, eingekapselt in Buchstaben, Haarspaltereien und widersprüchlichen Auslegungen aufs Neue mit der Kraft des ursprünglichen Lichts zu konfrontieren. Aber wie nun weiter?

Am frühen Morgen sucht ein Bote aus der Stadt den Mann im Feld auf mit der Mitteilung, dass sich das Gewissen des Rates gemeldet habe und Görlitz' Bürgermeister Jakob Böhme nach Hause zurückkehren lasse. Dies ist für Jakob Böhme ein freudiger Augenblick. Er kann zurückkehren, wird allerdings gezwungen, mit dem Rat einen Kompromiss zu schließen. Um die Ruhe in der Stadt zu garantieren und die Gemüter ein für allemal zu beruhigen, hat sich die Stadt eine andere Lösung ausgedacht. In diesem Kompromiss wird dem Schuhmacher verboten, seine Überzeugungen schriftlich zu verfassen und herauszugeben. Pfarrer Gregorius Richter andererseits wird ersucht, nicht mehr solche Schimpfreden von der Kanzel herunter dem Schuhmacher zu präsentieren.

Beide Verbote sind zum Scheitern verurteilt. Jakob Böhme kann natürlich nicht schweigen, und Gregorius Richter ist nicht genügend stark noch besitzt er den Mut, seinen einmal gemachten Fehler vor der gesamten Gemeinde wieder gut zu machen. Der Hass gegen diesen Ketzer und Diener des Satans, wie er Jakob Böhme weiterhin nennt, vibriert in jeder Faser seines Körpers. Hierin liegt der Grund, dass es für Richter unmöglich ist, sich an das erlassene Verbot zu halten. Im Gegenteil, er wird es bis zu seinem Tod mit Füßen treten. Ein Beispiel mehr des Wahns, unter dessen Joch die Menschheit gebeugt geht, der entsetzlichen Geistesverwirrung, des nutzlosen und unnötigen Ringens, den sie durchmacht. Der bescheidene und sanftmütige Mann, den die große Schwäche der Menschheit – die Unwissenheit – so dauert, hat dies bereits auf seinen Wanderungen als Schuhmachergeselle durch Dörfer und von Bauernhof zu Bauernhof tief empfunden. Auf seinen Touren begegneten ihm immer wieder Armut und Not, Lebensangst und unerträglicher Kummer, Lebenskampf und Verbitterung. Wie oft wird er wohl geseufzt haben: »Warum, o Gott?«

Er sieht, wie die Menschen unter dem schweren Druck der Belastung gebeugt gehen, die durch die kriegslüsternen Kurfürsten fortwährend verursacht wird. Er sieht die vollkommen nutzlosen Brand-stiftungen in Bauernhöfen zum reinen Vergnügen der Soldaten. Er sieht die gemeine List und die Intrigen der Regierenden, die sich auf dem Rücken der Bevölkerung bereichern und andere für einen Duka-ten in den Tod schicken. Sieht er nicht die Menschen zu den Kirchen ziehen, um ihr Leid im Glauben zu vergessen? Doch auch dort werden sie betrogen. Das arme Volk wird von Kirchenprälaten großspreche-risch mit deren Belangen und ihrer Wichtigtuerei übergossen. So muss neben der Lebensangst der Menschen auch noch die Glaubens-angst entstehen. Wer ist ihr Gott?

Wie eine Lawine rollt dem Schustergesellen all dies auf seinen Wan-derungen übers Land entgegen. Er bleibt nie lange an einem Ort, oft setzt er seinen Weg in der Nacht fort, um am folgenden Tag schon wieder früh sein Schusterhandwerk ausüben zu können. Immer wieder sieht er andere Orte, andere Menschen; doch in ihrem Leid ist kein Unterschied. In der Einsamkeit der Nacht unterm funkelnden Sternenhimmel hält er einen Dialog mit seinem tiefsten Selbst, einer inneren Stimme. Von diesem Selbst aus ruft er den Herrn der Wahrheit an. In solchen Nächten wird ihm Trost und Kenntnis zuteil, und er erfährt zugleich das tiefe Bewusstsein des Warum. Deshalb kann er nicht schweigen. Vom Los der Menschheit ergriffen, begnadet mit der Einsicht des Warum, kann Jakob das Verbot des Rates kaum fünf Jahre beachten. Er muss sich aus seiner Zwangsjacke befreien. Keine Macht der Welt kann ihn noch vom Schreiben abhal-ten, das zu Gehör zu bringen, was er als seinen Auftrag erfahren hat. Er fühlt sich dermaßen schuldig, diese fünf Jahre vertan zu haben, dass er befürchtet, ihm könnte der Auftrag entzogen werden. Wer sich vom Lebenden Wasser umspült weiß und die mächtige Wahrheit der Ströme von Licht in seiner Brust brennen fühlt, kann unmöglich schweigen. Davon zeugt auch dieses Buch mit seinen charakteristi-schen Beispielen. So jemand kann das alles nicht für sich behalten, auch dann nicht, wenn ihm das so schwer gemacht wird wie in Böh-mes Fall. Während der fünf Jahre kommen viele Menschen in seine einfache Werkstatt, um vom Licht der Wahrheit berührt zu werden.

Hierzu sagt Böhme über sich selbst: »Nach der Verfolgung hatte ich mir fest vorgenommen, nichts mehr zu unternehmen, und als gehor-samer Mensch Gott schweigend in mir zu bewahren. Aber es erging mir gerade so wie einem Getreidekorn, das in die Erde gelegt wird. Es wächst und wächst weiter, trotz allem Sturm und Unwetter, trotz Hohn und Spott, und bricht auf zu einer hundertfältigen Frucht von tiefer Einsicht und feurigem Verlangen.« Das Verlangen in ihm, das Licht der »neuen Geburt« in seiner Zeit auszutragen, wird so übermächtig, dass er erneut zur Feder greift, um – wie er sich ausdrückt – »Gott mehr zu gehorchen als den Menschen«. Bis zu dreimal wird er nach seinen eigenen Aussagen »erleuchtet mit Seinem Heiligen Geiste« durch dieses große Licht-ohne-Schatten, das ihn umflutet und mit Gnade erfüllt. Es hinterlässt einen unauslöschlichen Eindruck in seinem Gemüt, daraus empfängt er alle Kraft, die er zum Durchhalten nötig hat.

III

Fünf Jahre – manche behaupten, es wären sieben gewesen – hat Jakob Böhme geschwiegen. Wie er selbst bestätigt, war ihm dies eine schwere Last. Wenn wir versuchen, eine Antwort auf das »Warum« zu finden, welches die Gründe sind, dass Böhmes Aktivität solchen Widerstand aufrief, regen sich allerlei Gedanken, wie es des Öfteren vorkommt, wenn eine Wirkung sichtbar wird, deren Ursache im Dunkeln liegt. Ein junger Mensch mit dem Herzen am rechten Fleck stellt sich mitunter viele Fragen, wenn er im Leben auf Ungerechtigkeit stößt. Vielleicht hält er kurz inne in seinem Rennen durchs Leben. Dann steigen Gedanken auf, die später damit abgetan werden: »Ach, das sind ja nur Grillen im Kopf.« Er denkt zum Beispiel: »Warum ist die Welt nur so, wie sie ist? Warum machen die Menschen es sich gegenseitig nur so schwer?« Wenn er das Vorausgegangene lesen würde, dann erhebt sich zweifellos in ihm die Frage: Warum ist Gregorius Richter der lebenslange Feind Böhmes? Warum kann er nicht erkennen, dass Böhme mit seiner Kenntnis die orthodoxe, kristallisierte Lehre erneuern kann? Warum ergreift er diese Erneuerung nicht mit beiden Händen, wenn er wirklich vom »Glauben« beseelt ist? Wenn dann die Antwort auf diese Fragen ausbleibt, hat der junge Mensch das »Warum« bald wieder vergessen.

Jakob Böhme selbst schreibt darüber: »Falls Herr Primarius (das ist Gregorius Richter) mit seinen Warnungen richtig liegt, dann sollte er das Lästern von der Kanzel lassen, und mich zu sich rufen, um mir meine Irrtümer nachzuweisen. Wenn ich dann merken sollte, dass er etwas gegen mich hat, was wahr ist, und mir einen besseren Weg zeigen kann, o wie würde ich ihn dafür lieb haben und ihm aufrichtig dankbar sein. Doch er freut sich nur, wenn er etwas hat, um über mich lästern zu können. Ich habe mich anfänglich nach seiner ersten Lästerung sechs Jahre lang gebeugt und kein Wort mehr aufgeschrieben. Warum hat er damals nicht aufgehört zu lästern? Wer hat ihm etwas getan? Es durfte nicht sein. Warum? Weil Gott ihn zu einem Treibhammer gemacht hat, der das Werk vorantreiben sollte. Seine Lästerungen sind meine Stärke und mein Wachstum gewesen. Durch seine Verfolgungen ist meine Perle gewachsen. Er hat diese hinausgepresst, und dafür wünsche ich ihm Gottes Erbarmen, das er auch selber genießen möge, weil Gott ihn als mein Werkzeug gebraucht hat.«

Eine Erklärung von entwaffnender Einfachheit, zeugend vom wahren, christlichen Geist. Um den Zusammenhang des Gedankenguts Jakob Böhmes verstehen zu können, müssen wir uns in das bunte Gedankengut des 16. Jahrhunderts hineinversetzen, an das Böhme dicht anschließt. Als kurze Einleitung zitieren wir einen kleinen Teil aus seiner *Aurora*:

>»Der Fürst der Finsternis hat versucht, sich zum Meister über den Baum
> des Lebens zu machen. Der Baum, über den wir auch in der Schöpfungs-
> geschichte in der Bibel lesen, der Baum der Erkenntnis von Gut und
> Böse. Das ist der Baum, von dem die Menschen ihre 'Früchte' pflücken,
> Früchte die das Leben schenken. Wer mit der Kenntnis, die Gott den
> Menschen einst geschenkt hatte, pflückt, wird das Leben pflücken, wie
> dies durch Gott bestimmt war und ist. Wer pflückt, ohne im Besitz dieses
> Vermögens zu sein, pflückt dasjenige Leben, das Schmerz und Pein
> kennt.
>
> Der Fürst der Finsternis hat nun von der Unkenntnis der Menschen mit
> ihren Irrtümern listig Gebrauch gemacht. Er setzte einen seiner treues-
> ten Trabanten als Krämer unter den Lebensbaum. Jeder, der nach einer
> Frucht verlangte, konnte diese bei dem Krämer kaufen, und sparte sich
> die Mühe, selbst pflücken zu müssen.«

Die Folgen hiervon lesen wir in Böhmes »Antwort« aus der Vorrede zu *Aurora:*

»Als aber Gott sah, dass der Mensch also in seiner Erkenntnis erstorben war, bewegte er die Natur abermal und zeigte den Menschen, wie in derselben wäre Böses und Gutes, damit sie das Böse fliehen und in dem Guten leben sollten, und ließ Feuer aus der Natur fallen und zündete an Sodom und Gomorrah zum schrecklichen Exempel der Welt.

Als aber der Menschen Blindheit überhand nahm, und sie sich durch Gottes Geist nicht wollten lehren lassen, gab er ihnen Gesetze und Lehre, wie sie sich halten sollten, und bestätigte diese mit Wundern und Zeichen, damit nicht erlösche die Erkenntnis des rechten Gottes. Aber das Licht wollte hiemit auch nicht an Tag kommen, denn die Finsternis und Grimmigkeit in der Natur wehrete sich und derselben Fürst regierete gewaltig.

Als aber der Baum der Natur in sein Mittelalter kam, da hub er an und trug etliche milde, süße Früchte, anzuzeigen, dass er hinfort würde liebliche Früchte tragen. Denn da wurden die heiligen Propheten geboren aus dem süßen Ast des Baumes. Die lehreten und predigten von dem Licht, welches künftig die Grimmigkeit in der Natur überwinden würde.

So ging unter den Heiden ein Licht in der Natur auf, dass sie erkenneten die Natur und ihre Wirkung, wiewohl dieses nur ein Licht in der wilden Natur war, und noch nicht das heilige Licht; denn die wilde Natur war noch nicht überwunden, und es rang Licht und Finsternis so lange miteinander, bis die Sonne aufging und zwang diesen Baum mit ihrer Hitze, dass er liebliche, süße Früchte trug.

Das ist bis da kam der Fürst des Lichts aus dem Herzen Gottes, und ward ein Mensch in der Natur und rang in seinem menschlichen Leibe in Kraft des göttlichen Lichts in der wilden Natur.

Derselbe Fürsten- und königliche Zweig wuchs auf in der Natur und wurde ein Baum in der Natur und breitete seine Äste aus von Orient bis in Okzident und umfassete die ganze Natur, rang und kämpfte mit der Grimmigkeit, die in der Natur war, und mit derselben Fürsten, bis dass er überwand und triumphierte als ein König der Natur und nahm den Fürsten der Grimmigkeit gefangen in seinem eigenen Hause (Psalm 68,19).

Als dieses geschah, da wuchsen aus dem königlichen Baume, der in der Natur gewachsen war, viel tausend Legionen köstlicher süßer Zweiglein, die hatten alle den Geruch und Geschmack des köstlichen Baums. Und ob gleich auf sie fiel Regen, Schnee, Hagel und Ungewitter, dass manches

Zweiglein vom Baum gerissen und geschlagen ward, noch wuchsen immer andere Zweiglein. Denn die Grimmigkeit in der Natur und derselben Fürst erregete großes Ungewitter mit Hagel, Donner, Blitzen und Regen, dass ja oft viel herrliche Zweiglein von dem süßen und guten Baum abgerissen wurden. Aber dieselben Zweiglein schmeckten also holdselig, süß und freudenreich, dass keines Menschen noch Engels Zunge aussprechen kann; denn sie hatten große Kraft und Tugend in sich. Sie dieneten zur Gesundheit der wilden Heiden. Welcher Heide von den Zweiglein dieses Baumes aß, der ward entlediget von der wilden Art der Natur, darinnen er geboren war, und ward ein süßer Zweig in dem köstlichen Baum und grünete in dem Baum und trug köstliche Früchte wie der königliche Baum.

Darum liefen viele Heiden zu dem köstlichen Baum, da die köstlichen Zweiglein lagen, welche der Fürst der Finsternis mit seinen Sturmwinden abgerissen hatte. Und welcher Heide an diesen abgerissenen Zweiglein roch, der ward gesund von der wilden Grimmigkeit, die ihm von seiner Mutter geboren war.

Als aber der Fürst der Finsternis sah, dass sich die Heiden um die Zweiglein rissen und nicht um den Baum, und sah seinen großen Verlust und Schaden, so ließ er ab vom Sturm gegen Aufgang und Mittag und stellete einen Kaufmann unter den Baum, der las die Zweiglein auf, die von dem köstlichen Baume waren gefallen.

Und als die Heiden kamen und frageten nach den guten und kräftigen Zweiglein, so bot der Kaufmann dieselben an, um Geld zu verkaufen, damit er Wucher von dem köstlichen Baum hätte. Denn solches forderte der Fürst der Grimmigkeit von seinem Kaufmanne, darum weil ihm der Baum in seinem Lande gewachsen war und verderbete seinen Acker.

Als nun die Heiden sahen, dass die Frucht von dem köstlichen Baume um Geld zu verkaufen feil war, liefen sie haufenweise zu dem Kaufmann und kauften von der Frucht des Baumes und kamen auch von fernen Inseln dahin zu kaufen, ja von der Welt Ende.

Als nun der Kaufmann sah, dass seine Ware so viel galt, auch so angenehm war, erdachte er sich eine List, damit er seinem Herrn einen großen Schatz sammeln möchte und schickte Kaufleute aus in alle Lande und ließ seine Ware feilbieten und hochloben. Aber er verfälschte die Ware und verkaufte andere Frucht für die gute, die nicht auf dem guten Baum gewachsen war, darum dass seines Herrn Schatz nur groß würde.

Die Heiden aber und alle Insulaner und Völker, die auf Erden wohneten, waren alle aus dem wilden Baume gewachsen, der da gut und böse war.

Darum waren sie halb blind und sahen den guten Baum nicht, der doch seine Äste ausstreckte vom Aufgang bis zum Niedergang, sonst hätten sie die falsche Ware nicht gekauft.

Weil sie aber den köstlichen Baum nicht kannten, der doch seine Äste über sie alle ausstreckte, so liefen sie alle den Krämern nach und kauften vermengte falsche Ware für gute und vermeineten, sie dienete zur Gesundheit. Weil sie aber alle so sehr nach dem guten Baum verlangten, der doch über ihnen allen schwebete, machte er sie gesund von ihrer Grimmigkeit und wilden Geburt und nicht des Krämers falsche Ware. Das währete eine lange Zeit.

Als nun der Fürst in der Finsternis, der da ist der Quell der Grimmigkeit, Bosheit und des Verderbens, sah, dass die Menschen gesund wurden von seinem Gift und wilden Art, von dem Geruch des köstlichen Baums, ward er zornig und pflanzete einen wilden Baum gegen Mitternacht, der wuchs aus der Grimmigkeit in der Natur, und er ließ ausrufen: 'Das ist der Baum des Lebens; wer davon isset, der wird gesund und lebet ewiglich!' Denn an dem Orte, da der wilde Baum wuchs, war eine wilde Stätte; und die Völker daselbst hatten das rechte Licht aus Gott von Anfang bis zur selben Zeit und auch noch heute nicht erkannt; und der Baum wuchs am Berge Hagar, in dem Hause Ismaels, des Spötters.

Da aber ausgerufen war von dem Baum: 'Siehe, das ist der Baum des Lebens', da liefen die wilden Völker zu dem Baum, die nicht waren aus Gott geboren, sondern aus der wilden Natur, und liebeten den wilden Baum, und aßen von seiner Frucht.

Und der Baum wuchs und ward groß von dem Saft der Grimmigkeit in der Natur, und breitete seine Äste aus von Mitternacht gegen Morgen und Abend. Der Baum aber hatte seinen Quell und seine Wurzel aus der wilden Natur, die da bös und gut war; und wie der Baum war, also war auch seine Frucht.

Weil aber die Menschen dieses Orts alle aus der wilden Natur waren gewachsen, so wuchs der Baum über sie alle, und ward also groß, dass er mit seinen Ästen reichete bis in das wertvolle Land unter den heiligen Baum.

Das war aber die Ursache, dass der wilde Baum so groß ward: Die Völker unter dem guten Baum liefen alle den Krämern nach, die die falsche Ware verkauften, und aßen von der falschen Frucht, die auch bös und gut war, und vermeineten, sie würden dadurch gesund werden; und ließen den heiligen guten, kräftigen Baum immer stehen. Indes wurden sie immer blinder, matter und schwächer und konnten dem wilden Baum gegen Mitternacht nicht wehren, dass er nicht wuchs. Denn sie waren viel zu matt und schwach. Sie sahen wohl, dass es ein wilder, böser Baum war, aber sie waren zu matt und schwach, und konnten ihm sein Wachstum nicht wehren. So sie aber nicht wären den Krämern mit der falschen Ware nachgelaufen und hätten von der falschen Frucht gegessen, sondern hätten von dem köstlichen Baum gegessen, so wären sie kräftig worden, dem wilden Baum Widerstand zu tun.

Weil sie aber der wilden Natur in dem Menschentheater nachhureten in ihres Herzens Gelüste, in Heuchelei, so herrschete auch die wilde Natur über sie, und wuchs der wilde Baum hoch und weit über sie, und verderbte sie mit seiner wilden Kraft.

Denn der Fürst der Grimmigkeit in der Natur gab dem Baum seine Kraft, zu verderben die Menschen, die von des Kaufmanns wilder Frucht aßen. Dieweil sie verließen den Baum des Lebens und suchten eigene Klugheit wie Mutter Eva im Paradies; so herrschte ihre angeborene eigene Qualität über sie, und sie gerieten in solch kräftigen Irrtum, wie St. Paulus saget (2.Thessalonicher 2,11).

Und der Fürst der Grimmigkeit erregte Krieg und Sturmwinde von dem wilden Baum gegen Mitternacht über die Völker, die nicht aus dem wilden Baum geboren waren; und sie fielen in ihrer Mattigkeit und Schwachheit vor dem Ungewitter, das aus dem wilden Baum ging.

Und der Kaufmann unter dem guten Baum heuchelte mit den Völkern gegen Mittag und Abend und gegen Mitternacht, und lobete seine Ware hoch und betrog die Einfältigen mit List. Und die Klugen machte er zu seinen Kaufleuten und Krämern, dass sie ihren Gewinn auch davon hatten, bis dass er's dahin brachte, dass niemand den heiligen Baum mehr recht sah und erkannte, und er das Land zum Eigentum kriegte.

Da ließ er ausrufen (2.Thessalonicher 2,4): 'Ich bin der Stamm des guten Baums und stehe auf der Wurzel des guten Baums und bin eingepfropft in den Baum des Lebens. Kaufet meine Ware, die ich euch verkaufe, so werdet ihr gesund werden von eurer wilden Geburt und ewig leben. Ich

bin aus der Wurzel des guten Baums gewachsen und habe die Frucht des heiligen Baums in meiner Gewalt, und sitze auf dem Stuhl der göttlichen Kraft und habe Gewalt im Himmel und auf Erden; kommet zu mir und kaufet euch ums Geld von der Frucht des Lebens!'
Da liefen alle Völker zu und kauften und aßen, bis sie verschmachteten.

Alle Könige von Mittag, Abend und gegen Mitternacht aßen von des Kaufmanns Frucht und lebeten in großer Ohnmacht; denn der wilde Baum von Mitternacht wuchs je länger je kräftiger über sie und vertilgete sie eine lange Zeit. Und es war eine elende Zeit auf Erden, als nicht gewesen war, solange die Welt bestanden. Aber die Menschen meineten, es wäre gute Zeit, so sehr hatte sie der Kaufmann unter dem guten Baum verblendet.

Am Abend aber jammerte die Barmherzigkeit Gottes der Menschen Elend und Blindheit, und bewegte abermal den guten Baum, den herrlichen göttlichen Baum, der die Frucht des Lebens trug. Da wuchs ein Zweig nahe bei der Wurzel aus dem köstlichen Baume und grünete (Jesaia 11,1–2), und ihm ward gegeben des Baums Saft und Geist, und redete mit Menschenzungen und zeigete jedermann den köstlichen Baum, und seine Stimme erscholl weit in viele Länder.

Da liefen die Menschen zu sehen und hören, was da wäre. Da ward ihnen gezeiget der köstliche und tugendreiche Baum des Lebens, davon die Menschen im Anfang gegessen hatten und waren entlediget worden von ihrer wilden Geburt.

Und sie wurden hoch erfreuet und aßen von dem Baum des Lebens mit großer Freude und Erquickung, und kriegten neue Kraft von dem Baum des Lebens, und singen ein neues Lied (Offenbarung 5,9) von dem wahrhaftigen Baum des Lebens, und wurden entlediget von der wilden Geburt und hasseten den Kaufmann mit seinen Krämern und falscher Ware.

Es kamen aber alle, die da hungerte und dürstete nach dem Baum des Lebens, und die im Staube saßen und aßen von dem heiligen Baum, und wurden gesund von ihrer unreinen Geburt und von der Natur Grimmigkeit, darinnen sie lebeten, und wurden eingepfropft in den Baum des Lebens.

Allein die Krämer des Kaufmanns und ihre Heuchler, und die ihren Wucher hatten mit der falschen Ware getrieben und ihre Schätze gesammelt, kamen nicht; denn sie waren im Wucher der Hurerei des Kaufmanns ersoffen und im Tode erstorben und lebeten in der wilden Natur; und die Angst und Schande, die da aufgedeckt ward, hielt sie zurück, dass sie hatten mit dem Kaufmann so lange gehuret und die Seelen der Menschen verführet; da sie doch rühmeten, sie wären in den Baum des Lebens eingepfropft und lebeten in göttlicher Kraft, in Heiligkeit, und trügen die Frucht des Lebens feil.

Weil nun offenbar ward ihre Schande, Betrug, Geiz und Schalkheit, verstummten sie und blieben zurück und schämeten sich, dass sie hätten Buße getan für ihre Greuel und Abgötterei, und wären mit den Hungrigen und Durstigen zu dem Brunnquell des ewigen Lebens gegangen. Darum verschmachteten sie auch in ihrem Durste, und ihre Qual steiget auf von Ewigkeit zu Ewigkeit, und ihr Gewissen naget sie.

Da nun der Kaufmann mit der falschen Ware sah, dass sein Betrug war offenbar worden, ward er sehr zornig und verzagt, und richtete seinen Bogen wider das heilige Volk, das seine Ware nicht mehr kaufen wollte, und tötete viele des heiligen Volks und lästerte wider den grünen Zweig, der aus dem Baum des Lebens war gewachsen. Aber der Großfürst Michael, der vor Gott stehet, kam und stritt für das heilige Volk und siegete (Offenbarung 12,7).

Als aber der Fürst aus der Finsternis sah, dass sein Kaufmann war gefallen und sein Betrug offenbar worden, erregte er das Sturmwetter von Mitternacht aus dem wilden Baum gegen das heilige Volk, und der Kaufmann vom Mittag stürmete auch wider sie. Da wuchs das heilige Volk sehr und hoch im Blute. Gleichwie es war im Anfang, da der heilige und köstliche Baum wuchs, der überwand die Grimmigkeit in der Natur und ihren Fürsten, also war es auch zu der Zeit.

Als nun der edle und heilige Baum allem Volk war offenbar worden, dass sie sahen, wie er über ihnen allen schwebete und seinen Duft über alle Völker ausstreckte und mochte davon essen, wer da wollte; da ward das Volk überdrüssig zu essen von seiner Frucht, die auf dem Baum wuchs, und lüsterte nach der Wurzel des Baumes zu essen, und die Klugen und Weisen suchten die Wurzel und zanketen um dieselbe. Und der Streit um die Wurzel des Baumes ward groß, also dass sie vergaßen, von der Frucht des süßen Baums zu essen, von wegen des Zanks um die Wurzel des Baums.

Es war ihnen aber nicht um die Wurzel noch um den Baum zu tun, sondern der Fürst in der Finsternis hatte etwas anderes im Sinne, weil er sah, dass sie nicht mehr von dem guten Baum essen wollten, sondern zankten um die Wurzel, sah wohl, dass sie gar matt und schwach geworden, und dass die wilde Natur wieder in ihnen herrschete. Darum bewegte er sie nun zur Eitelkeit, dass ein jeder meinete, er hätte die Wurzel beim Stiele, man sollte auf ihn sehen und hören und ihn ehren. Damit baueten sie ihre Palasthäuser und dieneten heimlich dem Abgott Mammon. Dadurch wurde der Laienstand geärgert, und lebeten in ihres Fleisches Lust, in Begierde der wilden Natur und dieneten dem Bauch in Üppigkeit, verließen sich auf die Frucht des Baumes, die über ihnen allen schwebte, ob sie gleich in Verderben gerieten, dass sie dadurch möchten wieder gesund werden. Und dieneten unterdessen dem Fürsten der Finsternis nach der wilden Natur Trieb. Und der köstliche Baum musste ihnen nur zum Schauspiegel dastehen, und ihrer viele lebeten gleich den wilden Tieren, und führeten ein böses Leben in Eitelkeit, Pracht und Üppigkeit; und der Reiche verzehrte dem Armen den Lohn seines Schweißes und seiner Arbeit, und drängte ihn noch dazu.«

IV

Wie in unseren Tagen die Wissenschaft im Mittelpunkt des Interesses steht und ganz auf die Erfolge der Technik in all ihren Facetten gerichtet ist, so wurde in den Tagen Jakob Böhmes vielfach und auf verschiedenerlei Arten in den Religionswissenschaften gesucht und geforscht. Europa schüttelt sich in seinen Grundfesten, bedingt durch die Spannungen, die aus dem Drang der Menschen hervorbrechen, die christlichen Lehrsätze auf die rechte Weise zu verstehen. Man sucht nach neuen Richtlinien, denen man sich ruhigen Herzens anvertrauen kann. Man glaubt, die Zeit sei gekommen, dass all diese Dinge den Punkt erreicht haben, sich zu offenbaren: Das Tausendjährige Reich sei dabei anzubrechen, und man lebt (auch in dieser Zeit schon) in der Annahme, der Gipfel des menschlichen Denkens sei erreicht.

Wer ist dieser »man«? Das ist vornehmlich diejenige Gruppe der Bevölkerung, für die Geld keine Rolle spielt, die Oberschicht. Denn die »einfache« Bevölkerung kennt keine Ausbildung. Sie hat keine Gelegenheit, sich zu entwickeln. Die Oberschicht braucht die Jugend als billige Arbeitskräfte, und Eltern *und* Kinder haben die größte

Mühe, das tägliche Brot zu verdienen. Dies war sicher eine der Ursachen des Hasses von Gregorius Richter gegen den Schuhmacher Böhme, dass dieser als empor gekommener Bauernjunge sich anmaßt, über Religionswissenschaften zu schreiben.

Europa wird in jenen Tagen mit Manifesten, Traktaten, Thesen, Lehrmeinungen und unzähligen anderen Schriftformen überschwemmt, die alle veröffentlicht und publiziert werden. Jedes Stück begehrt Anspruch auf die eine Wahrheit. Die Römische Kirche, die wie die weltliche Obrigkeit fortwährend darauf gerichtet ist, die gesamte Menschheit unter ihre Obhut zu stellen, setzt sich mit allen Mitteln zur Wehr gegen diese freien Meinungsäußerungen. Sie hat ihre erste große Niederlage, die der Reformation von Martin Luther, noch frisch in Erinnerung. Diese hat einen absolut nicht wieder gutzumachenden Bruch mit der Katholischen Kirche bewirkt.

Jakob Böhme lebt in einer Zeit, in der die Folgen dieses Bruchs sich immer stärker bemerkbar machen. Viele sind damit beschäftigt, sich dem Griff der Kirche von Rom zu entziehen. In allen Lebenssituationen begegnen wir diesem Drang, zum Beispiel in der Kunst. Die Kunst wird bis zum 16. Jahrhundert stets durch die Kirche bestimmt. Bis dahin hat sie einzig und allein im Dienst der Kirche gestanden. Darin sehen wir ganz langsam den Einfluss der Reformation auftreten. Nun sehen wir eine Vielzahl von weltlichen Gemälden entstehen. Das Gleiche gilt für die Musik. Zur Illustration: In dieser Zeit wird die erste Oper geschrieben, ein ganz und gar »weltliches« Gesangsspiel, dem straffen Prinzip der Kirche entzogen.

Ein solches Ringen, um dem Griff einer Kirche, sei es der Katholischen oder wie in Böhmes Fall der Lutherischen zu entkommen, ist gepaart mit viel Leid und unsäglichen Mühen. Jakob Böhme braucht in der Tat keine Kirche. O ja, er fügt sich vollkommen der herrschenden Mehrheit – und in Görlitz zählt die Lutherische Kirche dazu. Faktisch aber ist er von ihr frei, er steht darüber. Er zeigt nur die Notwendigkeit einer vollkommen christlichen Lebenshaltung auf. Das ist, was Pfarrer Richter fühlt, und was ihn rasend macht. Jener ist ein *freier* Mensch! Richter ist es nicht. Richter ist ein Mensch, der nicht anders kann, als sich dogmatisch starr an den reformierten Thesen festzuhalten.

Jedoch wird Böhme unerwartet Hilfe zuteil. Bei der Obrigkeit ist die

Gefahr einer Dogmaverblendung bekannt, die jetzt, da man erst gerade ihr am Entsteigen ist, viel Leid verursachen kann. Es wird durch wohldenkende Menschen und Aristokraten ein Hoher Rat errichtet, der alle neuen Schriften nach ihrem geistigen Gehalt beurteilen soll. Darüber hinaus hat dieser Hohe Rat darauf zu achten, dass die Hüter der Reformation nicht in die gleichen Fehler verfallen, die man der Römischen Kirche vorwirft. Dresden ist eine Stadt, die einen solchen Rat beherbergt. Dorthin will Böhme.

Jakob Böhme, jetzt 43 Jahre alt, hat seit einiger Zeit die Feder wieder in die Hand genommen. Sein erstes Buch *Aurora* ist über die Grenzen des damaligen Deutschland hinaus bekannt geworden – in Handschrift. Böhme entwickelt eine enorme Produktivität, als ob er die verlorenen fünf Jahre des Stillschweigens aufholen möchte. Görlitz wird überströmt von Fremden, die ihn besuchen wollen, um die hohen geistigen Lehren aus seinem eigenen Munde zu vernehmen. Er bekommt Briefe und Schriften von Fürsten, Edelleuten, Geistlichen und Doktoren, die alle Fragen haben über seine inzwischen berühmt gewordene *Aurora*. Ihr Interesse ist aber nicht beschränkt auf sein Erstlingswerk, denn in drei Jahren schrieb er fünfzehn dicke Bücher, genauso genial und von hohem spirituellen Gehalt.

Jakob Böhme ist jetzt, wie man so sagt, auf dem Höhepunkt seines Lebens. Anerkennung und Bewunderung wird ihm aus ganz Europa zuteil. An seinem eigenen Wohnort aber ist er von Hass umgeben. Je mehr das Interesse an Jakob Böhme zunimmt, umso größer wird der Widerstand des Stadtpfarrers und dessen Freunde. Es ist so schlimm, dass die Situation für Böhme und seine Familie wieder unerträglich wird. Aber Böhme lässt sich nicht entmutigen. Der berühmt gewordene Schuhmacher hat große Pläne, Pläne, die niemals in ihm gereift wären, wenn der Zustand für ihn und die Seinen nicht so unhaltbar geworden wäre. Er beschließt, nach Dresden zu reisen, um dort vom Hohen Rat der Geistlichkeit die Anerkennung und das Recht für sein Reden und Schreiben zu erhalten. Am 9. Mai 1624 überlässt er seine Frau und seine Kinder Gottes Obhut, um erst sieben Monate später nach Görlitz zurückzukehren.

Es kann zu Recht die Frage gestellt werden: Warum unternimmt dieser Mensch so viele Anstrengungen, um seinen Lehren Recht widerfahren zu lassen? Die Antwort muss lauten: Weil er die große Bedeutung dessen einsieht, dass seine Ansichten und die Lehre der Reinigung, Sanftmut und Nächstenliebe, niedergeschrieben in seinen Schriften, frei veröffentlicht werden können. Sie sollen nicht in das Buch des Vergessens gelangen. Die Offenbarungen, die Jakob Böhme zu erleben vergönnt waren: Die Wahrheit der Dinge, seine dreifache große Vision, sein Blick in die Geisteswissenschaften; dies alles mag er, seiner eigenen Richtschnur zufolge, nicht für sich selbst behalten. Denn diese gnostische Idee, wie wir seine Lehrsätze mit ruhigem Herzen nennen dürfen, muss einen Boden finden, um Fuß zu fassen in der Entwicklung der Zeit, die nach der Reformation eingesetzt hat. So wie die Lutherische Kirche sich in dieser Entwicklung vom Dogma Roms freigemacht hat, so hat sie mit festen Schritten die Gefahrenzone der Kristallisation betreten. Böhme fühlt, dass, bevor die totale Erstarrung zuschlägt, die gnostische Idee der zwei Schöpfungen, der zwei Naturordnungen festen Boden erhalten muss.

Viele haben sich mit Jakob Böhme für diese Arbeit eingesetzt. Er hat auch zahlreiche Schüler gehabt, darunter Angelus Silesius in Deutschland, Spinoza in Amsterdam und später Jan Luyken, ebenfalls in den Niederlanden. Als der ganze Lärm um den Schriftsteller verstummt ist, sendet Dr. Paul Scipio am 26. November 1641 das Manuskript von *Aurora* nach Amsterdam, wo der Kaufmann Abraham Willemsz van Beyerland die Schrift herausgibt. Auch kauft Van Beyerland für 100 Reichstaler eine Kiste mit Manuskripten und Abschriften von Böhmes Werk und lässt diese nach Amsterdam bringen. Bei den Turbulenzen des Dreißigjährigen Krieges ist es nicht verwunderlich, dass der Konvoi, in dem sich auch die Kiste mit den Büchern befindet (Böhme hat beinahe 4000 Blatt beschrieben), irgendwo auf dem Weg nach Hamburg geplündert wird. Als Johannes Rothe, der Mann, der die Bücher verkauft hat, von dieser Katastrophe hört, schreibt er Van Beyerland, dass er leider annehmen müsse, dass die Sendung verloren sei. Doch der »Zufall« will, dass am selben Tag, an dem der Amsterdamer Händler den Brief empfängt, er gegen Abend, zurückkehrend von der Börse, in der Eingangshalle zu seiner Wohnung die Kiste vorfindet. Dieses »kleine Wunder von Amsterdam« hat das Lebenswerk von Jakob Böhme für die Nachwelt bewahrt.

Neben der Kristallisation in den Kirchen nennt Jakob Böhme noch eine zweite Gefahr für den Weg zur Befreiung: Die Karikatur der

Nachahmungs-Alchemie, ausgeübt von denen, die materielles Gold herstellen wollen. Gegen diese Entartung der wahren Alchemie sind vor allem auch die Klassischen Rosenkreuzer energisch vorgegangen.

Viele geschulte Sucher schätzen Jakob Böhme wegen seines tiefgreifenden Verständnisses und seiner umfassenden Kenntnis der damaligen Naturwissenschaften. Er ist ein ausgezeichneter Kenner von Paracelsus' Werken, dessen Erkenntnisse er in seinen späteren Werken auf vertiefte Weise anwendet. Seine Alchemie hat begreiflicherweise mit dem irdischen Goldmachen nichts zu tun.

Als Böhme nach einigen Umwegen in Dresden ankommt, wird er vom persönlichen Leibarzt und Hofalchemist des Kurfürsten von Dresden empfangen. Dieser Doktor-Alchemist, der außerordentlich viel von Böhme gehört hat, nötigt ihn, während der Zeit, die er in Dresden verbringen wird, bei ihm zu wohnen. Auf diese Weise hofft er, vom Kenner von Paracelsus' Werken Aufschluss darüber zu erhalten, wie man Gold macht. Der bescheidene Jakob Böhme, vertrauensvoll, nimmt die Einladung an. Für den Doktor läuft dieses Verbleiben auf eine Enttäuschung hinaus. Denn Böhme richtet all seine Gedanken auf das Ziel, für das er gekommen ist: Anerkennung für seine Lehre zu erhalten.

Der Hohe Rat der Geistlichkeit in Dresden (oder das Oberkonsistorium) interessiert sich inzwischen außerordentlich für Jakob Böhme, und jedes Mitglied besitzt zu Studienzwecken schon eine Abschrift eines seiner Werke. Jedes von ihnen scheint sehr begeistert zu sein über Böhmes Werke, und einstimmig stellen sie fest, dass die Anklagen und Verfolgungen von Richter vollkommen unbegründet sind. Dessen Hass ist vollkommen aus der Luft gegriffen. Richter empfängt dann auch Tadel über sein unredliches Betragen und wird erneut aufgefordert, Böhme künftig in Ruhe zu lassen. Wir können nur zu gut verstehen, wie Jakob Böhme über das erzielte Resultat erfreut ist! Das Leben hat für ihn gleichsam neu begonnen.

Inzwischen kehrt der Kurfürst von Dresden von einer Reise zurück, und auch er möchte sich gern persönlich ein Bild von der Situation machen. Er arrangiert es so, dass zwei geschulte Theologen ein Frage- und Antwortgespräch mit Böhme führen sollen, bei dem Böhme, dem Kurfürsten zufolge, vollauf die Gelegenheit erhält, seine Lehre zu verteidigen. Das ist die zweite Feuerprobe für unseren

Schuhmacher und – auch diese Prüfung ist von Erfolg gekrönt! Besonderen Eindruck macht Böhme mit der Selbstverständlichkeit und dem nicht attackierenden Ton, mit denen er darauf hinweist, dass jeder Mensch hinsichtlich des Neuen Lebens-in-Christo selbst verantwortlich ist. Er stellt fest:»So bekenne ich den Tempel von Christus im Menschen, und dass wir Christus in unseren Herzen verstehen lernen müssen.«

Das ist die gleiche Sprache, das gleiche»lebende Wort« wie das des Rosenkreuzes, welches Kraft wirken kann, es ist derselbe Geist des ursprünglichen Lebens, der in Jakob Böhme spricht. Als Motto gilt ihm: *Unser Heil liegt im Leben Jesu-Christi-in-uns.* Auffallend ist die Ähnlichkeit mit dem Lebensspruch von Johann Valentin Andreae: *Jesu mihi omnia* – Jesus ist mir alles. Die große Bescheidenheit und Klarheit von Böhmes Ausführungen hinterlässt so viel Eindruck, dass er auch von diesem Gremium anerkannt wird.

So bricht der Augenblick an, dass Böhme nach Hause zurückkehren kann. Der Doktor-Alchemist lässt ihn gern gehen, denn dieser hat seine Einladung ziemlich bald bedauert, als er entdeckt hat, dass bei einem Schuster wenig stoffliches Gold zu holen ist. Zu Hause bei seiner Familie in Görlitz kann Jakob nicht bleiben. Das Arbeiten wird ihm unmöglich gemacht. Durch diesen Umstand genötigt, nimmt der Verfolgte eine Einladung auf die Burg Schweinsburg an, die einem befreundeten Fürsten gehört. Auf dem Weg dorthin wird er von zwei Mördern überfallen, die von Richters Freunden bezahlt wurden. Gemeinsam schlagen sie auf ihn ein. In der Annahme, dass es um ihn geschehen sei, stoßen sie ihn schwer verletzt in ein zuvor ausgehobenes Grab. Dadurch dass die Banditen gerade im rechten Augenblick bei ihrer»Arbeit« gestört wurden, wurde Jakob Böhme vor dem sicheren Tod gerettet. Mehr tot als lebendig trägt man ihn in die Schweinsburg hinein. Glücklich wieder genesen und aufgenommen von der Familie des Schlossherrn, arbeitet er weiter, ohne sich Ruhe zu gönnen. Doch wird er auch hier nicht in Ruhe gelassen: Eine letzte Lebensprüfung steht Böhme noch bevor. Ein eingebildeter Junker, auch Gast auf der Schweinsburg, sieht alsbald seine Aufgabe darin, Böhme mit Quälereien sein Leben unmöglich zu machen. Wegen der unerschütterlichen Freundlichkeit des weisen Schuhmachers wird dies von Tag zu Tag schlimmer. Der Junker verspottet den

»Propheten«, wie er ihn nennt, und versucht Böhme mehrmals zu zwingen, ihm seine Zukunft vorherzusagen. Jakob Böhme weigert sich stets. Er weiß, dass er es mit einem schlechten Menschen zu tun hat. Doch kommt es eines Abends zu einer Krise. Der betrunkene Junker zieht seinen Degen. Mit der Spitze an seiner Kehle muss und wird der »Prophet« ihm sein Schicksal vorhersagen. Böhme schaut ihm tief in die Augen und erzählt ihm seine ganze zweifelhafte Vergangenheit. »Die Zukunft«, faucht der Junker, »ich will meine Zukunft wissen!«

Dann erzählt ihm Böhme, dass er binnen drei Tagen gewaltsam ums Leben kommen wird. Die »öffentliche Zurschaustellung« seiner dunklen Vergangenheit erfüllt den Junker mit solch einer Wut, dass er sich auf Jakob Böhme stürzt, um ihm ein für allemal den Mund zu stopfen. Den Umstehenden gelingt es, Böhme gerade noch rechtzeitig zu befreien, und der Junker wird von seinem Gastherrn auf die Straße gesetzt. Jakob Böhme und seine Freunde verfluchend, galoppiert der Junker zum Schlosstor hinaus. Sein schmachvoller und gehetzter Abzug bewirkt, dass sein Pferd strauchelt und der Junker abgeworfen wird. Er fällt so unglücklich, dass er sich das Genick bricht und stirbt. Dieses tragische Ende greift Böhme dermaßen an, dass er sich nichts Sehnlicheres wünscht, als nach Hause zurückzukehren. Krank und durch Kummer gebrochen, kommt der Streiter für Wahrheit, Liebe und Sanftmut für den Abschluss seines Lebensdramas in Görlitz an.

Mit dem ersten Schritt, den er in sein Haus setzt, weiß er bereits, dass sich in Görlitz an der Situation nichts verändert hat. Im Gegenteil, Gregorius Richter hat während seiner Abwesenheit das Volk so stark aufgehetzt, dass die Umstände für Böhme lebensgefährlich geworden sind. Die Krise naht, da es sich auch noch herausstellt, dass Böhmes erstes und zeitlebens einziges Buch im Druck erscheint (*Der Weg zu Christo* oder *Christosophia*). Sowohl diese Anerkennung für Böhmes Autorität als auch die Entscheidung des Dresdner Rats verdoppeln Richters Hass, und dieser weist die Auffassung des Konsistoriums vollkommen ab. Er weiß nahezu die gesamte Gemeinde von Görlitz hinter sich zu sammeln, und Haus und Habe von Böhme haben wieder einen schweren Stand.

Nun beginnt der letzte Akt im Trauerspiel Gregorius Richter kontra

Böhme. Richter liegt im Sterben. Das durch Hass verbitterte Leben erhält seinen schwersten Akzent durch die Entdeckung, dass sein eigener Sohn ein Anhänger und eifriger Verbreiter Böhmes Lehre ist. Für Gregorius Richter muss das wohl eine Prüfung aus der Hölle gewesen sein, als sein Sohn dies zugibt und verzweifelt ausruft: »Vater, Vater, wie konntest du diesen Mann nur verfolgen!« Auch dieses Geschehen trifft Jakob Böhme tief im Gemüt. Ihm bricht das Herz bei dem Gedanken, dass es ihm nicht gelingen soll, Frieden mit dem armen Stadtpfarrer zu schließen. Seine Versöhnlichkeit ist so großmütig, dass er noch nach dem Tod von Richter einen Nachruf für ihn schreibt.

Drei Monate danach wurde er selber krank, und am 17. November 1624 nimmt Jakob Böhme Abschied von seinen Nächsten mit den Worten: »Jetzt fahr ich hin ins Paradies.« Ein Leidensweg ist zu Ende. Er wurde gegangen im Dienst der einen Idee, der einen Wahrheit, gegründet in der Gnosis, übertragen durch den Logos selber, niedergeschrieben durch eine Feder, »getauft«, wie es damals poetisch ausgedrückt wurde, »im Herzblut Christi«. Diese Idee, diese Gnosis, hat er aufs Neue mit vielen verbunden.

Böhmes Grab und der Grabtempel von Christian Rosenkreuz weisen noch eine treffende Übereinstimmung auf. Das Kreuz auf Jakobs letzter Ruhestätte trägt die Aufschrift:
»Aus Gott geboren
In Jesu gestorben
Mit dem Heiligen Geist versiegelt«

In dem besonderen Grabtempel von Vater Bruder Christian Rosenkreuz steht:
»Ex Deo Nascimur
In Jesu Morimur
Per Spiritum Sanctum Reviviscimus«
»Aus Gott geboren
In Jesu gestorben
Durch den Heiligen Geist wiedergeboren«

Weiter steht auf Böhmes Grabstein ein Vers, der die Essenz seines Lebens wunderschön wiedergibt:

»Im Wasser lebt der Fisch, die Pflanze in der Erde,
der Vogel in der Luft, die Sonn' am Firmament.
Der Salamander muss im Feuer erhalten werden,
und Gottes Herz ist Jakob Böhmes Element.«

So steht es zu lesen in einer Ausgabe seiner Werke von 1676, denn das Grab selbst wurde noch von fanatischen Lutheranern zerstört. Aber Jakob Böhmes Grab ist keine dunkle Gruft in der Erde. Es steht leuchtend wie die Morgenröte, unantastbar aufgerichtet in seinen Büchern, in denen er seine Weisheit niederschrieb, und womit er seinen Auftrag erfüllte. Die Flamme wurde am Brennen gehalten.

Jacob Böhme

Böhmes Verständnis von den sieben Geistern

Böhme ist in Europas religiösem Leben und Denken eine Erscheinung, die heute genügend entfernt ist, dass man sie als »alt« bezeichnen kann, jedoch nahe genug, um von uns noch unmittelbar – ohne viele erklärende Worte Dritter – verstanden zu werden. Seine Sprache ist alt, gewiss, aber ein einfühlsames Herz erspürt in jedem seiner Worte einen Strom von Licht, einen Balsam von Trost und Verständnis, sowie Freude für ein Gemüt, die durchdringen bis zu den Bestehensgründen seiner selbst, des Seienden und des Unkennbaren, von Gott selbst.

Böhmes Philosophie ist mühselig, sagt man. Freilich muss man sich mit einzelnen Begriffen vertraut machen, die zu jener Zeit gebräuchlicher waren als heutzutage. Sein teilweise altes, antiquiertes Deutsch erschwert das Verständnis. Außerdem wagt Böhme es, über Satan, Luzifer oder die Zornwelt zu sprechen, Welten und Worte, die uns nicht mehr ansprechen, nichts mehr sagen, möglicherweise weil sie uns eben gerade zu vertraut geworden sind. Aber viel lieber schreibt und spricht Jakob Böhme über die Welt des Lichts, über das *Freudenreich*, wie er sie nennt, um, ausgehend von Freude durch das Erkennen und Begreifen jener Welt, selbst in Freude zu entflammen.

Er kann niemals zufriedenstellend erklären, wie eigentümlich Gott und die sieben Urgeister sind. Er spricht zu den Allereinfältigsten, so sagt er, weil er selbst auch einfältig ist, und nur weiß, solange »der Geist bei ihm ist«. Ohne diesen ist er »ein hohles Fass«. Dies sind seine eigenen Worte.

Gott ist der unbekannte »Ungrund«, so bezeichnet er ihn. Aus Gott wird der Sohn geboren. Der Sohn ist eine Qualität des Lichts und besteht aus sieben Urgeistern. Wie ist das zu verstehen? Das erste Wunder ist schon die Geburt des Sohnes. Am besten lässt man ihn selbst zu Wort kommen. In seiner *Aurora* vergleicht er die sieben Urgeister mit sieben Rädern:

»So ich dir aber die Gottheit in ihrer Geburt soll in einem kurzen runden

Zirkel recht in der höchsten Tiefe beschreiben, so ist sie also: Gleich als wenn ein Rad vor dir stünde mit sieben Rädern, da je eines in das andere gemacht wäre, also dass es auf Erden gehen könnte, vor sich und hinter sich und quericht und bedürfte keiner Umwendung. Und so es ginge, dass immer ein Rad in seiner Umwendung das andere gebäre und doch keines verginge, sondern alle sieben sichtbar wären. Und die sieben Räder gebären immer die Nabe inmitten nach ihrer Umwendung, dass also die Nabe frei ohne Veränderung immer bestünde. Die Räder gingen gleich vor sich oder hinter sich oder quericht oder über sich oder unter sich. Und die Nabe gebäre immer die Speichen, dass sie in dem Umwenden überall recht wären, und doch auch keine Speiche verginge, sondern sich immer also miteinander umdrehete und ginge, wohin es der Wind drehete, und bedürfte keiner Umwendung.

Nun merke, was ich dir berichte: Die sieben Räder sind die sieben Geister Gottes. Die gebären sich immer einer den andern, und es ist wie man ein Rad umwendet, da sieben Räder ineinander wären, und eines drehete sich immer anders als das andere in seinem Innestehen, und wären die sieben Räder ineinandergefelget wie eine runde Kugel. Da man doch gleichwohl alle sieben Räder, eines jeden Umgang insonderheit sähe, sowohl auch seine ganze Geschicklichkeit mit seinen Felgen und Speichen und mit seiner Nabe. Und die sieben Naben inmitten wären wie eine Nabe, die sich im Umwenden überall hinschickte, und die Räder gebären immer dieselben Naben, und die Nabe gebäret immer in allen sieben Rädern die Speichen, und verginge doch auch kein Rad, sowohl auch keine Nabe und auch keine Felge und Speiche. Und dasselbe Rad hätte sieben Räder und wäre doch nur ein Rad, und ginge immer vor sich, wo es der Wind hintriebe.

Nun siehe: Die sieben Räder ineinander, da eines immer das andere gebäret, und auf allen Seiten gehen und doch keines vergehet oder sich umwendet, das sind die sieben Quellgeister Gottes des Vaters. Die gebären in den sieben Rädern in jedem Rad eine Nabe, und sind doch nicht sieben Naben, sondern nur eine, die sich in alle sieben Räder schicket.

Und das ist das Herz oder der innerste Corpus der Räder, darinnen die Räder umlaufen. Und das bedeutet den Sohn Gottes, den alle sieben Geister Gottes des Vaters in ihrem Zirkel immer gebären. Und er ist aller sieben Geister Sohn, und sie qualifizieren alle in seinem Lichte, und er ist inmitten der Geburt und hält alle sieben Geister Gottes. Und sie wenden sich in ihrer Geburt mit ihm also um. Das ist, sie steigen nun über sich oder unter sich oder hinter sich und vor sich oder quericht. So ist das Herze Gottes immer inmitten und schickt sich immer zu jedem Quellgeiste. Also ist's *ein* Herze Gottes und nicht sieben, das von allen sieben Geistern immer geboren wird, und ist aller sieben Geister Herz und Leben.

Nun die Speichen, die von der Nabe und den Rädern immer geboren werden, und doch sich in alle Räder im Umgehen schicken, und ihre Wurzel, Anhalt oder Einpflocken, darinnen sie stehen und daraus sie geboren werden, die bedeuten Gott, den Heiligen Geist, der aus dem Vater und Sohne ausgehet. Gleichwie die Speichen aus der Nabe und dem Rade bleiben doch auch in dem Rade.

Nun gleichwie der Speichen viele sind und gehen immer in dem Rade mit um, also ist der Heilige Geist der Werkmeister in dem Rade Gottes und formet und bildet alles in dem ganzen Gott.

Nun hat das Rad sieben Räder ineinander, und eine Nabe, die sich in alle sieben Räder schicket, und alle sieben Räder an der einen Nabe. Also ist Gott ein einiger Gott mit sieben Quellgeistern ineinander, da immer einer den andern gebäret, und ist doch nur ein Gott, gleichwie alle sieben Räder ein Rad.

Nun merke: Das Rad in seinem zusammen korporierten Baue bedeutet die herbe Qualität. Die ziehet das ganze körperliche Wesen der Gottheit zusammen, und hält es und vertrocknet es, dass es bestehet. Und das süße Quellwasser wird von dem Umtreiben oder Aufsteigen der Geister geboren. Denn wenn sich das Licht in der Hitze gebäret, so erschrickt die herbe Qualität vor großer Freude. Und das ist wie ein Niederlegen oder Dünnwerden, und das harte körperliche Wesen sinket nieder wie eine Sanftmut.

Der Schreck oder Anblick des Lichts steiget nun in der herben Qualität fein sanft und zitternd auf und zittert. Der ist nun in dem Wasser bitter. Und das Licht vertrocknet ihn und macht ihn freundlich und süße.

Darinnen stehet nun das Leben und die Freude, denn der Schreck oder Blitz steiget nun in allen Qualitäten auf wie ein oben erwähntes Rad, das sich umwendet. Da steigen alle sieben Geister ineinander auf und gebären sich gleich wie in einem Zirkel. Und das Licht wird mitten in den sieben Geistern scheinend und scheinet wider in allen sieben

Geistern. Und darinnen triumphieren alle Geister und freuen sich in dem Lichte.

Gleich wie die sieben Räder an der einzigen Nabe umgehen als an ihrem Herzen, das sie hält. Und sie halten die Nabe; also auch gebären die sieben Geister das Herz, und das Herz hält die sieben Geister, und gehen allda auf Stimmen und göttliches Freudenreich, herzliches Lieben und Küssen.

Denn wenn die Geister mit ihrem Licht ineinander wallen, sich umdrehen und aufsteigen, so wird immer das Leben geboren, denn ein Geist gibt immer dem andern seinen Geschmack, das ist, er infizieret sich mit dem andern.

Also kostet einer den andern und fühlet den andern. Und der Schall oder Ton dringet von allen sieben Geistern gegen das Herz und steiget in dem Herzen im Blitze des Lichts auf. Da gehen auf Stimmen und das Freudenreich des Sohnes Gottes. Und alle sieben Geister triumphieren und freuen sich in dem Herzen Gottes, ein jeder nach seiner Qualität.

Denn in dem Lichte in dem süßen Wasser wird alle Herbigkeit und Härtigkeit und Bitterkeit und Hitze besänftiget und lieblich, und es ist in den sieben Geistern nichts denn ein liebliches Ringen und wunderliches Gebären wie ein heiliges Spiel Gottes.

Ihre scharfe Geburt aber, davon ich oben geschrieben habe, die bleibet wie ein Kern verborgen, denn sie wird von dem Licht und süßen Wasser besänftiget.

Gleich wie ein saurer und bitterer grüner Apfel von der Sonne gezwungen wird, dass er fein lieblich zu essen ist, und man schmecket doch alle seine Qualitäten, also behält auch die Gottheit ihre Qualitäten, aber sie ringet fein sanft wie ein lieblich Spiel.

So sich aber die Quellgeister würden erheben und geschwinde ineinander durchdringen und sich hart reiben und quetschen, so quetschte sich das süße Wasser aus und zündete sich die grimmige Hitze an. Alsdann würde aufgehen das Feuer aller sieben Geister wie in Luzifer.

Das ist nun die wahrhaftige Geburt der Gottheit, die von Ewigkeit an allen Enden ist also gewesen und bleibet in alle Ewigkeit also.«

Das ist die farbige Sprache Böhmes. Er kann nicht genug davon kriegen, die wunderbare Geburt Gottes immer wieder zu erklären. Denn Gott wird stets aufs Neue geboren! Und – was noch wichtiger ist – Gott wird ebenfalls in den Menschen, im Herzen, im siebenfältigen Rad, in der sich drehenden Kugel des Mikrokosmos wohlgemerkt, von Neuem geboren! So wie Jan van Rijckenborgh in seiner ausführlichen Literatur immer wieder das Mysterium der Rose erklärt, jedes Mal aus einem anderen Blickwinkel, so legt Böhme immer wieder die wunderbare Geburt Gottes aus. Immer wieder ist er ergriffen von der Freude dieser Geburt, von der Herrlichkeit, die er »süß«, »lieblich« oder »zart« nennt.

Spricht Böhme nun von *einer* Welt, oder von *zwei* oder gar *drei*? Böhme erklärt uns, wie »ein Alles und ein Nichts« existieren, wie es einen nicht geoffenbarten, unkennbaren Nicht-Grund, den Ungrund, gibt. Daraus entsteht eine Schöpfung, eine siebenfache Kreation. Das ist das erste Wunder. Diese Schöpfung ist der Sohn! So entstehen im Sohn die sieben Urgeister, wie oben beschrieben. Diese sind aufs Neue der Sohn, und sie kreieren aufs Neue das *Bewusstsein* des Sohnes. »Verstehe das magisch!« würde Böhme sagen. Die Schöpfung, Schöpfen ist zu verstehen als ein Zusammenziehen oder Zusammenballen. Bewusstsein entsteht, indem die sieben Geister aufeinander einwirken und ineinander Kenntnis (Erkennen), Freude, Licht, Leben, Geschmack, Klang und Form hervorbringen. Das All ist *Liebe*, der Beginn, die Nabe, das Herz Gottes.

Ein Sohn ist Luzifer, *ein* Sohn ist Christus. Luzifer und Christus sind die »Erstlinge des Geistes«. Luzifer ist ein Sohn. Böhme schreibt über Luzifer:

> »Nun siehe: Als der König Luzifer also zusammen korporiert war als ein Begreifer seines ganzen Königreichs, so ist alsbald zur selben Stunde und in demselben Augenblicke, als er zusammen korporiert worden war, die Geburt der Heiligen Dreifaltigkeit Gottes, welche er in seinem Corpus zum Eigentum gehabt, aufgestiegen, und hat sich geboren wie außer der Kreatur in Gott.

> Denn im Zusammentreiben des Corpus ist gleich auch die Geburt mit großem Triumph als in einem neu gebornen König in Gott aufgestiegen, und es haben sich alle sieben Quellgeister ganz freudenreich und triumphierend erzeiget. Und ist alsbald in demselben Augenblicke das Licht aus den sieben Geistern im Zentrum des Herzens geboren worden und aufgegangen als ein neugeborner Sohn des Königs, welcher auch alsbald augenblicklich den Corpus aller sieben Quellgeister aus dem Zentrum

des Herzens hat verkläret. Und von außen hat ihn das Licht des Sohnes Gottes verkläret. [...]

Nun, da stehet die schöne Braut. Was soll ich nun von ihr schreiben? Ist sie nicht ein Fürst Gottes gewesen, dazu der allerschönste, dazu in Gottes Liebe als ein lieber Sohn der Kreaturen?«

Dann erklärt Böhme, wie man diesen Fall verstehen muss:

»Als sein Licht in ihm geboren war im Herzen und seine Quellgeister urplötzlich mit dem hohen Lichte infizieret oder umfangen wurden, da wurden sie also hoch erfreuet, dass sie sich in ihrem Leibe wider Naturrecht erhoben; und fingen gleich eine höhere, stolzere, prächtigere Qualifizierung an als Gott selber.

Indem sich aber die Geister also erhuben und also heftig ineinander triumphierten und wider Naturrecht aufstiegen, so zündeten sich die Quellgeister zu hart an; die herbe Qualität zog nämlich den Corpus zu hart zusammen, dass das süße Wasser vertrocknete.

Und der gewaltige und große, helle Blitz, welcher im süßen Wasser in der Hitze war aufgegangen, davon die bittere Qualität im süßen Wasser entstehet. Der rieb sich schrecklich hart mit der herben Qualität, als wollte er sie zersprengen vor großer Freude.

Denn der Blitz war so hell, dass er den Quellgeistern gleichwie unerträglich war. Darum zitterte und rieb sich die bittere Qualität so hart an der herben, dass die Hitze wider Naturrecht angezündet war. Und die herbe vertrocknete auch das süße Wasser durch ihre harte Zusammenziehung.

Nun war aber der Hitze Qualität so streng und eifrig, dass sie der herben Qualität ihre Macht nahm, denn die Hitze entstehet im Quellbrunnen des süßen Wassers.

Weil aber das süße Wasser durch die herbe Zusammenziehung vertrocknet war, konnte die Hitze nunmehr zu keiner Flamme oder zu keinem Licht, denn das Licht entstehet in der Fettigkeit des Wassers, sondern sie glomm wie ein angezündetes hitziges Eisen, das noch nicht recht glühend und noch gar dunkel ist; oder als wenn du einen sehr harten Stein ins Feuer würfest und ließest den gleich in der großen Hitze liegen, wie lange du wolltest, so würde er doch nicht glühend. Das liegt daran, dass er zu wenig Wasser hat.

Also zündete nun die Hitze das vertrocknete Wasser an, und das Licht konnte sich nicht mehr erheben und anzünden, denn das Wasser war vertrocknet und ward von dem Feuer oder der großen Hitze vollends verzehrt.

Es ist nicht so, dass darum der Geist des Wassers sei aufgefressen worden, welcher in allen sieben Qualitäten wohnet, sondern seine Qualität oder Oberquelle ward verwandelt in eine dunkle, hitzige und saure Qualität. Denn allhie an dem Orte hat die saure Qualität ihren ersten Ursprung und Anfang genommen, welche nun auch auf dieser Welt geerbet ist, welche im Himmel in Gott auf solche Weise gar nicht ist und auch in keinem Engel. Denn sie ist und bedeutet das Haus der Trübsal und des Elendes, ein Vergessen des Guten.

Als nun dieses geschah, rieben sich die Quellgeister ineinander nach Art und Weise, wie ich droben bei der Figur des siebenfachen Rades vermeldet habe. Denn sie pflegen also ineinander aufzusteigen und einander zu kosten oder sich miteinander zu infizieren, davon das Leben und die Liebe entstehet.

Nun aber war in allen Geistern nichts denn eitel hitziges, feuriges, kaltes und hartes Verderben. Also kostete ein böser Quell den andern, davon ward der ganze Corpus also gar grimmig, denn die Hitze war wider die Kälte und die Kälte wider die Hitze.

Weil denn nun das süße Wasser vertrocknet war, so fuhr die bittere Qualität, welche von dem ersten Blitze entstanden und geboren ward, als sich das Licht anzündete, in dem Corpus auf durch alle Geister, als wollte sie den Leib zerstören, wütete und tobete als das ärgste Gift. Und davon ist das erste Gift entstanden, darinnen wir armen Menschen nun in dieser Welt auch zu kauen haben und dadurch der bitter giftige Tod ins Fleisch gekommen ist.«

Böhme aber fügt mit zarten Worten hinzu:

»Nun in diesem Wüten und Reißen ward nun das Leben in Luzifer geboren, das ist sein liebes Söhnlein im Zirkel des Herzens. Was nun das für ein Leben oder liebes Söhnlein wird gewesen sein, gebe ich einer vernünftigen Seele zu bedenken.

Was es aber für ein willkommener Gast wird vor Gott und in Gott gewesen sein und auch vor den heiligen Engeln der andern Königreiche, das gebe ich dir zu bedenken. Er sollte nun mit dem Sohne Gottes inqualieren als *ein* Herz und *ein* Gott. Ach und ewig, wer will darüber genug schreiben oder reden!«

Hierin erkennen wir die ersten Umrisse des Prinzips der *zwei Natur-ordnungen*. Im Menschen arbeiten beide Welten. In Zeitgleichheit, im zeitlichen Nebeneinander arbeiten und wirken beide aufeinander ein. Welcher Geist soll daraus erwachsen? Welches Grundprinzip wird da erschaffen? Zu welchem Ziel wird es führen? Hier sieht Böhme mit visionärem Blick das kosmische Drama und zugleich das Wunder des Menschen. Böhme versucht es, so einfach wie möglich darzustellen.

Doch das Mysterium bleibt: Aus dem Nichts, dem Ungrund entsteht ein Etwas. Das ist unbegreiflich, und sogar Böhme mit seiner wirklich malerisch fabulierenden Feder, kann dieses Mysterium nicht erklären. Das sagt er des Öfteren. Er sagt:»Wir können lediglich im Mysterium stehen. Wir können daran teilhaben, Teil davon sein, mit unserem Willen darin versinken!« Es ist eine Tatsache, dass das allererste Mysterium nicht begriffen werden kann, selbst nicht durch etwas, das diesem Mysterium entstammt. Das ist der Kernpunkt von Luzifers Fall.

Luzifer, so sagt Böhme, war die erhabenste göttliche Schöpfung, die aus dem Nicht-Seienden ins Dasein kam. Er konnte sich jedoch nicht damit abfinden, dass er das erste Mysterium nicht begriff – und nicht war. Darum trieb er all die in ihm befindlichen sieben Geister an, und diese loderten auf zu einem Feuer von enormer Hitze, aber von einer Hitze, die nicht durch Liebe, den fünften Geist, getragen wird, sondern heißer und heißer wird durch das Unvermögen, Gott selbst zu sein, um so auch außerhalb seiner selbst, in Gottes Räumen, wie Gott regieren zu können.

Den hierbei entstehenden Klang konnten die sieben Geister nicht ertragen. Es war der Beginn einer Explosion, wodurch die stoffliche Welt, die Welt des Zorns, in der Gott selbst nicht sein kann, ins Dasein trat. Hätte der Mensch dieses Mysterium angenommen, wäre er Gottes allerschönste Schöpfung und Welt gewesen.»Jedoch durch seine Eitelkeit«, das sind Böhmes Worte,»hat er die Gotteswelt verlassen.« In dieser Hitze, in diesem Zorn, brennen wir Menschen. Doch wir können von der Eitelkeit Abschied nehmen. Wir können ihr Lebewohl sagen, weil etwas von der Welt *vor* Luzifers Fall in uns beschlossen liegt. Wir können in die andere Kreation Gottes, die neue Geburt, eingehen. Das ist die dritte Schöpfung, die dritte Welt.

O welches Wunder, in dem wir uns befinden! In uns kann auf

magische Weise aufs Neue die gott-menschliche Wesenheit geboren werden, aus dem Siebengeist, aus dem siebenfältigen, latenten Feuerprinzip, das mit dem menschlichen Herzen korrespondiert. Das gilt noch immer. Als irdische Erscheinung ist jeder Mensch eine Schöpfung im Werden. Allerdings ist dieser Prozess noch nicht abgeschlossen. Man stelle sich vor: Vier Geister sind in uns wirksam.

Die erste Kraft, die Böhme nennt, ist die des *Sauren und Herben*. Diese bringt Härte und Kälte hervor: unsere Knochen, den stofflichen Körper.

Die zweite Eigenschaft ist das *Süße*. Das ist die Wärme, die Milde, die Linderung: sie schenkt dem Stoff Leben.

Die dritte Kraft ist das *Bittere*. Es ist der Geist, der beweglich macht, der unsere sinnliche Wahrnehmung bestimmt, die uns fühlen und begehren lässt.

Die vierte Eigenschaft oder Kraft ist die *Hitze*, der Entzünder des Lebens, wodurch der Geist im Körper wirksam wird: das natürliche Bewusstsein.

So können wir Böhmes Erklärung von unserem momentanen Lebenszustand auffassen. Worum es jetzt geht, ist: Kann man darüber hinaus steigen? Denn darum geht es! Kann als fünfte Eigenschaft der Geist des lieblichen, himmlischen Freudenlebens des Christus geboren werden? Als *die Liebe*? Oder entzünden wir uns selbst in Luzifer, das ist: in das Eigene, das Sich-selbst-Suchende, das Abgeschiedene? Das ist Böhmes Frage an die jetzt lebenden Menschen; und die niemand anderer beantworten kann als jeder für sich selbst.

Ist die Antwort ein positives »Ja!«, wird in einer mächtigen Klangvibration der sechste Geist aktiv, wird sich schließlich die Wiedergeburt als eine neue Schöpfung – Böhmes »neue Geburt« –, als eine neue Natur entfalten. Das ist die dritte Welt, der gott-menschliche Zustand, das Bewusstsein und das Fahrzeug von Böhmes Freudenreich.

KAPITEL 14

Johann Valentin Andreae

Eine neue Bruderschaft

I

Jeder Mensch stellt sich im Leben irgendwann die Frage, ob sein Leben einen Sinn hat. Liegt dem Leben ein Plan zu Grunde, eine Linie, die einmal gezogen wurde und entlang derer sich das Leben abspielt? Ein Plan, der nicht zu beschreiben, der nicht genau definierbar, der aber dennoch wahrnehmbar ist? Was man mit dem Kopf denkt und im Begriff steht auszuführen, ist zuvor ins Herz eingeflossen, welches den persönlichen Neigungen folgt.»Das ist der Charakter der Gene, die das vorbestimmen«, sagt man neuerdings. Früher »steckte es im Blut«, oder es hieß:»Der Apfel fällt nicht weit vom Baum.« Ob damit der Plan gemeint ist? Oder steckt noch mehr dahinter? Es ist eine Frage, die viele immer wieder beschäftigt.

Kann es sein, dass zu einer bestimmten Zeit etwas gleichsam »in der Luft liegt«? Man denke an die Sechzigerjahre, als in Kalifornien eine neue Bewegung begann mit »love, peace and happiness« (Liebe, Friede und Glück) und gleichzeitig in Prag eine Revolte der Jugend ausbrach, die man »Prager Frühling« nannte. Zur selben Zeit riefen der deutsche Student Rudi Dutschke und in Paris Daniel Cohn-Bendit ihre Gesinnungsgenossen auf, das Ruder radikal herum zu werfen.

Im 17. Jahrhundert war etwas Ähnliches geschehen, zwar auf anderem Niveau, aber es hatte die Menschen dort erreicht, wo sie zu jener Zeit am empfänglichsten waren: in ihrem religiösen Leben. Heute ist das kaum noch vorstellbar, aber zu jener Zeit war die Religion sehr wichtig. Sie erreichte jeden, und sie hielt die Gemüter stark in Bewegung. In den Niederlanden zum Beispiel gab es die Remonstranten und die Kontraremonstranten, die Armenianer und die

Johann Valentin Andreae im Alter von etwa 35 Jahren
In Mythologiae christianae, Straßburg 1619

Gomerianer, die sich blutig bekämpften. Sie haben Jahrzehnte lang miteinander gestritten über die Frage, ob die Seligkeit, die Errettung im Jenseits, vorbestimmt sei oder nicht. Das rührte daher, weil man dachte, das Seelenheil sei viel wichtiger als das relativ kurze irdische Dasein von 45 oder 50 Jahren. Vor allem aber auch deshalb, weil die Anführer nicht mit dem Herzen, sondern mit ihrem Verstande glaubten. Dann werden solche Dinge natürlich bedeutungsvoll, genauso wie die dazu gehörenden Spitzfindigkeiten.

Dieselbe gespannte Atmosphäre vergiftete auch die Universität im süddeutschen Tübingen, wo wir im zweiten Jahrzehnt des 17. Jahrhunderts auf Johann Valentin Andreae treffen. Er wurde 1586 geboren. Ausgestattet mit einem scharfen Verstand und zugleich einem freien Geist, erkannte er schnell den allgemeinen Trend: Haarspaltereien, das Erjagen von Gesellschaftspositionen und deren Verkauf, klein karierte Menschen, die sich gegenseitig ausspielen und ihre Familien zur Verzweiflung treiben. Alles war hervorgerufen durch Missverständnisse, Ablehnung abweichender Meinungen und obendrein dem Hang, beim geringsten Anlass mit Hölle und Verdammnis zu drohen, wie wir schon gesehen haben. Letzteres spürt man ja nicht, mag man denken, tatsächlich bedeutete es aber für einen Menschen des 17. Jahrhunderts, außerhalb der Gemeinschaft zu stehen: Ein unerträglicher Zustand in einer kleinen Gemeinschaft wie damals in der Stadt Tübingen. Doch es gab auch Menschen mit einem lebendigen Glauben im Herzen, und solche, die durch klare Einsicht einen Weg vor sich sahen, der vom Herzen ausging. Sie taten alles, um dies ihren Mitmenschen zu erklären.

In dieser Kleinstadt also studierte Johann Valentin Andreae. Heutzutage würden wir ihn als Radikalen bezeichnen, als Revolutionär und zugleich Humanisten, als Verfechter der Menschenrechte. Er würde in heutiger Zeit keine schlechte Figur abgeben beispielsweise bei Greenpeace. Aber auch jetzt würde er auf Probleme stoßen. Über vieles empörte er sich, und er schrieb es unverblümt als humoristische Schilderungen oder bissige Kommentare mit spitzer Feder vortrefflich nieder. Damit brachte er mehrmals die örtlichen Behörden und seine späteren kirchlichen Vorgesetzten auf den Plan.

Seine Freunde und Bekannten genossen ebenso das enorme Wissen von Johann Valentin Andreae, der sich schon als Zwanzigjähriger als »extremissimo doctus« (außerordentlich gelehrt) auszeichnen konnte. Sie bewunderten seine große und mildherzige Weisheit. Er glänzte in Mathematik ebenso wie beim Reiten. Theologische Streitfragen interessierten den jungen Andreae weniger. Später aber wohl, und er sprang mehrmals in die Bresche für Denker, die den christlichen Glauben anders bekannten, als ihn die Orthodoxie vorschrieb. So schrieb er, dass »die Wiedertäufer gute Leute waren, dass diese aber gegen die gefestigte Macht nicht ankommen konnten«, und dass er »lieber mit den Waldensern verkehren und Leben und Lehre in Übereinstimmung sehen würde, als mit vielen gelehrten Büchern voller Rechtgläubigkeit den richtigen Glauben zu verkündigen, dabei aber die einfachste Lebensregel der Nächstenliebe vernachlässigend«.

II

Die Bruderschaft

So hat er es selbst gelernt und erfahren während etlicher Besuche bei seinem großen Freund und Inspirator *Tobias Hess*. Auf diese Weise erhielt er Unterricht und Bildung. Schon seit 1607 kannte er Hess und rühmte ihn wegen seines »hervorragenden« Geistes. Kein Wunder, dass der junge Johann Valentin Tobias Hess so sehr schätzte. Dieser war ein wunderbarer Gelehrter, Alchemist und Arzt wie Paracelsus, und ein noch besserer Theologe. Darüber hinaus war Hess bekannt wegen seiner einfallsreichen mechanischen Erfindungen. Er war außergewöhnlich tolerant und freundlich und bemerkenswert bibelfest. Was den jungen, ein wenig rebellischen Andreae noch mehr angezogen haben mag, war, dass Tobias Hess in einen lang andauernden Konflikt verwickelt war mit der Universität Tübingen, besonders weil er fest an eine »neue Goldene Zeit« glaubte, sowie an ein »Urteil«, das im Jahr 1613 kommen würde, wonach das dritte Zeitalter oder die dritte Periode anbrechen sollte, nämlich die Wiederherstellung von Staat und Kirche. Die beiden ersten Perioden waren die des Alten Testaments, in der ja die Ankunft Christi angekündigt worden war, und die des Neuen Testamentes, in der Christus wirklich unter den Menschen gelebt hatte. In der dritten Periode nun sollte das glorienvolle Zeitalter des Volkes Gottes auf Erden anbrechen.

Ein weiterer Freund von Andreae war *Wilhelm von Wense*, ein

Edelmann aus Lüneburg. Andreae lernte Von Wense durch die Mathematikvorlesungen kennen, und die zwei sind ihr ganzes Leben lang Freunde geblieben. Jedes Mal, wenn Andreae ihn darum bat, war er bereit, ihn bei der einen oder anderen Initiative finanziell zu unterstützen. Noch in den Vierzigerjahren des 17. Jahrhunderts, lange nach dem Aufruhr, den die *Fama* der Rosenkreuzer verursacht hatte, riet eben jener Wilhelm von Wense Andreae dazu, noch einmal den Versuch zu wagen, einen Kreis von Menschen zu bilden, die das Vaterland und die Kirche an der Spitze leiten könnten, um so den Niedergang der Zeiten umzukehren. Von Wense war es auch, der Andreae in Kontakt brachte mit dem dritten wichtigen Mann in dem Kreis, in dem die Rosenkreuzermanifeste entstanden.

Das war *Christoph Besold*, ein hervorragender Schriftsteller und Jurist. Zusammen mit Christoph Besold musste Andreae vor dem Gericht der Theologen der Universität erscheinen, da die beiden Freunde im Verdacht standen, Anhänger von Schwenckfeld, Weigel und Paracelsus zu sein. Alle drei waren vorbildliche Tat-Philosophen, Nachfolger von Hermes und Bekenner des hermetischen Prinzips »Wie oben, so unten«. Die Anschuldigung war nicht einmal so unlogisch (in der *Chimischen Hochzeit* findet Christian Rosenkreuz einen Spruch: »Hermes Princeps, Hermes ist der Erste oder der Bronn«), es zeigte sich aber doch die paranoide Angst der theologischen Machthaber vor »Ketzerei«.

Andreae und Besold setzten sich vor allem für Toleranz und Mäßigung in intellektuellen Angelegenheiten ein. Indes prangerten sie den Verfall der Sitten, den Verlust der reinen Religion, die verderbliche Korruption und die Lügen in Wissenschaft und Regieren an. Vielerorts bezeugten sie ihre Sympathie für die freie Meinungsäußerung. »Die Gedanken sind frei und nie in Ketten zu legen«, schrieben sie. Diese Gruppe, zusammen mit einigen anderen Freunden wurde nun »Tübinger Kreis« genannt. Sie waren ergriffen von der Idee einer neuen Zeit. Es war eine Art deutscher Frühling, den sie vor sich sahen, in gleicher Weise, wie rund 500 Kilometer weiter nördlich Jakob Böhme »die Zeit der blühenden Lilien« vor sich sah. Ihr Vertrauen in die Lutherische Kirche, deren Einhundertjahrfeier nahte, war arg am Wanken, und sie wollten die Aufrichtigkeit einer reinen Religiosität, gepaart mit einem moralisch sauberen, kirchlichen

Leben, mit Kraft wiederherstellen. Eine dreifache Grundlage sollte dazu dienen.

Zuallererst galt das Wort, die Heilige Schrift:»Dass den Menschen kein großartigeres, bewundernswürdigeres und heilsameres Werk als die Bibel geschenkt wurde: 'Gesegnet ist, wer sie besitzt; gesegneter, wer sie liest; am gesegnetsten ist, wer sie gründlich kennt. An Gott ähnlichsten aber ist, wer sie sowohl begreift als auch befolgt.'« So schrieben sie im 10. Kapitel ihrer *Confessio*.

Zum zweiten waren es die *Vier Bücher vom wahren Christentum*, geschrieben von *Johannes Arndt*. Arndt war Prediger in Celle und schrieb diese vier Bücher, später ergänzt durch zwei weitere, im Jahre 1610. Sie wurden ungemein populär und erreichten mehr als 80 Auflagen. Diese vier Bücher, die auf den Tübinger Freundeskreis soviel Eindruck machten, waren: *Das Buch des Gewissens, Das Buch des Lebens* (Christus), *Das Buch des inneren Menschen* und *Das Buch der Natur.*

Die dritte Seite des Trigonum Igneum, wie Hess es ausdrückte, dieses flammenden Dreiecks war: Die Lehre von Paracelsus, die man im Übrigen im vierten Buch von Arndt, *Dem Buch der Natur*, fast wortwörtlich wiederfindet.

Wir sollten noch etwas näher in die Geschichte des Beginns des 17. Jahrhunderts eingehen, einem besonderen Zeitpunkt. Die Naturwissenschaften hatten sich sprunghaft entwickelt. Neue Vorstellungen in Bezug auf den Lauf der Sonne, Sterne und Planeten ließen die Herzen der Forscher höher schlagen. Gleichzeitig fühlten sie sich immer stärker eingeengt durch die kirchlichen Beschränkungen, die das freie und forschende Denken behinderten.

Die Freunde des Tübinger Kreises wollten die Wissenschaften in einem offenen Geist und mit neuen Einsichten voran treiben. Gleichzeitig erkannten sie auch die Gefahr einer rein materialistisch-wissenschaftlichen Entwicklung. Freies Denken ja, aber nicht ohne den Christus. Wenn sich die Entwicklung im Haupt wie auch im Herzen mit innerem Wissen und dem Wissen der Natur gleichermaßen vollziehen würde, eröffneten sich ungeahnte Möglichkeiten für den Menschen – sowohl im Mikrokosmos als auch in der Persönlichkeit. Das könnte in ihren Augen die Welt machtvoll und dramatisch ändern. So besprachen sie es immer wieder. Es war das Milieu, in dem die Idee der Rosenkreuzerbruderschaft entstand, aufgezeigt am Beispiel des Lebens eines deutschen Ritters, *Christian Rosenkreuz*, aus einem verarmten adeligen Geschlecht stammend.

Genauso gut könnten wir schreiben: Aufgezeigt nach der Erscheinung, dem Leben und Wirken von *Paracelsus*. In ihren Betrachtungen war er das große Vorbild, der christliche Herkules, der alles in sich vereinigte, was ihnen heilig war: Wissenschaftliche Kenntnis, angewandte Heilkunde, Unrecht bekämpfen, in allem Christus als Mittelpunkt achten, das Wesen der zwei Naturordnungen vollständig kennen und die Transfiguration des niederen Menschen in den höheren durch Alchemie beweisen. Das waren übrigens die gleichen Eigenschaften, die sie auch bei ihrem schon etwas älteren Freund Tobias Hess antrafen.

Wenn wir hier kurz unsere Zeit betrachten, so ist es auf den ersten Blick erstaunlich, dass dem Werk der Seelenbefreiung im 20. und 21. Jahrhundert Bücher aus dem 17. Jahrhundert als Grundlage dienen. Unter dem Begriff *Manifeste der Rosenkreuzer* sind insbesondere drei Schriften bekannt geworden. Sie sind märchenhaft, spirituell und dynamisch, und zugleich magisch und inspirierend. Sie erschienen sehr kurz hintereinander: 1614, 1615 und 1616.

Johann Valentin Andreae war gerade dreißig Jahre alt, als der letzte Teil erschien, eine Novelle unter dem Namen *Die Chymische Hochzeit Christiani Rosencreutz anno 1459*. Dieser Christian Rosenkreuz wurde im ersten Manifest *Der Ruf der Rosenkreuzerbruderschaft* als Stifter des Ordens aufgeführt. Im zweiten Manifest *Die Confessio* oder *Das Bekenntnis der Rosenkreuzerbruderschaft* wurden die Anfänge des Ordens beleuchtet. Diese Bücher erregten Aufsehen, und sie wurden auch unmittelbar in weitere Sprachen übersetzt.

Die Manuskripte dieser Schriften und einzelne Kopien davon waren schon in den Jahren vor 1614 im Umlauf, beschränkt auf einen kleinen Kreis von Geistesverwandten und sympathisierenden Bekannten. Diese »beaufsichtigte Zirkulation« war gewiss im Sinne der Initiatoren. Sie richteten ihren Aufruf an »die Häupter, die Stände und Gelehrten von Europa«, kurzum an alle, von denen zu erwarten war, dass sie den »Charakter der Natur lesen« sowie die »Zeichen der Zeit verstehen«, und folglich im Dienst eines höheren

Ideals mithelfen würden und könnten, das menschliche Schicksal zu erleichtern.

Aber durch einen Schwärmer, der sich mit einer Kopie davon machte und diese als Buch drucken ließ, wurde ein Strich durch die Rechnung gemacht mit allen dazu gehörenden Folgen. Andreae war nie auf Ruhm oder die Bildung einer großen Vereinigung erpicht gewesen. Er und auch seine Freunde und Inspiratoren hatten eine Veränderung im Sinn, eine »große Umwälzung«, die ein Verständnis in den Köpfen ermöglichen und die Herzen für ein befreiendes Christentum öffnen sollte. Auf diese Weise hätte jeder Mensch sein eigenes Glück, seine eigene Seligkeit sowie auch die von anderen wirken können. Andreae, selbstverständlich ein hervorragender Bibelkenner, kannte die Tragweite des Zitats: »Schaffet, dass ihr selig werdet, mit Furcht und Zittern.« Für die Erleichterung des menschlichen Schicksals und dessen Verständnis – so dachte er – müsste am Anfang ein Kreis von unbestechlichen Führungspersönlichkeiten und integeren Wissenschaftlern gebildet werden.

Alle drei Bücher der neuen Bruderschaft wurden anonym veröffentlicht. Trotzdem musste sich Andreae vom ersten Tag der Veröffentlichung an rechtfertigen, Ausreden erfinden, und in Abrede stellen, dass er etwas mit diesem Rosenkreuz zu tun hatte. Seine Position als Pfarrer ließ sich nicht mit dieser Bewegung vereinbaren, die schon bald in dem Ruf stand, »okkult« oder »nebulös« zu sein.

Dabei muss man bedenken, dass solches in jenen Tagen rasch ausposaunt wurde. Jedermann konnte gescholten werden als Wiedertäufer, Schwengelianer, Paracelsist, Calvinist, Prophet (auch *falscher* Prophet, wer es bunter trieb), Böhmist, Chiliast und noch viel mehr, alles in der Sphäre des Nebelhaften oder Okkulten. Ausschlaggebend war nicht, was man schrieb, es reichte schon, bestimmte Sachen zu lesen. Frauen traf es mitunter besonders hart, denn diese konnten der Hexerei bezichtigt werden.

Für Johann Valentin Andreae war es doppelt schwer, war er doch der Enkel des großen Jakob Andreae, Luthers Freund. Das war der Mann, der sich für die Verbreitung von Luthers reformierter christlicher Kirche im Deutschen Reich des 16. Jahrhunderts einsetzte und einheitliche Formulierungen schuf, die von annähernd 9000 Kirchengemeinden unterschrieben wurden. 1554 wurde ihm ein »erbliches

Familienwappen« zuerkannt. Das Wappen bestand – sehr treffend – aus einem Andreaskreuz (ein Kreuz in X-Form) mit vier roten Rosen in vier Feldern, in jedem Feld eine Rose.

Darauf nun zu beharren, nichts mit den Rosenkreuzern zu tun zu haben, war angesichts eines solchen Familienwappens – eines Kreuzes mit vier Rosen – natürlich ein Problem, vor allem wenn man bedenkt, dass die Beschreibung der Ich-Person in der *Alchimischen Hochzeit des Christian Rosenkreuz* sich fast wortwörtlich auf dieses Familienwappen bezieht. Bevor dieser sich auf den Weg zur königlichen Hochzeit begibt (wozu er brieflich eingeladen worden ist), umgürtet er seine Lenden mit einem Band und legt es kreuzweise über seine Schultern; auf den Hut steckt er sich vier rote Rosen. Nebenbei sei bemerkt, dass das Familienwappen der Andreaes direkt hinweist auf dasjenige von Luther, das ein Kreuz im Herzen darstellt, umgeben von einer fünfblättrigen Rose. Dazu gehört folgender Spruch: »Des Christen Herz auf Rosen geht, wenn's mitten unterm Kreuze steht.« Luther ließ dieses Wappen am Schluss seiner meisten Veröffentlichungen mitdrucken.

Moderne Forscher wie Martin Bech und Carlos Gilly haben unwiderlegbar nachgewiesen, was damals in Calw und Tübingen allgemein bekannt war, aber niemals bestätigt wurde, dass der Schriftsteller von *Der Ruf der Rosenkreuzerbruderschaft* und *Das Bekenntnis der Rosenkreuzerbruderschaft* sowie *Die Alchimische Hochzeit des Christian Rosenkreuz* wirklich Johann Valentin Andreae war, möglicherweise zusammen mit Freunden.

Johann Valentin Andreae war erst dreißig Jahre alt, so schrieben wir, als die *Alchimische Hochzeit* erschien, und sein Leben lag noch vor ihm. Wenn wir bedenken, dass alle drei Schriften schon einige Zeit davor geschrieben worden waren (man glaubt um 1606/1607), können wir uns leicht vorstellen, dass der junge Prediger noch voller Ideen war. Denn ein Genie wie Johann Valentin Andreae war nach den drei Manifesten gewiss noch nicht am Ende. Es zeigte sich, dass auch die heftigste Kritik nicht imstande war, ihn zu zerbrechen. Im Gegenteil, mit großer Dynamik strebte er danach, eine Bruderschaft-in-Christo zu gründen; trotz aller Behinderungen, die seine Bemühungen erfuhren. Die Verwirklichung seiner Ideale ist dennoch nicht einfach gewesen. So scheint Andreae ein typischer Arbeiter für die Zukunft

gewesen zu sein. Das kommt treffend zum Ausdruck in einem Stoß-
seufzer bei einem Rückblick auf sein Leben:»Mein ganzes Leben lang
musste ich schwerer schleppen, als meine Schultern tragen konnten.«
Legt er mit diesen Worten nicht die Signatur eines Arbeiters-im-Dienst-
der-Menschheit offen? Man kann den Seufzer auch gut nachempfinden: Das Arbeitsgebiet ist so riesig, es ist kaum zu überschauen. Die
Vielfältigkeit der Arbeit ist so immens, dass, soviel man auch tut, es
oftmals scheint, als wäre noch nicht einmal ein Anfang gemacht.

Was zeichnet eigentlich einen Arbeiter-im-Menschheitsdienst aus?
Tatsächlich tut er nichts anderes, als befreiende, geistige Werte, *die
aus der Gnosis sind,* in die menschlichen Verhältnisse eines bestimmten Augenblicks zu übermitteln, sie zu aktivieren durch das eigene
Tatleben. Wie macht er das? Dazu gebraucht er die Magie der vier
wirksamen Rosen, die das Kreuz zieren. Mit Andreaes Worten ist das:

Erstens: Die Magie der unerschütterlichen Liebe zum Göttlichen,
die bei jedem Menschen durchbrechen will.

Zweitens: Standhafte Treue bei einem einmal angenommenen
Auftrag.

Drittens: Die Anwendung der Magie der Freundschaft als Basis im
Umgang mit den Menschen.

Und Andreae fügt als viertes noch hinzu: Das unverfälschte Übertragen des Wortes Gottes an die Jugend; das Wort Gottes – in zeitge-
mäßer Ausdrucksweise würden wir sagen die universelle Lehre – in
Klarheit unverfälscht übertragen und erläutern.

III

Die Jugend
Was den letzten Punkt betrifft, so waren die Anstrengungen, die
Andreae unternahm, um der Jugend eine Chance für eine bessere
Zukunft zu geben, enorm:

»Ein wahrer Erzieher kann niemals jemand sein, der woanders geschei-
tert ist, und stattdessen jetzt Unterricht gibt.«

So drückt er es aus, hinweisend auf eine Methode, die ziemlich verbreitet war.

»Nein, so jemand trachtet danach, in innerer Harmonie vier Tugenden
auszustrahlen: Wahrheit, Aufrichtigkeit, Fleiß und Großmut. Ein guter

Lehrer führt, während ein schlechter schleppt. Jener erleuchtet, dieser verdunkelt; jener lehrt, dieser verwirrt; jener lenkt, dieser treibt; jener regt an, dieser unterdrückt; jener ergötzt, dieser quält; jener baut auf, dieser zerstört. Um es kurz zu sagen: Wenn nicht der Lehrer selbst ein Buch, ja eine fahrende Bibliothek und ein wandelndes Museum, wenn er nicht selbst Zierde des Vaterlandes und der Kirche ist, so taugt er nicht für unsern Zweck.«

Es geht Andreae hierbei um ein wirkliches Begreifen, wie den Kindern etwas übertragen wird. In seinen Augen ist von allergrößter Bedeutung, dass den Kindern in den so empfänglichen Jahren der Jugend eine natürliche Frömmigkeit gelehrt wird als eine Art natürlicher Ehrerbietung gegenüber dem Höheren. Dabei darf dem Kind innerlich kein Schaden zugefügt werden, es muss empfänglich bleiben, verantwortungsvoll unterstützt durch ein lebendiges Vorbild und das Auftreten der Älteren, die die größere Kenntnis haben.

»Denn«, so schreibt er, »zur Arbeit anspornen, Vorschriften, Regeln, Diktate geben und einschärfen, das kann ein jeder; aber die Hauptsache zeigen, den Anstrengungen zu Hilfe kommen, Fleiß hervorrufen, den richtigen Gebrauch der Hilfsmittel lehren, durch Beispiel vorangehen, endlich alles auf Christus beziehen, das tut Not, das ist die christliche Arbeit, die keine Schätze der Erde bezahlen können.«

Kinder müssen ihm zufolge ab ihrem siebten Lebensjahr Unterricht erhalten. In einer Zeit, in der die Stellung der Frau erbärmlich war, bricht er eine Lanze für die Gleichberechtigung:

»Ich weiß auch nicht, warum dieses Geschlecht, das von Natur aus nicht ungelehriger ist, in unserer Zeit vom Unterricht ausgeschlossen wird.«

Mädchen und Jungen sind gleich, denn »zusammen bilden sie den Kern des zukünftigen Heils«. In seinem idealen Staat, in Christianopolis, können alle Ämter auch von Frauen bekleidet werden. Diese Linie zieht sich quer durch sein Buch Christianopolis (Reipublicae Christianopolitanae Descriptio, 1619). Schaut, so erklärt er, das Wesen des Menschen ist so eingerichtet, dass er am Ende die Erde hinter sich lassen soll. Denn das Irdische, die Welt, ist nicht das Wirkliche. Um die Wirklichkeit des Guten, Wahren und Schönen zu finden, muss der Mensch in sich selbst suchen. Wer das Äußerliche sucht, wird betrogen, denn das Sein in der Welt behindert die reine Wahrnehmung.

Speziell die jugendlichen Einwohner von Christianopolis erhalten die Gelegenheit, die reine Idee frei von den Verwirrungen der Welt in sich selbst zu schauen, und dies um so erfolgreicher, je mehr das Licht der Seele in ihnen zunimmt. Es ist von weit reichender Bedeutung, dass Kinder nebst allen anderen Dingen, die sie lernen und können müssen, mit diesem Grundgedanken schon in jungen Jahren vertraut werden. Er stellt fest:

>>Denn Kinder sind einfühlsamer als hart gewordene Erwachsene, wenn es um das Königreich geht. Sagt die Bibel nicht bereits: 'Lasset die Kinder zu mir kommen und wehret ihnen nicht, denn ihrer ist das Reich Gottes?' So wie in des Menschen Mitte Christus aufs Neue zum Zentrum werden kann, um den Menschen wieder nach Hause zu bringen, so ist die neue Stadt Christianopolis vollkommen symmetrisch gebaut, rund um den Tempel Christi.<<

Und weiter erklärt er:

>>Darum soll derjenige fest stehen in dem einen wahren und guten Gott, der die Natur hinter sich lässt, und sich dem dadurch frei gewordenen Geist übergibt. Unaussprechlich erfreut soll er sein, und es erfahren, wie die gesamte Welt in ihrem Mittelpunkt fest begründet ist, und das nicht unter einem bewölkten und gefärbten Himmel sondern in kristalliner Klarheit. So wird er in höchster Verzückung der Sinne die ersten Striche der Kunst, den ersten Beginn der Dinge entdecken.<<

Solch tiefe Einsicht in die schwierige Kunst der Erziehung und der wiederholte Hinweis auf das höhere Leben der Seele als Inspiration für ein aufbauendes Leben standen in krassem Gegensatz in einer Zeit, in der vollmundig die orthodoxe Lehre ausgetragen wurde, die aber Andreaes Genie in vielerlei Hinsicht kaum zu schätzen wusste.

Gegenwärtig gibt es nur eine Handvoll Menschen, die einsehen, von welch fundamentaler Bedeutung Andreaes Gedanken waren in Bezug auf die Arbeit mit und für die Jugend. Als Erneuerer und Urheber eines Unterrichtssystems, das bis in unsere Zeit Gültigkeit beweist, wird meistens *Johann Amos Komenský (Comenius)* Lob zuteil. Aber dessen Ideen über Erziehung und Unterricht stammen auf direktem Weg von Andreae. Comenius hat auch nie etwas anderes behauptet. Jahrhundertelang war das *Orbis Pictus* (Die Welt im Bild) in Gebrauch. Das ist eine Sprachlernmethode, bei der der Schüler das Objekt in der zu lernenden Sprache unter Verwendung eines Bildes erlernt. Schon knapp fünfzig Jahre zuvor verwendete Andreae dieselbe anschauliche Art und Weise im Mathematikunterricht. Das Geschaute lässt sich nun mal leichter einprägen als das Gehörte. Auf jeden Fall, wenn es Lateinisch ist!

Dennoch war das Ziel der Erziehung bei Andreae niemals, sozial gleichberechtigte und angemessen ausgebildete Erwachsene zum Profit der Gesellschaft hervorzubringen. An erster Stelle stand das innere Königreich, Gott-im-Menschen, oder mit den Worten der *Fama:* das Goldene Zeitalter.

IV

Eine neue Hoffnung

Johann Valentin Andreae war Pfarrer und sprach als solcher von der Kanzel. Manch einer meint wohl, als Prediger sei man nicht besonders dynamisch. Demgegenüber wird von Andreae berichtet, dass er mit einem Schwert unter dem Mantel die Kanzel betrat. In den Zeiten, als Gefahr bestand, dass Soldaten in die Kirchen einfielen, musste die Aufgabe weiter ausgeführt werden! Denn Andreae hatte eine Vision, ein Ideal, das er in wundervoller Klarheit bereits in den drei Büchern der Rosenkreuzer herausgearbeitet hatte.

Aus dem allen spricht sein Ideal: Hoffnung auf eine neue Zeit, wo Liebe die tragende Kraft ist. Das spiegelt sich in jedem Artikel der *Fama* und der *Confessio* wider. Aber es zeigt sich auch ganz einfach in dem bemerkenswerten Bild am Ende der *Alchimischen Hochzeit*. Man erkennt einen Anker, eine Schlange oder einen Delfin und eine Taube. »Spes simplex«, steht dabei, »unsere einzige Hoffnung« und »Prudentia firma«, »festentschlossen, aber mit Weisheit«. Diese Figur, die zwei ältere Symbole miteinander verbindet, lässt sich auf der einen Seite zurück verfolgen zum Druckerlogos von Andrea Alciati, Verleger zu Mailand im 16. Jahrhundert, auch war es den ersten Christen schon bekannt. Ein Text darunter lautet: »Festina lente« (eile mit Weile). Oder in einer anderen Auslegung: Sei langsam bei einem Konflikt (der stabile Anker), und zugleich schnell wie der Delfin, wachsam und vorsichtig. Während des Mittelalters dachte man, es wäre eine Wiedergabe von Augustinus' Wahlspruch »Semper festina tarde« (eile allzeit langsam).

Auf der anderen Seite sieht man den Anker auch zusammen mit der Taube abgebildet. Damit wird auf zweifache Weise die Hoffnung ausgedrückt: Die Taube bringt nach der Sintflut einen Olivenzweig zurück zur Arche Noah, womit auch sie ein Symbol der Hoffnung ist. Zugleich ist sie das Symbol für Unschuld und Bescheidenheit, denn nur mit diesen Eigenschaften lässt sich das neue Land nach der Sintflut betreten. So ist die Taube auch allzeit als Sinnbild für die Seele zu sehen. Ein anderer Grund hierfür ist, dass die Taube vor ihren Feinden in Richtung Sonne (Geist) flieht, wodurch ihre Verfolger geblendet werden und sie aufgeben müssen. Mit anderen Worten: Das Zeitalter der Hoffnung ist angebrochen!

Wer die Hoffnung teilen und der Bruderschaft angehören wollte, wurde gebeten, sich zu melden; am liebsten schriftlich, dann würde man mehr von den Rosenkreuzern erfahren, so stand es am Schluss der ersten Schrift. Hunderte und Aberhunderte von Anfragen kamen als Reaktion auf die *Fama, Der Ruf der Rosenkreuzerbruderschaft,* in den Jahren nach 1614.

Heute sind mehr als 2000 Zuschriften bekannt, hauptsächlich solche von Befürwortern, aber auch von zahlreichen Gegnern. Alle Schwärmer jener Tage benutzten die *Fama* als Aufhänger für ihre eigenen Ideen und Auffassungen. Gegner klagten die junge Bruderschaft als Teufelsanbeter, Zauberer oder Hurensöhne an. Jedoch sprechen aus einem der fünf oder sechs niederländischen Zuschriften, die uns bekannt sind, auch Hoffnung und Enthusiasmus. Michel le Blon zum Beispiel lässt seine Stellungnahme gleichzeitig in Amsterdam und Frankfurt erscheinen. Nachdem er die niederländische Erzählung gelesen hatte, so schreibt er, bestellte er sich so schnell wie möglich die deutsche Originalausgabe. Sein Schreiben gab er Händlern mit, die nach Frankfurt reisten. Wenn ihm nicht die Zeit fehlen würde, berichtet er weiter, hätte er selbst die Antwort umgehend nach Deutschland gebracht.

1620 versiegte der Strom der Reaktionen allmählich, unter anderem durch den Ausbruch des Dreißigjährigen Krieges. Aber das konnte Andreaes Auftrag nicht blockieren oder gar seine Vision zerstören. Bis zuletzt in seinem Leben hielt er an seinem Streben nach einer solchen Bruderschaft fest, einer Gruppe strebender Freunde, die sich für andere einsetzen und »am Fuße des Kreuzes Platz nehmen, wo es nach Rosen duftet«, wie er sich dazumal auszudrücken beliebte. Nichtsdestotrotz begriff er, dass die weitere Arbeit an der erhabenen Idee vom Rosenkreuz, die durch sein Genie und Talent als Schriftsteller zum ersten Mal in der Geschichte nach außen trat, vorläufig unmöglich war.

Man pflegt zu sagen, dass »die Zeit noch nicht reif ist«. Johann Valentin Andreae musste von Grund auf erfahren, was mit diesem Ausdruck wirklich gemeint ist, und auch was es heißt, mit der Kraft des Rosenkreuzes an die Öffentlichkeit zu treten. Neid, Widerstand, widerwärtige Angriffe auf die Persönlichkeit, massive Störungen der sozialen Funktionen waren die Folge. Deshalb suchte er einen anderen Weg. Bereits ein Jahr zuvor, 1617, hatte er eine neue Form gefunden. Er würde nicht mehr aus dem Rahmen der Lutherischen Kirche mit ihrer eigenwilligen neuen Glaubensrichtung, die weit über die gängigen kirchlichen Auffassungen von Paradies, Glück und Menschenwürde hinausging, hinaustreten; nein, seine Antwort war eine Schrift mit dem Titel: *Einladung der Bruderschaft Christi an Bewerber für die erhabene Liebe*, herausgegeben von Zetzner in Straßburg, übrigens derselbe Verleger wie der von der *Alchimischen Hochzeit*.

»Versuchen Sie, sich dem Gewühl und dem Wirrwarr der Meinungen über die Bruderschaft von Christian Rosenkreuz zu entziehen. Fügen Sie sich lieber zusammen zu einer Gruppe, die die Zeit einer glücklichen Menschheit durch eigenen Einsatz wirklich näher bringen kann.« Das war bis ins hohe Alter der Tenor von Andreaes Initiative.

Mit Hilfe dieser neuen Einladung, die aufrief zu einem engen Bündnis von Freunden, die sich mit vereinten Kräften für die Verwirklichung eines »christlichen Lebens« einsetzen, würde man zur Einfalt zurückkehren und zur Selbsteinkehr gelangen, weg von dem Übermaß an Luxus. Brüderliche Liebe und das Gebet würden sie einander näher bringen und zum Seelenleben führen.

Aus dem Jahr 1619 stammt das bereits zitierte Buch *Reipublicae Christianopolitanae Descriptio*. Schon zwei Jahre zuvor, 1617, mitten in der größten Aufregung über die Rosenkreuzer, hatte Andreae diese Darstellung eines idealen Staates niedergeschrieben, die nach seinen Worten dennoch auf Erden kaum realisierbar ist, und auch nicht auf irdischem Niveau verstanden werden soll. Andreae widmete das Buch öffentlich Johannes Arndt, dem wir schon weiter oben als Mitbegründer der Rosenkreuzer begegnet sind.

Die Atmosphäre unterscheidet sich von der der Rosenkreuzer-manifeste, der Sinn ist indes derselbe. Wir finden keine Mythologie in diesen Einladungen, keine Jungfrau Alchymia oder schöne Wasser-nymphen, die eine Ode an die Liebe singen. Christian Rosenkreuz wird nicht mehr genannt, aber auch hier stoßen wir auf dessen Grabesinschrift: »Jesus mihi omnia – Jesus ist mir alles.« Das Verlangen nach einem Goldenen Zeitalter, einer neuen Lebensatmosphäre, ist in den Hintergrund getreten, wohingegen alle Aufmerksamkeit darauf gerichtet ist, die innereigenen Möglichkeiten des strebenden Menschen zu verwirklichen.

Wie die *Fama* ist auch diese Schrift erneut gerichtet an eine auser-wählte Gesellschaft aus seinem Freundeskreis sowie an bonafide Wissenschaftler. Auch zwei weitere Bücher aus seiner Feder aus dem Jahre 1620 enthalten diese Darstellung: *Christianae societatis idea* (Das Bild einer christlichen Gemeinschaft) und *Christiani amoris dextera porrecta* (Die ausgestreckte Hand der christlichen Liebe). Wie praktisch Andreae das vor Augen stehen hatte, erklärt am besten eine Liste mit 24 der würdigsten Personen, die dafür eingeladen werden sollten, darunter Arndt, Hess und Besold und natürlich sein Freund Von Wense. Auch der Niederländer Joachim van Wickefort, dessen Familie viel für den Aufbau der Lutherischen Gemeinde in Amsterdam getan hatte, sollte dazu gehören. Die Bedeutung dieser »Einladungen« liegt auf der Hand: Alles tun, was möglich ist. Denn schreiben ist leicht; das Geschriebene aber in der Praxis durchführen, fügt dem eine ganz andere Dimension hinzu.

Lassen wir noch einen Blick auf das Dorf Calw in Süddeutschland werfen, zu Beginn des 17. Jahrhunderts ein kleines Städtchen und im Jahre 1620 ziemlich wohlhabend. Es zählte nicht mehr als 2500 Seelen, verteilt auf knapp 400 Familien. Der Wohlstand war dem blühenden Wollhandel zu verdanken. Wie ein Magnet zog dieser Wohlstand Menschen aus der Umgebung an. Aber nicht jedermann wusste von den günstigen Umständen zu profitieren. Die Armen lebten in Hütten und die hygienischen Verhältnisse waren mehr als bedenklich. Im Jahre 1620, als sich fast alle deutschen Staaten im Kriegszustand befanden und sich die Aufregung über die Rosenkreuzer gelegt hatte, trat Andreae sein Amt als Superintendant, als Hauptpfarrer in Calw an.

Obgleich Johann Valentin Andreae kein reicher Mann war (und Reisen war teuer), überquerte er trotzdem mehrmals die Landesgrenzen. Meistens schloss er sich verschiedenen Handelsdelegationen an, die zu den weit entfernten Städten reisten: Venedig, Rom, Padua, Paris, Salzburg, München, Nürnberg, Genf, Frankreich. Es waren Gelegenheiten, wo Andreae seine Kontakte ausweiten konnte. Viele Freundschaften, die er schloss, entstanden auf diesen Reisen, Freundschaften, die er mittels intensiven Schriftwechsels mit auffälligem Fleiß unterhielt. Diese kamen ihm nun bei seinem Antritt in Calw zugute. Denn schon während einer seiner Reisen hatte Andreae eine Schar Wollhändler von der Notwendigkeit überzeugt, Kapital aufzubringen, um eine Hilfe für die Allerärmsten ins Leben zu rufen. Die Gründung des sogenannten »Färberstifts« (genannt nach den Wollfärbern, die das meiste Geld spendeten) ist eine der ersten großen Aktivitäten, die Andreae in Calw unternahm. Bis hinein in die Zwanzigerjahre des 20. Jahrhunderts konnte diese Organisation ihr wohltätiges Werk verrichten. Es gab nicht nur ein Krankenhaus, wo Minderbemittelte und Behinderte gepflegt wurden; es gehörte auch eine Stadtbibliothek dazu. Gleichzeitig wurden bedürftige Studenten unterstützt. Mit großem Sachverstand und Eifer wusste Andreae dies so auszubauen, dass die Organisation während des ganzen Dreißigjährigen Krieges (der gerade ausgebrochen war) nicht nur die Armen der Stadt sondern auch zahlreiche Fremde unterstützte. Innerhalb von fünf Jahren erhielten Tausende von Menschen (er selbst spricht von mehr als hunderttausend) Hilfe und Unterstützung von dem Färberstift! Vom relativen Wohlstand der Stadt angelockt, zogen viele Landbewohner hinein in die Stadtmauern des kleinen Städtchens, und Calw wurde überbevölkert. Die Mieten stiegen an, und das Wohnelend und die Armut im Allgemeinen nahmen zu.

1634 stand das Städtchen Calw, in dem er Pfarrer war, Auge in Auge der Armee von General Von Werth aus Bayern gegenüber. Nach der Niederlage der schwedischen Truppen bei Norderstedt, die für die protestantische Freiheit kämpften, hatte jene Armee freies Spiel. Calw wurde geplündert und an vier Ecken in Brand gesetzt, während die Soldaten die Tore und Ausgänge bewachten und darauf achteten, dass niemand den Flammen entkommen konnte. Dies alles geschah im Kielwasser des großen Krieges zwischen Habsburgern und Protestanten. Mit Schmerz musste Andreae zusehen, wie katholische Profitjäger wiederum die Klöster und Kirchen in den Dörfern einnahmen, die ein halbes Jahrhundert zuvor durch Zutun seines Großvaters in die Hände der deutschsprachigen Lutherischen Kirche übergegangen waren.

Seit der Schlacht auf dem Weißen Berg bei Prag (1620) zogen diese Truppen schon geraume Zeit durch die deutschen Lande und mordeten und plünderten, wenn sie nicht gerade in regulären Feldschlachten beschäftigt waren. Aufgejagt durch die bayerischen Soldaten, streifte Andreae mit seinen Gleichgesinnten und anderen Familien aus Calw Tag und Nacht durch die Umgebung, über Hügel und durch Wälder, ohne Essen und ohne Unterschlupf. Mit ihm war eine Schar hungriger Männer, Frauen und Kinder, die dem Blutdurst der Soldaten zu entfliehen suchten, denn Von Werth war verärgert, weil Calw sie nicht schnell genug zu den Toren einließ. Deshalb hatte er seine Männer ausgesandt, um die Bürger von Calw, die nach den Plünderungen noch am Leben waren, zu ermorden.

In diesem Elend wurde auch den Andreaes nichts erspart. Zweimal schon hatten sie einen Stadtbrand miterlebt, in beiden Fällen ging Andreaes geliebte Bibliothek in Flammen auf. 1634 verlor er wieder alles, auch eine Gemäldesammlung, darunter das Bild *Maria* von Albrecht Dürer (»ein Geschenk so schön, dass es nicht mit Gold zu bezahlen ist«, schrieb er später selbst darüber) sowie das Bild *Paulus' Bekehrung* von Hans Holbein. Weitere mehr technische Instrumente und Kunstgegenstände fielen ebenfalls den Flammen zum Opfer. Obendrein verloren Agnes und Johann Valentin in dieser Zeit mehrere Kinder; letztendlich sollten von ihren neun Kindern nur drei überleben.

Als Von Werth und seine Söldner weitergezogen waren, weil nichts mehr zu holen war, spielte Andreae beim Wiederaufbau von Calw von Neuem eine wichtige Rolle. Er übte großen Einfluss auf die Wiedereinrichtung der Kirche in seiner Stadt und im ganzen Land aus. Es gelang ihm, die Schulpflicht für alle Kinder einzuführen. Von seinen Freunden bekam er bedeutende Summen an Geld, damit er den Allerärmsten, den verwaisten Kindern Obdach gewähren und eine Ausbildung ermöglichen konnte. Unter extremen Schwierigkeiten verwendete er das Geld, fügte den Rest seines Familienkapitals hinzu und erreichte auf diese Weise, dass schließlich 80 Bedürftige versorgt werden konnten. Er baute selbst ein Haus neben dem seinigen, unter anderem um diese Kinder auffangen zu können. Im Nu war in Calw die Ordnung wieder hergestellt, während der übrige Teil des Landes noch in den Wirren steckte.

Niemals Vergangenes festhalten, immer wieder neu damit beginnen, das Licht in die Gegebenheiten des Augenblicks scheinen zu lassen, wie verrückt es auch immer scheinen mag. So zeigt Andreae in einer praktischen Lebenshaltung, was es bedeutet, das Christentum in Tat umzusetzen; ein Arbeiter wahrhaftig:»Statt Schein- und Schwafelchristen müssen wir aufrichtige, wahre, lebende und wirksame Christen werden.« Dieser Text steht schon in der Satzung zur Gründung des Färberstifts. Das war auch in jener mühseligen Zeit sein Motto.

Trotzdem lag auch hier sein Lebensziel woanders. Wie kein anderer wusste er, dass jemand, der nichts als Elend und Armut kennen gelernt hat, sich nicht gerade umgehend auf sein inneres, geistiges Leben ausrichten kann. Um überhaupt damit beginnen zu können, ist es von grundlegender Voraussetzung, erst einmal für Reinlichkeit, körperliches Wohlbefinden und genügend Essen zu sorgen. Mit derlei Leiden erwirbt man keinen starken Charakter und keine Seelengestalt. Wie sollte das auch gehen? Gerade auch das elementare Umfeld muss mit Sorgfalt angegangen werden, und diese Voraussetzungen müssen in Ruhe und Reinlichkeit »eingebaut« werden.

Andreae wurde nicht müde, Folgendes zu erklären:»Wer den Mikrokosmos (die Kleine Welt) kennt, kennt den Makrokosmos, und kann demzufolge über diesen hinaus wachsen.« Dies lernt keiner kennen, der in Hunger und Elend lebt. Dort hört man bloß den Schrei des Mangel leidenden, natürlichen, menschlichen Lebens. Andreae sagt in *Reipublicae Christianopolitanae Descriptio*:

>»Wir streben danach, unserem Gott ein stilles Heiligtum, dem Nächsten eine reine Wohnung und der Kreatur Erholsamkeit zu bieten, und uns einzig dem göttlichen Wort zu widmen. Wir streben danach, das Licht der Wahrheit, die Reinheit des Gewissens und unser Zeugnis recht und frei weiterzugeben, jederzeit und überall die Gegenwart Gottes zu verehren.«

V

Sein Lebensende

Andreae war körperlich ziemlich schwach und konnte die Kälte schlecht vertragen, so sagte er selbst. Bis 1645 erkrankte er selten, was er der Mäßigkeit und körperlichen Übungen verdankte (sein ganzes Leben lang ist er geritten). Trotz all seiner Freundlichkeit muss er jedoch einen ernsten und strengen Gesichtsausdruck gehabt haben, so dass selbst seine eigenen Kinder – so liebevoll er sie auch behandelte – ihm mit Respekt begegneten. Man erzählt auch, dass Kinder auf der Straße zu ihm hinliefen und seine Hände küssten, so begeistert waren sie von ihm, wegen dem, was er für sie tat und getan hatte.

Nach 1645 erlitt seine Gesundheit einen starken Knick. Das rührte weniger von den vielen körperlichen Beschwerden, die er bereits durchstanden hatte, sondern viel mehr von der Erbitterung darüber, dass er – was er auch unternahm – dem Ideal in seiner Welt und in seiner Umgebung anscheinend nicht näher kam. Am meisten ging ihm zu Herzen, dass seine Initiativen zur Verbesserung des inneren, christlichen Lebens, der Sitten und der Moral von Gläubigen wie Pfarrern durch die Vorgesetzten in der Kirche – denen er bis in sein Sterbebett treu blieb – in die Länge gezogen, aufgehalten und letztendlich abgelehnt wurden.

Danach traf ihn ein neuer Schlag, den er nur mühsam verarbeiten konnte: Sein Freund der ersten Stunde, der Mann, der ihn geformt und gemeinsam mit ihm tage- und nächtelang mit Nachdenken darüber verbracht hatte, wie die Welt zu verbessern sei, Christoph Besold, wurde 1637 Katholik. Andreae relativierte diesen Übertritt, indem er sagte, Besold sei niemals ganz mit sich selbst im Reinen gewesen, weil er durch das viele Lesen doch ein bisschen durcheinander gekommen war. Doch das war es nicht allein: Dieser hervorragende Jurist (nach Hugo de Groot der glänzendste des damaligen protestantischen Europas) hatte mit seiner ganzen Scharfsinnigkeit daran mitgearbeitet, alles, was die Lutherische Kirche besaß, den Katholiken zu verraten und ihnen in die Hände zu spielen – ein Verrat, den Andreae in seiner tiefsten Seele berührte.

Das waren Geschehnisse, die das Feuer ernsthaft schwächten, so dass wir verstehen können, weswegen er des Öfteren seufzte: »Mein ganzes Leben musste ich schwerer schleppen, als ich konnte. Ich kann nicht mehr.« Jedoch sein anderer Jugendfreund, Wilhelm von Wense, konnte das Feuer wieder auflodern lassen, als dieser ihn 1642 überredete, nochmals eine Initiative für die Gründung einer *Bruderschaft-in-Christo* zu ergreifen, die Gelehrte aus ganz Deutschland in einer großen Gruppe vereinigen sollte. Das Ziel hieß Gedankenaustausch auf freundschaftlicher Basis in Gang zu bringen, um auf diese Weise die Zukunft und das Glück der Menschheit zu fördern. Noch in seinen letzten Jahren arbeitete Andreae daran, seiner Vision Gestalt zu geben und andere dafür zu interessieren. Der Briefwechsel zwischen ihm und Herzog August von Anhalt aus Wolfenbüttel, der ihm in den letzten Lebensjahren eine große Freude war, zeugt davon. Es ist ein Bild mit magnetischer Anziehungskraft, das sein ganzes Leben bestimmte, und das ihn niemals verließ. Die Hoffnung war indes vergeblich: Trotz der enormen Arbeit, die dieser Arbeiter des Geistes geleistet hatte, war ihm die Gründung einer Bruderschaft-in-Christo, die er vor seinem geistigen Auge sah, zu Lebzeiten nicht vergönnt.

Im Jahre 1656 starb Andreae. Die letzten Jahre konnte er nur noch mit Mühe essen, der kleinste Bissen bereitete ihm heftige Schmerzen. »In den letzten Tagen seines Lebens kam dennoch eine unbeschreibliche Ruhe und Milde über ihn«, so schreibt ein Chronist. Alle irdische Sorge, alle ihm zugefügte Schmach glitten von ihm ab. Er war überglücklich. Am Vorabend seines Todes wiederholte er noch einmal die Grundsätze seiner Kirche, und nachdem er einen letzten Brief an seinen Freund und Schirmherrn August von Anhalt diktiert hatte, besaß er nicht mehr die Kraft, mehr als zwei Buchstaben seines Namens zu schreiben.

VI

Liebe

Der Schlüssel für alle Werke von Johann Valentin Andreae ist der Begriff »Liebe«. Wir zitieren:

> »Unaussprechlich erfreut soll er sein, und es erfahren, wie die gesamte Welt in ihrem Mittelpunkt fest begründet ist, und das nicht unter einem bewölkten und gefärbten Himmel sondern in kristalliner Klarheit. So wird er in höchster Verzückung der Sinne die ersten Striche der Kunst, den ersten Beginn der Dinge entdecken.«

Am Anfang ist die Liebe, eine alles umfassende Liebe für die Schöpfung, für den Menschen als Wunder der Schöpfung, für den inneren Christus. In seinen vielen Büchern stellt sie Andreae dem Leser unzählige Male vor das Bewusstsein. Das tiefsinnige Gedicht über die Liebe, das zu Beginn des Fünften Tages in der *Alchimischen Hochzeit* steht, ist ein gutes Beispiel dafür, was er dazu dachte. Ohne Liebe gibt es nichts, das des Lebens Mühe wert ist. Hierin war Andreae zu Beginn des 17. Jahrhunderts einzigartig, so wie auch Böhme es war. In der damaligen Kirche glich das Wort »Liebe« fast einem Fluch, so wenig wurde es gebraucht. Ein Gelehrter hat einmal herausgefunden, dass auf 357 Seiten mit religiösem Text jener Zeit das Wort »Liebe« unter etwa 120 000 Wörtern genau sieben Mal vorkommt. Wörter wie »Rache, Buße, Neid, Eifersucht, Hölle, Teufel« und noch viel mehr der makabren Wörter stehen dagegen unzählige Male drin.

Da ist es gemäß dem Schriftsteller Paul A. Ladame bei den Rosenkreuzermanifesten viel besser. Gleich im ersten Satz sendet Andreae die »brüderliche Liebe« seinen Lesern. Um die Bedeutung und die Botschaft der Rosenkreuzerschriften zu verstehen, so schreibt er, ist der Begriff »Liebe« der Schlüssel. Der gewaltige Impuls von Andreae, inspiriert durch den Christus und unter dem Motto *Jesu mihi omnia*, klingt durch und wirkt durch bis auf den heutigen Tag.

KAPITEL 15

Johann Amos Komenský – J. A. Comenius

Die Fackel übernommen und brennend gehalten

I

Auf dem Porträt aus der Schule von Rembrandt van Rijn ist ein Mann mit langem, vollem Bart und ernstem Blick zu erkennen. Ähnlich einer biblischen Figur, wie ein Erzvater. Ein Patriarch, dem das Leben ins Gesicht geschrieben steht, das gleichwohl äußerst harmonisch, liebenswürdig, ja vergeistigt erscheint. Ein Gelehrter, könnte man denken. Dennoch ist auch er ein Mann der Tat. Zu diesem Schluss kommt man unweigerlich, wenn man sich einen Überblick über sein Werk, seine Reisen und Kontakte verschafft. Dennoch ist auch er ein Mann des Lichts, ein Lichtträger, ein Streiter für den *Weg des Lichts*.

Johann Amos Komenský oder Comenius lebte von 1592 bis 1670. Er hatte einen ausgeprägten Charakter, und er hat in seinem langen Leben viel geschrieben. Mehr als 200 Titel tragen seinen Namen. Er war Theologe. Er hat sich ein theologisch-philosophisches System ausgedacht mit dem Ziel, die Welt zu verbessern, indem der Mensch zu einem freien Wesen erzogen wird, das selbständig Entscheidungen trifft und imstande ist, freiwillig das Gute zu wählen. Mit seinen Idealen strebte er nach einer Welt, in der Krieg und Unterdrückung dem Frieden und der Gerechtigkeit weichen sollten. Außerdem reformierte er die Pädagogik: Er war einer der Ersten, die den Anschauungsunterricht einführten, und er schrieb außerdem verschiedene Lehrbücher. Damit waren seine Interessensgebiete aber noch lange nicht ausgeschöpft. Comenius beschäftigte sich mit Kartografie, Musik und Medizin, Astronomie und Philologie, Politik und Staatsbürgerkunde. Er schrieb Bühnenstücke und hatte außergewöhnliches Interesse am Druck und der Herausgabe von Büchern.

Porträt von Johann Amos Comenius, Kupferstich, etwa 1660

Was dieser europäische Denker, 320 Jahre vor dem Erscheinen der Vereinten Nationen, vor seinem inneren Auge erblickte, war ein Friede, der fest auf einer überstaatlichen Macht gegründet sein müsste, also einer Macht, die über die Ländergrenzen hinaus gelten sollte, einer Föderation, die in der Kultur eine Einheit bilden sollte, und eine Kirche hätte, die tolerant sein würde. Die Grundschule in dieser Gemeinschaft sollte nach seiner Vision für alle zugänglich sein. Sein höchstes Streben war »die Verbesserung der menschlichen Verhältnisse«, und hierüber schrieb er unter demselben Titel ein systematisches und wohl durchdachtes Werk.

Comenius stand in Wort und Schrift fest zu seinen Überzeugungen; schon deshalb wurde er lange Zeit verfolgt. Das geschah vor allem im Zusammenhang mit der Böhmischen oder Mährischen Brüdergemeinde (der »ketzerischen« Kirche von Jan Hus, der 1415 in Konstanz wegen Ketzerei verbrannt wurde), von der Comenius 1616 Leiter wurde und später deren bekanntester Bischof. Als der Dreißigjährige Krieg ausbrach, war er gezwungen, beraubt von Hab und Gut, in Europa herumzustreifen. Wohin er auch kam, überall setzte er sich sowohl für die Verbreitung des Friedens und die Einheit unter den Völkern als auch für einen Geist eines *toleranten* Christentums ein. Denn gerade infolge dieses Mangels wurde jener abscheuliche, folgenschwere Krieg geführt. Um das Göttliche im Menschen finden zu können, muss sich der Mensch zuerst in richtigen Verhältnissen befinden. Das beginnt schon bei seiner Erziehung. Selbstverständlich zunächst um im Erdenleben seinen Weg zu finden. Aber wenn diese Basis einmal gelegt ist, muss die Erziehung weitergehen, und es muss der Weg für eine spirituelle Entwicklung eröffnet werden können.

Johann Amos Komenský wurde am 28. März 1592 in Nivnice geboren, in der Nähe von Uherské-Brod, einem Dorf in den Karpaten an der Grenze zwischen Tschechien und der Slowakei. Auf Fürbitte eines örtlichen Herrschers, dem einflussreichen Karl dem Ältesten von Zierotin, besuchte Johann Amos, der schon in jungen Jahren seine Eltern verloren hatte, die Lateinschule in Prerau in Deutschland. Später studierte er an der calvinistischen Universität zu Herborn bei Frankfurt, wo einige seiner Lehrer Anhänger des *Millenarismus* waren, einer Bewegung, die glaubte, dass bald das Tausendjährige Reich anbrechen würde.

Genau wie sein großes Vorbild, Johann Valentin Andreae, hat Comenius seine Hoffnung, seine Erwartungen auf einen edleren, spirituellen Menschentyp, der des Zusammenlebens fähig ist, niemals aufgegeben. Aber er wartete nicht nur darauf, er arbeitete auch daran. Dieser Mann scheute sich nicht davor, mit seiner Vorstellung von Friedensverhandlungen, einem besseren Ausbildungssystem und einer sozialeren Politik geradewegs auf die Großen seiner Zeit zuzugehen. Felsenfest war sein Glaube an eine universelle christliche Kirche, Dogmatismus jedoch, ob nun Römisch-katholisch, Lutherisch oder Calvinistisch, lehnte er ab. »Lasse alles sich frei entwickeln, Gewalt sei dabei fern«, lautete sein Wahlspruch. Comenius zufolge wohnt Gott im Menschen selbst, und wer Ihn dort findet, kann die Welt überwinden, das heißt, er kann frei werden von allem Übel. Er setzte sich bleibend für die öffentliche Bildung ein und stellte schließlich seinen Plan vor für ein »collegium lucis«, eine Art internationales Ministerium für Erziehung. Erziehung und Bildung waren für ihn Schlüsselbegriffe. Die Keime des Neuen und Guten müssen so früh wie möglich im jungen Menschen gesät werden, und die Jugendlichen müssen durch Erziehung dafür empfänglich bleiben. Vor allem wegen dieser breit angelegten sozialpolitischen und pädagogischen Ideen ist Comenius tatsächlich der theoretische und praktische Wegbereiter des modernen Bildungssystems geworden. Mit verblüffend scharfem Blick in die Pädagogik, wie sie noch heutzutage angewendet wird, wies er auf die Notwendigkeit eines ungezwungenen, »spielenden« Unterrichts hin, wobei Gegenstände Ausgangspunkt für Erklärungen sind. Berühmt ist sein *Orbis sensualium pictus* (Die sichtbare Welt in Bildern) von 1658, ein die Phantasie ansprechendes Lesebuch voller Abbildungen. Comenius war überdies ein ausgesprochener Gegner körperlicher Züchtigung, die damals sehr gebräuchlich war.

Selbstrealisierung ist in seinen Augen von viel größerer Bedeutung. In einer gerechten Gesellschaft steht ihm zufolge selbstverständlich nicht nur Minderbegabten sondern jedermann das Recht auf Unterricht zu. Hierbei hatte er eine »weitgehende Demokratisierung« im Visier. Übrigens sollte der Unterricht-für-alle ausdrücklich den verschiedenen Altersstufen entsprechend angepasst sein. Er erklärte: »Wir müssen vier verschiedene Altersgruppen deutlich voneinander unterscheiden: Kleinkindalter, Kindesalter, reifere Jugend und fast erwachsene Jugend. Für jede dieser Gruppen ist sechs Jahre Unterricht in einer speziell für sie bestimmten Schule notwendig: 1. Kindergarten (1 bis 6 Jahre); 2. die Grundschule, in der das Kind seine Muttersprache beherrschen lernt (6 bis 12 Jahre); 3. die Lateinschule (12 bis 18 Jahre); 4. die Universität (18 bis 24 Jahre).«

Aber zugleich, so erklärte er, gibt es noch einen weitaus bedeutsameren Unterricht: Die ganze Welt ist ja eine Schule der göttlichen Weisheit, die der Mensch durchlaufen muss, bevor er zur himmlischen Alchemie zugelassen wird. Gott hat dieser Schule drei Bücher als Lernmittel mitgegeben: »*Das Buch der sichtbaren Welt,* den nach Gottes Ebenbild geschaffenen Menschen oder *Das Buch des Gewissens,* und, um die ersten beiden gut verstehen zu können, die *Heilige Schrift.* Alle Menschen haben das erste Buch stets vor Augen. Das zweite ist in ihre Herzen geprägt. Es steht zu hoffen, dass sie auch das dritte immer bei der Hand haben.«

Es sind die wohltuenden Gedanken von Johannes Arndt, der die

Vier Bücher vom wahren Christentum schrieb, und von Johann Valentin Andreae, der die *Manifeste der Rosenkreuzerbruderschaft* verfasste. Auch darin war die Rede von dem *Buch der Welt (Buch M)* und dem *Buch Gottes (Buch T)*. Und von der Bibel sagten sie: »Gesegnet ist, wer sie besitzt; gesegneter, wer sie liest; am gesegnetsten ist, wer sie gründlich kennt. Wer sie aber sowohl begreift als auch befolgt, ist Gott am ähnlichsten.«

Comenius hat oft Gehör gefunden, aber er ist auch geschmäht und verfolgt worden. Vor allem im Zusammenhang mit der Mährischen Brüdergemeinde, deren Bischof er doch war, hatte er einen schweren Stand. Diese Brüdergemeinde gründete auf der *Bergpredigt*, dem besonderen Kapitel aus dem Matthäus-Evangelium. Sie sind als Vorläufer von Martin Luther in Böhmen um 1457 herum entstanden. Die ersten Brüder in Böhmen und Mähren trachteten danach, in christlicher Gemeinschaft das Gesetz Christi zu erfüllen, so wie sie dieses im Neuen Testament und insbesondere in der Bergpredigt beschrieben fanden. Unter ihnen entstand ein neues Gemeindeleben, das sich nur dem Gesetz Christi unterwerfen wollte. Darum erhielten sie keinen Freiraum von der damaligen Kirche. Sie folgten der Tradition von Jan Hus, aber anders als die Hussiten, die eine mächtige weltliche Rebellion gegen Rom unternahmen.

Armut und Gewaltlosigkeit in Verbindung mit einem hingebungsvollen Leben waren die Ideale der Brüdergemeinde. Seit 1517, dem Jahr als Martin Luther seine 95 Thesen an die Schlosskirche zu Wittenberg heftete, um eine Diskussion zu eröffnen, standen sie den Lutheranern nahe, obwohl doch religiöse Unterschiede bestehen blieben. Sie wählten und weihten ihre eigenen Priester. So wurden die Brüder eine selbständige Kirchgemeinschaft, die sich *Jednota Bratrska* (Unitas Fratrum oder Brudereinheit) nannte und rasch zahlreiche Anhänger gewann. Die Brüder zerbrachen alle Bande mit der Römisch-katholischen Kirche. Am Ende des 15. Jahrhunderts gingen die Böhmischen Brüder von ihrem rigorosen Standpunkt in Bezug zur Besitzlosigkeit ab, und ihre Anhängerschaft verteilte sich unter allen Schichten der Bevölkerung.

Schon zu Beginn der Lutherschen Reformation stand die Brüdergemeinde in Verbindung mit den anderen protestantischen Kirchen. Die Kraft der alten Bruderkirche lag in ihrem Gemeindeleben, und ihre straffe Gemeindeordnung fanden Luther und später Johann Valentin Andreae dann auch mustergültig. Den Brüdern war viel daran gelegen, die Wahrheit ihrer Überzeugung durch ihr Leben zu beweisen und zu verwirklichen. In ihren Liedern ließen die Böhmisch-Mährischen Brüder ihr Verlangen und ihr Heimweh erklingen und versuchten so, sich dem Leben der Seele zu nähern. Bei ihnen war das verlorene Vaterland nicht nur Symbolik, nicht nur Hinweis auf ein neues Lebensfeld, sondern zugleich eine bittere Erinnerung an ihre Realität hier auf Erden: Sogar hier waren sie aus ihrer Heimat vertrieben. Jene schönen Gesänge sind bis heute bewahrt geblieben als lebendes Zeugnis einer wahren Gemeinde-in-Christo. In ihnen spricht das *Glaubensbekenntnis* der Brüdergemeinde und kommt ihr inneres Leben zum Ausdruck.

Von den zahlreichen Schriften der Böhmisch-Mährischen Brüder ist vor allem die erste Übersetzung der Bibel ins Tschechische von Belang, die *Kralická Bible* oder Kralitzer Bibel, die in den Jahren 1579–1594 erschienen ist. Von bleibender Bedeutung im Fortbestand ihrer Brüdergemeinde wurde die am 16. September 1741 auf einer Konferenz der Leitung in London gewonnene unabweisbare Einsicht: »*Jesus Christus ist und bleibt der Älteste, Herr und Haupt der Brüdergemeinde.*« Nach dieser befreienden Kraft richteten sie ihr Leben ein.

In ihrem Ursprungsland gingen die Brüder an der Gewalt durch die Gegenreformation zu Grunde, eine Offensive, die die Katholiken unter der Leitung von Jesuiten gegen die Protestanten, Hussiten und Lutheraner eröffneten. Der vorläufige Tiefpunkt jener Aktion war sicher 1620 die Schlacht am Weißen Berg, die der protestantische Kaiser Friedrich V. gegen die römischen Habsburger jämmerlich verlor. Auch Comenius' Heimat und seine gottesfürchtige Gemeinschaft erlitten dabei eine endgültige Niederlage. Auf Grund dessen schrieb Comenius sein auch heute noch oft gelesenes Buch *Das Labyrinth der Welt und das Paradies des Herzens*, in dem er das lebendige und realistische Bild der menschlichen Unzulänglichkeit und einer zerrütteten und desorganisierten Gesellschaft, die aus dem Handeln bei mangelnder Weisheit, Mäßigkeit und Menschenliebe lebt, einer Gemeinschaft, die auf der Basis des ursprünglichen Christentums zusammen findet, gegenüberstellt.

Die Feindschaft der etablierten Kirche machte die Gemeinschaft der Brüder zu einer Märtyrerkirche. Wir sahen, wie viele Böhmische

Brüder nach 1620 gezwungen waren, ihr Vaterland zu verlassen. Ihre Flucht durch ganz Europa, besonders im Dreißigjährigen Krieg, führte zum Entstehen neuer Zweige der Unität in Polen und Preußen. Aber bei vielen heimlichen Protestanten hielt das Bewusstsein der großen Geschichte stand. Mit seinen Glaubensgenossen musste Comenius aus Mähren im heutigen Tschechien fliehen. Er floh mit ihnen nach Polen, später zerstreuten sich die Mitglieder über die Welt. Dank Comenius konnte die Unität bestehen bleiben. Sie spielte dann im Lauf der Geschichte für viele unterdrückte Glaubensgemeinschaften und Kirchen in Mitteleuropa eine wichtige Rolle, insbesondere im 17. und 18. Jahrhundert. Denn weil er sich unmittelbar auf Christus gründete, fanden diejenigen, die die strenge »Mauerkirche« ablehnten, oft einen sicheren Hafen innerhalb der Brüderunität. Als Kirche setzten die Böhmischen Brüder ihr Bestehen im Untergrund fort. Viele Flüchtlinge ließen sich in Sachsen und in Oberlausitz, dem Land Jakob Böhmes, nieder.

Ein sich zu ihrem Glauben bekehrter Zimmermann, Christian David, hatte sie von 1722 an über die Grenze nach Sachsen geführt. Dort wohnte Graf Nikolaus Ludwig Zinzendorf, der Böhmes Werke gründlich studiert hatte. Es kommt zu einem Treffen von Zinzendorf mit den Mährischen Verbannten, Nachkommen der alten Böhmischen Brüder. Er entwickelt eine große Sympathie für die Brüdergemeinde, die, möglicherweise auf etwas andere Weise, dieselbe neue, praktische Lebenshaltung brachte wie Böhme. Zinzendorf, der später zum Bischof der neuen »Brüdergemeinde« geweiht wurde, gab seine Einwilligung, auf seinem Landgut Berthelsdorf zu Herrnhut eine Niederlassung zu gründen. Das war in Oberlausitz, in der Nähe des Städtchens Görlitz, das hundert Jahre zuvor der Schauplatz von Böhmes Drama gewesen war.

Schließlich gelangte Comenius über Deutschland, Frankreich, Schweden und England nach Amsterdam. Die Hauptstadt der Republik der Sieben Provinzen, die sich aus dem spanisch-römischen Joch freigekämpft hatten, galt seinerzeit als Zufluchtsstätte für Verfolgte und Ausgestoßene. Die Atmosphäre war überaus tolerant und auch Comenius fand eine sichere Unterkunft. Die letzten fünfzehn Jahre, die er beim Stahlmagnaten De Geer lebte, waren die ruhigsten und glücklichsten Jahre seines Lebens. Hier konnte er sich aufs Neue ans Schreiben machen. Einige seiner eindringlichsten Texte, wie das *Unum Necessarium* (Das einzig Notwendige), entstanden hier.

Außer den bereits genannten Werken und seinem *Orbis* sind folgende Werke von Bedeutung: *Didacta magna* (Große Didaktik) von 1630, *Ianua linguarum resertata* (Die Tür der Sprachen aufgetan) von 1631, sowie das 1934 in einem Waisenhaus in Halle wiedergefundene Werk *De rerum humanorum emendatione consultatio catholica* (Allgemeine Ratschläge zur Verbesserung der menschlichen Verhältnisse), an dem er bis zu seinem Tode gearbeitet hat.

In seinem letzten Buch *Unum necessarium* oder *Das einzig Notwendige*, das er der Welt ein Jahr vor seinem Tod übergab, fasst Comenius seine Einsicht folgendermaßen zusammen:

1. *Belaste dich nicht mit Dingen, die du im Leben nicht durchaus brauchst! Begnüge dich mit Wenigem, das zur Bequemlichkeit dient, und lobe Gott.*

2. *Kannst du keine Bequemlichkeiten haben, so sei zufrieden mit dem, was du notwendig brauchst.*

3. *Wird dir auch das genommen, so denke daran, dich selbst zu erhalten.*

4. *Kannst du auch das nicht, so lass deinen Leib fahren; nur Gott darfst du nicht verlieren. Wer Gott hat, kann alles entbehren. Mit Gott hat er das höchste Gut und das ewige Leben, und besitzt es in Ewigkeit. Das ist alles, was man wünschen kann, das Ziel und das Ende.*

II

Das wichtigste und schönste Werk von Comenius ist wohl sein Buch *Via Lucis* (Der Weg des Lichts). Gelehrte haben schon gesagt, dies sei die *Fama* von Comenius, »ein Reformationsversuch, seinem tiefsten Wesen nach gleich dem der Rosenkreuzer«. Comenius widmete es dem Royal College. Er schrieb es im Herbst 1641 und Frühling 1642, während er in London bei seinen Freunden Samuel Hartlib und John Dury weilte. Er war dort, weil das englische Parlament über seinen Antrag, ein universelles Gremium von Gelehrten aus verschiedenen Ländern zu schaffen, befinden sollte; dasselbe Anliegen, über das auch Andreae so viel geschrieben und gesprochen hatte. Daraus wurde nichts, auch in England nicht. Aber unterdessen hatten die Freunde schon ein Bündnis von brüderlicher Hilfe geschlossen, um das in Comenius' Buch vorgeschlagene Programm für die Erziehung des Menschen zu universeller Einsicht gemeinsam fortzusetzen. Dieses Royal College mündete dann geradewegs in den Orden der Freimaurer.

Dass dies ebenfalls die Fortsetzung von Johann Valentin Andreaes *Bild einer Christlichen Gemeinschaft (de Imago Societas Christianae)* von 1620 war, steht über jedem Zweifel. Es ist auch völlig folgerichtig. Wurde Comenius nicht die Fackel übertragen, hatte er nicht gleichsam »dessen ganzen Orden geerbt«? In ihrem Briefwechsel von etwa 1628 hatte Andreae sich erst müde und niedergeschlagen gezeigt; er hätte nur noch Kraft genug für seine eigene Gemeinde, schrieb er. Er hatte zurückhaltend auf Comenius' Versuch reagiert, auf jeden Fall fortzufahren im Kampf gegen die mittlerweile enttarnten Ungeheuer. Andreae bereute zwar nichts, und er schämte sich auch nicht für das, was er in Gang gebracht hatte. Im Gegenteil, er würde sich der Initiative widmen bis zu seinem Lebensabend. Aber noch einmal von vorne anfangen? Nein, das war zuviel.

Comenius aber bewies Ausdauer, und in einer zweiten Reaktion antwortete Andreae ungefähr: »Die Societas ist vor acht Jahren entstanden, als einzelne wichtige Männer sich nach der traurigen Angelegenheit mit der unbedeutenden *Fama* der Rosenkreuzerbruderschaft zu einer Gesellschaft vereinigten, und viele andere beitreten wollten. Doch sie wurden von den Kriegswirren in Deutschland überfallen und nahezu ganz auseinander getrieben. Nun waren viele bereits gestorben und andere in Betrübnis verfallen. Wieder andere hatten sich in ihrer Überzeugung verändert oder gar alle Hoffnung verloren. Er selbst, Andreae, stand im Begriff, die Segel einzuziehen. Den Entwurf über diesen Schiffbruch (das waren das Programm und die Gesetze der Gesellschaft von 1620) konnten Comenius und seine Freunde lesen und nach Bedarf verbessern. Allein das Wissen, dass nicht das ganze Schiff mit Mann und Maus verloren war, würde ihm die Freude eines Seemanns bereiten, der trotz vieler Irrfahrten für seine glücklichen Nachfolger den Weg zu neuen Ufern geöffnet hatte. Denn das Ziel war gewesen, die Abgötter, sowohl in der Religion als auch in der Wissenschaft, von ihrem Sockel zu stoßen, und Christus seinen Platz zurückzugeben.«

III

So trug Comenius die Fackel weiter, und es gibt Hinweise, dass Rosenkreuz und Freimaurerei dicht beieinander stehen. Wenn man nach Verbindungen zwischen der Freimaurerei und den Rosenkreuzern sucht, stolpert man fast darüber. Beide Orden sind Kinder derselben Eltern könnte man sagen: Diese Eltern sind über Andreae und Comenius einerseits Hermes und andererseits die alten Mysterien aus vorchristlicher Zeit. Aber es gibt noch weitere Verwandte. Man denke an die ersten drei Grade der Freimaurerei: Lehrling, Geselle und Meister. Sie gehen zurück auf die mittelalterlichen Gilden und Logen der Meisterbauer: Namhafte, tiefsinnige Bauleute, die den Kathedralen mit ihren mystischen und okkulten Verborgenheiten atemberaubende Schönheit verliehen. Es ist schon eigenartig, dass diese mächtigen Bauwerke letztendlich alle in die Hände Roms gefallen sind, und dass Rom – wie 1981 und 1983 bestätigt wurde – den Orden der Freimaurer als sehr sündhaft und abweichend von der rechten Lehre betrachtet. Aber dies nur nebenbei.

Ein esoterischer Forscher schrieb einmal: »Es ist bekannt, dass es eine Schule von Baumeistern gab. Natürlich musste es diese geben, denn jeder Meister lebte üblicherweise zusammen mit seinen Lehrlingen. Alle Gilden arbeiteten so. Aber hinter diesen auf sich selbst gestellten Schulen bestanden sehr unübersichtliche Querverbindungen. Es waren nämlich nicht nur Architekten- oder Freimaurerschulen. Der Bau der Kathedralen gehörte zu einem gewaltigen und klug ausgedachten Plan, der den Bestand von völlig freien, philosophischen und psychologischen Schulen im rauhen, törichten, grausamen, abergläubischen, scheinheiligen und schulmeisterlichen Mittelalter sicherstellte. Diese Schulen, die die 'gotischen' Kathedralen bauten, waren so gut verborgen, dass Spuren davon nur von denjenigen zu finden sind, die bereits wissen, dass solche Schulen bestanden. Denn die Kirche baute die Kathedralen nicht!«

Warum wurden sie gebaut? Damit die universellen Gesetze von Religion, Wissenschaft und Baukunst nicht verloren gehen. Diese Gesetze, die in den Zusammenhängen zwischen Mikrokosmos und Makrokosmos wurzeln, und die die psychologische, befreiende *Erziehung des Menschen* beinhalten (übrigens auch Comenius' wichtigste Arbeit!), sollten nicht verloren gehen. Denn durch die organisierte

Religion wurden just diese Zusammenhänge blockiert. Die Bauleute dachten folgendermaßen: Wenngleich wir unsere Lehre von einer befreiten Menschheit und einem inneren Tempelbau auch nicht äußerlich und öffentlich verkündigen können, werden wir doch unserem Auftrag Gehör schenken, indem wir Tempel bauen, Kathedralen, die als steinerne Zeugnisse vollständig die innere Lehre in sich bergen; und jeder Mensch, der daran vorbei oder hindurch geht oder darin verbleibt, wird diese Gesetze in seinem Wesen erfahren, auf dass er einst, möglicherweise Auge in Auge mit der Wirklichkeit, die unbekannten Möglichkeiten einer inneren Entwicklung schaue.

Man stelle sich vor: Die ersten tausend Jahre unserer Zeitrechnung hatten die Klöster alle Kenntnis, alle Wissenschaft und alle Kunst in ihren Abteien und Bibliotheken gesammelt. Dazu zählten auch alle Spuren von Einführungen in die befreiende Lehre, soweit diese damals für den westlichen Menschen zugänglich waren. Nachdem aber die Kirche ihre Einwilligung gegeben hatte (schon im Jahre 900 übrigens), Ketzer aufzuspüren, zu verhören und dem weltlichen Arm auszuliefern – was nur zu oft den Tod durch Verbrennen mit sich brachte –, konnte diese Kenntnis unmöglich in den Klöstern bleiben.

Es wurde eine neue Form gefunden. Die Wissenschaft von der Befreiung verließ notgedrungen die Klöster und ging in die Schulen der Baumeister über. Ihre Ausdrucksform wurde die Kathedrale: Das in Stein gehauene, auf das eine Ziel strebende Verlangen nach dem Licht, nach den höheren, den geistigen Welten *des höchsten Bauherrn*. Die Logen waren die äußersten Zirkel der Schulen, die die Wissenschaft von den Beziehungen zwischen Gott, dem Menschen als Mikrokosmos und dem Makrokosmos als eine lebende *Wesenheit* bewahrten.

Die großen Architekten, von denen keine Namen festgehalten wurden, waren mit den religiösen Symbolen und Analogien vollständig vertraut. Sie wurden in den Mysterien des Seins, des Werdens, von Geburt und Wiedergeburt unterwiesen. Sie waren die Hüter und Vertreter des *einen wahren Christentums*. Ihr geläuterter scharfsinniger Verstand paarte sich mit innerer Begeisterung, und so schufen sie die Tempel der Gotik und legten zugleich das Fundament, auf das sich die Freimaurer des 18. Jahrhunderts zu stützen wussten.

Man betrete eine Kathedrale und versuche vor seinem geistigen Auge die Symbolik wahrzunehmen: Es ist die in Stein gehauene Abbildung der vollkommenen Schöpfung, die der höchste Bauherr in den Makrokosmos gelegt hat, und die einst dem menschlichen Mikrokosmos Glorie und Harmonie schenkte, bevor der menschliche Tempel so jämmerlich geschändet wurde. Man sieht, wie die komplizierten Merkmale der menschlichen Seele darin niedergelegt sind. Gleichzeitig erkennt man, wie von den Turmspitzen die Menschheitslehrer herabsteigen, sie, die unmittelbar um Christus herum gelebt haben, um die Botschaft der Befreiung dem kleinen Massenmenschen zu bringen, der blind an ihr vorbeigeht. Denn wer will schon sehen? Und wer will wissen?

Dieses Wissen versuchten die Schulen der Baumeister zu bewahren – gerade solange bis der Mensch die Augen aufschlagen würde. Woher kam das Wissen, kann man fragen? Das erbten sie von ihren »Eltern«. Das kam von den verborgenen, christlichen Lehren und den alten Mysterien, die das Prinzip lehrten: *Die Freude des Lebens und die Weisheit des Todes.* Tod und Einweihung in die Mysterien sind in den alten Schulen dasselbe! Einweihung ist bei ihnen: Sterben bei Bewusstsein – und *weiterleben als veränderter Mensch,* als edles, verantwortungsbewusstes Wesen, als ein Teil des großen Universums und unlösbar mit ihm verbunden.

Werfen wir noch einen Blick zurück, beispielsweise ins 2. Jahrhundert. Apuleius von Madaura in Nordafrika, der um das Jahr 150 einem Einweihungstempel in Ägypten einen Besuch abstattete (er wurde der Zauberei bezichtigt und musste vor Gericht erscheinen) schreibt darüber:

»Ich näherte mich den Grenzen des Todes, ich betrat die Schwelle von Persephone. Ich wurde durch alle Elemente hindurch getragen und kehrte zur Erde zurück. Ich betrachtete mitten in der Nacht die Sonne, strahlend in hellem Glanz. Ich näherte mich den Göttern oben und den Göttern unten, und ich verehrte sie von Angesicht zu Angesicht.«

Welch ein kraftvolles Bild: die Sonne um Mitternacht! Man kann auch sagen: die Geheimnisse der ewigen Wiederkehr. Der Rhythmus der Jahreszeiten – das Kreuz der Natur – der Rhythmus des Lebens – und die Wiederkehr des Lebens nach dem Tod; gesehen in der Natur und als Bewusstsein im Menschen.

»Die alten Weisen und Propheten lehrten«, so schreibt ein anderer Forscher, »dass das Weltall ein lebendes Wesen sei, und das sichtbare Firmament nur ein Kleid, ein abgeschlossenes Ganzes, ein Gewand, das eine geistige Schöpfung vor uns verborgen hält, eine Kreation unbekannten, erhabenen und wissenschaftlich-gesetzmäßigen Werdens, das lebendig, zeitlos, weit darüber hinaus geht. Der Mensch ist davon eine Widerspiegelung, ein Ebenbild!«

Das ist eine schwindelerregende Perspektive! Was soll der Mensch dann hier unten? Denken wir an die wunderbare Legende aus dem alten Ägypten von Osiris, Herrscher über alles Leben. In einer abgewandelten Version sahen die Ägypter in Osiris den ersten Pharao, Wegbereiter jeder menschlichen Regierung. Unter seiner Herrschaft gab es Frieden und Wohlstand für alle lebenden Wesen, die in ihm, Osiris, lebten und sich entwickelten. Wie grausam wurde diese Entwicklung gestört! Wie grausam töteten die Lebenden, die das Leben von Ihm empfingen, den Lebensspender, um sich selbst rühmen zu können in stofflicher Ichsucht. Sogar er, die Gottheit, stirbt. Sein Körper, so erzählt die Legende, wird millionenfach im Weltall verstreut. Als Isis die Geistessaat der passiv gewordenen Schöpfungskraft sucht und findet und diese in alle lebenden Wesen einpflanzt, werden sie alle einmal in dem Gotteskind Horus als erneut Lebende in der ursprünglichen Welt der Menschheit das Antlitz Osiris' schauen. Das ist die Essenz aller Mysterien. Osiris und der höchste Bauherr sind im tiefsten Wesen ein- und derselbe.

Man sieht, wie immer wieder eine neue Möglichkeit gesucht wird, um die Wahrheit bekannt zu machen. Man erkennt als Sucher, als Mensch auf dem Weg die gemeinsamen, spirituellen Eltern. Hierzu passt ein Wort einer wohl noch älteren Überlieferung, die das Wesen, die Essenz aus der Lehre Krishnas wiedergibt:

»Unter dem Geschaffenen bringe ich mich selbst hervor, o Sohn der Menschheit, wenn in der Welt das Gute geschwächt ist und Unrecht herrscht.

Also verkörpere ich mich von Jahrhundert zu Jahrhundert, den Treuen zur Erhaltung, der Bosheit zum Verderben und zum Schutz von ewigem Recht.

Auf welche Weise sich die Menschen mir nahen, auf dieselbe Weise helfe ich ihnen; welchem Pfad sie auch folgen, dieser Pfad ist der meinige, o Sohn der Wahrheit.«

IV

So nähern wir uns geweihtem Boden, dem Niveau, auf dem sich die Wahrheit vollzieht. Es gibt keine äußeren Tempel mehr, wo der Mensch Heil und Linderung erwarten kann. Es gilt den *inneren* Tempel, der er selbst ist, zu entdecken, zu errichten und zu betreten. Es gibt eine Kraft, die befreit. Dies ist wiederum die Essenz der alchimischen Hochzeit, die Christian Rosenkreuz erlebte. Eine Zeit kündigt sich an, in der *dem höchsten Bauherrn* auf eine ganz neue Art und Weise gedient werden kann, eine Zeit, die uns vor den inneren Tempelbau stellt. Ohne Zweifel ist die Vervollkommnung des Weltalls, bewerkstelligt durch lebende Bauleute, nur in Zusammenarbeit mit allen verantwortlichen Bauleuten möglich. Darum lautet der erste Auftrag: *Selbst*freimaurerei. Was muss da »frei«gemauert, »frei«gebaut werden? Nun, was anderes als der gestorbene Osiris-im-Menschen? Was kann es anderes sein, als das Licht des ursprünglichen, unversehrten Lebens? Das eine übrig gebliebene Lichtatom, dieser Funke von jungfräulichem Geist, der das Zentrum des Mikrokosmos ist, so wie die Sonne das Zentrum des Makrokosmos ist? Wenn diese Flamme wieder frei brennen kann, wenn die Persönlichkeit ein Tempel geworden ist, still, aber vibrierend von Kraft und Leben, wenn diese Flamme ihre große Ausstrahlungskraft wieder erlangt hat, dann ist das Leben wieder ein *unversehrtes* Leben.

Jeder Orden kennt drei Stufen, die Freimaurer ebenso wie die Rosenkreuzer: Es ist die Rede von drei Tempeln. In der *Alchimischen Hochzeit* von Christian Rosenkreuz lässt Andreae die Hauptperson einen Brief, eine Einladung empfangen für eine königliche Hochzeit: »*Bist Du dazu geboren*« – und das ist jeder Mensch, der sich danach sehnt und richtet –

»*magst auf den Berg Du gehen, auf dem drei Tempel stehen.*«

Diese drei Tempel findet man nirgends anders als in der menschlichen Gestalt. Es sind der Tempel des Herzens, der Tempel des Hauptes und der Tempel des schöpferischen Lebens. Der dritte Tempel ist auch der des – jetzt verloren gegangenen – Wortes.

»Der Orden hat drei Tempel«,
so schreibt Jan van Rijckenborgh.

»Ein Tempel ist eine Werkstätte, ein Platz des Dienstes, an dem sehr hart gearbeitet wird. Der erste Tempel ist der Tempel des Glaubens: der Einsicht und Selbstübergabe. Der zweite Tempel ist der Tempel der Hoffnung: der Heiligung, der Heilwerdung und Verwandlung. Und der dritte Tempel ist der Tempel der Liebe: der Erfüllung. Durch diese drei Tempel, diese drei Arbeitsstätten, muss jeder Schüler hindurchgehen. Im ersten Tempel gibt der Alte Mensch sich der Gnosis, den Heilskräften Christi, anheim. Im zweiten Tempel geht der Mensch im selbstübergebenden Leben unter, während gleichzeitig der Neue Mensch, der Andere, der Unsterbliche, sich erhebt. Und im dritten Tempel wird das Werk vollbracht, und wird das Siegesfest, das Fest der Heimkehr, gefeiert. Die Liebe bewirkt das Wunder.«

Es ist Horus, der geboren wird, der eins ist mit Osiris. Christus, der eins ist mit dem Vater, erfüllt als neue Sonne im Mikrokosmos – wie der Feuervogel Phönix in Theben – das gesamte menschliche Wesen. So ist das Symbol des leeren Sarkophags, der in der Königspyramide Osiris geweiht ist, zugleich das leere Grab Christi, und in der modernen Zeit der Grabtempel von Christian Rosenkreuz. Aber starren wir nicht länger in die Leere des Grabes, als hätten wir Schuld an seinem Tod, sondern umarmen wir *Libertas evangelium*, die Freiheit des Evangeliums. Denn der Vorhang des Tempels, so lehrt uns die Weisheit der Jahrhunderte, ist zerrissen, nicht wegen des einen oder anderen himmlischen Verdrusses, sondern damit jeder Mensch, der sich als Christian Rosenkreuz »mit entblößtem Haupt, geöffneten Augen und barfuß« zu nähern weiß, die Wahrheit des Lichts sieht.

Das Licht im Menschen lebt dort, wo die Freiheit lebt. In einem alten Ritual der Freimaurer liest man:

»In den Tagen des Kampfes zwischen Finsternis und Licht lebend, trachte ich danach, soviel Wahrheit wie möglich zu finden, sie zu ehren und zu verkündigen. Ich versuche, das Licht, das von Vernichtung bedroht ist, zu bewahren; ja, ihm seinen ehemaligen Glanz wieder zu verleihen, so wie Jesus es tat. Ich suche nach dem verlorenen Wort.«

Und die Antwort des Meisters lautet:

»Darum rufe ich Euch in dieser lieblichen Stunde, in der der Mensch bezeugen kann, dass er gelernt und bewiesen hat, Mensch zu sein, zu: 'Behaltet das gefundene Wort! Lasst es nicht zu, dass das Licht ausgelöscht wird!'« ~

Porträt von Karl von Eckartshausen. Kupferstich, etwa 1790
München, Staatsarchiv

KAPITEL 16

Karl von Eckartshausen

I

Der Mensch ist ein vielschichtiges Wesen. Beim Lesen der folgenden Seiten wird man mit dieser Tatsache ausreichend vertraut geworden sein. Wie das Gehirn im Kopf aus Stammhirn, Kleinhirn und Großhirn schichtweise aufgebaut ist, so kennt der Mensch auch einen derartigen Schichtaufbau in seiner Seele.

Versuchen wir, eine Vorstellung davon zu gewinnen, was die menschliche Seele ist, woraus sie besteht. Wir werden also mehrere Schichten in ihr vorfinden. Es gibt eine Schicht, die alles umfasst, was mit dem Unterhalt und dem Fortbestand des Körpers und seiner Anliegen zu tun hat. Es gibt eine Schicht, die mit dem Wohlbefinden und den Gefühlen des Menschen korrespondiert. Es gibt eine magnetische Ausrichtung, die mit einer höheren Art von Verlangen zu tun hat, mit Kunst, mit Architektur, mit Musik. Es gibt eine Schicht, die alle Erinnerungen umfasst. Es gibt eine Funktion, die wir mit dem Ausdruck »Vernunft« oder »Verstand« bezeichnen. Schließlich gibt es einen Bewusstseinsbrennpunkt, den wir meistens mit dem Ausdruck »Ich« andeuten, oder – vielleicht weniger genau – Selbstbewusstsein oder Individuum, Individualität. Das alles und noch mehr bildet die menschliche Erscheinung, das menschliche Wesen, so wie wir es kennen.

Unablässig wurden über lang andauernde Perioden Teil für Teil hinzugefügt, manchmal in großen Sprüngen, manchmal in kleineren, subtileren Entwicklungsschritten, wie wir schon im ersten Kapitel gesehen haben. Entstanden *aus* der Natur und *durch* die Natur, entwickelte sich der biologische Mensch Schicht um Schicht zu einem vernunftbegabten Wesen, das der Natur seinen Willen auferlegt; zu einem vernunftbegabten Menschen, der über sich selbst nachdenken kann, dies jedoch – wie seine Geschichte beweist – nicht auf die richtige Weise tut. In der Philosophie und auch in der Psychologie wird dieser Entwicklungsprozess in all seinen Facetten studiert: Vom benebelten Blick bei Kriegsführung und Blutvergießen bis hin zur Entwicklung von Kunst und Architektur, und mündend in Studien der abendländischen Philosophie, die den Wahn der Zeiten in verständliche Erklärungen einzufangen versucht.

Das sind noch alles irdische Eigenschaften des naturgeborenen Menschen, die nur allzu bekannt sind. Aber der Mensch weist auch Eigenschaften, besser Kennzeichen auf, die mit dem Lichtprinzip korrespondieren. Es sind ein paar übrig gebliebene, empfindsame Punkte in seinem Wesen, die in ihm wie Erinnerungen an ein geheimnisvolles Licht und an ein reines, volles Leben in der Übernatur wohnen. Aus ihr, in der er einst als ein Wesen mit einem ganz anderen Bewusstsein lebte, ist er gefallen.

Früher hatte man eine größere Vorliebe für die Ausdrücke Finsternis und Licht. Was von der Erde war, nannte man finster, und das höhere Streben im Menschen und dessen Objekte nannte man Licht. Alchemisten wie Paracelsus und viele in dessen Spur wiesen darauf hin, dass man das Grobe von dem Feinen, das Licht von der Finsternis, aber auch den Himmel von der Erde *scheiden* müsse, um diese Teile gereinigt und geläutert auf einem höheren Plan wieder zusammenzufügen. Bis in die Sechziger Jahre hielt man in weiten Kreisen die Alchemisten für Phantasten, weltfremde Sonderlinge, die auf eine mysteriöse Art darauf aus waren, Blei in Gold zu verwandeln. Gegenwärtig ist man eher geneigt, dies symbolisch aufzufassen: Es geht allein um die Seele, die von ihrem Dasein auf Erden zu ihrem ewigen Glück darauf gerichtet sein muss, das Gold des Geistes zu befreien.

Wenn wir dies so einfach formulieren, tun wir den wirklichen Alchemisten dennoch Unrecht, denn ihr Bestreben reichte weiter. Sie wollten nicht nur eine spirituelle, moralische Reinigung. Ihnen zufolge war es möglich, durch »Feuer« die gesamte Erde in ihrem ursprünglichen Glanz wiederherzustellen.

Die Alchemie glaubte an die Wirksamkeit von Essenzen. Die ganze Welt, alles Bestehende zeigt eine Mischung von Essenzen auf. Alles auf Erden ist eine Vermischung. Etwas, das vermischt ist, ist notwendigerweise weniger rein als seine ursprünglichen Bestandteile. Warum ist denn etwas vermischt? Um etwas umzusetzen, um etwas zu erreichen. Um was zu erreichen?

Die Vermischung ist eine große Chance, eine durch das Göttliche in unermesslicher Weisheit geschaffene Möglichkeit, alles was noch finster ist, was einst in Unwissenheit gefallen ist, durch unaufhörliches Mischen von Elementen und Essenzen erneut umzusetzen in die Lichtessenzen des Anfangs. Das war den Alchemisten zu Folge möglich; nicht nur möglich, sondern es war sogar das Kernproblem, auf das sich alle Wissenschaft richten muss.

Das Ergebnis dieser Bemühungen ist die Pharmazie. Hier hat man es heute zu großartigen Leistungen gebracht. Aber es gibt einen wesentlichen Unterschied zu der ursprünglichen Alchemie. Die Pharmazie sucht stets nach dem wirksamen Bestandteil in einem bestimmten Stoff. Der Alchemist dagegen sucht mehr; nach drei Dingen, um genau zu sein: Zuallererst sucht er nach dem *Salz* oder dem wirksamen Bestandteil. Das sah er als den *Körper* an. Gleichzeitig suchte er auch nach der *Seele* oder dem *Schwefel* einer Pflanze oder eines Metalls. Und danach nach dem *Quecksilber* oder dem *Geist* der Pflanze oder des Minerals, das man »läuterte«. Nachdem diese drei gereinigt waren, wurden sie aufs Neue zusammengefügt zu einem tatsächlich verstärkten Mittel. So trachtete man danach, die Erde (mit Erde meinte man die gesamte Natur, alles, was man auf Erden finden kann) zu läutern und zur ursprünglichen Natur zurückzuführen. Ganz auf einer Linie mit der Welt der *Reinen Idee*, wie Plato es einst in seinem grundsätzlichen westlichen Denken dargelegt hatte.

Der Alchemist wollte das Laboratorium Gottes, die Erde, die große Werkstätte Gottes – denn als das sah er diesen Planeten – im alchemistischen Laboratorium nachbilden. Er stellte sich zur Aufgabe, die reinen Essenzen aus Pflanzen, Mineralien und Metallen zu gewinnen, um diese daraufhin zu besten Heilmitteln, ja sogar zu dem *universellen Heilmittel*, oder wie es auch genannt wird, zur *Panazee* zusammenzufügen. Die daraus entstandene Chemie ist die Kunst des Trennens, des Reduzierens eines bestimmten Stoffes bis hin in seine wirksamen Bestandteile. Die Alchemie fügt gleichzeitig die Kunst des Zusammenfügens dieser verschiedenen Bestandteile auf einem höheren Plan hinzu; nicht nur stofflich, sondern auch auf dem Gebiet der Seele und des Geistes.

In der Erde liegt mithin auch das Gold, das Edle latent verborgen. Nur im irdischen Menschen oder auch in der Erde selbst? Das ist eine

Frage, die man auch am Ende des 18. Jahrhunderts zu beantworten suchte.

Der Gelehrte Eckartshausen, so wird erzählt, nahm an, dass in allem etwas vom Ursprünglichen, Reinen anwesend ist, dass aber in allem auch eine bestimmte Verunreinigung steckt. Bei einem bestimmten Experiment ging er davon aus, dass in unserer Erde, in dieser gefallenen, buchstäblich zusammengesetzten Erde auch ein Element steckt, das dafür sorgt, dass die Erde verunreinigt ist, das heißt weniger rein ist, als sie sein könnte.

Naturforscher, die nach seinen Anweisungen eine bestimmte Menge Erde reinigten, legten in einen Topf, der mit dieser Erde gefüllt war, ein einzelnes Getreidekorn und stellten den Topf ins Freie. Bei viel rascherem Wachstum als dies in gewöhnlicher Erde der Fall ist, entsprossen diesem einzigen Korn 100 Ähren, die sowohl an Dicke, Größe und Schönheit der Körner alle bekannten Getreidesorten übertrafen. Die geernteten Körner hatten eine so natürliche und schöne Goldfärbung, dass man hätte denken können, sie wären mit feinstem Golde überzogen gewesen. Der Geschmack der Körner war auch süßer und angenehmer als normalerweise.

Bei einer chemischen Zerlegung fehlte das sogenannte Klebereiweiß oder Gluten. Dieser Stoff ist die Grundursache des Verderbens des Mehls. Gleichartige Erfahrungen wurden mit Leinsamen gemacht. Außerdem war der in dieser gereinigten Erde erzeugte Flachs von nie gekannter Schönheit und Stärke.

Diese Erde hatte außerdem noch andere wunderbare Eigenschaften: Mit ihr in Berührung gebrachtes Ungeziefer »floh nach allen Kräften«, so halten es Berichte fest. Sodann beobachtete man, dass bei einer Mischung von zwei Teilen reiner mit einem Teil gewöhnlicher Erde das unreine Drittel dadurch veredelt und ebenfalls rein wurde. Das der reinen Erde nicht Entsprechende entwich durch Ausdünstung in die Luft. Spätere Forscher schlossen daraus, dass hierin eine zuverlässige Grundlage für die Möglichkeit besteht, dass die ganze Erde dereinst durch Umsetzung ein besserer Planet sein werde. Eine weitere Schlussfolgerung könnte sein, dass bereits durch das Verbessern unserer Kenntnis von der Erde ein besserer Mensch aufwachsen werde, befreit von einer großen Zahl seiner heutigen Fehler und seiner Unvollständigkeit.

II

Wer war Karl von Eckartshausen? Geboren am 28. Juni 1752 als Sohn des Grafen Karl von Haimhausen und dessen Hauswirtschaftsleiterin Maria Anna Eckart, als uneheliches Kind nicht anerkannt durch seine (adlige) Familie, nimmt er später den Namen Von Eckartshausen an. Als Achtzehnjähriger schreibt er sich an der Universität von Ingolstadt in Bayern ein, wo er Philosophie und Recht studiert. Mit vierundzwanzig wird er in den Adelsstand erhoben und zum Hofrat ernannt. Was er geschrieben hat, zeugt von einer flammenden Inspiration und einer beeindruckenden esoterischen und theosophischen Kenntnis. Das Wunderbare bei Eckartshausen ist, dass er das Vermögen besitzt, diese Verborgenheiten auf praktische und logische Weise seinen Lesern zugänglich zu machen.

Wir wissen heutzutage kaum noch, was ein Hofrat oder Geheimrat ist. Man kann diesen Beruf vergleichen mit einem persönlichen Sekretär eines Höhergestellten. Es ist jemand, der viel schreibt, der das Archiv und das Haushalten am Hof seines Herrn verwaltet. Ein solcher Mensch bekommt es natürlich mit Dingen zu tun, die nicht an die große Glocke gehängt werden sollen, und oft spielt er eine Vertrauensrolle. Gleichzeitig war Eckartshausen so etwas wie ein Buchhalter und hatte die Kontrolle über die Finanzen des Landguts oder (später) der Stadt. Es gibt verschiedene Bezeichnungen für das, was er tat. Seine ganze Karriere bestand aus Berufen, die wir nicht mehr kennen.

Eckartshausen hatte in München und Ingolstadt, im katholischen Bayern, Recht studiert. Mit fünfundzwanzig Jahren wurde er Mitglied der Akademie der Wissenschaften, nachdem er ein Jahr zuvor in den Adelsstand erhoben worden war. Von 1780–1783 war er Bücherzensur-Rat (eine Art Finanzkontrolleur). Danach, im Jahre 1784, im gleichen Jahr, in dem auch Gabriele Wolter, die Tochter des Leibarztes des Kurfürsten von Bayern, heiratete, wurde er zum Geheimen Archivar ernannt, und 1799, drei Jahre vor seinem Tod, zum Ersten Geheimen Hausarchivar. Im Fürstenhaus von Bayern hat er das Staatsarchiv eingerichtet und organisiert, und zwar solcherart, dass er jetzt noch, zwei Jahrhunderte nach seinem Tod, dessen gerühmt wird. In der Tat kann man seine Laufbahn vergleichen mit der eines Buchhalters, aber nicht nur beschränkt auf finanzielle Angelegenheiten. Ein wichtiger Teil seiner Arbeit betraf die Erledigung der persönlichen Korrespondenz seines Herrn.

Karl von Eckartshausen hat sein Studium unter jesuitischen Lehrern begonnen. Schon während seines Studiums jedoch erfährt sein feinfühliger und scharfsinniger Geist eine wichtige Veränderung. Ein Eckartshausen-Kenner unserer Zeit, *Antoine Faivre*, der ein umfangreiches Werk über ihn geschrieben hat, sieht das so: In seiner Zeit wird Religion zur Religions*wissenschaft*, und die Universität, an der er studiert, zum Turnierplatz, wo Aufklärung und traditioneller Unterricht einander bekämpfen. Die intellektuelle und geistige Entwicklung Eckartshausens ist das getreue Spiegelbild dieses Gegensatzes. Als Junge liest er alles. Sehr interessiert ist er an Alchemie, und er weist Kennzeichen eines forschenden Geistes auf. Johann Wolfgang Goethe und Friedrich Schiller, Zeitgenossen von ihm, haben von Eckartshausens »palingenetischen« Experimenten gehört, wobei eine Pflanze zu Asche pulverisiert und ein Farbspektrum erzeugt wird. Sie lächelten ein wenig darüber. Aber diese Experimente sind wichtig gewesen bei der Entwicklung unseres Wissens über Elektrizität.

Doch Karl von Eckartshausen ist vor allem Schreiber. Für seinen Beruf war das auch notwendig, denn seine Arbeit als Hofrat verlangte, dass er viel schreiben musste. Wenn der Fürst irgendwo eine Rede halten musste, dann hatte er diese geschrieben. Auch selbst hielt er viele Vorträge und offizielle Reden. Schon in jungen Jahren wurde er in die hochangesehene Gesellschaft der Bayerischen Akademie der Wissenschaften aufgenommen. An seiner Schule wurde in einem gegebenen Moment Adam Weishaupt angestellt, ein Freidenker, der anfangs einen großen Einfluss auf ihn ausübte. Dieser Mann hatte 1776 eine geheime Gesellschaft mit verschiedenen Graden und Stufen, wie in der Freimaurerei, gegründet. Sie nannten sich die Erleuchteten oder Illuminaten. Den Mitgliedern wurde versprochen, dass sie in den höheren Graden wichtige geistige oder spirituelle Geheimnisse zu wissen bekommen sollten.

Im Alter von vierundzwanzig Jahren ließ sich der spirituell empfängliche Karl von Eckartshausen hiervon gern erzählen und wurde Mitglied der Illuminaten. Die Versprechungen stellten sich indessen als Schwindel heraus. Er entdeckte außerdem, dass die Organisation als Deckmantel für eine politische Organisation fungierte. Ihr Ziel war es, sowohl den König abzusetzen als auch die Religion abzuschaffen, und stattdessen die Aufklärung – die darauf abzielte, dass der Mensch in allem seiner Vernunft folgen müsse – auf den Thron zu setzen. Dies ist einer der Vorläufer von der *Religion der Vernunft*, die gleichzeitig in Frankreich Anklang fand, und schließlich jener dunklen Seite in der europäischen Geschichte den Weg ebnete, der Französischen Revolution, wo die Losung *Freiheit, Gleichheit und Brüderlichkeit* so zynisch umgedeutet wurde.

Von dem Augenblick an, wo Eckartshausen Zugang zu den Archiven hatte, durchschaute er diesen Plan und warnte Karl Theodor, den Kurfürsten, mit dem Hinweis, dass wichtige Schriften aus seinem Archiv fehlten. In der Demontage des Ordens spielte er eine maßgebliche Rolle. Aber zu gleicher Zeit war sein Forschungsdrang stark angeregt: Musste da nicht irgendeine Lehre *hinter* der Lehre, hinter der »äußeren« Religion sein? Kommt denn nicht alle Religion aus dem Einen hervor? Dieses Suchen führte ihn auf viele Wege: Zuerst die Empörung über seine »uneheliche« Geburt, die weder von seinem Vater noch von seiner Familie je anerkannt worden war. Dann auf alle Wege der natürlichen Magie, die wir gegenwärtig mit »okkult« bezeichnen würden. Er schrieb spannende Geschichten über Geistererscheinungen. Er schrieb über die Moral seiner Zeit, er schrieb ein Büchlein über die *Sittenlehre für Jugendliche, die sich ritterlichen Zielen weihen.* In der Periode 1788–1792 erscheint sein erstes esoterisches Werk *Aufschlüsse zur Magie,* das vier Teile umfasst.

In einem gegebenen Moment entdeckt er zusammen mit einigen anderen Freunden das Werk *Jakob Böhmes,* des teutonischen Philosophen, über den in diesem Buch so viel im Kapitel 13 geschrieben steht. Böhme war in der deutschen Romantik wieder bekannter und in manchen Kreisen sogar in Mode gekommen. So war der berühmte und jung gestorbene Dichter *Novalis* ein absoluter Fan von Böhme. Aber auch bei Karl von Eckartshausen hinterließ Böhmes Werk einen tiefen Eindruck. In seinen Studien und den Büchern, die er danach herausgab, stößt man immer wieder auf die Lehre der *zwei Welten im Menschen,* und zwar auf fast dieselbe Weise, wie Böhme es wiedergegeben hatte. Im Stil von Böhme schreibt er: »Lass Dich, geliebter Schüler, nicht in Verwirrung bringen durch die, die draußen sind. Du siehst, dass in unserer inneren Schule alles planmäßig verläuft, dass wir weder Schwärmerei noch Übernatürlichkeit kennen, aber alles erklären gemäß den wahren und ewigen Gesetzen der Natur.« Zuerst ist der innere Mensch eine stille Gestalt, doch schon bald nimmt er zu an Kraft, Schönheit und Leben. Zuerst ist er unbeweglich und fern, aber nach und nach wird er lebendiger als die alte, irdische Wesenheit. Zuerst ist er ein Idol, zum Schluss eine lebende Wirklichkeit.

Hierüber ist ein wundervoller Brief bewahrt geblieben, den Eckartshausen 1798 an seinen Freund Conrad Schmid schrieb. Er sagt darin: »Neulich sah ich es vor mir. Ein kleiner Knabe belehrte mich über Folgendes: 'Im Innersten unseres Herzens liegt das Göttliche wie unter einer rohen Rinde verborgen. Dann kommt der Glaube, das einzige Mittel, das uns in unserer Unwissenheit übrig blieb, und bringt diesen göttlichen Funken in Bewegung. Mit ihm wächst die Liebe. Dieser aufsteigenden Liebe kommt der Geist von oben entgegen und bildet das Wasser der Gnade mit der Liebe in dieser Gnade. Dieses Auflösen ist das Ausziehen des Alten Menschen. Dann fängt der Geist des Lichtes an zu wirken, Gestalt in uns anzunehmen. So verwandeln wir uns in ein reines Wesen. Dies ist das Gesetz der Regeneration. Damit Du versichert bist', sagte der Knabe, 'will ich Dir zeigen, dass die physischen Körper im physischen Licht nach genau dem gleichen Gesetz regeneriert und zur höchsten Vollkommenheit erhoben werden können. Ich lernte daher aus dem Gesetz der geistigen Wiedergeburt das Gesetz des Physischen. Ich sah alles mit leiblichen Augen, was ich bisher nur mit den Augen meiner Seele sah. Vertraue auf den Herrn.' Amen, Halleluja.«

Verschiedene Zeitgenossen bezeugen Eckartshausens Freigebigkeit und sein durch Mitleid getragenes Handeln. So schreibt Graf de Stassart, der ihn persönlich kannte: »Der Autor wusste mit wohl gesetzter Sprache über die Pflichten der Menschheit zu schreiben. Wir fügen hinzu, dass er hier mit noch besserem Beispiel voran ging: Jeden Monat trug er mit seinem Verdienst als rechter Christ dazu bei, bestehende Not zu lindern. Kriegsgefangene und hauptsächlich Verwundete waren Gegenstand seiner Sorge. Man hat beobachtet, wie er ungeachtet der winterlichen Witterungsverhältnisse eines Tages einen Teil seiner Kleidung auszog, um unglückliche französische Soldaten, die man 1795 über Deutschland nach Ungarn schickte, mit Kleidung zu versorgen.«

III

Die Freidenkerei, die davon ausging, dass der Mensch mittels der Vernunft selbst Erklärungen finden müsse, sprach ihn nicht an. Für ihn ist die Vernunft nicht das Endziel, und er hat ernsthafte Bedenken wegen des Hochmuts, dem dadurch in die Hand gearbeitet werde. Die Scharfsinnigkeit der Vernunft hatte ihren vorläufigen Höhepunkt eigentlich schon ein Jahrhundert zuvor bei Baruch de Spinoza und René Descartes gefunden.

Bei *Spinoza* (1632–1677) war die Vernunft der absolute Vorläufer der Seele. Wer die Vernunft rein gebrauchte und rein hielt, sollte das wahrhaft Gute finden. In seiner Einleitung zur Ethica schreibt Spinoza: »Nachdem die Erfahrung mich gelehrt hatte, dass alles, was im normalen Leben vorkommt, eitel und nichtig ist, und ich sah, dass alles, was ich und wovor ich mich fürchtete, nichts Gutes und nichts Schlechtes enthielt [...], beschloss ich schließlich zu untersuchen, ob es auch etwas gäbe, das wahrhaft gut sei, dessen man teilhaftig werden könne, und wodurch allein durch Zurückweisung all des Übrigen die Seele erfüllt werden kann.«

Die göttliche Natur offenbart sich darin, dass die Seele in Seiner Liebe aufgeht, letztendlich durch die Vernunft geleitet. Dann stimmen Seele und Vernunft darin überein, dass Gott alles ist, die einzige wahrhafte, reine Substanz, die von allem die erste Ursache und letztendlich auch die Erfüllung ist. Das Persönliche, das Konfliktvolle ist dann aufgelöst in dem Neuen, das geboren ist.

Denn das erste, was sich zeigt, wenn sich das göttliche Prinzip im Menschen regt, ist nach Spinoza die Vernunft. Aus dieser Vernunft entsteht dann die reine, geistige Liebe zu Gott. Allein auf dieser Basis kann der *ganze Mensch* befreit werden und sich einer vollständigen *Transfiguration* unterziehen. Spinoza war so edel, so rein und geradlinig in seiner Bescheidenheit, in seiner streitlosen Lebenshaltung, dass bis heute nur eine sehr kleine Anzahl Menschen in seine Fußstapfen zu treten vermag.

René Descartes (1596–1650) ist eine ganz andere Gestalt. Dieser Soldat und Denker leitete eine ganz neue Art ein, wie die Vernunft zu betrachten ist. Er eröffnete eine neuzeitliche Philosophie, in der die Vernunft über sich selbst nachzudenken beginnt: *Cogito, ergo sum* (ich denke, also bin ich). Descartes zieht unter alles einen Strich. Er wagt es tatsächlich, die Wirklichkeit auf eine völlig neue Art zu betrachten. Er beginnt damit, alles in Zweifel zu ziehen; es gibt nichts Feststehendes. Skeptisch betrachtet er erst die Sinne, dann die Träume, dann die Welt und deren Elemente, dann die Arithmetik und die Geometrie. »Denn es kann sein, dass Gott oder ein trügerischer mächtiger Geist mich Fehler machen lässt, während ich denke, dass ich sehr genau messe. Selbst der Körper, in dem ich denke, kann eine Illusion sein«, argumentiert er. Aber an einem Ding kann ich nicht zweifeln, sagt er:

> »Selbst wenn ich denken sollte, dass alles unwirklich ist, muss es doch so sein, dass das Ich, das denkt, etwas ist. Wenn ich dann bemerke, dass diese Wahrheit – 'ich denke, also bin ich' – so unantastbar und so sicher ist, dass sogar die meistens weit hergeholten Hypothesen von den Skeptikern diese nicht ins Wanken bringen konnten, meinte ich, dass ich sie ohne Bedenken als erstes Grundprinzip der Philosophie, die ich suchte, gelten lassen konnte.«

Das ist der Kernpunkt seiner Philosophie. Damit setzte eine immer weiter abstrahierende Entwicklung ein. Es würde zu weit führen, all die Schritte zu verfolgen, aber in einem gegebenen Moment ist es so, wie der Philosoph *Hume* behauptet: »Alles ist Materie, der Geist ist Materie.« Und ein anderer: »Alles ist Geist, Materie ist Geist.« Daraufhin macht der Gelehrte *Locke* die Welt vertraut mit dem Gedanken, dass die Eigenschaften der Dinge (Farbe, Geräusch, Geschmack und dergleichen) subjektiv sind und nicht zum Objekt selbst gehören. Das heißt, man gibt den Dingen Farbe in seinem Kopf, während des Sehens. Dagegen ist natürlich nichts zu sagen. Schließlich stellt *Immanuel Kant* endgültig fest: Als Ding an sich bin ich nirgends, und nichts ist außerhalb von mir.

Das ist die Art und Weise, auf die der Mensch die Wahrheit, die Wirklichkeit in Bezug auf sich selbst zu begreifen versucht. In den anderthalb Jahrhunderten vor dem 18. Jahrhundert dachte man erst: »Wenn wir aber die Vernunft überwiegen lassen über den Aberglauben, die Triebe und die Gefühle, dann sind wir erleuchtet«, um nachfolgend die Frage zu stellen: »Was ist eigentlich die Vernunft?«

Das brachte den französischen Philosophen *Jean-Jacques Rousseau* zu dem folgenden Schluss: »Nein«, so sagt er, »wir müssen es umgekehrt sehen. Wir haben bei allem von uns selbst auszugehen, und gerade die Bildung und der Zwang der Vernunft haben uns von dem Tiefsten und Reinsten abgetrieben. Darum müssen wir mit der

Vernunft zurück zur Natur, uns durch sie leiten lassen, und als reine, einigermaßen gebildete Wilde zu leben beginnen.« Das ist einer der Ausgangspunkte der Romantik geworden, die wir möglicherweise etwas besser kennen. Aber dieselbe Romantik hat ihrerseits ebenfalls eine merkwürdige Spaltung gezeitigt.

Von einem einfachen Menschen ist dies als Lebenshaltung längst nicht mehr zu befolgen. Wenn nun Herz und Haupt so abgekoppelt sind, zeigt sich – so ist die Natur nun einmal – für beide ein neuer Horizont, eine neue Möglichkeit in der Ferne, und es folgt für beide auch eine gesonderte Entwicklung. Einerseits sehen wir eine zügellose Gefühlsspirale zur Äußerung kommen, andererseits eine große Rationalisierung, die zur industriellen Revolution führt. Einerseits die erhabene Schönheit, die Empfindung, die berauschende Subtilität in der Musik, in den damaligen Gemälden, die Ästhetik in fast allem. Andererseits die kühle Zweckmäßigkeit und die Unmenschlichkeit der für diese Zeit sehr fortschrittlichen Dampfmaschinen, der ersten elektrischen Experimente und unheimlichen Apparate.

Dennoch sind auch in diesen Zeiten Impulse von dem wirklichen Leben ausgegangen, die sich demjenigen Sucher zeigen, der bis hinter den faszinierenden Schleier einer »Welt unter Dampf« durchzudringen weiß. Auch erscholl derselbe Ruf, zur Einheit zurückzukehren, zum inneren Zusammenhang von allem, an dem das mysteriöse »Leben« Anteil hat. Sicher sind im 18. Jahrhundert Versuche unternommen worden, um zu einer einfachen und reinen Moral zu gelangen.

Die verborgene Geschichte wirkt unaufhörlich; der gnostische Impuls findet immerfort Menschen, die in seinem Strom einherschreiten, damit er durch diese nach außen wirken kann. Auch in Bezug auf die genannte Zeit erweist sich kein anderes Wort zutreffender als das Wort von Christus: »Eher werden Felsen bersten und Steine sprechen, als dass es an Verkündigern des Wortes mangelt.«

Und so mögen wir erneut eine der ältesten Schlussfolgerungen der westlichen Denkgeschichte in Bezug auf den Menschen ziehen: Der Mensch ist das Geschöpf mit Vernunft, der Vernunft, die ihn über alle anderen Geschöpfe dieser Natur erhebt. Seine Vernunft macht ihn gleich selbst zur Ursache. Ist die Welt nicht für ihn geschaffen, damit er sich mittels seiner Vernunft darin ausdrücken und schöpferisch betätigen kann? Der Mensch verfügt seit etwa 100 000 Jahren über ein Großhirn, mit dem er denkt. Darum will er begreifen, *warum* etwas geschieht. Weil der Mensch verstehen will, stellt er eine Frage. Er stellt große und kleine Fragen, um abschließend mit sich zu Rate zu gehen, was denn nun die Wahrheit sei. Der Forscher kann von der fortschrittlichsten Apparatur Gebrauch machen, aber sein Gehirn ist sein wichtigstes Werkzeug.

Wer das Weltbild anschaut, damals und heute, muss sich wahrlich fragen, was aus der Vernunft des Menschen und seines Daseinsgrundes wird. Der Mensch verfügt über die Vernunft, aber weiß er auch, *wozu* sie dient? Hat er den eigentlichen Sinn seines Daseins schon entdeckt? Hat der Mensch schon begriffen, was der erste Brief an die Korinther (13,12) eigentlich meint mit dem Satz:

>»Wir sehen jetzt durch einen Spiegel wie ein Rätsel; dann aber von Angesicht zu Angesicht. Jetzt erkenne ich stückweise; dann aber werde ich erkennen, gleich wie ich erkannt bin.«

Um zu finden, muss der Ausgangspunkt des Suchens gut sein. Wer nicht am inneren Menschen als Ausgangspunkt festhält, kann die Folgen seiner Argumentationen nur mit äußerster Unterdrückung ausüben. Mit beißendem Spott schrieb Karl von Eckartshausen 1785 darüber in seinem Buch *Über Religion, Freidenkerei und Aufklärung:* »Er wird ein Tyrann oder er wird wahnsinnig, oder beides.« Und wie er mit seiner Prophezeiung Recht erhält!

Die Religion der Vernunft kulminierte in der satanischen Episode der Französischen Revolution. Manche Astrologen verteidigen diese Periode zwar als den ersten Beginn des Aquarius-Zeitalters, vor allem wegen der Losung *Liberté – Egalité – Fraternité*. Dabei verlieren sie aber vollständig aus dem Auge, dass im Westen in der Zeit vor dem Zweiten Weltkrieg kaum eine zynischere und blutigere Episode zu finden ist. Die Revolution hatte in Paris mit den herrschenden Ständen sauberen Tisch gemacht: Der König, der Adel, die Priester, sie alle waren verschwunden. Der Bürger war der neue Mittelpunkt. Damit hatte die neue Republik eine neue Verfassung, eine neue Rechtsprechung, neue Gesetze und sogar einen neuen Kalender.

Etwas jedoch fehlte: Eine neue Religion. Keinen Gott mehr dieses Mal. Denn ein Gott, eine männliche Vaterfigur, bedeutet Majestät, Macht, Königtum – buchstäblich alles, was das französische Volk so blutig verstoßen hatte. Nein, es sollte kein Gott mehr sein, sondern eine Göttin. Eine Göttin – ein Idol – ein Spielzeug! Seit Robespierre zur Kenntnis genommen hatte, dass das Volk – obwohl es nun im neuen und aufgeklärten Zeitalter der neuen Ordnung lebte – doch nicht ohne Religion auskam, nahm er eine Prostituierte aus dem Volk und ernannte sie zur Göttin der Vernunft. Zur Ehre ihres Festes sollten 10 000 Menschen an einem einzigen Tag unter der so »gnädigen« Guillotine enthauptet werden. Und abends sollten – als große Apotheose der Schreckensherrschaft der Jakobiner – Boote mitten auf der Seine mit einigen Hundert festgebundenen Männern, Frauen und Kindern zum Sinken gebracht werden. Das war das praktische Resultat der Aufklärung, basierend auf der Vernunft. – Die Weissagung von Eckartshausen von 1785 hatte sich nur allzu genau erfüllt!

IV

Es lohnt sich die Mühe, Eckartshausen bei seinem Ringen nach innerem Wissen zu folgen. Vieles von dem, was er schrieb, empfing seine empfindsame Natur durch Inspiration. Besonders an seinem Lebensabend machte er große Fortschritte und konnte durch innere Anschauung bestätigen, was er schon immer vermutet hatte:

»Die Wege, die mich Gott führte und noch führt, sind wunderlich aber darum voller Erfahrungen. Er ließ mich durch einige Krankheitserfahrungen den Becher verschiedener Leiden trinken, um die Welt und Gottes Absicht kennen zu lernen. Auch setzte Er mich in bitterste Situationen, damit ich durch eigenes Leiden von Tausenden lernen sollte, und umso mehr an der Verminderung des ganzen Leidens zu arbeiten. Alles, was Er mir antat, heilte Er auch wieder.

Alles, was ich schrieb, was ich vermutete, was ich in meinem Inneren vor mir sah und fühlte, sind Spiele gewesen gegenüber dem, was ich wirklich fand – vielmehr was Gott mich finden ließ. Immer bat ich den Herrn, Er möchte sich der leidenden Menschheit erbarmen und uns Mittel geben, um das zeitliche und leibliche Werk der Barmherzigkeit zu erfüllen. Das hat Er getan. Da aber Finsternis und Licht immer gegeneinander kämpfen, musste ich drei Versuchungen passieren.

Die erste war im Zusammenhang mit dem Nachlassen meiner Kräfte.

Die zweite mit dem Missbrauch der Werke und Geheimnisse Gottes und der Natur, um diese für Sinnlichkeit zu gebrauchen. Da mir Gott diese beide zu überwinden geholfen hatte, kam nun die dritte, in der ich wirklich seit einiger Zeit bin: Schreckliche Stürme von außen, Lebensmüdigkeit, Entkräftung unter verschiedenen äußeren Verfolgungen. Aber auch da wird Gott mir helfen.«

Am 2. September 1797 starb seine Frau, Gabriele Wolter, ein Ereignis, das ihn stark bewegte, weil sie ihm ebenfalls in spiritueller Hinsicht eine Stütze war. Er schrieb einem Freund:

»Die Gefährtin meines Lebens ist entschlafen. – Sie ist nicht mehr für mich da in ihrer sterblichen Hülle. Jede Träne, die das menschliche Gefühl aus meinen Augen drängt, sei Ihm geopfert! Sie starb ruhig. Ihre letzten Worte an mich waren diese: 'Gott ist das einfachste Wesen! Wir begreifen Ihn nicht, weil wir vielfältig sind. Wenn wir uns für Ihn ganz öffnen, drückt Er sich ganz in uns aus, so wie Er ist. – Er ruft mich. Leb wohl! Ich werde ewig für Dich bitten!'«

Erst am Ende seines Lebens hat Eckartshausen den wirklichen Schlüssel zur höheren Welt gefunden. Mehr und mehr empfing er Antworten auf sein unaufhörliches Verlangen nach Wissen. Er schreibt:

»Seit einigen Monaten empfing ich mannigfaltige Lehren von oben, und seit dem 15. März wurden diese immer seltsamer. Ich kenne in unserer Sprache keine Worte, um zu erklären, wie das geschieht, denn die Geheimnisse der pneumatischen Welt (damit meint er die wirkliche Welt) können vom Verstand ohne Anschauung nicht verstanden werden.

Ich erhielt hierüber folgende Aufschlüsse:

1. Es gibt eine Kommunikation zwischen den Geistern und der physischen Welt.

2. Man kann mit dem höheren Wesen durch den Herrn wirklich sprechen und verschiedenen Unterricht erhalten.

3. Es gibt eine pneumatische Welt, von der der Verstand keine Vorstellung hat, bis er gelernt hat, diese neue Welt anzuschauen.

4. Wie der Mensch diese Anschauung erhalten, sie prüfen und sich wirklich überzeugen kann.

5. Ich lernte, dass jeder Mensch eine geistige Zahl hat, mittels der er durch seinen inneren Menschen mit dem Himmel in Verbindung treten kann.

6. Ich wurde unterrichtet, wie 3 mit 4, und 4 mit 3 vereint werden, damit das Dreieck im Viereck steht.

7. Ich wurde in die Sprache der Natur und den Charakter und die Siegel der Dinge eingeführt, welche nur das Lamm öffnet, sowie in noch andere und

verborgene Dinge, die ich zur Verherrlichung Seines Heiligen Namens all denen, die Ihn in Geist und Wahrheit verehren, mitteilen darf.« Wer war Karl von Eckartshausen? Wir stellten uns diese Frage zu Beginn des 2. Unterkapitels. Selber hat er diese Frage einst wie folgt beantwortet:

»Frage: Wer bist Du?

Antwort: Ich bin ein Mensch, der das Licht kennt, und demselben folgt.

Frage: Wer ist ein solcher Mensch?

Antwort: Er ist's, der – nachdem er das Licht erkennt hat – durch dasselbe erleuchtet worden ist und diesem ganz folgt; alles weiß und ausübt, was die alte, echte Lichtgemeinde immer wusste und ausübte, sei es im Lichtbuche aufgeschrieben oder nicht.

Frage: An welchen Zeichen erkennt man den Anhänger des Lichts?

Antwort: An dem, dass er das Kreuzzeichen der Natur kennt, das große Sinnbild der Scheidungskraft, der Absonderung des Reinen vom Unreinen, des Vollkommenen vom Unvollkommenen. Dass er alle unechten Arbeiten und Irrtümer meidet, welche die wahren Lehrer der echten Lichtgemeinde einmütig verwerfen.

Frage: Wie kennzeichnet sich der Anhänger des Lichts?

Antwort: Er kennzeichnet sich mit dem großen Kreuzzeichen der Natur, mit dem Zeichen der großen Scheidungskraft. Er spricht und unternimmt alles in dem Namen oder den Eigenschaften des Feuers, des Lichtes und des Geistes, wodurch er alles zu seinem Amen oder zur Vollendung bringt. Fängt er an, Gott in seinem Geist anzusehen, so erkennt er, dass Gott außerhalb allem Raume und Zeit, Ort und Bewegung ist, und dass gleichwohl etwas in Gott sein muss, das bewegt, und das Raum und Zeit, Ort und alles ordnet. Dieses Etwas ist das Wort, die Weisheit und Herrlichkeit Gottes. Dieses Wort ist kein ideelles Wesen, sondern etwas Leibhaftiges, worin das Göttliche mit dem Menschen in reinster Form, das Übersinnliche mit dem Sinnlichen, das Geistige mit dem Körperlichen geeint heraus wirkt, auf die Empfänglichkeit des Göttlichen im Menschen, auf die Erhebungsfähigkeit des Sinnesmenschen zum Übersinnlichen, auf die Fähigkeit des Materiellen, sich zu verherrlichen zum Geistigen.«

Dieser große Mann, der sein Leben lang eine Anzahl von wichtigen Ämtern bekleidete, aber immerfort arm war und Mangel litt, starb 1803 unter traurigen Umständen. Nach dem Tode von Gabriele heiratete er noch ein drittes Mal; dieses Mal ziemlich unglücklich. Er hinterließ sechs Kinder in dürftigen Verhältnissen. Von seinem Tod lesen wir am 13. Mai 1803 im Tagebuch eines anderen Höflings, General Louis de Clérambault:

»Ein kalter Tag, alle naselang Regen. Heute ist Karl von Eckartshausen gestorben, 51 Jahre alt. Er war der leibliche Sohn von Graf von Haimhausen. Er war Hofrat und Archivar. Er hat viel geschrieben, darunter auch Gebetsbücher, und das alles nur, um Geld zu verdienen. Seine zweite Frau war eine Wolter, eine stolze Dame, die ihn viel gekostet hat. Aber zu seinem größeren Verdruss heiratete er ein drittes Mal, ein Fräulein Weiß, die Tochter eines Finanzrats, der man den Beinamen »Die weiße Dame« gegeben hat, wohl weil sie gereist ist und als Gesellschaftsdame der berühmten Gräfin von Litta, geb. Haimhausen, in der ganzen Welt umherzog. Diese letzte Frau führte ein ziemlich lockeres Leben und hat ihn ruiniert, weil er um dieser Dame willen viele getäuscht hat. Er ist bankrott gestorben. In dem Theater gab es etwas Lichtes und Fröhliches.«

Wie sehr steht dies im Widerspruch mit der offenen und lichten Atmosphäre von Eckartshausens Denken, wie es in seinen Schriften zum Ausdruck kommt. Darin führt Eckartshausen gern Francis Bacon an, der sagt: Nur ein schwacher Philosoph, der das Christentum nicht kennt, verachtet es. Derjenige, der tiefer in das Innere der Natur blickt, kehrt von seinem Irrtum zurück und ist erstaunt über die großen Mysterien, die darin verborgen liegen.

»Ich spreche von einem ungekünstelten, tief in der Seele verborgen liegenden, unausrottbaren Verlangen danach, ein würdiger und wahrer Freund der höheren, lebendigeren, Gott näher stehenden Geister zu werden. Dieses Verlangen allein ist eine höhere Berührung. Der Mensch, der von himmlischer Herkunft ist und zu der auserkorenen Gottesfamilie gehört, ist empfänglich für wirkliche geistige Einflüsse.«

Diese Weisheit hat er in seinem Büchlein *Die Wolke über dem Heiligtum* verarbeitet, geschrieben in Form seiner *Sechs Briefe aus dem inneren Tempel.* 1797 erschien noch ein Werk von ihm mit dem Titel *Einige Worte aus dem Innersten.* Darin beschreibt er die dreifältige Weise, auf die alle befreiende Arbeit ausgerichtet ist. Zum Schluss dieses Kapitels führen wir gerne ein Fragment aus dieser Schrift auf:

»Gab es je eine allgemeine Erziehungsschule der Menschen, eine allgemeine Weisheitsschule? Und welches waren ihre Geheimnisse?

Dies war die Frage seit einigen Jahrhunderten, und man dachte hierüber so verschieden nach. War diese Wahrheitsschule, wenn es je eine gab, ein Werk der Menschen? Eine Kombination von Verstand und Scharfsinn, oder war sie das Resultat von Erfahrung? Oder war sie nur ein gut gemeintes Bemühen edler Menschen? Wer hat diese Frage zufriedenstellend beantwortet, oder wer kann sie überhaupt beantworten?

Es gibt eine allgemeine Weisheitsschule, und diese besitzt einen himmlischen Lehrstuhl im Innersten des Geistes, von welchem alle Erkenntnis ausgeht. Diese Weisheitsschule hat ihr *Äußeres* – ihr *Inneres* – ihr *Innerstes*. Und dieses Äußere – Innere – und Innerste ist aneinander gekettet.

Nur der, der das Äußere – Innere – und Innerste kennt, kann obige Fragen beantworten, denn nur er allein kennt das Ganze. Die Zeit war noch nicht gekommen, dass jene, die das Ganze kennen, hierüber sprachen.

Das, was im Innersten dieser Schule als Kraft liegt, das äußert sich im Innern als Wirkung und im Äußern als Form oder Hieroglyphe. So hatte diese Weisheitsschule ihren *Vorhof* – ihren *Tempel* – ihr *Heiligtum*. Nur diejenigen, die in einem bestimmten Zeitalter im innersten Heiligtum waren, blickten durch den Tempel in die Vorhöfe. Jenen, die in den Vorhöfen und im Tempel waren, war das innerste Heiligtum noch verschlossen.

Wenige drangen in einem bestimmten Zeitalter vom Innern ins Innerste. Der größte Teil blieb in den Vorhöfen. Alle Veränderungen und Verwirrungen, die sich in dieser Schule ergaben, betrafen nur den Vorhof. Der Tempel und das Heiligtum blieben immer unverändert. Nur die Form ist den Gesetzen der Zeit und ihrer Veränderung unterworfen. Der Geist im Innern ist unveränderlich und ewig. Die Vorhöfe konnten *ent*weiht, ver*un*staltet und *ent*heiligt werden. Nie aber der innere Tempel, nie das innerste Heiligtum.

Weisheit herrscht im Innersten, Liebe im Innern. Und der aus Liebe und Weisheit ausgehende Geist sollte das Äußere beherrschen.

Der Mensch – die Natur – Gott – sind die Themen der Weisheitsschulen: Der Mensch im Vorhof, die Natur im Tempel und Gott im Heiligtum. Der Zweck der Weisheitsschulen war von jeher, den Menschen aus den Vorhöfen seines eigenen Selbstes in den Tempel der Natur, und durch die Natur ins innerste Heiligtum zu Gott zu führen. Sie nimmt Menschen aller Religionen in ihren Vorhof auf, weil es ihr Zweck ist, Menschen mit Menschen und den Menschen mit Gott zu verbinden. Die Unterschiede der Religionen bleiben in den Vorhöfen. Brüder treten jedoch mit Brüdern in den

Tempel, und sie vereinen sich alle als Gesalbte (als Christen) im Heiligtum. Weisheit, Liebe und Wahrheit waren die Mittel, und werden immer die Mittel der Weisheitsschulen bleiben, um die Menschen zum großen Zweck der höchsten Vervollkommnung zu führen. Diese drei Bildungsschulen waren, so lange die Welt besteht, mehr oder weniger miteinander verbunden. Ihre höchste Vollkommenheit bestand aber in der engsten Verbindung des Innersten mit dem Innern und des Innern mit dem Äußern.«

Das Glaubensbekenntnis von Karl von Eckartshausen

1. *Ich glaube an eine schöpferische Feuerkraft, woraus Himmel und Erde oder das Flüchtige und das Feste entstanden sind.*
2. *Ich glaube an ein von dieser Feuerkraft erzeugtes Licht, den Gebieter über die Welt oder die allvermögende Kraft in der Natur.*
3. *Dieses reine, aus dem Feuer ausgehende Licht ist empfangen von dem reinsten Geist und offenbart sich in der reinsten Form.*
4. *Es muss aber im Reich des Unreinen leiden, und geschieden, ertötet und in die Erde begraben werden.*
5. *Dann steigt das Licht hinab in das Innerste der Materie. Und nach drei Epochen, das heißt nach drei Vereinigungen dreier geistiger Kräfte mit drei gereinigten Formen, aufersteht es wieder lebendig.*
6. *Es erhöht sich zur höchsten Vollkommenheit als eine glänzende Lichtkraft des allmächtigen Feuers.*
7. *Nach Erreichen dieser höchsten Vollkommenheit ist es fähig, alles Tote lebendig und alles Unvollkommene vollkommen zu machen.*
8. *Ich glaube an und kenne den aus Feuer und Wärme ausgehenden Lichtgeist.*
9. *Die heilige, allgemeine, wahre Lichtgemeinde, die Gemeinschaft und Verbindung der Lichtfähigen.*
10. *Die Heilung der Krankheiten und die Tilgung des Elendes.*
11. *Die Erneuerung unseres Wesens.*
12. *Sowie die höchste Glückseligkeit des Lebens.*

Teil IV

Die Befreiung des Lichtmenschen

Antonin Gadal erklärt eine ägyptische Ushbati-Figur, etwa 1955
Foto: Bibliotheca Philosophica Hermetica, Amsterdam

KAPITEL 17

Antonin Gadal

I

Im letzten Teil dieses Buches kommen wir zur modernen Zeit, die in der Geschichte die Neueste Zeit genannt wird. An Hand der verschiedenen Zeitbilder und einiger persönlicher Porträts haben wir festgestellt, wie der Strom der gnostischen Entwicklungen weiter wirkte und im 17. Jahrhundert in der jungen, aber dennoch uralten Bruderschaft des klassischen Rosenkreuzes einen prächtigen und starken Ausdruck fand. Dieser Strom hat schließlich auch die Aufmerksamkeit der Leser dieses Buches geweckt.

Dabei ist es gut, zwei Dinge zu beachten. In diesen Zeitbildern spricht *nicht* die Geschichte als solche an, jedenfalls nicht in erster Linie. Es sollte nicht verwundern, wenn durch diese Zeilen auch dazu angeregt wird, das ursprüngliche, aber unbekannte Leben nicht zu vergessen. Eine derartige Stimulanz, die eine Antwort sein kann auf eine gewisse Unzufriedenheit mit dem Alltagstrott oder mit dem gegenwärtigen Zustand, nennt das moderne Rosenkreuz »den Ruf«. Dieser ist das einzige wesentliche Merkmal für die Realität *zweier* anwesender Welten, die am Anfang erkennbar sein können.

Beim Rückblick in die Vergangenheit wird uns klar, dass derselbe Ruf unter den verschiedensten Umständen erklungen ist, wie man darauf reagiert hat und welche Resultate dabei erzielt worden sind. Wir sind beeindruckt von den schweren Lasten und den großen Leiden, die viele Arbeiter der Gnosis erfahren haben. Wir sind überwältigt von der Schönheit und der feurigen Kraft, von der viele der von ihnen geschriebenen Werke zeugen. In den vorangehenden zwei Teilen konnte man einige Abschnitte davon lesen. Aber es geht vor allem darum, ob es auch in unserer Zeit möglich ist, diesen *Ruf zu hören*, und auf ihn mit der Tat eines Menschen zu *antworten*, der – jung oder alt – fähig ist, das innere Bild seines Lebens in eine Wirklichkeit umzusetzen, die dem Leben Glanz, Tiefe und Fülle verleihen wird.

Es gibt noch einen wichtigen Grund zurückzublicken. Wir verstehen natürlich sehr gut, dass dieser Ruf in jeder Zeit erklingt, und er in gewissem Sinn auch nicht an Zeit gebunden ist. Aber es besteht doch ein Unterschied zwischen dem Ruf im Allgemeinen und dem angewandten Wissen jener, die mit dem Weg der Rückkehr wirklich beginnen. In seiner Allgemeinheit gilt dieser Ruf jedem. Die Wirklichkeit gebietet uns jedoch einzuräumen, dass der Pfad der Rückkehr von relativ wenigen Menschen gegangen wird. Denn es erweist sich, dass uns auf diesem Seelenweg sehr viele Aspekte begegnen, über die wir noch nie nachgedacht haben. Es kann sehr schwierig sein, wenn das Herz von wahrem Verlangen erfüllt ist, das Leben jedoch allerlei Hindernisse in den Weg legt. Wie muss man damit umgehen? Und wenn das Verlangen noch so groß ist, ist man dann sicher, dass man die Dinge so sieht, wie sie wirklich sind?

Nicht umsonst heißt es: »Liebe macht blind!« Muss man festhalten oder nachgeben? Ist das, was man für Licht hält, *wirklich* Licht? Oder betrügt man sich selbst? Sollte man studieren oder nicht, oder sollte man eine Karriere anstreben? Wenn man dann auf diesem Weg ist und es geht in der Gesellschaft gut, hat man dann auch noch die Geduld, um auf dem Seelenweg auszuharren? Hat man dann durch all das Widerstrebende hin noch ein warmes Interesse für das zarte und empfängliche innere Seelenleben? Woher bezieht man Weisheit für die Praxis? Bücher können oft nicht mehr weiter helfen, die Antwort muss aus einem selbst aufsteigen. Aber was man beständig erwartet, wonach man wirklich verlangt, das wird einmal geschehen. Doch dieses echte Verlangen muss aus dem Herzen aufsteigen.

Wir haben im Kapitel 9 ausführlich über die hohe Kultur berichtet, die im 10., 11. und 12. Jahrhundert in Okzitanien, den Gebieten um die Pyrenäen, blühte. Das waren bemerkenswerte Zeiten! Es ist in jenen Jahren an den Abhängen und Ausläufern der Pyrenäen viel geschehen. Ortsnamen mit fremden Beimischungen aus dem Spanischen, Lateinischen und Französischen reizen das Ohr: Ornolac, Carcassonne, Peyrepertuse, Pog, Montreal-de-Sos.

In den Burgen erklangen die Dichtungen der Minnesänger und die Lieder der Troubadoure. Die Grallegende wird allgemein hier lokalisiert, obwohl große Teile der Parzival-Legende bereits aus dem Persischen bekannt waren.

Es heißt, dass die Minnepoesie die Basis für die Entwicklung der nationalen Sprachen legte. Sie ist eine der ersten Formen – wenn nicht sogar die erste Form – der Gedichte und der Literatur in eigener Sprache. Gegenwärtig erheben sich Stimmen, die meinen, dass die Minnelieder aus der Liebe der Bonshommes zum höheren, spirituellen Leben, aus dem Streben zur Jungfrau *im* Menschen, der Seele, entstanden sind. Die Bonshommes oder *Bonomini* waren die *Parfaits*, die Vollkommenen der Katharer.

Die Gruppe der *Fidèles d'Amour* waren als letzte der Bruderschaft in jener Zeit in Europa aktiv. Auf eine bestimmte Art war die »Kirche der Liebe«, wie sie sich selbst nannte, durch ihren Einfluss auf die Bevölkerung in Nordspanien und in großen Teilen Süd- und Mittelfrankreichs so wichtig, dass die offizielle Kirche und das aufkommende nordfranzösische Königtum es für notwendig hielten, ihr mit Feuer und Schwert ein Ende zu bereiten. Heutzutage bezeichnen wir sie als »Bruderschaft der Reinen«, als »Bruderschaft der Katharer«. Dieser Name wurde ihnen von ihren Gegnern gegeben. Sie selbst nannten sich die »Getreuen« oder »Gläubigen«: also »*Fidèles d'Amour.*« Das Volk nannte sie »les tisserands«, »die Weber«, nach ihrer Gewohnheit, sich durch Weben ihren Lebensunterhalt zu verdienen. Aber der Name ist auch ein Hinweis auf ihr vornehmstes Handwerk, nämlich auf ihr Streben, ein neues Seelengewand für die Lichtseele zu weben.

Darüber konnten wir im Vorangehenden lesen. Eines der schönsten Bücher über dieses Thema ist jedoch immer noch das von Antonin Gadal in den Zwanziger Jahren geschriebene Buch über Matheus, einem Jüngling, der sich in jungen Jahren auf ein Leben als Reiner, als Parfait, vorbereitet. Es trägt den Titel *Auf dem Weg zum Heiligen Gral.* Dieses gut verständliche, inspirierende Buch vertieft die Einsicht in das reine, christliche, gnostische Denken der Bruderschaft der Katharer.

In diesem letzten Teil unseres Buches wollen wir zeigen, wie die Gnosis, der Gral und der Impuls der Bruderschaft der Katharer in der modernen Zeit zu einer wirklichen Synthese, zu einer seit langem erwarteten Einheit zusammen geschmiedet wurde, die unabhängig von Zeit und Ort weiter wirkt. Welch ein Wunder! »Bemühe Dich um Erneuerung«, scheint sie zu sagen, »reinige Deine Motive, richte Dich auf die *Gnosis*, die unbekannte, der Welt fremde, innere Kraft. Verwirkliche so selbst eine neue Seele. Entwickle so eine bestimmte Weisheit und Selbsterkenntnis, und zwar nicht durch andere, sondern aus Dir selbst, aus Deinem Herzen.«

II

Zu Beginn des vorigen Jahrhunderts wollte eine Gruppe Menschen in Südfrankreich, im Ariègetal, die gleichen Ideale verwirklichen. Einer von ihnen war *Antonin Gadal,* ein Lehrer und Speläologe aus Ussat-les-Bains. Die Vision wurde Wirklichkeit, als dieser Historiker Kontakt aufnahm mit der Schule des modernen Rosenkreuzes, und zwar mit deren Leitern *Catharose de Petri* und *Jan van Rijckenborgh.*

Antonin Gadal kannte den von uns im Vorhergehenden beschriebenen Wert dieser spirituellen Vergangenheit. Er wartete auf den Augenblick, in dem die Gnosis der Katharer erneut ihren Weg zu den Herzen der Menschen finden würde. Der Kontakt mit dem modernen Rosenkreuz entstand in den Fünfzigerjahren, und die Freude des damals Achtundsiebzigjährigen war grenzenlos. Auf der persönlichen Ebene war es ein gegenseitiges Wiedererkennen. Jan van Rijckenborgh und Catharose de Petri sahen in ihm den älteren Bruder, der mit fundiertem, innerem Wissen ihre Arbeit bestätigen konnte. Und Gadal erkannte in seinen niederländischen Freunden die Leiter einer Gruppe, die nicht nur die Erinnerung bewahrt hatte, sondern gleichzeitig vollauf damit beschäftigt war, die gnostische Idee zu Leben und Wirksamkeit zu drängen, und zwar nicht lediglich als Erinnerung an die Vergangenheit, sondern als eine anwendbare *Kraft* in der neuen Zeit, die vor der Türe stand. Das alles sollte nicht nur für eine kleine Gruppe in Haarlem in den Niederlanden geschehen oder für eine noch kleinere Gruppe in Ussat, die von den Katharern gehört hatten, sondern für eine Gruppe, die den Beginn für eine weltweite Entwicklung bilden sollte.

Gadal hatte viele Ansprachen gehalten über die so lange bewahrte und größtenteils von ihm selbst wiedergefundene Weisheit und Geschichte der Katharer und ihrer Wurzeln. Gleichzeitig wies er darauf hin, dass die Grundwerte eines geistigen Lebens in allen Jahrhunderten dieselben geblieben sind und einem überirdischen Fluss glei-

chen, der in erwarteten oder auch unerwarteten Momenten die Erd-
oberfläche berührt und fruchtbares Ackerland zurück lässt.

Ein Bild der »Bewahrer«, über die im Vorhergehenden berichtet
wurde, gibt uns Antonin Gadal selbst durch eine Beschreibung
seines Lehrmeisters, *Adolphe Garrigou*. Dieser Einwohner Tarascons
wurde kürzlich als Pionier der Erschließung der Grotten im Ariègetal
sowie als wichtiger Förderer der allgemeinen Geschichtsforschung in
Südfrankreich anerkannt. Alle Eigenschaften, die man an Gadal bewundern kann, und auch das gleiche Ringen in der ersten Hälfte des
20. Jahrhunderts, begegnen uns ebenfalls in einem sympathischen
und inspirierten Artikel, den er über Garrigou schrieb. Er nannte
ihn »Papa Garrigou« und später, mit etwas mehr Respekt, »Meister«
oder auch »der Patriarch des Sabarthez«.

Gadal erzählt, dass er als junger Mensch Vorleser und Sekretär des
damals bereits uralten Garrigou wurde, der in den ersten Tagen des 19.
Jahrhunderts, am 10. Januar 1802, geboren wurde. Gadal war eine Art
Privatsekretär und musste Garrigou vorlesen, da dessen Augen schwach
geworden waren. Garrigou sah in ihm einen empfänglichen Geist für
die neue Geschichtsauffassung, die er in den beinahe hundert Jahren
seines Lebens entwickelt hatte. Diese Ideen basierten zum Teil auf
einer noch älteren Quelle, nämlich auf *Napoléon Peyrat*, einem protestantischen Pastor mit einer Vorliebe für die nationale Geschichte des
Languedoc. Er rechnete in seiner *Geschichte der Albigenser* gehörig
mit der römischen Geschichtsbetrachtung ab und ließ mit romanti-
schen und patriotischen Worten ein ganz anderes, älteres Frankreich
erkennen; das für Unabhängigkeit kämpfende Aquitanien.

Der junge Gadal wurde von Beginn an in diesem Geist unterrichtet. Bei dem steinalten Garrigou war seine wichtigste Aufgabe das
Zuhören und Vorlesen kurioser Texte aus den besonderen Büchern,
die Garrigou besaß. Außerdem musste er schreiben. Er schrieb auf,
was der alte Adolphe Garrigou erzählte und in ihm aufstieg.

III

Adolphe Garrigou verstarb 97-jährig in Tarascon. Gadal hat die praktischen Probleme der *Bewahrung des Erbes der Katharer*, mit denen
auch er in seinem langen Leben konfrontiert wurde, einmal sehr

kurz in einer Gedenkschrift für seinen Lehrmeister zusammengefasst. Denn Garrigou wurde von der Wissenschaft das Gleiche vorgeworfen wie später Gadal, und dies oft auf abschätzige und giftige Weise: »Es gibt keinen Beweis für alles, was Sie über die Grotten von Bouan, Ussat und Ornolac berichten. Sie erfinden eine eigene Geschichte über die Katharer, die hier im Süden ihr Zentrum gehabt haben sollen.« Auch Garrigou wurde vorgeworfen, er hätte die historischen Schätze, die er fand, nicht genügend erforscht, wie zum Beispiel Abbé Duclos und andere Historiker behaupteten.

Gadal verteidigte seinen alten Lehrmeister:

»Denn hier geht es um die jahrhundertealte Forderung: 'Zeigt uns doch einmal die geistige Weltordnung, das andere Reich. Gebt uns Beweise! Dann werden wir uns – vielleicht – auch dahin wenden.'

Dieser schwerwiegende Vorwurf ist zweifellos nicht aufrecht zu erhalten«, führt Gadal weiter aus, »wenn man das öffentliche und vor allem das private Leben des Meisters kennt. Was ist die Arbeit, die seinen Funktionen in der Gesellschaft entsprach, verglichen mit dem Werk, das er in seinem Privatleben verrichtet hat! Woher sollten die Beweisstücke und Mittel denn kommen, um die Schönheit des erhabenen, geistigen Lebens, das im 11. und 12. Jahrhundert auf unseren Bergen erblühte, in das Rampenlicht der Weltöffentlichkeit zu ziehen! Das ist eine Forschung, die enorm viel Zeit erfordert. Richtige Wiedergabe ist eine langwierige Angelegenheit, oft schwierig und stets kostspielig. Außerdem fehlte jede Hilfe: Garrigou hat Zeit seines Lebens all seine Forschungen selbst finanziert – bis er es nicht mehr konnte. Sein Kapital schwand und die Steuern stiegen. Die Situation des Meisters in seinen letzten Lebensjahren war bedauernswert. Aber sein Mut und sein Glaube waren stärker als je zuvor. Er war das beste Beispiel für ein bescheidenes Leben, das vom Beginn bis zum Ende der Religion der Liebe, dem katharischen Glauben, gewidmet war.

Man kann ohne Zweifel feststellen, dass Adolphe Garrigou als Erster das unschätzbare Material für die Geschichte des Sabarthez und der Grafschaft Foix erforscht hat. Wenn man die unglaublich große Rolle kennt, die dieses kleine Stück Frankreich für das Wissen über das höhere französische Geistesleben gespielt hat, dann kann man den Meister nur bewundern, der es ans Tageslicht zog.

1821 begann Garrigou mit der Öffnung der prächtigen Grotte Lombrives, der Kathedrale der Albigenser. Darauf folgten die drei Kirchen der Albigenser: Ussat, Ornolac und Bouan, sowie einige kleinere Grotten mit einer reichen Geschichte, aber vielleicht geringerer Bedeutung. Er wusste, dass er aufbaute, dass er rekonstruierte. War dann in einem gegebenen Augenblick jeder Stein genau an seinem Platz eingefügt, war das Schatzhaus bereit. Daraus kann nun jeder schöpfen, der den neuen Weg gehen will, den der Patriarch gebahnt hat, und der die alten Wege ersetzt, die von Sektierertum und Intoleranz diktiert wurden.

Er wusste und er wollte... Er wusste, dass es wiederum der Weg des Heiligen Grals war, nicht mehr und nicht weniger. Quer durch Misstrauen, Enttäuschungen und Elend wollte er diesen bekannt machen.«

1936 schrieb Gadal prophetisch:

»Zweifellos wäre es möglich gewesen, in einem anderen geistigen Klima Besseres zu verrichten. Aber wir wollen bescheiden sein wie der Meister. Haben wir Verständnis für die Art und Weise, wie er es getan hat, und sind wir mit dem, was ist, zufrieden. Der Rest liegt in der Hand des Schicksals und wird zu seiner Zeit aus dem Dunkel hervortreten. Ist das Jahr 1937 nicht 'das Jahr des Grals'? Hat diese Bewegung, die es schon früher gab, nicht als eine große Bewegung in der ganzen Welt Gestalt angenommen?«

Mit einigen Zeilen schildert er Garrigous bitteres Schicksal:

»Der Schatten Garrigous hat, genau wie die Schatten der anderen Beschirmer des Sabarthez, die so sehr geliebten Orte nicht verlassen. Man kostet ihn, man spürt ihn, sowohl in der Kathedrale als auch in den Trois Eglises. Wie könnte es auch anders sein? Hat er die Vermittlerrolle, die ihm im Voraus durch den Gott der Liebe zugesprochen war, nicht bis zum Ende erfüllt? Wenn ihm in der materiellen Welt der Titel *Conservateur des Grottes du Sabarthez* (Bewahrer der Grotten des Sabarthez) vorenthalten wurde, ist das seine Schuld? Dieser Titel, den er anstrebte, er, der im Übrigen keinen Wert auf irgendeine Auszeichnung legte, sogar wenn seine Mitbürger es gern gesehen hätten, dass er sie annahm; dieser Titel ist teuer in unserem geliebten Frankreich – man muss ihn bezahlen, welch grausame Ironie –, um das Recht zu erhalten, 'unsere schönen und verehrten Grotten und Höhlen, die *Spulgas*, zu betreuen'. Der Meister konnte sich diesen Luxus nicht leisten.

Doch sein Kummer kann vorüber sein, weil hingebungsvolle Schüler zu seinem Gedenken das Nötige getan haben, um diesen Missstand aufzuheben. Garrigous prächtige Bibliothek wurde im Antiquariat gefunden. Seine speläologische Sammlung ist irgendwo in einem unbekannten Lagerhaus untergebracht, seine Manuskripte sind verschwunden, wurden sogar von Experten versteckt. Das Haus am 'Place de la Cité du Vieux Tarascon' droht zu verfallen, und seine große Familie hat nicht das geringste Interesse, sich des ehrwürdigen Patriarchen zu erinnern. Aber trotz allem bleibt sein Werk, und es wird leben! Das ist das Wichtigste... Sein Schüler weiß, dass es so sein muss, und so soll es sein!«

IV

Die Umstände, in denen der Schulmeister Gadal vor dem Krieg lebte, waren ärmlich. Das Gehalt reichte kaum für einen minimalen Lebensunterhalt. Im Winter war das Ariègetal völlig isoliert, so dass niemand hereinkam. Aus den Briefen, die von seiner umfangreichen Korrespondenz bewahrt blieben, geht hervor, dass es oft nicht einmal genügend Holz hatte, um den ganzen Winter hindurch zu heizen. Was sah er als seine Aufgabe an? Warum wurde auch er – genau wie Garrigou vor ihm –»Beschirmer des Sabarthez« genannt?

Er stand vor vielen Problemen. Erstens lebte Gadal, genau wie Eckartshausen, in einer streng katholischen Umgebung. Wie könnte er darin über die Religion der Freiheit sprechen? Das wäre nicht ohne reale Gefahr gewesen. Noch schwieriger wird es, wenn man zweitens zeigen will, wie systematisch, gründlich und blutig die Parfaits des Katharismus, die Reinen der Templer und die Rosenkreuzer sowie ihre Schüler und Sympathisanten ausgerottet wurden. Er tat es, indem er die Douad-Archive der Inquisition, die in Toulouse und Paris aufbewahrt werden, ins Rampenlicht der Öffentlichkeit brachte. Die Inquisition war nämlich nicht nur beim Aufspüren der Ketzer besonders gründlich und effektiv, sondern legte ebenso gründliche und effektive Prozessakten an.

Drittens wollte er darlegen, wie die Religion der Katharischen Kirche, der Kirche der Liebe und des Parakleten, wirklich war. Nach all den Jahrhunderten sollte sie einmal nicht von Gegnern beschrieben, sondern so wiedergegeben werden, dass die Schönheit der ewigen Sehnsucht hindurchstrahlen würde. Weiter schwebte ihm viertens bereits vor dem Krieg die Idee eines Dreibundes vor Augen.

Er wusste, dass die Zeit für eine dreifache Bündelung der spirituellen Kräfte zu einem wirklichen Befreiungswerk gekommen war. Bereits vor dem Weltkrieg glaubte er, dass es um ein Zusammenwirken der Templer, Rosenkreuzer und Katharer ging. Er dachte dabei an die geheime Einheit zurück, die seiner Meinung nach im Mittelalter zwischen diesen drei Bewegungen bestanden hatte.

Ein fünftes Problem bestand darin, dass er das alles zwar tun konnte, und dass es wichtig war, dass alles neu entdeckt wurde, aber es musste auch Zuhörer dafür geben. Es musste ein Kreis von Menschen gefunden werden, welche die Linie der Gnosis entwirren und gleichzeitig verstehen konnten. In den Jahren vor dem Krieg hatte er großen Respekt für die Denkrichtung Rudolf Steiners, und er versuchte auch, die Linie der Gnosis in dessen Stil in Frankreich bekannt zu machen. Das konnte jedoch schlussendlich nicht die Art der neuen Zeit sein, weil Steiner eine *Evolution* in Richtung des Geist-menschen für möglich hielt, während nach Gadal ein *Endura*, ein vollkommenes Weichen des Ichmenschen, vorangehen müsste, ein Untergehen in Christus, so wie die *Fidèles d'Amour* es gelebt hatten.

Er hatte viele gegenwärtig bekannte Personen beeinflusst. Bei jeder von ihnen wartete er, hoffte er. Das entdecken wir in seiner Korre-spondenz, von der ein Teil in der Bibliotheca Philosophica Hermetica zu Amsterdam aufbewahrt wird. Darunter finden wir Namen wie *Maurice Magre, Otto Rahn, René Niel* und *Deodat Roché*. Sie haben ihn einige Male besucht und lernten durch ihn die Grotten und ihre Geschichte kennen. Außerdem unterhielt er eine umfangreiche Kor-respondenz mit vielen Denkern in Europa, die an der katharischen Vergangenheit interessiert waren. In England interessierte sich *Walter Birks* dafür, der im Auftrag seines esoterischen Ordens eine Mission in Südfrankreich unternahm, um den Gral zu finden.

Antonin Gadal ist sein Leben lang nicht von der Linie der Gnosis abgewichen, die jeder »gewöhnlichen« Religion diametral gegenüber-steht. Die Linie und Geschichte des Katharismus, die er vor sich sah, verlief nach vier Punkten. Auch darin versuchte er, den Auftrag, den er erhielt, weiter auszuarbeiten.

Die Worte »Albigenser« und »Manichäer«, wie die Katharer zu-sammengefasst in der Geschichte bis dahin genannt wurden, waren seiner Meinung nach eigentlich nicht richtig. »Der Dualismus endete mit der Schule von Alexandria«, so schreibt er.»Außerdem kennen die Katharer Aquitaniens und Frankreichs nur eine Essenz: Gott, den Geist!« Er sah die geschichtliche Linie wie folgt:

- Novatius wirkte zwischen 236 und 253 in Alexandria und gründete eine mit der Römischen Kirche rivalisierende Kirche, die Kirche der Katharer oder der Reinen. Diese Kirche hatte Niederlassungen in Afrika, Kleinasien und Galizien (ein Gebiet im Westen der heutigen Türkei). (Siehe Eusebius: *Hist. Eccl.* VI-43, X-20.)
- Ab 300 predigte Marcos von Memphis in Spanien, und Priscillianus kam mit seiner gnostischen Botschaft bis nach Deutschland. Er wurde 382 in Trier zusammen mit zwei seiner Anhänger enthauptet.
- Die Bogomilen waren weder Manichäer noch Katharer. Letztere kannten keinen Gott des Bösen. Gott ist Liebe. Die Bogomilen unterdrückten den bösen Gott, indem sie sich selbst reinigten. Das könnte man als »gemäßigten« Dualismus bezeichnen.
- Die Idee Manis, der sich selbst Vertreter Christi auf Erden nannte, war es, lange vor der Zeit, da Rom eine von der Kirche regierte Weltmacht bilden sollte, eine universelle Theokratie zu gründen. Aber das ist ihm, was den Westen betrifft, nicht gelungen.
- Nicetas, der 1167 nach Narbonne kam, um den pyrenäischen Katharismus zu organisieren, war kein Bogomile, er war Bischof der Sieben Kirchen Asiens, das heißt der Johannes-Linie! Er wurde von den Sieben Kirchen von Konstantinopel nach Bosnien-Herzegowina gesandt, wo alle Manichäer verbrannt wurden.
- Dasselbe Los traf die Bogomilen, die in gewissem Sinn Nachfolger des Basilides waren. Sie wurden als Bulgarische Kirche bezeichnet, was genau so verwirrend ist wie der Name Albigenser. Die ersten Bogomilen kamen aus den Schulen des Johannes und der Paulisten Armeniens (nicht der Paulikianer, die kamen am Ende des 10. Jahrhunderts – 980) über Livorno nach Arbanassic. Ihr späteres Zentrum wurde Sofia im heutigen Bulgarien. Später entwickelten sich die Bogomilen in eine katharische Richtung.»Ich habe«, so Gadal zu Beginn der Vierzigerjahre,»Kontakt mit ihrem Meister in Sofia und seinem französischen Vertreter in Paris. Peter Danov, ein wahrer Eingeweihter, hat die Weiße Bruderschaft gegründet. In Paris unterhalten sie ein gutes Zentrum. Sie streben nach einem hohen Ideal und einem gut umschriebenen Ziel.« Eine Gruppe

der Anhänger von Peter Danov ist in den Neunzigerjahren des 20. Jahrhunderts in das Lectorium Rosicrucianum übergetreten.

V

Gadal gibt mit diesen Einzelheiten die Quellen an, die darauf hinweisen, dass in Aquitanien bereits viel früher reine Mani-Gläubige aktiv waren. Seit 700 bis 1200 versuchten sie, sich bis aufs Äußerste gegen römische Einflüsse zu verteidigen. Daher gelang es den Karolingern und der Barbarei ihrer noch primitiveren Nachfolger nicht, das blühende und spirituelle Okzitanien mit seinem Gralserbe, seiner Religion der Reinen, der Wiege der europäischen Literatur zu unterwerfen.

Die Jaounas von Toulouse, ein Volk, das eine Form des Manichäismus-Katharismus praktizierte, kämpften bereits gegen Pippin den Jüngeren. 778 gewannen sie die Schlacht bei Roncevaux, wobei sie die Nachhut des karolingischen Heeres erschlugen. Sie verhinderten während der folgenden 500 Jahre, dass die römischen Bischöfe (Karl war 800 in Rom vom Papst zum Kaiser gekrönt worden) sich in Aquitanien niederließen.

So destillierte Gadal aus dem Gedankengut der Bewahrer, der Hüter des Grals, eine ganz andere Sicht auf die geschriebene Geschichte, die völlig der Linie Garrigous und Peyrats entsprach. Es war jedoch eine etwas romantisierende Geschichtsschreibung, die an einigen Stellen mehr beim Ideal als bei der nachprüfbaren, historischen Wirklichkeit anknüpft. Gadals Einfachheit und persönliche Integrität verliehen ihr jedoch einen großen Wert. Es ging ihm schließlich nicht um Wissenschaft, sondern darum, im 20. Jahrhundert einen neuen und lebendigen Impuls zu geben, um die Glut der »guten Christen«, die so lange verborgen gelegen war, wieder anzufachen. Dieses Gedankengut wurde ihm während seiner ausgedehnten Studien und der vielen langen Aufenthalte in den Grotten von Ussat-Ornolac zu eigen. Aber lassen wir ihn darüber selbst berichten:

> »Und so gelangen wir ganz selbstverständlich in unser geistiges Zentrum Ussat-Ornolac. Wenn wir dort einem Schüler folgen, der die harten Jahre seiner Einweihung im Untergrund des Geistes beendet hat, dann blicken wir mit ihm umher. Wir sehen von der Höhe seiner Abgeschiedenheit aus sehr klein das Tal und den See. An der anderen Seite,

ihm gegenüber, liegt der Berg mit den Felsen auf seinen Flanken. Seine Gedanken führen ihn zurück in die ältesten Zeiten, zu den natürlichen Felsentempeln Zentralasiens, von denen die Alten berichten:
Zu den Mysterien der atlantischen Zeitperiode.
Zu den Göttern Sol und Luna (Sonne und Mond), die sich hinter den Bergen zeigen.
Zu den Mysterienstätten der alten Kelten.
Zu den Höhlen voll von Blumen und Quellen, die dem Schöpfer geweiht sind.
Zu dem alten Brauch, das Innere der Berge im Dienst der Mysterien zu nutzen. Er erkennt, dass die ältesten Gottesdienste ebenfalls schon in Grotten und Höhlen stattfanden, weil diese geeignet, ja gleichsam dazu vorbestimmt sind, der Begegnung mit der allmächtigen schöpferischen Essenz zu dienen.«

Ein anderes, beeindruckendes Zeugnis lautet:

»Ich war meiner Gewohnheit nach in Bethlehem gewesen, um einige Augenblicke nachzudenken. Ich mag es, am Fuß der alten Reliquien unserer Parfaits meinen Geist in Ruhe schenkende Meditationen eintauchen zu lassen. Das heilige Pentagramm dort hat mir einst seine rituelle Weihe geschenkt. So schenkt es mir jetzt die Freude, die Heiligung in Christus vorzubereiten, das höchste Ziel und die Belohnung des Weges zum Heiligen Gral!

In diesen Momenten der geistigen Ruhe geschah es auch, dass Erinnerungen an Begegnungen von ehemals, Ereignisse, die einen tiefen, unvergesslichen Eindruck in mir hinterlassen haben, in voller Kraft und mit großer Klarheit in mein Bewusstsein traten. Dann ist mir, als ob ich eine herrliche Reise mit sehr geliebten Freunden aus der Vergangenheit unternehme. Welch schöne Augenblicke werden mir dann zuteil! Sie sind wie Wiederholungen, wie eine Wiederbelebung der Studien und Besinnungen mit Lehrern und Schülern unserer Einweihungsstätte. Es ist, als würden geistige Reichtümer erneut geschenkt!

So war ich auch an einem Samstag vor Palmsonntag in Bethlehem, als mir in einem Moment reiner Besinnung, ich weiß nicht wie und wodurch, die Begegnung mit einem sehr geliebten Freund, der bereits vor Jahren diese Welt der Materie verlassen hatte, in den Sinn kam. Ich möchte Ihnen den ersten Eindruck dieses Neulings bei seiner Erkundigung des pyrenäischen Tabors schildern. Sie wissen vielleicht, dass der

Ausläufer der Pyrenäen, der sich von Ussat-Ornolac über St-Barthélemy bis zum Montségur ausstreckt, 'der Weg der Katharer' genannt wird.

Ich bin den Weg der Katharer gegangen! Die Ruinen der Burg Montségur, die im 13. Jahrhundert der letzte Zufluchtsort der Albigenser war, verbargen sich bereits hinter der stolzen Spitze des St-Barthélemy, der einen weißen Schneemantel trug. Der Weg war rau, ein schwer zu begehender Pfad. Die Bauern in dieser steinigen Wüste sprechen seinen Namen nur zögernd und mit abergläubischer Scheu aus: Der Weg der Katharer.

Die Feuer, die Tausende und Abertausende verschlungen haben, sind erloschen, vergessen... sogar vergeben. Aber... die Felsen halten die Erinnerung daran lebendig! Schwärzer als die dunklen Münder der Grotteneingänge an den Ufern der Ariège haben die Feuer ihre Spuren auf den steilen Kalksteinwänden hinterlassen. Dieser Boden wurde einst verflucht – aber wie schön ist er! Schön wie ein Grabmal, das von Zypressen bewacht wird.

Zwischen Buchsbaum, Ginster und Stechpalme, an denen sich zahllose Schafherden gescheuert haben, stieg ich hinunter in das schattige Tal der Ariège. Ein seltsames Kreuz am Wegesrand zog meinen Blick auf sich: ein Doppelkreuz mit zwei Querbalken – das Kreuz der Albigenser. Dieses Kreuz in Frankreich und in unseren Tagen! Mein Erstaunen sollte später noch zunehmen in dem Innern der Berge von Ussat-Ornolac.

Nicht weit von dem geschmiedeten Kreuz entfernt, im Schatten eines riesigen Nussbaumes ruhte ich aus. Eine Bäuerin kam des Weges, die ihren widerspenstigen Maulesel mit Stößen und Peitschenschlägen voranzutreiben suchte. Sie bekreuzigte sich und betete hingebungsvoll vor diesem Kreuz der für vogelfrei Erklärten! Einen Augenblick später näherte sich ein Priester. Langsam und devot nahm er seinen Hut ab und verbeugte sich vor dem Kreuz des Johannes, des Vielgeliebten. Es ist ein prächtiges und geheimnisvolles Land!

Die Geschichte berichtet, dass Montségur 1244 durch Verrat in die Hände der Kreuzfahrer fiel. Diese verbrannten 205 Parfaits auf einem riesigen Scheiterhaufen. Beinahe ein Jahrhundert später brachten der Inquisitor von Toulouse und seine Truppen 500 Katharer um. Diese waren aus den verwüsteten Trois Eglises in die Grotte Lombrives geflüchtet und wurden dort lebendig eingemauert. Ich habe den Tabor bestiegen, um dieses Grabmal im Felsen zu sehen – und ich habe es gefunden...

Mehr als einmal bin ich in den Grotten des Ariègetals erschaudert, nicht weil ich Angst gehabt hätte, das helle Tageslicht nicht wieder zu sehen. Aber die Tatsache, das mein Fuß über Menschenknochen ging, und dass ich trotz meiner pietätvollen Aufmerksamkeit und Ehrerbietung für diesen Grabkeller unserer ersten Voreltern einige davon zertrat, lässt das unbehagliche Gefühl, das mich hie und da durchfuhr, verständlich erscheinen. Ja, das bergige Land, durch das der Weg der Katharer führt, gleicht einem Begräbnisweg aus einer traurigen Vergangenheit: Die Grotten von Ornolac und Ussat sind Grabkeller.

Die Grotte von Lombrives, die das Geheimnis jener bewahrt, die durch Einmauerung getötet wurden, ist eine der schönsten Höhlen der Welt. Ihr Dunkel umschließt majestätische Versteinerungen. Ein Fluss lässt aus der Tiefe eines Abgrundes sein dumpfes Gemurmel hören. Die Gewölbe unserer Kathedralen sind nicht so imposant wie dieses, dessen gewaltige Höhe das Auge kaum abschätzen kann. Die Wände ihrer märchenhaften Säle werfen den Klang der Stimme als vielfaches Echo zurück, schwer und sanft... Ja, mehr als einmal bin ich erschaudert!

In der schönen Kathedrale von Lombrives habe ich zum ersten Mal meine Einheit mit dem Mysterium der unterirdischen Welt empfunden. Es gibt ein deutsches Märchen mit dem Titel *Einer, der auszog, das Fürchten zu lernen.* Er hätte nur in die *Galerie de la Mamelle,* auch *Galerie der Katharer* genannt, zu gehen brauchen, um dort auf einer der unzähligen Stalagmiten Platz zu nehmen und seine Kerze anzuzünden. Sein Herz hätte sich vor Erregung zusammengekrampft beim Anblick der *La fenno penjado,* der hängenden Frau! Man wird niemals wissen, ob diese hängende Frau ein Meisterwerk der großen Künstlerin Mutter Natur ist, oder ob es sich tatsächlich um eine Frau handelt, deren Gebeine versteinert sind. Welch düsteren Dramen sind in unseren schönen Galerien verborgen!

Sie ist sehr schön, die hängende Frau von Lombrives. Aber ihr unerwartetes Erscheinen vor mir war wie ein Keulenschlag: Durch *sie* habe ich die Grottentaufe empfangen! Der enorme Saal, die Kathedrale, besitzt ein Gewölbe von mehr als 80 Metern Höhe. Der Eindruck, den dieser riesige Felsendom hinterlässt, ist gewaltig. Die Decke verliert sich in undurchdringlicher Finsternis. Das Wasser tropft von den Stalaktiten und lässt auf dem Boden sonderbare Gebilde entstehen. Die Kanzel des *Amiel Aicard,* des Bischofs, der den heiligen Schatz von Montségur in Sicherheit brachte, beherrscht den majestätischen Saal. Die weißen Wände tragen viele Inschriften, Zeichnungen und Zeichen, wie man sie sonst nur in geweihten Folianten findet; Buchstaben, die denen aus vergilbten Pergamenten gleichen, Namen, die ohne Bedeutung sind, Zeichen auch, die an die Katakomben erinnern.

In einem verborgenen Winkel einer Ausbuchtung in der Höhlenwand zieht die Abbildung eines Pfeils meine Aufmerksamkeit auf sich. Inmitten zahlreicher Inschriften ist dort ein Kreuz dargestellt, ein Kreuz mit zwei Querbalken – das Kreuz der Albigenser. Ein Stückchen weiter und ein wenig tiefer sehe ich ein anderes Zeichen, das ich damals noch nicht verstand, das ich aber später in einer Grotte wieder fand, die den Namen *Satan* trägt!

Die Grotte Satans ist zwar auch schön, aber ich empfinde sie mürrisch, grimmig. Alles trägt dazu bei, diesen Eindruck zu verstärken: Sie liegt über den Eglises von Ussat auf Schwindel erregender Höhe. Der Wind, der den Schnee von den großen Pyrenäen weg gefegt hat, heult mit schneidender Kälte hindurch. In der Mitte liegt ein riesiger Stein mit der Unheil verkündenden Aufschrift: 'OME', das heißt 'Satans Altar'.

In einem anderen Teil befindet sich ein erschreckendes Beinhaus und in einer Felsspalte das Zeichen Saturns. Bezieht sich das auf die Sucher nach dem Schatz der Katharer oder auf Schnüffler nach dem Stein der Weisen? Eitelkeit der Eitelkeiten. Es ist alles eitel! Was hat diese Menschen beseelt? Habsucht? Schwarze Magie? Auf der linken Wand ist das Kreuz mit zwei Querbalken, das Albigenserkreuz, sehr schön dargestellt. Es zeigt die Jahreszahl 1753 und einen Becher, den Gralsbecher der Templer!

Auch die Albigenser (das heißt die Katharer, die Rosenkreuzer und die Templer) oder besser ihre Parfaits, ihre Reinen, waren Magier der reinen, hohen Magie der ägyptischen Mysterien. Sie liebten das Gold, das Gold des Geistes, und die göttliche Liebe, im Gegensatz zum materiellen Gold und der Rache. *'Gott ist Liebe'*, sagten sie. 'Er ist so gut, dass sogar Satan einmal reuevoll zu seinem Meister und Herrn zurückkehren wird, zu Ihm, der väterliche Vergebung übt.' Hat Satan sich, als er mich seine Grotte taufen sah, geschmeichelt gefühlt? Bestimmt, da er mir doch zugestanden hat, sein Reich zu besuchen. Aber er konnte seine Natur doch nicht verleugnen: Als Schurke, der er ist und immer war, sorgte er für Mühe und Plage, ehe er mich einließ.

Die Grotte Fontanet (Fontane la Salvatge) ist die geheimnisvollste und gefährlichste der Höhlen im Sabarthez. Als ich sie besuchte, war ich so glücklich, Pfeile zu finden, wenn auch immer in weit von einander entfernten Winkeln. Es ist eine Freude, in den unterirdischen, hohen und weiten Galerien mit ihren sandigen Böden zu wandern. Man spürt die Anziehungskraft des Mysteriums und des stets wechselnden Dekors. Aber das Vergnügen wird zur Passion, wenn die dort herrschende Hitze einem glühenden Ofen zu gleichen beginnt, während man auf dem Bauch durch schmale, enge und lange Gänge über felsigen Boden kriechen muss, während die Kerze in der Hand genau vor der Nase flackert, oder wenn Stalaktiten mit ihren scharfen Spitzen die Kopfhaut bluten lassen. Aber so ist nun einmal die Suche nach dem Unbekannten! Kommt es auf Mühe und Gefahren an?

Mich so von Pfeil zu Pfeil voran arbeitend, gelange ich in einen prächtigen Saal mit zahlreichen Säulen in den unterschiedlichsten Formen. In der Mitte befindet sich, abseits von der Gruppe der anderen, ein stark glänzender Stalagmit. Immer wenn das Licht meiner Kerze auf ihn fällt, leuchtet eine Jahreszahl auf, die in den prächtigen Kalzit eingraviert ist: 1848 – das Jahr der Revolutionen.

Meine Neugier und mein Eifer verdoppeln sich: Weiter! Ich komme in eine verzauberte Welt, in einen Märchenpalast aus Kristall und Marmor. Ich muss wieder klettern. Die Wärme wird drückend. Aber dann verändert sich das Bild. Es öffnet sich ein runder Saal und eine herausfordernde Inschrift schockiert mein Auge: *Das Reich Satans!* Darunter ein Datum, 1843, und zwei Unterschriften, dann der Herzensschrei: *Es lebe die Republik!* Und das *1843!*... Was erwarteten diese seltsamen Höhlenbewohner von Satan? Gold? Wohl kaum.

Es steht außer Zweifel, dass es nach der Verwüstung und dem Untergang Okzitaniens nur noch *einen* Zufluchtsort für die zu Tode Verfolgten gab: die Grotten von Ornolac. Es steht ebenfalls fest, dass die Albigenser ihr religiöses Ideal bewahrten und die Universelle Bruderschaft nicht vernichtet war. Der Templerorden wurde aufgehoben. Die Katharer waren dem Tod geweiht. Die Rosenkreuzer für vogelfrei erklärt. Aber der *Geist* kann *nicht* vernichtet werden. Unter der Asche der Scheiterhaufen schwelt immer noch Glut! Die Eingeweihten kannten 'die Flucht zur göttlichen Sonne', die immer die reinen 'Höhlenbewohner von Le Sabarthez' erleuchtete! Es ist lange her, dass das doppelte Kreuz und der Gralsbecher bekannt waren. 1753 geschah es erneut. Es ist bemerkenswert, dass in diesen Grotten ein Eremit gelebt hat, und er sich speziell eine Grotte mit drei Ausgängen aussuchte. Deswegen erhielt sie den Namen

'Eremit'. Es ist eine angenehme Grotte, komfortabel für einen Klausner. Mitten auf der Flanke des Berges liegen drei kleine Grotten des Mysteriums des Todes: Kheper, Mes-Naut und Ka. Ich wage zu behaupten, dass der Eremit nicht nur dieses Kreuz mit dem Gralsbecher gezeichnet hat, sondern auch für die Jahreszahl 1753 in den verschiedenen Grotten, die er kannte, verantwortlich ist.

Er hat seine Grabwohnung plötzlich verlassen, und zwar kurz nachdem die Revolution ganz Frankreich erbeben ließ. Es ist bekannt, dass unter der aufgebrachten Menge ein sonderbarer Mann auffiel. Er war in ein langes, schwarzes Gewand gekleidet und zeigte sich hart Priestern gegenüber. Bei jedem Schlag, den er jemandem zufügte, rief er aus: 'Das ist für die Templer' und 'das ist für die Albigenser'! Als das Haupt Ludwigs XVI. unter der Guillotine fiel, stürzte derselbe 'Rächer' sich aufs Schafott, tauchte seinen Daumen in das Blut des armen Königs und schrie: 'Volk, ich taufe dich im Namen von Jacques de Molay und im Namen der Freiheit!' (Molay war der letzte Großmeister der Templer. Er musste 1314 auf dem Scheiterhaufen sein Leben lassen.)

Es war also ein Mann, der sich zum Rächer der Albigenser und der Templer aufschwang. Das sind blutige Ereignisse, die ein katharisches Gewissen nicht gutheißen kann, die aber von einer unsichtbaren Kraft auferlegt wurden. Denn ist es nicht 'die Asche der Scheiterhaufen', die ihrer Glut neues Leben gibt? Ist es nicht, als ob ein komprimierter Dampf sich befreit, eine geistige Explosion ausbricht, nachdem auch der Geist selbst siebzehn Jahrhunderte lang unterdrückt worden war?

Zum Schluss stellen wir fest, ohne es zu erklären: 1843 – das Reich Satans! Ein Freidenker schreibt auf eine Felswand:

'Was ist Gott?
Die wir hierher kamen,
schweigen wir still.
Nennen wir nicht Seinen Namen.
Bleiben wir still.
Beten wir still...
Wer sagen will, wer Er ist,
muss selbst sein, der Er ist.'

Und unauslöschlich klingt es erneut in mir:

'Wer sagen will, wer Er ist,
muss selbst sein, der Er ist. Amen.'«

VI

Der Überblick, der aus diesen Worten spricht, ist das Resultat eines ganzen Lebens im Dienst des Hermetismus. Aber bevor Antonin Gadal das so niederschreiben konnte, war sehr viel vorausgegangen.

In einem Brief an *Jan van Rijckenborgh* und *Catharose de Petri* schreibt Gadal, dass er zuerst den Boden bereiten musste, um sich damit beschäftigen zu können. Dieser Brief schließt, historisch gesehen, nahtlos bei der Episode an, die im Vorangehenden geschildert wurde. Es wird hervorragend die bedrückende Atmosphäre beschrieben, die während des letzten Viertels des 19. Jahrhunderts im Süden von Toulouse herrschte. Er schreibt:

»Um frei sprechen zu können, um sein Herz zu erleichtern, musste man als Bewohner des Sabarthez einen abgelegenen Ort suchen, eine schwer erreichbare Grotte in der Einsamkeit, der Stille und der Freiheit der Dunkelheit. Arme Kinder des Sabarthez! Erst 1889 wurde die freie Meinungsäußerung gewährt.

Daraufhin konnte sich endlich wieder eine 'Bewegung des freien Gedankens' bilden. Ich spreche hier über eine Gruppe, die ich sehr gut kannte, die von 1895... Die Bürger des Sabarthez, vornehmlich aus Tarascon, der alten Hauptstadt der Tarusker, versammelten sich, um endlich wieder frei sprechen und darüber nachdenken zu können, wie die seit 700 Jahren eingeschlafene Gnosis sich erneut frei entfalten könnte.«

Leiter dieser Bewegung war Gadals Schwiegervater *Bonnans*. Der Präsident war ein Arzt *(Dr. Pujol)*. Einer der Ausgangspunkte dieser *Libre Pensée du Tarascon* war,

»frei von der Kirche, ohne Beisein eines Priesters begraben werden zu können. Weil beinahe überall in den Religionen eine Begräbnisfahne schwarz ist, hatte die Bewegung der Freidenker eine rote Fahne. Die französische Trikolore zog mit einem zusätzlichen, roten Wimpel dem Zug voraus. Eine einfache, brüderliche Ansprache sollte den Gesang und die Predigt auf dem Kirchhof ersetzen!

Es klingt vielleicht seltsam, aber es war wirklich eine Revolution. Die Feinde der Gnosis – und somit auch die Feinde der Freidenker – ließen uns merken, dass ein Freidenker ein wertloser Nichtsnutz war, ein Kommunist, nein, noch ärger, ein Anarchist. Fortan wurde sein Name und sein bürgerlicher Stand mit einem roten Kennzeichen versehen, er erhielt eine rote Karte. Das geschah natürlich streng geheim, und zwar auch in den Registern der Politik und im Gemeindehaus. Ich war besonders glücklich und stolz, als durch diese Freidenker einige Menschen von ihren Fesseln befreit wurden und ihre spirituelle Evolution beginnen konnte! Ich erhielt meine rote Karte, als ich achtzehn Jahre alt war! Aber beide, jene Karte und ich, sind inzwischen ziemlich verblichen.«

Diese Worte schrieb Gadal 1956. Da war er schon weit in den Siebzigern. In den Dreißigerjahren gründete er eine Bewegung, eine Bruderschaft, welche die »Polaires« genannt wurde. Es waren Menschen, die sich bemühten, dem Katharismus neues Leben einzuhauchen, und die innerlich nach dem Gral suchten. Aber es gibt kein Erreichen ohne *Endura* – die Aufgabe der niederen, irdischen Persönlichkeit. Gadal, ein äußerst liebenswürdiger und bescheidener Mensch, wusste, dass sich die Zeit für die Wiederbelebung näherte, aber noch nicht gekommen war. Zu viele waren auf persönlichen Gewinn aus, und dafür war die Kirche der Liebe nicht geeignet. Geduld war das Motto. »Die Flamme brennend erhalten«, hieß die Forderung.

1937 kam der Engländer *Walter Birks* in das Gebiet des Sabarthez. Antonin Gadal meinte, in ihm jemanden gefunden zu haben, der ihm bei der Verwirklichung seines Auftrags helfen würde, und er begrüßte ihn als »einen, auf den er gewartet hatte«. Birks sah dagegen in Gadal den Meister, den er im Auftrag seines esoterischen Ordens *White Eagle* (Weißer Adler) suchen sollte. Gemeinsam mit dem Schweizer *Karl Rinderknecht* wurde er vor dem Krieg Gadals engster Mitarbeiter. Sie betrieben viele Forschungen. Der Ausbruch des Zweiten Weltkrieges und die sich ändernden Ansichten Birks beendeten diese Zusammenarbeit frühzeitig.

Wir schweifen jedoch ab und wollen zu Gadals eigenen Worten zurückkehren: »Der freie Gedanke, das Drängen des Geistes im alten Zentrum von Ussat, die Gnosis, sie hatten jedoch unter den Scharmützeln nicht gelitten. 'Mes-Naut!' Stets höher, ist ihre Devise, und sie harrt bei dieser schönen Aufgabe aus: 'Mes-Naut!'«

VII

Dieser sanfte Lehrer, Antonin Gadal, war jedoch auch ein hervorragender Speläologe. So entdeckte er bei seinen vielen Höhlenforschungen die unterirdische Verbindung zwischen den Grotten Lombrives und Niaux, die quer durch das Gebirge führt. Zur Zeit ist Niaux, deren Eingang an der anderen Bergseite der Lombrives liegt, wegen ihrer prähistorischen Wandmalereien berühmt. Es ist gut möglich, dass Verfolgte, die in diesen Grotten einen Ausgang suchten, durch diese Verbindung sicher herausgekommen sind.

Es wird uns nun auch nicht mehr so seltsam erscheinen, dass wir Gadal mit seinem reinen Gefühl für Symbolik und Schönheit am 16. März 1944 am Fuß des Montségurs begegnen. Denn es ist genau 700 Jahre nach dem Mord an 205 Katharern, der letzten Gruppe des wirklichen Kerns der katharischen Religion. Sie wurden auf einem großen Scheiterhaufen am Fuß des Montségurs verbrannt. Nach einer monatelangen Belagerung und nachdem *Amiel Aicard* den legendären »Schatz der Katharer« in Sicherheit gebracht hatte (er flüchtete über den Pic de St-Barthélemy, so sagt die Legende, zur Lombrives), gaben die Eingeweihten, die alle das Consolamentum der Lebenden erhalten hatten, den Montségur und sich selbst als Lösegeld für den Rest der Bevölkerung preis. 700 Jahre später sollte nun ihr Geistverwandter, Antonin Gadal, die Prophezeiung erfüllen, die einmal mit dieser so heftig unterdrückten Religion und diesem Massenmord verbunden gewesen war: »Nach 700 Jahren wird der Lorbeer wieder blühen auf der Asche der Märtyrer.«

Gadal liebte seine Region und ihre einfachen Menschen, mit denen er viel Kontakt hatte, wie wir seinen eigenen Worten entnehmen können. Umgekehrt erinnern sich die ältesten unter ihnen heute noch daran, wie sie als Kind Gadal im Krieg damit beschäftigt sahen, die Moral in dem von der Außenwelt total abgeschnittenen Ussat aufrecht zu erhalten, und alles zu organisieren, um die polnischen Flüchtlinge auffangen zu können, die während dieser Jahre sich dort aufhielten. Er spielte sogar Akkordeon für sie!

Aber zurück zu dem besonderen Datum 16. März 1944. In dem noch zögernden Dämmern eines Wintermorgens gingen sieben Männer mit einer gewissen Gemessenheit zu dem geweihten Ort. Sieben Jahrhunderte sind Tag für Tag vorübergegangen, seit das erste Morgengrauen des 16. März 1244 die lange Reihe der Katharer beleuchtete, die für den Scheiterhaufen bestimmt waren, dessen Silhouette sich etwas tiefer, unterhalb der Burg, immer noch nur erraten ließ. Trotz der schwierigen Stunde, denn es ist mitten im Krieg und für die Jahreszeit sehr kalt, liefern diese sieben Männer, alles Okzitanier, einen sprechenden

Beweis für die Unsterblichkeit ihres geliebten aquitanischen Vaterlandes und seiner Geheimnisse. Unter ihnen sind Maurice Magre, Antonin Gadal und Alain Hubert-Bonnal. Ihre Anwesenheit unterstreicht die Bedeutung der dargebrachten Huldigung. Und *Joseph Delteil*, der Speläologe, erinnert sich an diesen stillen Aufstieg:

»Wir waren sieben. Zufällig? Ich glaube nicht, denn es scheint mir sicher zu sein, dass Herr Gadal mich gebeten hatte, diese Gruppe zu begleiten, weil er genau diese Zahl haben wollte. So begaben wir uns alle zur Burg Montségur. Wir hatten abgesprochen, dass wir uns auf dem Platz des letzten Opfers versammeln wollten. Genau in diesem Augenblick erschien etwas Seltsames am Himmel, der bis dahin noch leer gewesen war: Ein Flugzeug mit schwarzen Kreuzen flog im Kreis um die Ruine. Gleich danach stieß es eine Rauchfahne aus, die, wie es aussah, die Form eines keltischen Emblems hatte. Wir wissen immer noch nicht, wer sich an Bord dieses Flugzeugs befand, und was der Sinn oder die tiefere Bedeutung dieses Vorgangs war. Unterschiedliche, mehr oder weniger plausible Spekulationen wurden darüber angestellt. Die Archive schweigen jedoch bis auf den heutigen Tag darüber.

Am frühen Morgen des 16. März 1944 pflanzte Gadal dort als Symbol dessen, was 12 Jahre später Wirklichkeit werden sollte, einige Zweige eines Lorbeerbaumes ein, die er von Bethlehem, der Einweihungsgrotte, mitgebracht hatte.

Darum halten wir unseren Traum lebendig und verharren ab und zu still, um über die unbekannte Aktualität und den Namen dieses Ortes nachzusinnen, der so vorbestimmt war und so viel in sich beschlossen hält.«

Epilog

Der Großmeister der Geistesschule des Goldenen Rosenkreuzes, Jan van Rijckenborgh, hat des Öfteren ausgesprochen, dass in der neuen Zeit, der Aquarius-Periode, eine Mysterienschule Gestalt annehmen würde, eine Bruderschaft des Christian Rosenkreuz, die von ihrem Gründer inspiriert würde. Er sagte ebenfalls mehrere Male, dass darin viele esoterische Strömungen zusammenfließen würden. Sie würde in den Orten der Zeit beweisen, dass die Arbeit der vergangenen 2000 Jahre dann gebündelt wird in der Arbeit der jungen gnostischen Bruderschaft, der Mysterienschule des Westens.

So erhält das außergewöhnliche Leben des Antonin Gadal eine

sehr erfreuliche und besondere Bekrönung. Nach all den Vielen, die auf die eine oder andere Weise versuchten, sich das Erbe der Katharer anzueignen, sieht er in der Arbeit von Catharose de Petri und Jan van Rijckenborgh endlich das Morgenrot einer neuen Weltaktivität aufglühen: Dem Lorbeer sind die ersten Zweige entsprossen. Denn ihre Bewegung lehrt seit vielen Jahren die Verwirklichung des Wenigerwerdens des Ichs (bei den Katharern *Endura* genannt). Es muss für Gadal buchstäblich so gewesen sein, dass die Prophezeiung Wirklichkeit wurde! In dieser auch für die Geistesschule stark bewegten Periode der Fünfzigerjahre bestätigt er seine neuen Freunde, seinen Bruder und seine Schwester, in einigen zeremoniellen Zusammenkünften in ihrem Auftrag, und er verbindet sie – soweit das möglich ist – offiziell mit einer langen Reihe vorangehender Bruderschaften. Antonin Gadal verleiht als der letzte Vergegenwärtiger einer der Ströme, die in das Rosenkreuz münden, im Herbst 1955 im Renova-Tempel des Lectorium Rosicrucianum in Lage Vuursche (Niederlande) an Jan Leene (das ist Jan van Rijckenborgh) die Großmeisterwürde, und an H. Stok-Huyser (das ist Catharose de Petri) den Titel Archidiakonesse. Das Lectorium Rosicrucianum wird durch Gadal ebenfalls mit dem *spirituellen* Erbe der Katharer verbunden.

Gadal spricht einige Male in den Zentren und Tempeln des Rosenkreuzes. Im Mai 1956 beginnt der Bau des Konferenzortes »Galaad« auf einem Grundstück Gadals. Die Begegnung zwischen den Großmeistern der jungen gnostischen Bruderschaft, als einer rein auf Christus orientierten Gemeinschaft, und Gadal wurde durch die Errichtung des Monumentes »Galaad« am 5. Mai 1957 zu Ussat-les-Bains bestätigt. Es ist dem Dreibund des Lichtes – Gral, Katharern und Rosenkreuz – geweiht. Gadal war danach noch einige Male in den Niederlanden, unter anderem wohnte er der Tempelweihe in Noverosa zu Doornspijk bei.

Es ist die Tragik jedes Mitarbeiters im Dienst des Anderen, dass all seine Arbeit nicht mehr ist als »ein Hammerschlag auf dem Amboß der Ewigkeit«, wie Van Rijckenborgh es ausdrückte. Das galt 1938 für seinen Bruder, Z.W. Leene, das galt für ihn selbst, und das galt 1962 gewiss auch für Antonin Gadal. Die Ehrlichkeit gebietet es, zu berichten, dass in den letzten Jahren eine gewisse Schwermut über sein

Leben kam, weil er erwartet hatte, dass das Werk in Südfrankreich ein viel größeres Ausmaß annehmen würde. Er hatte gehofft, dass das Lectorium Rosicrucianum seine Arbeit mehr auf Südfrankreich konzentrieren würde. Aber dafür war die Organisation noch nicht stark genug. Die Resultate blieben vorläufig aus. 1962 starb dieser letzte »Eingeweihte« der vorangehenden Periode, der zu einem wirklich universellen Menschen gereift war. Die engen Grenzen der Glücksucher und Neider, mit denen er so oft zu tun gehabt hatte, konnten ihn auf keine einzige Weise mehr binden, weil sein befreiter Geist bereits seit langem über das Ariègetal hinausblickte und verbunden war und ist mit dem »Weg der Sterne«. ~

Jan van Rijckenborgh und Catharose de Petri
auf dem Landstück des Konferenzortes »Renova«
in Lage Vuursche (Niederlande)
Etwa 1958, Foto: Pentagramm

KAPITEL 18

Z. W. Leene, Jan van Rijckenborgh und Catharose de Petri

I

Es ist ein Morgen, irgendwann zu Beginn der Dreißigerjahre in London. Einige Männer, es sind drei Freunde aus den Niederlanden, sind auf dem Weg zur Bibliothek des Britischen Museums. Ihr Schritt ist ruhig, aber nicht zögernd oder langsam, ihre Kleidung gepflegt, aber nicht auffallend. Sie sind auf dem Weg zu dem renommierten Institut, einem Ort des gesammelten Wissens und der Weisheit, welcher die *British Museum Library* doch gewiss ist. Eine alltägliche Szene in einer großen Weltstadt.

Wir nähern uns einer der drei Personen etwas mehr. Ein Zuschauer würde aus ihrem Äußeren nur schließen, dass es sich um einen durchschnittlichen Bürger eines durchschnittlichen Landes handelt, der an einem typisch englischen Morgen durch die Stadt spaziert. Einiges an ihr ist jedoch gewiss nicht als durchschnittlich zu bezeichnen. Das sind vor allem die Eigenschaften, die man äußerlich nicht sogleich erkennen kann. Gewiss aber noch die Augen: Sie sind hell und nachdenklich, mit einem leicht ironischen Zwinkern. Wer es erkennen könnte, dem würde vor allem eine andere Herztätigkeit auffallen, die sich von der seiner Zeitgenossen unterscheidet. Es ist ein heller, wohltätiger Fleck, beinahe ein Freiraum zwischen den vielen bedrückten und befangenen Herzen der Menschen in der Weltstadt. Was wirkt nicht alles in diesem Herzen – es ist schwer zu beschreiben! Da man dieser Art Herzen nicht oft begegnet, sind deren Eigenschaften kaum bekannt. Nicht darin zu finden sind jedoch Neid, Selbstsucht, Angst oder Sorge; aber auch keine Kälte und vor allem keine Gleichgültigkeit.

Dieser Mann weiß Bescheid. Er sieht die Sorgen und die schweren Lasten vieler seiner Zeitgenossen, deren fundamentale Unwissenheit, und er sucht. Ab und zu denkt er an das, was vor ihm liegt, an die Zukunft. Die ganze Welt und die gesamte Gesellschaft ist noch fest in der Zeitepoche verankert, die man als Fische-Periode bezeichnet. Hie und da gab es wohl Vorzeichen einer neuen Periode: Die Französische Revolution und die Oktober-Revolution in Russland, beide im Blut erstickt und deren ursprüngliche Zielsetzung völlig unterdrückt. Ab und zu klingt noch ein Ruf nach Freiheit und Gleichheit für alle Menschen im Weltgeschehen auf. Offensichtlich ist der Mensch noch nicht so weit. Aber die Entwicklungslinie zeigt, dass in einigen Jahrzehnten die Aquarius-Periode Einzug halten wird. Was muss noch alles geschehen, denkt er, es muss sich noch vieles verändern! Die Räder der Veränderung beginnen sich jedoch bereits zu drehen. Das große Sonnenrad wird unwiderstehlich eine neue Zeit, eine neue Periode, »ans Licht« ziehen... Ein dunkler Schatten zieht über sein Gesicht, als er an Europa denkt. Es wird ein schwerer Krieg kommen, er ist nicht mehr aufzuhalten... Er hat davor gewarnt, er hat viel über seine Ursachen gesprochen und geschrieben, aber nur wenige haben ihn wirklich verstanden...

Aber dann denkt er wieder an das Ziel seines Suchens. Geld lockt ihn nicht, er weiß zu gut, was alles daran klebt. Macht, Ruhm oder Ehre üben auf ihn keine Anziehungskraft aus. Er sucht nicht für sich selbst. Er besitzt seit langem ein inneres Gleichgewicht, und die Schätze, die er kennt, lassen alles andere leeren Konservenbüchsen gleichen. Eine ganz andere Kraft treibt ihn, bestimmt sein Handeln und wird genährt durch eine ganz besondere Energie, die ihm auch in diesem Moment in London den Weg weist.

Dann denkt der Mann, der sich in diesem Moment *John Twine* nennt, an seine Geistverwandten, wie er seinen Freundeskreis gern nennt. Dort, auf dem Niveau seines Freundeskreises, liegt die Ursache seines Suchens. Er sucht eine neue Weise, um seine Geistverwandten in ihrem Suchen nach neuen Lebenswerten zu unterstützen. Das ist es, was in der kommenden Periode nötig sein wird. Denn wer Lebenswerte besitzt, kann sein Leben verändern. Wer eine Perspektive vor sich hat, kann einen Plan schmieden. Wer dabei von der Prä-Erinnerung, einem uralten Wissen über ein völlig anderes Dasein im Mikrokosmos, unterstützt wird, hat in den kommenden Zeiten neue Möglichkeiten, vorausgesetzt, dass diese Lebenswerte rein und aufrichtig sind.

In der kleinen Gruppe, in der er einer der Leiter ist, sind die wichtigsten Werke der Weltliteratur und ihre ursprüngliche Bedeutung gut bekannt. Dort kennt man auch die enorme potenzielle Kraft, die darin verborgen liegt. Diese Menschen wissen ebenfalls, wie in den vergangenen Jahren damit umgegangen wurde, dass sie zum Teil fehlerhaft übersetzt und im guten Glauben oder sogar willentlich entstellt wurden. Sie wissen, dass sie oft genau so verdreht wurden wie die ursprünglichen christlichen Lebenswerte, welche man entstellte und neu auslegte, bis sie gerade das Entgegengesetzte zu bedeuten schienen. Bei ihrer Arbeit geht kein Tag vorüber, an dem sie nicht solche Entstellungen aufzeigen und die eigentliche Bedeutung offen legen.

Daher war diese Gruppe auch so froh darüber, die Schriften von *Johann Valentin Andreae* zu entdecken. Die Sprache seiner Rosenkreuzerschriften, der *Fama* und der *Confessio*, ist so dynamisch, klar und voller Feuer, dass die Außenwelt sie bis dahin nicht für ihre eigenen Zwecke zu benutzen wagte. Die *Chymische Hochzeit Christiani Rosencreutz* indessen war für sie völlig unverständlich. »Ein wirres Hirngespinst«, so lautete die offizielle Kritik zu Beginn des 17. Jahrhunderts, »das Produkt eines überspannten Geistes.« Nichts jedoch war und ist weniger wahr.

Aber eine Schrift oder ein Buch oder eine ganze Bibliothek ist eine Sache, jedoch das suchende Leben zu verändern in ein sich selbst befreiendes Leben, ist noch eine *ganz andere* Sache. Niemand weiß das besser als dieser Mann in London. Das Suchen nach Schriften ähnlicher Gruppen in früheren Zeiten ist sinnlose Zeitverschwendung, so erkennt er. Es kann schön und inspirierend sein zu erfahren, wie diese Gruppen früher gearbeitet haben. Aber ihre Spur ist hinter dem Schleier der anderen Natur verschwunden, und was zurück geblieben ist, wurde oft entstellt, wie wir bereits feststellten. Es kommt jetzt darauf an, wie man und vor allem *dass* man danach handelt. Später hat er es selbst so ausgedrückt:

>»Wir haben diese dialektische Natur in all ihren Erscheinungen untersucht. Das konnten wir, weil wir in und von dieser Natur sind. Vom niederen Selbst aus konnten wir alles, was diese Welt zu bieten hat, ertasten und erproben.
>
>Und alles war... Mühe und Kummer. Nach jahrelangen Stichproben schlossen wir daraus, dass es nicht der Sinn des wahren Lebens sein kann, und dass es nicht gut war, noch länger mit denen zusammen zu arbeiten, welche die Menschen in dieser Natur des Todes täuschen und

sie zum Narren halten. Daher stehen Sie vor einer Wahl: Sie müssen sich unwiderruflich entscheiden.

In einem bestimmten Moment muss man über das heutige Dasein regieren können. Daher waren wir verpflichtet, objektiv und nicht gemäß der Meinung von Autoritäten das Tao des Altertums zu ergründen. Wir entdeckten schon bald, dass von allen Seiten her alles getan wurde, um solche Entdeckungen zu verhindern. Viele Quellen waren vernichtet, andere unerreichbar, und der Rest war entstellt. Wir begannen mit Bruchstücken aus der Heiligen Schrift, die übrig geblieben waren. Die Untersuchung zeigte deutlich, dass es außer dieser Naturordnung ein ursprüngliches Reich gibt; ein Reich weit, weit außerhalb des höchsten nirwanischen Gebietes, welches sich sehr nachdrücklich von dieser Natur des Todes mit ihren beiden Sphären distanziert.

Als wir das gefunden hatten, untersuchten wir, ob es Gruppen oder Menschen gab, die nach diesem anderen Reich gestrebt hatten. Wir erforschten deren Lebenslauf und dessen Kennzeichen. Wir untersuchten, ob Menschen dieser Art, obwohl sie weit voneinander entfernt und durch Jahrhunderte getrennt waren, denselben Weg gingen. Und wir stellten fest, dass all diese Gruppen organisiert im vollkommen gleichen Sinn strebten. Daraufhin gingen wir zur Selbstfreimaurerei über. Denn wer den Beginn des Ursprünglichen kennt, hat den Faden Taos, den Ariadne-Faden, in der Hand.«

Und was ist dieser Beginn? Das ist eine Kernfrage. Wie man beginnt, bestimmt alles, was darauf folgt. Kehren wir jedoch zu dem Augenblick zurück, da John Twine im Begriff steht, die Bibliothek zu betreten. Er verharrt noch einen Augenblick, um das beeindruckende Eingangsportal zu betrachten. Dann atmet er tief ein, als ob er für längere Zeit die frische Luft vermissen müsste, und tritt entschlossen ein. In einem späteren Bericht schreibt er:

»Bei einer Erforschung der weltberühmten Bibliothek des Britischen Museums in London entdeckten wir vor einigen Jahren das wenig bekannte Werk *Christianopolis* von Johann Valentin Andreae, dem Autor der *Fama Fraternitatis*. Dieses Dokument der Bruderschaft des Rosenkreuzes von 1619, das vielleicht schon einige Jahrhunderte in dieser Bücherei aufbewahrt wurde, ohne dass es jemand beachtete, konnten wir in einer englischen Übersetzung mit in die Niederlande nehmen. Wir empfanden innerlich, dass wir dessen Inhalt ans Tageslicht ziehen und mit einem Kommentar versehen müssten, damit jeder Schüler seine Arbeit darauf abstimmen könnte, um so im Großen Werk besser dienstbar sein zu können.«

John Twine, der später den Ordensnamen *Jan van Rijckenborgh* annahm, hielt Wort: Das Buch *Christianopolis* ist nun im Verlag der Rozekruis Pers im Buchhandel zu erwerben. Die »Vision«, die Andreae in seiner *Reipublicae Christianopolitanae Descriptio* entfaltet, ist einer der Pfeiler, auf den sich die Arbeit des modernen Rosenkreuzes gründet. Auch der Leser dieses Buches befindet sich auf der Suche. Genau wie die Hauptperson in Andreaes Werk geht er an Bord des guten Schiffes *Fantasia* auf die Reise nach, ja, wohin? Auf die Reise in ein aufregendes Leben? Auf die Reise in ein Leben voller Bewegung, Bewunderung und Ansehen. Oder in ein Leben mit viel Geld, wenig Ruhe und, wenn es einmal so weit ist, mit einem stürmischen Ende?

Oder... muss der Mensch endlich einmal den Weg zum ursprünglichen Beginn einschlagen? Überall zeigen sich Bemühungen, der unendlichen Wiederholung, den Quizsendungen im Fernsehen und den schamlosen menschlichen Verhaltensweisen ein Ende zu bereiten. Die Musik führt uns von einer Wiederholung zur anderen. Die Kunst? Lässt sie uns etwas sprühend Neues, etwas Enthusiastisches erfahren? Literatur? Sicher gibt es Schönes, oft auch Schwermütiges, aber auch Oberflächliches, und dann so banal... Wir wünschen uns wieder Brillanz, Glanz, Esprit!

In den Vierzigerjahren bezeichnete Jan van Rijckenborgh das bisschen Kultur, das dem Westen geblieben ist, als »Duft verwelkter Blumen auf einem Misthaufen«. Er sagte: »Wenn die Jugend des Rosenkreuzes diese Kultur mit einem Beil angreift, dann – wir sagen es ehrlich – strahlen wir vor Vergnügen.« (Es gab damals ältere Freunde, die meinten, dass die Jugend in dem damaligen Mitteilungsblatt der Schule zu heftig vom Leder zöge.) Für ihn war die Jugend das Allerwichtigste. »Wenn die junge Generation in den kommenden Jahren der Volksverdummung en gros kein Ende bereitet«, so schreibt er, »wird das Leid der Menschheit unübersehbar. Darum, neue Jugend, setze das Beil ruhig an heilige Häuschen, denn es geht um den *Kampf um Güte, Wahrheit und Gerechtigkeit.*«

Natürlich geht es um diesen Kampf. Nur Abbruch allein praktizieren schon Menschen genug. Das ist sehr verständlich, denn welche Werte bietet die ältere Generation im Allgemeinen der Jugend? Eine Ausbildung für den ökonomischen Wettstreit, der sie erschöpft zurücklässt, oder Teilnahme an dem einen oder anderen Krieg (davon gibt es genug)?

Aber lediglich Abbruch aus Aggression kann keine Perspektive sein. Es geht darum, die große Verflachung des Volkes zu beenden. Klar und aufrichtig denkende Menschen sind nötig! Aber dazu muss man einen Beginn gesucht und gefunden haben. In dem gleichen Zitat ließ er die sogenannten Bedenken, dass es dem jungen Menschen zwischen zwanzig und dreißig Jahren an Erfahrung fehle, und sie darum die Leitung Älterer, Erfahrener anerkennen müssten, *nicht* gelten:

> »Wir sind dagegen aus absolut gnostisch-wissenschaftlichen Gründen. Der junge Mensch zwischen zwanzig und dreißig hat keine dialektische Erfahrung nötig. Jene Erfahrung ist eine Verdrehung und Verstümmelung des geistigen Bewusstseinsfunkens, der noch im irdischen Menschen anwesend ist. Wir sind der Meinung, dass die bürgerliche Erfahrung eher irrsinnig macht, denn über der Erfahrung steht *Weisheit*. Und Weisheit ist niemals die Frucht der Erfahrung. Nur die Erfahrung einer Berufung ist heilsam für den Menschen. Weisheit ist die Frucht von Millionen Jahren, von Seelenqualität und geistiger Potenz. Diese Weisheit, die stets eingeboren ist, stellt in der Lehrzeit zwischen zwanzig und dreißig Jahren ihre meistens dynamischen Forderungen. Diese zehn Jahre sind entscheidend in einem Menschenleben. Es ist von äußerster Wichtigkeit, dass der junge Mensch lernt, *dieser Weisheit* zu gehorchen.«

Was war der Beginn aller Gruppen, die uns vorangingen? Was könnte es anderes sein, als die *fünffache universelle Gnosis:* Einsicht, Heilbegehren, Selbstübergabe, neue Lebenshaltung und dadurch die Bewusstwerdung der Seele, des ganz Anderen, der innereigenen Weisheit. Dafür sind die kommenden Jahre von enormer Wichtigkeit.

> »Denn«, so sagt Van Rijckenborgh, »die Geistesschule weiß, dass die Bruderschaft des Lichtes ihre Arbeiter gerade aus der Altersgruppe der Zwanzig- bis Dreißigjährigen ruft. Nur Erfahrung, welche die Folge einer Berufung ist, wirkt heilsam für einen Menschen. Wie viele Dichter, Denker, Autoren und Künstler hat es gegeben, die gerade in diesem Lebensalter ihre Meisterwerke schufen?«

Darum wandte er sich so oft an die Jüngeren. Ein Beispiel dafür ist der Schluss des Kapitels IX aus *Christianopolis* (man höre: aus dem Jahre 1939!):

»Wir wenden uns hier besonders an die jungen Freunde und Freundin-
nen unter uns, die das Leben noch vor sich haben. Und wir möchten Sie
bitten, wenn Sie uns verstanden haben: Zerbrechen Sie die Fesseln, mit
denen man Sie von Geburt an gebunden hat. Weigern Sie sich, weiter im
Gewohnheitstrott dieser versunkenen Weltordnung zu gehen. Besinnen
Sie sich auf Ihre Berufung als Kinder Gottes. Vielleicht werden Sie dann,
nach den Maßstäben der Einwohner der Basaltstadt, arm und mühselig
leben, jedoch als Bewohner der Christenstadt werden Sie sehr reich sein,
sagenhaft reich.

Es werden Arbeiter gesucht, die den Mut haben, die Illusionen abzu-
schütteln und durch Widrigkeiten, Schmerz und Pein hin, mitten durch
das Land der Barbaren, zum schützenden Hafen zu reisen.

'O Gott, befreie mich von dieser Täuschung und von diesem Naturtrieb.
Lass mich die Schönheit Deines ursprünglichen Schöpfungsplanes
erkennen, mit dem Du uns mit Hilfe Deiner heiligen Diener durch die
Gnade Christi wieder verbinden willst!'«

Das ist die Sprache aus der Zeit vor dem Krieg, der flammende Inhalt
ist jedoch äußerst aktuell.

II

Augenblicklich ist die Schule, die mit *Jan van Rijckenborgh* (1896–
1968), seinem Bruder *Zwier Willem Leene* (1892–1938) und *Catharose
de Petri* (1902–1990) begann, eine lebendige und starke Organisation,
die in vielen Ländern wirkt, und die im Lauf der Jahre Zehntausende
zur Kenntnis genommen haben. Das war nicht immer so. In der ersten
Periode des Werkes verfügte man lediglich über einige Zentren und ab
1934 über einen Konferenzort in Doornspijk (Niederlande), der
jedoch nur im Sommer benutzt werden konnte. Dort wurden die
ersten Konferenzen gehalten. Was an einfachen Gebäuden vorhanden
war, wurde im Krieg verwüstet. In der Periode nach dem Krieg wurde
ein Teil des Terrains verkauft, um den Erwerb eines größeren und zen-
traler gelegenen Konferenzortes zu ermöglichen.

Auf dem vormaligen Gelände *De Haere* in Doornspijk wurde später
ein Jugendkonferenzort gegründet: Noverosa. Zu Beginn im Jahre
1951 mit Zelten, einem Jungenlager, einem Mädchenlager, einem
Koch- und einem Esszelt. Die Jugendlichen wuschen sich morgens
an einer Pumpe, deren kaltes Wasser aus 40 Metern Tiefe kam. Erzählungen für die Jugend und Dienste fanden ebenfalls in einem Zelt

statt, das als Tempel diente. Während das Werk national und interna-
tional durch Konferenzorte in Deutschland (Calw und Bad Münder)
und Frankreich (Ussat-les-Bains) wuchs, wurden auch die Unterkünfte
in Noverosa systematisch verbessert. An diesem Prozess haben zahlreiche Jugendliche mitgewirkt. Am 29. Juni 1958 wurde hier ein Tempel
geweiht. Der lyrische Bericht eines Augenzeugen lautet:

> »Die Tempeltüren öffneten sich und wir traten alle ein. Eng nebenein-
> ander saßen wir und warteten mit vor Freude und inniger Dankbarkeit
> klopfenden Herzen auf den Augenblick, da die heilige Flamme, das gött-
> liche Geschenk der Gnosis, im Noverosa-Tempel angezündet wurde.
> Nun brennt dort die Flamme, und wir alle haben die gewaltige und herr-
> liche Aufgabe, sie durch eine liebevolle Lebenshaltung brennend zu
> erhalten, damit ihre strahlende Wärme und ihr goldener Lichtglanz Un-
> zähligen zum Segen gereichen darf!«

An der Stelle, an der 24 Jahre lang jedes Jahr (mit Ausnahme der
Kriegsjahre) das Tempelzelt gestanden hatte, wurde ein Garten
angelegt: Noverosas Rosengarten. Er wird vom modernen Rosenkreuz in hohen Ehren gehalten.

Warum begannen die Gebrüder Leene mit dem Aufbau einer Geistesschule? Am Anfang der Zwanzigerjahre des 20. Jahrhunderts entdeckten sie die Lehren *Max Heindels,* der 1909 in den Vereinigten Staaten
The Rosicrucian Fellowship gegründet hatte. Auf einem Gelände in
Kalifornien hatte dieser Esoteriker, der niemals die Verbindung mit
dem Christentum aufgegeben hatte, mit einem Zentrum begonnen.
Seine Motivation war: Der Westen ist reif für eine vertiefte Form des
Christentums. Sein Ziel war, dem ursprünglichen Christentum auf
der Grundlage der esoterischen Hintergründe einen neuen Sinn zu
geben. Oder besser gesagt, diesen Sinn – der darin immer verborgen
gewesen war – zu entschleiern, so dass der Mensch erkennen könnte,
dass er sein Schicksal in den eigenen Händen hält. Heindel sah den
Zusammenhang des Ganzen und ließ erkennen, dass es gewiss eine
Bedeutung hat, *was* der Mensch als Individuum unternimmt oder un-
terlässt, und vor allem, *wie* es geschieht. »Ein klarer Verstand, ein lie-
bevolles Herz und ein gesunder Körper«, das ist Heindels Botschaft
und Sendung. Das ist die Devise, die er seinem Werk mitgab, und sie
ist gewiss das, was die Gebrüder Leene so anzog.

Heindel erklärte das in Briefen, in Kursen, durch astrologische Studien, in Vorträgen und Diensten. Mit minimalen Mitteln organisierte er ein großes Werk mit vielen Verzweigungen in Europa, Brasilien und Indien. Die Art seines Denkens schloss eigentlich beim theosophischen Gedankengut an, jedoch mit einem großen Unterschied: Heindel stellte Christus und seine Sendung in den Mittelpunkt. Der gut über die Lehre der *Theosophical Society* unterrichtete Heindel war vom großen Wert der theosophischen Schule überzeugt. Er schrieb sogar ein Buch über deren Gründerin *H.P. Blavatsky.* Beide wirkten auf die gleiche Art, beide hatten auch mit den gleichen Schwierigkeiten zu kämpfen: Mit einer mäßigen Gesundheit und einen fortwährenden Mangel an Mitteln, um das Werk ausführen zu können. Heindel schreibt:

>»H.P. Blavatsky hatte durch ihren starken Angriff auf den Materialismus und den Hinweis auf dessen Hochmut ein wichtiges Werk verrichtet. Sie tat das nicht für die eigene Ehre. Sie hat immer erklärt, dass hinter ihr ein Lehrer stand. Sie besaß eine dreifache Eigenschaft, durch die sie geeignet war, das Werk zu vollbringen: Erstens war sie fähig, die übersinnliche Kenntnis, die sie empfing, zu assimilieren. Zweitens war sie durch ihren Lebensstil eine würdige Dienerin, um diese Lehren zu verbreiten. Drittens besaß sie das Vermögen, die oft verwirrenden metaphysischen Lehren des Ostens in einer für westliche Menschen verständlichen Sprache wiederzugeben, sowie die Fähigkeit, diese Lehren anhand der Resultate der westlichen Forschungen zu verifizieren. Außerdem hatte sie das große Verdienst, mit ihrem fantastischen moralischen Mut dem Materialismus ihrer Zeit die spirituellen Werte einer völlig anderen, inneren Wissenschaft entgegenzusetzen.«

Das hat sie das Leben gekostet.

Blavatsky und Heindel hatten in vieler Hinsicht ein gleiches Schicksal: H.P. Blavatskys Sendung war es, dem westlichen Materialismus ein Halt zuzurufen. Max Heindels Auftrag war der erste Hammerschlag für ein esoterisches Christentum, das in demselben Westen ein lebendiger Faktor werden musste, um die Menschheit wieder einen Schritt weiter zu bringen, und sie auf eine neue Zeit vorzubereiten. Die Theosophie besaß darum einen Nachteil: Sie verkündete gleichzeitig die Idee, dass das Christentum verwerflich sei. Diesen Schritt konnte Heindel nicht nachvollziehen, denn das hätte bedeutet, dass zwei Jahrtausende menschlicher Entwicklung im Westen sinnlos gewesen wären.

Es war dieser Zusammenhang mit der esoterischen Weisheit, kombiniert mit dem rein christlichen Ausgangspunkt, der Jan und Wim Leene auf die richtige Spur setzte. Als reformierte Christen, die sie von Hause aus waren, hatten sie bei ihrem Suchen in einem bestimmten Moment den gewaltigen Prediger *A.H. de Hartog* entdeckt. Jedes flammende Wort, das dieser dynamische Redner und Professor in der *Nederlandse Hervormde Kerk* (Niederländische Reformierte Kirche) aussprach, haben sie eingetrunken. Bei den Vorträgen dieses Mannes in Amsterdam sah man die beiden Brüder sich eifrig Notizen machen.

De Hartog war ein Mann, gegen dessen Predigten man in der alten, runden Lutherischen Kirche in Amsterdam Sturm lief. Er war ein Mann, der ganz allein versuchte, dem Sozialismus und Kommunismus eine christliche und gleichzeitig soziale Lebenshaltung entgegenzusetzen. Und er hatte die Gabe der Sprache. Er wagte es, in diesen Tagen eine völkische »spirituelle« Bewegung gegen den weit reichenden Sozialismus von *Troelstra* in Gang zu bringen. Er schrieb ganz allein ganze Zeitschriften voll. Er wies darauf hin, dass die *christliche* Heilslehre mit Menschen zu tun hat und nicht mit abstrakten Begriffen. Theologie, die Gotteserkenntnis oder Gotteslehre, sollte in erster Linie real und für gewöhnliche Menschen verständlich sein.

Einmal, es ging auf Weihnachten zu, betrat er die St.-Bavo-Kirche in Haarlem, wo er predigen sollte. Die Kirche sah aus wie ein aufgetakelter Weihnachtsbaum. Die Frauen hatten die Kanzel mit Stechpalmzweigen und Girlanden geschmückt. De Hartog sah sich das an: Das hatte doch nichts zu tun mit dem Christfest, mit Jesu Geburt, der Geburt des anderen, spirituellen Elementes im Menschen? Während er nach vorne ging, riss er den Schmuck von den Bänken und der Treppe zur Kanzel. Die Gemeinde verharrte totenstill. Aber nun konnte der Dienst erst richtig beginnen, meinte De Hartog. Er ließ die Stille noch etwas andauern und begann dann: »*Und wäre Christus tausendmal in Bethlehem geboren und nicht in Dir, Du bleibst doch ewiglich verloren.*« – Das waren Worte aus dem 17. Jahrhundert von *Angelus Silesius* (Cherubinischer Wandersmann I/61), die genau sagten, warum es ging! Christus ist *im* Menschen, nicht irgendwo weit weg, bei Gott dem Vater, oder – noch abstrakter – bei dem Wort.

Dennoch konnte De Hartog sich nicht von der Kirche lösen. Der Freidenker wurde von seinen Mit-Pastoren gemahnt, dass er abtrünnig sei... Dieser große Mann, einer der Gründer der Internationalen Schule der Philosophie, wies darauf hin, dass Befreiung bedeutet: Dass das Göttliche »offenbar« werde in der Welt, in der Seele, durch den irdischen Menschen hin. Aber für die beiden Brüder Leene war die Kirche als Institut doch zu dogmatisch. Sie wollten weiter, sahen auch weiter. Denn dieselben Worte, die sagen, *wo* der Christus geboren werden muss, fanden sie auch bei Max Heindel. Bei ihm waren die Möglichkeiten jedoch eindrucksvoller. Heindels Werk war so frisch und neu, dass die beiden Brüder fühlten: Hierauf haben wir gewartet. Dem wollten sie ihre Energie widmen.

Ihr erster Kontakt mit *The Rosicrucian Fellowship* entwickelte sich über das Rotterdamer Studienzentrum, das einige Werke Heindels übersetzte. Danach fanden sie ein in Amsterdam beginnendes Zentrum, das von *Frau van Warendorp* geleitet wurde. Als sie dort eingetreten waren, erhielt die Arbeit neuen Elan. Von dem Moment an, da Van Warendorp erkrankte, haben die Brüder Leene mit Eifer, aber nicht ohne große Schwierigkeiten, in kurzer Zeit ein nationales Werk realisiert.

Het Rozenkruisers Genootschap (Die Rosenkreuzer-Gesellschaft) in den Niederlanden war in den Zwanzigerjahren keine feste Organisation, sondern es gab lediglich an einigen Orten mehr oder weniger unabhängige Zentren. Mit einem enormen Einsatz gingen die Brüder ans Werk, um dieses zur Einheit zu führen und auf *einen* Nenner zu bringen. Das gelang in den Dreißigerjahren. Jan Leene wurde gegen einen Hungerlohn der erste allgemeine Sekretär der Gesellschaft. Nun aber konnte das Werk richtig beginnen.

III

In dem Moment, als die Gebrüder Leene über Rotterdam die ersten Kontakte mit dem Rosenkreuz von Max Heindel aufnahmen, war es für sie wie ein Schock. Jan Leene erlebte, dass er endlich in einem Kreis von Geistverwandten angekommen war. Er wusste, dass hier seine Aufgabe lag. Von Anfang an wurde den Brüdern die Presseabteilung mit den Worten überlassen: »Ihr seid jung, das könnt Ihr gut übernehmen.« Neue Zentren wurden damals Studienzentren genannt.

Die ersten Zeitschriften enthielten vor allem Übersetzungen der Heindel-Schriften, aber auch niederländische Übersetzungen der Rosenkreuzer-Manifeste aus dem 17. Jahrhundert. Selbstverständlich widmeten sich beide Brüder stark dem Werk der amerikanischen Rosenkreuzer-Gesellschaft. In einem bestimmten Augenblick jedoch brach dort ein interner Streit über die Rechte an Heindels Werk (Max Heindel war am 6. Januar 1919 gestorben) zwischen seiner Witwe und der Organisation aus. Das war der Zeitpunkt, um eine eigene Stimme zu erheben, um dem inneren Auftrag zu gehorchen und eine Gemeinschaft zu gründen, die das lebendige, ursprüngliche Christentum *in der Welt* beweisen sollte: das Christentum der Gnosis.

In der Tat konnten Heindel und Blavatsky trotz ihres unglaublichen Einsatzes und ihrer Hingabe ihr Ziel – oder vielleicht besser: das als inneren Auftrag empfangene Ziel – nicht erreichen. Über sie war zwar ein Kontakt mit der universellen Bruderschaft entstanden; aber als sie nicht mehr lebten, waren ihre Organisationen mehr oder weniger dazu verurteilt, in die Gesetzmäßigkeit der Dialektik zurückzufallen mit allen entsprechenden Folgen.

Die neue Zeit erforderte eine neue Form. Es war nicht mehr die Zeit eines einzelnen Führers mit einer großen Anhängergruppe. Jeder einzelne Mensch musste fähig sein, im eigenen Wesen die bewusste, universelle Seele zu befreien, um so ein Bewohner des ursprünglichen Lebensfeldes zu werden. Darum musste von unten her aufgebaut werden. Es musste eine Kerngruppe geben, die den Weg vorlebte. Das ist das große Verdienst der Gebrüder Leene zusammen mit Catharose de Petri. Diese Gemeinschaft wurde Wirklichkeit, und sie hält noch stets die Verbindung zwischen den zwei Lebensfeldern aufrecht.

Der Beweis für ein großes Werk ist natürlich, dass es eine eigene Stimme, eine eigene Identität besitzt. Diese Stimme kann man vor allem in den verschiedenen Namen vor dem Zweiten Weltkrieg wiederfinden. So hieß sie eine Zeit lang *Die Mysterienschule* und einige Zeit auch *Manichäer-Orden* oder *Jakob-Böhme-Gesellschaft*.

Seit 1927 wurde die Zeitschrift *Het Rozenkruis* (Das Rosenkreuz) herausgegeben. Es war ein Monatsblatt, in dem oft ein Tempeldienst von Heindel publiziert wurde, aber es erschienen auch Mitteilungen über das Werk. So lesen wir zum Beispiel in der Ausgabe vom Dezember 1934 die Ankündigung:

»Am Dienstag, den 1. Januar 1935, um 11 Uhr, wird auf *De Haere* in Doornspijk ein Weihedienst gehalten anlässlich der in diesen Tagen stattgefundenen Übertragung des gekauften Geländes (auf dem heute Noverosa gebaut ist) an die 'Max-Heindel-Stiftung'. Wir hoffen, dass viele Freunde unseres Werkes Zeuge sein wollen bei dieser Feierlichkeit, die der Beginn einer großen und wichtigen Arbeit ist, die in der nächsten Zukunft auf De Haere verrichtet werden soll. Aus Haarlem, Amsterdam und Den Haag werden morgens um 7 Uhr Reisebusse nach De Haere fahren.«

Mit der »großen Arbeit« ist die »Sommerschule« gemeint, die Zeltwochen, die ab 1935 jedes Jahr auf De Haere stattfinden. Weiter wird auf derselben Seite berichtet:

»Ab 1. Januar 1935 wird vom Publikationsbüro aus ein nationales Jugendwerk organisiert. Schon sehr lange wurde in den verschiedenen Zentren die Möglichkeit eines Jugendwerkes versuchsweise geprüft. Dabei zeigte sich schon bald, dass das nicht nur erwünscht, sondern notwendig ist. So wird also nun mit einem in jeder Hinsicht modernen Jugendwerk begonnen. In der nächsten oder ferneren Zukunft sehen wir dann weiter der Einrichtung eines Rosenkreuzer-Schulunterrichtes entgegen.«

Und in der November-Ausgabe 1936 heißt es:

»Die Haarlemer Zentrumsleitung hat nun, mit Zustimmung des Verwaltungsrates, ein nahe gelegenes Gebäude gemietet, nämlich Bakenessergracht Nr. 11. Dieses Haus soll für den Buchhandel, den Verlag und das Jugendwerk eingerichtet werden. Es soll einen Ausstellungsraum, einen Lesesaal, Versandräumlichkeiten und einen gemütlichen Raum für die Jugendclubs erhalten.«

Auf der Basis des großen Erfolges der Wochenende im Jahre 1933 beschloss Z.W. Leene, dass 1934 mehrtägige Konferenzen und Wochenendzusammenkünfte in der freien Natur in Lagerumgebung stattfinden sollten. Dazu hatte er in den ersten Monaten des Jahres 1934 in Haarlem und Umgebung nach einem geeigneten Platz für ein Sommerlager gesucht. Er schreibt:

»Unsere ganze Aufmerksamkeit galt einem Lager im Kennemerland, und gewiss hätten wir Erfolg gehabt, wenn nicht durch eines der unerwarteten Ereignisse, an die wir bei unserer Arbeit so gewöhnt sind, eine vollständige Änderung des Plans nötig geworden wäre. Durch ein wertvolles und außergewöhnlich akzeptables Angebot wurde unser ganzer Kennemer-Lagerplan aufgehoben und mitten auf die Veluwe versetzt.

De Haere ist ein Landsitz bei Doornspijk, 250 Hektaren groß und so außergewöhnlich gut für unseren Zweck geeignet, dass kein Zweifel aufkommen konnte angesichts eines solchen Stückes herrlicher, unberührter Natur, in der man Stunde um Stunde umherstreifen kann, ohne jemandem zu begegnen: Wogen frischer Heideluft, ausgedehnte Nadel- und Laubwälder. Wenn die Wärme der Sonne über der Fläche der Sanddünen zittert, die von einem Hauch Lila überzogen sind, entsteht ein so seltsamer Zauber, dass wir uns fragen, wie wir die wenigen Monate überstehen, die uns noch von diesem herrlichen Naturgenuss trennen.

De Haere besitzt eine solch reine Sphäre der Unberührtheit, dass man sich bereits nach einem Besuch von wenigen Stunden als ein anderer Mensch fühlt. Man scheint auch reiner zu denken. Wenn man scharf zum Horizont blickt, entdeckt man einen geheimnisvollen, stark anziehenden, blauen Dunst, und immer mehr Wald und Heide, und immer mehr Seligkeit. Freunde, wir zelten auf De Haere!«

Jedes Jahr bestand die Sommerschule aus zuerst vier und später aus fünf Sommerwochenenden, während denen die Teilnehmer intensiv zu einer Pioniergruppe zusammengeschmiedet wurden, welche im Stande war, die höheren Lehren des Rosenkreuzes in Gruppeneinheit aufzunehmen. Viele Hundert Besucher nahmen in zunehmendem Maß daran teil. 1934 stand die Sommerschule im Zeichen von »Begehrlichkeit und Verträglichkeit«. Neben Vertiefung und Belebung nahm sprühender Humor einen wichtigen Platz ein. In einem Bericht über die erste Sommerschule heißt es:

»Hier, auf diesen Seiten, wollen wir noch einmal von allem zeugen, was das Zeltlager uns an Freundschaft, geistiger Vertiefung und Seelenwachstum gebracht hat. Wir wollen noch einmal versuchen, weiterzugeben, was uns die Lagerwochen an stiller und sprühender Freude und an funkelndem Humor geschenkt haben.«

1936 schreibt Z.W. Leene als Lagerleiter:

»Die Arbeit der Sommerschule wird ganz im Zeichen der heftigen Bewegtheit der Zeiten stehen, wobei für alles und bei allem in diesem Jahr

'Enthobenheit' gesucht und gefunden werden wird. 1935 war der Schlüsselgedanke der Sommerschule: 'Wirklichkeit.' Jetzt soll uns auf dem Boden der Wirklichkeit die 'Enthobenheit' für unsere mühsame Arbeit stärken.«

Die Sommerschule ist wie eine Einatmung. Denn die Zentrumsarbeit ruht im Sommer, und alles konzentriert sich auf die mächtigen, geistigen Impulse, die dort während der Sommerwochen empfangen werden. Die Sommerschule des Jahres 1940, die siebte und letzte, welche bereits während der Besetzung stattfand, war dem Kennzeichen gewidmet: »Das praktische neue Leben.«

IV

In der Zeitschrift *Het Rozenkruis* (Das Rosenkreuz) erscheinen durch die Jahre hin auch viele Beiträge von Jan Leene unter seinem Schriftstellernamen John Twine. Bereits Jahre vor dem Krieg wurde in den Schriften des Rosenkreuzes vor der drohenden Gefahr von Rechts gewarnt. Fortwährend wurden die Schüler darauf hingewiesen, dass sie sich nicht von Daseinsangst mitreißen lassen und frei bleiben sollten von Hass gegenüber dem Nächsten, ob es gleich um Nazis, Christen oder Juden ging. Den Faschismus sollten sie jedoch klipp und klar abweisen. Am 27. August 1935 war in Düsseldorf die Internationale Föderation der Rosenkreuzer-Bruderschaft gegründet worden. Zwölf Länder, vertreten durch 40 Zentren, in denen intensiv mit Tausenden von Studenten und Probeschülern gearbeitet wurde, traten dieser Gemeinschaft bei. Das esoterische Hauptquartier lag in den Niederlanden, in Haarlem. Die fünf Zentren in Deutschland konnten jedoch nicht lange ihre Arbeit ausführen. In *Het Rozenkruis*, Ausgabe Juni 1936, stand unter der Überschrift «Die schwarze Hand des Faschismus»:

»In diesen Tagen erhielten wir den bereits seit langem erwarteten Bericht, dass unsere deutsche Bewegung von der Regierung verboten und aller Besitz unserer deutschen Brüder beschlagnahmt wurde. Einerseits freuen wir uns innig, denn vom braunen Terror geduldet zu werden, ist eine übel riechende Ehre. Selbstverständlich jedoch fühlt unser Herz gleichzeitig tiefes Bedauern für unsere Freunde jenseits der Grenze. Wir senden allen Opfern des Faschismus helfende und stützende Gedanken. Zweifellos wird das Werk illegal weiter gehen.«

Mehr als zehn Jahre lang schrieb Jan Leene jede Woche eine Bibellektion, die im Wochenblatt *Aquarius* erschien, das für ein Trinkgeld versandt wurde. Unter diesem Namen wurden die tieferen Hintergründe der Bibel, des Alten und Neuen Testamentes, erklärt. In der Zeitschrift *Het Rozenkruis* ist auch zu lesen, dass die beiden Brüder beinahe jeden Abend, gewiss jedoch zweimal in der Woche, Kurse abhielten. Das waren öffentliche Vorträge oder Zentrumsdienste, auch kurze Kurslektionen, die als Einleitung für die Lehre des Rosenkreuzes dienen konnten. Dazu reisten sie in alle Zentren, die in den Dreißigerjahren entstanden waren. Außerdem fällt der revolutionäre Ton in diesen Blättern auf, mit dem sie die morschen, bürgerlichen und bequemen Niederlande beunruhigten. All das geschah, um die Menschen zur Erneuerung, zur inneren Revolte zu drängen! Auch wurde an vielen Stellen auf die Unabwendbarkeit der zukünftigen Geschehnisse hingewiesen, von denen viele tatsächlich Wirklichkeit wurden, nicht an letzter Stelle der Zweite Weltkrieg.

1937 veränderte sich der Charakter dieser Zeitschrift. In *Het Rozenkruis* wurde fortan nur ein einziges Thema behandelt, das der esoterischen Entwicklung aller Wahrheitssucher dienen konnte. Diese Publikation erschien von da an einmal im Monat.

Als Zwier Willem Leene 1938 starb, meinten viele, dass damit das Schicksal der *Rozenkruizers Genootschap* besiegelt sei. Man glaubte nicht daran, dass der bescheidene Jan Leene ohne seinen Bruder im Stande wäre, die Arbeit fortzusetzen. Aber schon seit 1930 stand den beiden Brüdern *Henny Stok-Huizer* zur Seite, deren Schriftstellername *Catharose de Petri* lautet. Sie wollte zwar zuerst nichts von einer Vereinigung wissen. Das würde nur eine Behinderung des geistigen Pfades bedeuten, so meinte sie. Aber auf Drängen ihres Mannes (der übrigens mit dem ersten Jugendwerk des Rosenkreuzes begonnen hatte) sprachen die beiden Brüder Leene mit ihr. Von den flammenden Ausführungen Z.W. Leenes und dem bescheidenen, aber dennoch kraftvollen Auftreten seines Bruders Jan war sie jedoch so stark berührt, dass sie sich entschloss, ebenfalls die Hand an den Pflug zu legen. Z.W. Leene sagte zu ihr: »Sehen Sie, wenn wir unsere Herzensflammen nun zusammenfügen, entsteht ein sehr viel stärkeres Feuer, und wir können mehr Licht in die Finsternis bringen.«

Ab 1939 hieß die Zeitschrift der Schule *Licht van het Rozenkruis* (Licht des Rosenkreuzes) und erschien bis Mai 1940. Danach wurde

sie weiter herausgegeben als *Nieuw Esoterisch Weekblad* (Neues esoterisches Wochenblatt).

Im Oktober 1940 wurde jede Öffentlichkeitsarbeit der Gemeinschaften wie Freimaurerei und Rosenkreuz offiziell verboten. Die
Schule fügte sich diesem Verbot, scheinbar. Aber auch in dieser
dunklen Periode ging das Werk weiter: Van Rijckenborgh sprach 1943
vor Jüngeren über seine Geistverwandtschaft. Er schrieb während des
ganzen Krieges seine *Van-Rijckenborgh-Briefe*, die jedoch nur an
wenige versandt wurden. Auch gab er bis 1944 noch stets eine Zeitschrift heraus unter dem Titel *Nieuw Religieuze Oriëntering* (Neue religiöse Orientierung). Sie erschien unregelmäßig und gratis. Mitten
im Hungerwinter, am 22. November 1944, schrieb er in der Ausgabe
Evangelisation für den denkenden Menschen:

> »Da wegen des Mangels an elektrischem Strom alle Druckmaschinen
> stillgelegt sind und die wöchentlichen Auslieferungen unserer Bücher
> nicht mehr erscheinen können, möchten wir nun, nachdem Sie einige
> Wochen nichts von uns empfangen haben, auf diese Weise den Kontakt
> mit Ihnen fortsetzen. Es ist unser Plan, solange der augenblickliche
> Zustand andauert, Ihnen die Gedanken der *Neuen religiösen Orientie-
> rung* per Brief zu übertragen, in dem festen Vertrauen, dass wir Ihnen
> damit einen Dienst erweisen und so gemeinsam unsere große Idee
> fördern können. Weiter bitten wir Sie dringend, alle gelesenen Exem-
> plare an mögliche Geistverwandte weiter zu geben.«

Er schreibt über die Schwingungszahl der neuen Zeit, die sich nähert,
er schreibt über die Vorbereitung der Gruppe auf eine ganz neue
Arbeit, die kommen wird:

> »Die neue Zeit, die sich nähert, und deren Morgenrot sich am Himmel
> bereits abzeichnet, wird eine ganz andere sein als die, die 1940 versank,
> sowohl der Natur als auch dem Geiste nach. Wenn der Mensch sich zu
> der 'neuen Geistordnung der kommenden Ära' entschließt, dann hat
> diese Wahl weitreichende Konsequenzen. Dann ist eine scharf ausge-
> prägte Lebenshaltung absolut notwendig, eine Lebenshaltung, *die in
> den dunklen Stunden unseres Volkes hervortreten muss. In der Nacht
> der Zeiten müssen Sie sich entschließen. Jetzt muss Ihr innerer Seinszu-
> stand zum Ausdruck kommen.*«

V

Die Kriegsjahre waren im Bewusstsein von Jan van Rijckenborgh und Catharose de Petri sehr wichtig. Denn mit der alten Ordnung ging auch die wirksame Kraft der alten okkulten Systeme unter, und konnte sie in der neuen Zeit keine bedeutende Rolle mehr spielen. Gleichzeitig mit der Befreiung am 5. Mai 1945 wird das fundamentale Prinzip des neuen Werkes eingesetzt. Am 16. August 1945 schreibt Jan van Rijckenborgh:

»Das neue fundamentale Prinzip ist: 'Der Natur nach erneut geboren werden.' Das ist die Aufgabe, die das dritte magische System uns durch das Christentum überträgt.

Es geht also um die Geburt einer neuen, himmlischen Persönlichkeit, während wir uns noch in der alten befinden. Der Bau dieser neuen Persönlichkeit ist an ganz andere Gesetze gebunden, die der Kandidat studieren und anwenden muss. Die Entstehung eines neuen Wesens vollzieht sich von oben nach unten: Zuerst das Denkvermögen, dann der Begierdenkörper, dann der Ätherkörper als Matrize für den neuen Stoffkörper. Um das neue Wesen konzipieren zu können, ist zuerst eine fundamentale Veränderung notwendig, nämlich die prinzipielle Verleugnung des alten Ichs, der Abschied von aller alten Magie, die den Akzent auf das alte Ich legte.

Es wird im Weiteren klar sein, dass es nicht um Vernachlässigung der dialektischen Persönlichkeit und des notwendigen dialektischen Lebens geht. Aber wir müssen die Akzente so versetzen, dass eine Lebenshaltung gewählt wird, die das wahre Ziel der Wiedergeburt fördert.«

Erneut ging ein Schock durch die Schule: Die ganze Lehre und der Unterricht in Astrologie wurden nun kategorisch abgewiesen. Denn – so die Leitung – das alles bezieht sich auf die alte dialektische Persönlichkeit sowie auf das Höhere Selbst, und nicht auf den zentralen Geistkern, der als total neue Persönlichkeit im Mikrokosmos erwachen wird.

Die Zeitschrift, welche die Schule ab 1946 herausgibt, heißt *De Hoeksteen* (Der Eckstein). Das symbolisiert, dass alle weitere Arbeit sich gemäß Paulus auf den Eckstein Jesus Christus gründet. Es ist bemerkenswert, wie die Entwicklung der Schule sich gleichsam buchstäblich in ihren Publikationen widerspiegelt. Zum Eckstein im Stoff wird der Konferenzort Elckerlyck, die ehemalige Architektenschule von Wijdeveld, die im gleichen Jahr von dem Geld gekauft wurde, das durch den Verkauf eines großen Teils des Geländes von De Haere in Doornspijk frei wurde. Der neue Konferenzort in Lage Vuursche lag zentral, war gut zu erreichen, und dort konnten nicht nur im Sommer, sondern während des ganzen Jahres Konferenzen stattfinden. In den ersten Jahren der Elckerlyck-Periode wurde der Vorkriegsfaden der 6 Sommerwochen pro Jahr wieder aufgenommen, mit längeren Wochenendkonferenzen dazwischen. Danach erwies sich ein viel regelmäßigerer Kontakt mit den Schülern als notwendig. Ende der Vierzigerjahre dauerten die Konferenzen von Samstagabend bis Mittwochmorgen. Nach der Einweihung des Renova-Tempels im Jahre 1951 wurde der Name des Konferenzortes *Renova* und die Zeitschrift hieß nun *Renova-nieuws* (Renova-Nachrichten). Die Ansprachen der Konferenzen, die zu Beginn der Fünfzigerjahre gehalten wurden, erschienen darauf in den Büchern *Der kommende neue Mensch* und *Die Gnosis in aktueller Offenbarung*.

Ab 1956 entstand ein ausgedehnter und tiefgehender Kontakt mit *Antonin Gadal* und der vorangehenden Bruderschaft der Katharer, wie im Kapitel 17 ausführlich beschrieben wurde. Die Ausbreitung der Geistesschule in Europa hält gleichen Schritt mit einer inneren Vertiefung und innerlichem Wachstum. Van Rijckenborgh und Catharose de Petri sahen zuerst eine fünffache und danach eine siebenfache Geistesschule vor sich. Der Kreis der Interessenten und die ersten Jahre des Schülertums sollten das »erste und zweite Arbeitsfeld« bilden. 1948 begann das Werk der Höheren Bewusstseinsschule als »drittes Arbeitsfeld«. Im Juli 1955 wurde in Santpoort-Zuid die *Ecclesia Secunda*, auch »Rosenhof« genannt, erbaut und geweiht. Sie bildet den Mittelpunkt des »vierten Arbeitsfeldes«. Das ist ein neuer Konzentrationspunkt im Bewusstsein der Geistesschule, der ganz im Dienst einer neuen Art der inneren Arbeit steht. Im Rosenhof gibt es ein großes Fenster mit einer Darstellung des Doppelkreuzes der Katharer.

Auch in der Zeitschrift, welche die Schule herausgibt, ist dieser neue Schritt zu erkennen. Die damalige Ausgabe, die sehr professionell wirkt, hieß ab 1957 *Ecclesia Pistis Sophia*. Darin wurde die ganze Geschichte der Katharer in Episoden erzählt. Van Rijckenborgh beginnt auch damit, Erklärungen des gnostischen Evangeliums von *Valentinus*, das *Evangelium der Pistis Sophia*, in diese Zeitschrift aufzunehmen. Diese

Erklärungen wurden zuerst auch als Dienstansprachen ausgesprochen. Um daran teilzunehmen, legten die Schüler auf Fahrrädern und Mopeds Dutzende Kilometer zurück! Es war das Thema für die Dienste, wenn keine viertägigen Konferenzen stattfanden. Die großen Konferenzen dieser Zeit behandelten die ägyptische und hermetische Gnosis. Mit ihrer Beziehung zur *Gnosis* erwiesen sich Van Rijckenborgh und Catharose de Petri als die ersten Pioniere in Europa.

Als 1958 ein »fünftes Arbeitsfeld« verwirklicht wurde, das als *Gemeinschaft des Goldenen Hauptes* Gestalt annahm, ist der Arbeitsapparat der Schule ein wirklicher fünffacher, Lebender Körper geworden und die direkte Verbindung mit dem ursprünglichen Lebensfeld, dem *Auferstehungsfeld*, eine Tatsache.

1959 gaben die Großmeister zu erkennen, dass sie sich aus all der äußeren Arbeit, aus allen organisatorischen Aspekten des Werkes zurückziehen und diesen Teil anderen überlassen wollten. Der Hintergrund für diesen Schritt war, dass sie die fünffache Geistesschule noch zu einer siebenfachen entwickeln wollten. Da sich das »sechste und siebte Arbeitsfeld« vor allem auf das Werk der inneren Grade der Mysterienschule bezieht und sehr reine und spirituelle Richtlinien erfordert, würde das eine noch größere Anspannung bedeuten und viel Arbeit verursachen. Gleichzeitig hatte Jan van Rijckenborgh noch einen Auftrag: Die Forderungen der neuen Zeit und das Wesen des Schülertums in einer siebenfachen Reihe von Sommerkonferenzen im In- und Ausland bekannt zu machen. Als 1963 die Aquarius-Konferenzen beginnen, erscheint eine Zeitschrift in mehreren Sprachen: die *Aquarius-Nachrichten*. Darin steht immer ein Hauptartikel von Jan van Rijckenborgh und außerdem sind Berichte über die große Organisation dieser Konferenzen für mehrere Tausend Personen enthalten.

1968 verstarb Jan van Rijckenborgh nach nur fünf der geplanten sieben Aquarius-Konferenzen. Dennoch wurde, gerade durch sein Hinscheiden, das »siebte Arbeitsfeld« aktiv, so dass die Geistesschule als eine siebenfache Pyramide, eine neue Pyramide, erscheint, die genau wie die große Pyramide in Ägypten ein Zeichen sein kann für alle Sucher auf dem Weg zu einem freien Geist-Seelen-Leben. Aber für die Schule bricht eine bange Periode an. Nun muss sich zeigen, ob das Werkstück auch tauglich ist, ob genug Qualität vorhanden ist, und ob die Steine der Pyramide genügend Härte besitzen. Das Feuer der Erprobung wird deren Haltbarkeit zeigen.

VI

Ein Rückblick auf die Geschichte der Geistesschule lässt erkennen, dass es eigentlich drei große Perioden von – grob gerechnet – einundzwanzig Jahren gegeben hat: Eine Vorkriegs- und Kriegsperiode von 1924 bis 1945, in der das gesamte esoterische Weltfeld untersucht wurde, bis die richtige Basis gefunden war. Die große Periode des Aufbaus der siebenfachen Schule waren die Jahre 1946 bis 1968. Es ist die Periode, in der die Gnosis freigesetzt und ihre strahlende und aktuelle Wirklichkeit in das Jetzt gezogen wird. Gleichzeitig ist es die Periode des Aufbaus des *inneren* Werkes der Schule, die Entstehung des Lebenden Körpers. Darauf folgt drittens von 1969 bis 1990, dem Jahr, in dem Catharose de Petri starb, die Periode der Stabilisierung und Ausbreitung des inneren Werkes im In- und Ausland.

Das Hinscheiden Jan van Rijckenborghs verursachte in der Gruppe einen genau so großen Schock wie dreißig Jahre zuvor der Tod seines Bruders. Wieder meinten viele, dass die Geistesschule nicht ohne ihren Leiter fortbestehen könnte. Es zeigten sich in den letzten Jahren seines Lebens bereits einige Risse in der Arche, weil engste Mitarbeiter eine eigene Richtung einschlagen wollten. Es waren schwere Schläge, die Van Rijckenborghs Kräfte stark angegriffen haben. Aber sie waren noch während seines Lebens überwunden worden. In seiner letzten Ansprache zeugte er von seiner Freude darüber, dass die Bruderschaft des Grals ihr Vertrauen zum Werk der Jungen Gnosis bestätigte und die Schule in das Weltwerk der Befreiung aufnahm. Dennoch erhoben sich – nach seinem Tod – wieder Stimmen, dass »man ein sinkendes Schiff verlassen wollte«.

Es war das große Verdienst von Catharose de Petri, dass sie dem Ruf der Bruderschaft und dem Werk ihrer Brüder bedingungslos treu blieb. Als der sprichwörtliche Felsen – der sich auch in ihrem Namen ausdrückt – wies sie auf den unpersönlichen Charakter des Werkes hin. Wer Van Rijckenborghs Erbe will, so stellte sie fest, muss in sich selbst graben:

»Sein Testament, sein geistiges Testament, lautet nämlich, dass er in

Ihnen, in seiner Arbeit, begraben sein will, in einer Arbeit, die er für Ihre Seelenbefreiung gut vierzig Jahre in der Wüste dieses Erdenlebens verrichtet hat.

Er lebte sein Leben hier im Stoff aus dem Wesen des neuen Seelenzustandes, und dadurch brachte er *Lehre und Leben* in die Praxis. Für ihn war das Reich Gottes sehr nahe, weil Er in ihm wirksam war. Darum ging Jan van Rijckenborgh aus von diesem einen Gedanken, dass das Handlungsleben mit der in uns wirksamen, unvergänglichen Kraft ausgeführt werden muss. Er erklärte oft diese beiden Gestalten: den *Johannes*-Menschen und den *Jesus*-Menschen:

Das alte Ich muss als Brennpunkt einer Notordnung dazu dienen, das gnostische Ordensleben zu realisieren (der Johannes-Mensch). Der Jesus-Mensch, der Seelenmensch, wird durch den Geist Gottes geleitet, und hat durch das Seelen-Handlungsleben das Gebiet des Geistfeldes bereits betreten.«

Catharose de Petri hat in den einundzwanzig Jahren ihrer Wirksamkeit als Großmeisterin Hunderte Rituale geschrieben und die gnostische Struktur, die Reinheit und das hohe Niveau der Geistesschule bewacht. Immer wieder wies sie die Schüler auf ihre Verantwortung hin, auf die neue Lebenshaltung und auf eine hochstehende Moral. »Leben Sie so, wie ein Seelenmensch handeln sollte. Leben Sie, als ob der neue Seelenmensch bereits in Ihnen wäre. Auf diese Weise bringen Sie ihn so bald wie möglich näher, und wird das neue Leben in kurzer Zeit Wirklichkeit für Sie.«

Jetzt, am Beginn des 21. Jahrhunderts, steht ein siebenfaches Weltwerk stark in der Welt, um Suchern zu dienen und Menschen auf die befreienden Möglichkeiten des Lebens hinzuweisen, die jeder Mensch selbst in der Hand hat, die jeder selbst ergreifen muss. Es besteht eine Gemeinschaft Gleichgesinnter. Im Inneren ihrer Teilhaber brennt die eine Flamme. In ihnen wird die irdische Natur neutralisiert und in den Hintergrund platziert. Das Leben und Wirken der Gnosis steht im hellen Tageslicht. Die Vision Andreaes – der Vorhof, der Tempel und das Allerheiligste von Eckartshausen – der Dreibund, den Gadal vor sich sah – sie alle sind Wirklichkeit geworden durch die Arbeit von Z. W. Leene, Jan van Rijckenborgh und Catharose de Petri.

Van Rijckenborgh sprach einmal vor der Jugend im Tempelzelt auf Noverosa darüber, dass er vielen Schülern von dem Rückweg zum

Licht erzählte, und dass jeder es sehr schön fand und »ja, ja« nickte, aber dass beinahe niemand diesen Weg ging. In diesem Moment war auf dem Weideland hinter dem Tempelzelt ein Bauer auf seinem Traktor beschäftigt, der so viel Lärm machte, dass Van Rijckenborgh kaum mehr zu verstehen war. Da stellte er sich in die Mitte des Ganges, mitten in die zuhörende Jugend, und erzählte dort weiter:

> »Ihr könnt Euch wohl vorstellen, dass es für die Seele sehr schwierig ist, wenn jemand zwar von den Möglichkeiten, ihn zum Licht zurückzubringen, hört, er jedoch die Möglichkeit nicht ergreift. Seht, jeder Mensch besitzt eine Rosenknospe, einen Geistfunken. Auch der Bauer da draußen hat eine Rosenknospe« – so übertönte er laut den Traktor –, »aber er weiß es nicht. Ihr jedoch, Ihr habt schon viel darüber gehört hier auf Noverosa, oder von Euren Eltern oder anderswo. Also beginnt etwas damit!«

Stichwortverzeichnis

Literatur zu den einzelnen Kapiteln

Kapitel 1: *Die universelle Bruderschaft*
Dietzfelbinger, Konrad: *Mysterienschulen.* Diederichs Verlag, München 1997.
de Petri, Catharose/van Rijckenborgh, Jan: *Das Lichtkleid des neuen Menschen.* Rozekruis Pers, Haarlem 1995.
van Rijckenborgh, Jan: *Die Gnosis in aktueller Offenbarung.* Rozekruis Pers, Haarlem 1999.
Schuré, Edouard: *Die großen Eingeweihten.* Barth Verlag, Bern 1992.
Siehe auch Kapitel 18

Kapitel 2: *Ägypten*
Hornung, Erik: *Das geheime Wissen der Ägypter und sein Einfluss auf das Abendland.* dtv, München 2003.
Hornung, Erik: *Echnaton, die Religion des Lichtes.* Patmos Verlag, Düsseldorf 2002.
Koch, Klaus: *Geschichte der ägyptischen Religion.* Kohlhammer, Stuttgart 1993.
Kolpaktchy, Gregoire (Herausgeber): *Ägyptisches Totenbuch.* Barth Verlag, Bern 1998.
Machfus, Nagib: *Echnaton – der in der Wahrheit lebt.* Unionsverlag, Zürich 2001.
Seton-Williams, Veronica Stocks, Peter: *Egypt (Blue Guide)* London, 1983
Steiner, Rudolf: *Ägyptische Mythen und Mysterien.* Rudolf Steiner Verlag, Dornach 1992.
Teichmann, Frank: *Der Mensch und sein Tempel – Ägypten.* Verlag Freies Geistesleben, Stuttgart 2003.

Kapitel 3: *Die Druiden*
Gadal, Antonin: *Das Erbe der Katharer – Das Druidentum.* Rozekruis Pers, Haarlem 1993.
Llywelyn, Morgan: *Druids.* London, 1991.
Stuart, Piggott: *The Druids.* Norwich (GB) 1968
Teichmann, Frank: *Der Mensch und sein Tempel – Megalithkultur.* Verlag Freies Geistesleben, Stuttgart 1999.

Kapitel 4: *Die Essener*
Bordeaux Székely, Dr. Edmond: *Das Evangelium der Essener* (Gesamtausgabe). Verlag Bruno Martin, Südergellersen 1994.
Das Evangelium des vollkommenen Lebens. Rozekruis Pers, Haarlem 1994.

Läpple, Alfred (Herausgeber): *Die Schriftrollen von Qumran*. Pattloch, Augsburg 1997.

Levi: *Das Wassermann-Evangelium*. Kailash, München 1997.

Steiner, Rudolf: *Aus der Akasha-Forschung. Das Fünfte Evangelium*. Rudolf Steiner Verlag, Dornach 2003.

Wilburn, Andrew: *The Beginning of Christianity. Essene Mystery, Gnostic Revelation and the Christian Vision*. Floris Books, Edinburgh, 1991

Kapitel 5: *Was ist Gnosis?*

Berger, Klaus/Nord, Christiane: *Das Neue Testament und frühchristliche Schriften*. Insel Verlag, Frankfurt am Main 1999.

Die Gnosis (Sonderausgabe, 3 Bände). Artemis & Winkler, Düsseldorf 1997.

Dietzfelbinger, Konrad: *Apokryphe Evangelien aus Nag Hammadi*. Dingfelder Verlag, Andechs 1991.

Dietzfelbinger, Konrad: *Erleuchtung – Texte aus Nag Hammadi*. Dingfelder Verlag, Andechs 1994.

Dietzfelbinger, Konrad: *Erlöser und Erlösung – Texte aus Nag Hammadi*. Dingfelder Verlag, Andechs 1990.

Dietzfelbinger, Konrad: *Schöpfungsberichte aus Nag Hammadi*. Dingfelder Verlag, Andechs 1989.

Gnosis als innerliche Religion. Rozekruis Pers, Haarlem 1997.

Jonas, Hans: *Gnosis und spätantiker Geist* (2 Bände). Vandenhoek & Ruprecht, Göttingen 1988/1993.

Pagels, Elaine: *Das Geheimnis des fünften Evangeliums*. C.H. Beck, München 2004.

Slavenburg, Jacob: *Die geheimen Worte*. DRP Rosenkreuz Verlag, Birnbach 2001.

Slavenburg, Jacob: *Ein Schlüssel zur Gnosis*. DRP Rosenkreuz Verlag, Birnbach 2003.

Kapitel 6: *Hermes Trismegistos*

Quispel, Gilles (Redaktion): *Die hermetische Gnosis im Lauf der Jahrhunderte*. Rozekruis Pers, Haarlem 2000.

van Rijckenborgh, Jan: *Die ägyptische Urgnosis und ihr Ruf im ewigen Jetzt* (4 Bände). Rozekruis Pers, Haarlem 2005/1997/1997/2005.

Trismegistos, Hermes: *Ermahnung der Seele*. Rozekruis Pers, Haarlem 1993.

Kapitel 7: *Mani von Ktesiphon*

Favre, François: *Mani – Christ d'Orient et Bouddha d'Occident*. Éditions du Septénaire, Tantonville (France) 2002.

Maalouf, Amin: *Der Mann aus Mesopotamien*. München: Droemer Knaur, 1994.

Roll, Eugen: *Mani, der Gesandte des Lichts*. Mellinger Verlag, Stuttgart 1989.

Siegert, Ch.M.: *Mani's Lichtschatz.* Rozekruis Pers, Haarlem 1999.

Kapitel 8: *Die Bruderschaft der Bogomilen*
Aivanhof, Omraam Mikhael: *Le Maitre Peter Deunov Paris.* La Fraternité Blanche. Paris 1971.
Papasov, Katja: *Christen oder Ketzer – die Bogomilen.* Ogham Verlag, Stuttgart 1983.

Kapitel 9: *Eine Kirche der reinen Liebe*
Borst, Arno: *Die Katharer.* Hiersemann, Stuttgart 1953.
Deggau, Hans-Georg: *Befreite Seelen. Die Katharer in Südfrankreich.* Dumont, Köln 1995.
Der Gral und das Rosenkreuz. DRP Rosenkreuz Verlag, Birnbach 2002.
Messing, Marcel: *Der Weg der Katharer.* Leibniz-Bücherwarte, Bad Münder 1989.
Meyer, Rudolf: *Der Gral und seine Hüter.* Verlag Freies Geistesleben, Stuttgart 1999.
Rahn, Otto: *Kreuzzug gegen den Gral.* Arun 1995.
Roll, Eugen: *Die Katharer.* Mellinger Verlag, Stuttgart 1987.
Siehe auch Kapitel 17

Kapitel 10: *Das Lied von den »Gottesfreunden«*
Meister, Eckehart: *Das Buch der göttlichen Tröstung.* Insel Verlag, Frankfurt am Main 2003.
Meister, Eckehart: *Deutsche Predigten und Traktate.* Diogenes, Zürich 2001.
Meister, Eckehart: *Deutsche Predigten und Traktate.* Hanser, München 1995.
Tauler, Johannes: *Das Segel ist die Liebe,* Benziger, Düsseldorf 1998.
Tauler, Johannes: *Predigten* (2 Bände). Johannes Verlag, Einsiedeln 1987.

Kapitel 11: *Marsilio Ficino*
Besant, Annie: *Giordano Bruno.* Aquamarin Verlag, Grafing 2000.
Alighieri, Dante: *Die Divina Commedia.* Königshausen & Neumann, Würzburg 1997.
Alighieri, Dante: *Die Göttliche Komödie.* Piper, München 2002.
Ficino, Marsilio: *Briefe* (2 Bände), Rozekruis Pers, Haarlem 1994/1996.
della Mirandola, Giovanni Pico: *Über die Würde des Menschen.* Manesse, Zürich 1998.
Kristeller, Paul Oskar: *Marsilio Ficino and his work after five hundred years.* New York, 1987
Wehr, Gerhard: *Giordano Bruno.* dtv, München 1999.

Kapitel 12: *Theophrastus Paracelsus, der erste Rosenkreuzer*
Benzenhöfer, Udo: *Paracelsus.* Rowohlt, Reinbek 1997.

Bielau, Klaus: *Paracelsus – Philosophie und Heilkunde*. DRP Rosenkreuz Verlag, Birnbach 2001.

Paracelsus: *Das Mahl des Herrn und Auslegung des Vaterunsers*. Verlag am Goetheanum, Dornach 1993.

Paracelsus: *Lebendiges Erbe*. Reichl Verlag, St.Goar 2002.

Paracelsus: *Sämtliche Werke in 4 Bänden*. Anger-Verlag Eick, Anger 1993.

Wolfram, Elise/Paracelsus: *Die okkulten Ursachen der Krankheiten*. Philosophisch-Anthroposophischer Verlag, Dornach 1991.

Kapitel 13: *Jakob Böhme*

Böhme, Jakob: *Aurora*. Insel Verlag, Frankfurt am Main 1992.

Böhme, Jakob: *Christosophia*. Insel Verlag, Frankfurt am Main 1992.

Böhme, Jakob: *Die Rute des Treibers zerbrochen*. DRP Rosenkreuz Verlag, Birnbach 2001.

Böhme, Jakob: *Ein einfaches Leben in Christus*. Rozekruis Pers, Haarlem 1999.

Böhme, Jakob: *Im Zeichen der Lilie*. Diederichs Verlag, München 1991.

Böhme, Jakob: *Theosophische Sendbriefe*. Insel Verlag, Frankfurt am Main 1996.

Böhme, Jakob: *Vom übersinnlichen Leben*. Ogham Verlag, Stuttgart 1986.

Böhme, Jakob: *Von der Gnadenwahl*. Insel Verlag, Frankfurt am Main 1995.

Böhme, Jakob: *Von der Menschwerdung Christi*. Insel Verlag, Frankfurt am Main 1995.

Böhme, Jakob: *Wege zum wahren Selbst*. Insel Verlag, Frankfurt am Main 1996.

Lemper, Ernst-Heinz: *Jacob Böhme Leben und Werk*. Union Verlag, Berlin 1976

Wehr, Gerhard: *Jakob Böhme*. Rowohlt, Reinbek 2002.

Kapitel 14: *Johann Valentin Andreae*

Antony, Paul: *Johann Valentin Andreae – ein schwäbischer Pfarrer im dreissigjährigen Krieg (Vita ab ipso conscripta)*. Heidenheimer Verlagsanstalt, Heidenheim an der Brenz, 1970.

Das Erbe des Christian Rosenkreuz. Bibliotheca Philosophica Hermetica, Amsterdam 1988.

Dietzfelbinger, Konrad: *Rosenkreuzer einst und heute*. Rozekruis Pers, Haarlem 1998.

Edighoffer, Roland: *Die Rosenkreuzer*. C.H. Beck, München 1995.

van der Kooij, Pleun/Gilly Carlos: *Fama Fraternitatis* (erste Verarbeitung der Urmanuskripte). Rozekruis Pers, Haarlem 1998.

Hossbach, Wilhelm: *Johann Valentin Andreae und sein Zeitalter*. Berlin 1819

de Petri, Catharose/van Rijckenborgh Jan: *Das neue Zeichen*. Rozekruis Pers, Haarlem 1983.

de Petri, Catharose/van Rijckenborgh Jan: *Die Weltbruderschaft des Rosenkreuzes.* Rozekruis Pers, Haarlem 1988.

van Rijckenborgh, Jan: *Christianopolis – Erklärung des Werkes Reipublicae Christianopolitanae Descriptio von Johann Valentin Andreae.* Rozekruis Pers, Haarlem 1990.

van Rijckenborgh, Jan: *Das Bekenntnis der Bruderschaft des Rosenkreuzes – Esoterische Analyse der Confessio Fraternitatis.* Rozekruis Pers, Haarlem 1994.

van Rijckenborgh, Jan: *Der Ruf der Bruderschaft des Rosenkreuzes – Esoterische Analyse der Fama Fraternitatis.* Rozekruis Pers, Haarlem 2000.

van Rijckenborgh, Jan: *Die alchimische Hochzeit des Christian Rosenkreuz – Esoterische Analyse der Chymischen Hochzeit Christiani Rosencreutz* (2 Bände). Rozekruis Pers, Haarlem 1998/1991.

Wehr, Gerhard: *Die Bruderschaft der Rosenkreuzer.* Diederichs Verlag, München 1991.

Kapitel 15: *Johann Amos Komenský – J.A. Comenius*

Comenius, J.A.: *Der Weg des Lichtes – Via Lucis.* Meiner Verlag, Hamburg 1997.

Comenius, J.A.: *Gewalt sei ferne den Dingen.* Salzer-Verlag, Heilbronn 1971.

Comenius, J.A.: *Unum Necessarium – Das einzig Notwendige.* Rozekruis Pers, Haarlem 1998.

Komenský, Jan Amos: *Labyrinth der Welt und Paradies des Herzens.* A+O Verlag, Burgdorf 1992.

Kapitel 16: *Karl von Eckartshausen*

von Eckartshausen, Karl: *Die Wolke über dem Heiligtum.* Rozekruis Pers, Haarlem 1994.

von Eckartshausen, Karl: *Einige Worte aus dem Innersten.* Rozekruis Pers, Haarlem 1994.

von Eckartshausen, Karl: *Kostis Reise von Morgen gegen Mittag.* Jugendwerk Lectorium Rosicrucianum, Calw.

von Eckartshausen ,Karl: *Über die wichtigsten Mysterien der Religion.* Rozekruis Pers, Haarlem 1995.

von Eckartshausen, Karl: *Über die Zauberkräfte der Natur.* Rozekruis Pers, Haarlem 1996.

Faivre, Antoine: *Eckartshausen et la Theosophie Chretienne,* Paris, 1968.

de Spinoza, Baruch: *Kurze Abhandlung von Gott, dem Menschen und dessen Glück.* Meiner Verlag, Hamburg 1998.

de Spinoza, Benedictus: *Die Ethik.* Reclam, Stuttgart 2002.

Kapitel 17: *Antonin Gadal*

Birks, Walter, Gilbert R.: *The Treasure of the Montsegur.* Crucible, London, 1987.

Gadal, Antonin: *Auf dem Weg zum Heiligen Gral.* Rozekruis Pers, Haarlem 1991.

Gadal, Antonin: *Das Erbe der Katharer.* Rozekruis Pers, Haarlem 1993.

Siehe auch Kapitel 9

Kapitel 18: *Z.W. Leene, Jan van Rijckenborgh und Catharose de Petri*

Blavatsky, Helena Petrowna: *Der Schlüssel zur Theosophie.* Adyar, Satteldorf 1995.

Blavatsky, Helena Petrowna: *Die Stimme der Stille.* Adyar, Satteldorf 1994.

Blavatsky, Helena Petrowna: *Theosophie und Geheimwissenschaft.* Diederichs Verlag, München 1995.

Dietzfelbinger, Konrad: *Die Geistesschule des Goldenen Rosenkreuzes.* Dingfelder Verlag, Andechs 1999.

Frietsch, Wolfram: *Die Geheimnisse der Rosenkreuzer.* Rowohlt, Reinbek 1999.

Heindel, Max: *Die Weltanschauung der Rosenkreuzer.* Rosenkreuzer-Philosophie-Verlag, Sils-Maria 1999.

Pentagramm (Zweimonatszeitschrift des Lectorium Rosicrucianum). Rozekruis Pers, Haarlem.

de Petri, Catharose: *Das Lebende Wort.* Rozekruis Pers, Haarlem 1990.

van Rijckenborgh, Jan: *Dei Gloria Intacta.* Rozekruis Pers, Haarlem 1991.

van Rijckenborgh, Jan: *Der kommende neue Mensch.* Rozekruis Pers, Haarlem 1992.

van Rijckenborgh, Jan: *Die chinesische Gnosis.* Rozekruis Pers, Haarlem 1991.

van Rijckenborgh, Jan: *Die gnostischen Mysterien der Pistis Sophia.* Rozekruis Pers, Haarlem 1992.

Silesius, Angelus: *Der cherubinische Wandersmann.* Diogenes, Zürich 1996.

Silesius, Angelus: *Der cherubinische Wandersmann.* Manesse Verlag, Zürich 1989.

Steiner, Rudolf: *Die Theosophie des Rosenkreuzers.* Rudolf Steiner Verlag, Dornach 1997.

Siehe auch Kapitel 1, 6 und 14

EIN
SCHLÜSSEL
ZUR GNOSIS

Jacob Slavenburg

ISBN 90 6732 292 x. Geb. 131 S.
Bestell-Nr.: 2147

1930 wurden in Medînet Mâdi (Ägypten) Papyrusreste mit den Texten Mani's entdeckt (215-277). Auch in Turfan, Chinesisch Turkestan, und in dem sog. Kölner Mani Kodex wurden manichäische Texte gefunden. Eine Auslese daraus, illustriert mit glanzvollen manichäischen Miniaturen, hat nun die Rozekruis Pers in *Mani's Lichtschatz* herausgebracht (Früher erschienen im Hermanes T-Verlag unter dem Titel *Mani's Perlenlieder*).

Der Manichäismus war vom 3. bis zum 10. Jahrhundert bis in die fernsten Winkel der damals bekannten Welt verbreitet. Die Lichtbotschaft Mani's geht von einer christlichen Gnosis aus. Sie zeugt vom Bestehen zweier Naturordnungen: dem Lichtreich des Geistes und dem finsteren Reich des Stoffes, der Hyle. Der »Lichtschatz der Seele«, der »Lichtkeim« im menschlichen Herzen kann für die Kräfte aus dem Lichtreich empfänglich werden. Die auf diese Weise beseelte Materie wird so vom Licht der Kenntnis (Gnosis), vom Geist durchdrungen, um die Hyle überwinden zu können, sie sterben zu lassen und zu verändern. Das ist eine bemerkenwert aktuelle Botschaft in unserer Zeit, in welcher der Begriff Entstofflichung stets mehr Gehör findet.

Mani spricht zu seinen Jüngern »Ringet, meine Geliebten, auf dass ihr schöne Perlen werdet und aus der Dunkelheit von den Perlentauchern zum Licht emporgeleitet werdet,damit ihr in einem ewigen Leben Frieden findet«. Nach Mani's Tod hat seine trostreiche Lehre noch Jahrhunderte lang ihren Einfluss ausgeübt. Aber schließlich wurde die Bewegung – genau wie zum Beispiel die der Bogomilen und die der Katharer – völlig vom Erdboden hinweggefegt. Darum ist es so erfreulich, dass diese prächtigen Texte wieder gefunden und für den heutigen Leser erschlossen wurden.

PROF. DR. G. QUISPEL (HRSG.)
DIE
HERMETISCHE
GNOSIS
IM LAUF DER
JAHRHUNDERTE

Betrachtungen über den Einfluss einer ägyptischen Religion auf die Kultur

DIE HERMETISCHE GNOSIS IM LAUF DER JAHRHUNDERTE

Prof. Dr. G. Quispel

Die hermetische Gnosis, beruhend auf den uralten Mysterien des Hermes Trismegistos (des ägyptischen Gottes Thot), war eine kosmische Religion auf der Grundlage persönlicher, individueller Erfahrung.

Die Urweisheit des Hermes Trismegistos hatte, wie man in der Antike annahm, Mose und Plato beeinflusst. In Wirklichkeit ist die hermetische Literatur viel später entstanden, und zwar in einer Geheimgesellschaft in Alexandria, deren Mitglieder Ägypter, Griechen und Juden waren. In dieser »Loge« gab es verschiedene Einweihungsgrade und Rituale, wie zum Beispiel eine Taufe, ein heiliges Abendmahl und einen Friedenskuss. Sie bildete den Nährboden für die siebzehn Traktate des Corpus Hermeticum und des Asklepios. Diese Schriften hatten grossen Einfluss – direkt oder indirekt – unter anderem auf Pico della Mirandola, Mozart, William Blake, Goethe, Rudolf Steiner, C.G. Jung und Jan van Rijckenborgh.

In diesem Buch liefern achtzehn Wissenschaftler klare, allgemeinverständliche Beiträge zu den jeweiligen Aspekten der hermetischen Gnosis und zum Einfluss dieser Religion auf unsere Kultur. Eingeleitet werden ihre Artikel von dem Gnosiskenner Prof. Dr. Gilles Quispel.

Die hermetische Gnosis im Lauf der Jahrhunderte ist eine authentische, gut lesbare Informationsquelle über eine wichtige religiöse und künstlerische Strömung, die immer noch nicht genügend bekannt ist.

ISBN 90 6732 238 5. Pb, 695 S.
Bestell-Nr.: 2135

DIETZFEL-
BINGER

im

DRP
ROSENKREUZ
VERLAG

DIE GEISTES-SCHULE DES GOLDENEN ROSENKREUZES

Eine spirituelle Gemeinschaft der Gegenwart

Konrad Dietzfelbinger

Eine Geistesschule ist ein anschauliches Modell für eine Völker- und Menschheits-gemeinschaft der Zukunft, in der nach Einheit, Freiheit und Liebe unter den Menschen gestrebt wird. Denn diese Eigenschaften sind die Bestimmung jedes Menschen und der Menschheit. Deshalb können von der Geistesschule auch erneuernde Impulse auf Gesellschaft, Wissenschaft, Kultur und Religion ausgehen.

Im Zentrum dieses Buches steht der sprituelle Weg, wie er zu allen Zeiten unter wechselnden Bedingungen von Wahrheitssuchern gegangen wurde. In der Geistesschule des Rosen-kreuzes wird dieser Weg im Zeichen des Christian Rosenkreuz gegangen. Er knüpft – auf der Basis des ursprüng-lichen Christentums – am Bewusstsein des modernen Menschen an, greift dabei aber zugleich auf die lange, eigenständige spirituelle Tradition des Westens zurück.

Das Innere dieser Geistesschule wird für den Aussenstehenden transparent gemacht: Wer waren ihre Gründer, aus welchen Quellen schöpften sie, was sind die Inhalte der rosenkreuzerischen Philosophie, wie wirkt ein spirituel-les Kraftfeld, wie ist die Geistesschule aufgebaut?

So wird klar, dass es auch heute Gruppierungen gibt, die, ausgehend von den lebendigen Kräften des Geistes, nichts anderes wollen, als ehrlich die Wahrheit zu suchen und ihre Lebensbestimmung zu verwirklichen.

ISBN 3-926253-52-5. Pb. 227 S.
Bestell-Nr.: 2555

DRP ROSENKREUZ VERLAG